Sebastian Haffner:
Im Schatten der Geschichte
Historisch-politische Variationen
aus zwanzig Jahren

Deutscher
Taschenbuch
Verlag

dtv

Ungekürzte Ausgabe
Oktober 1987
Deutscher Taschenbuch Verlag GmbH & Co. KG,
München

ISBN 3-421-06253-6
Umschlaggestaltung: Celestino Piatti
Umschlagfoto Rückseite: Bilderdienst Süddeutscher
Verlag (Ingo Barth)
Gesamtherstellung: C. H. Beck'sche Buchdruckerei,
Nördlingen
Printed in Germany · ISBN 3-423-10805-3

Das Buch

Sebastian Haffner, einer der brillantesten Publizisten unserer Zeit, legt fünfundzwanzig Beiträge aus zwei Jahrzehnten vor: In ›Historischen Betrachtungen‹ beschäftigt er sich mit der Geschichte Preußens und mit der Pariser Kommune, mit Bismarcks Reichsgründung und Hitlers Machtergreifung oder mit dem Weströmischen Reich, zwischen dessen Verfallszeit und dem heutigen Westeuropa Haffner beklemmende Parallelen sieht: »Materieller Wohlstand und Zivilisation verfallen rasch, wenn ihr geistiger Kern abstirbt. Wofür man nicht zu kämpfen bereit ist, das verliert man.« In ›Politischen Anmerkungen‹ fragt Haffner nach dem Erfolg des Grundgesetzes oder analysiert Deutschland zwischen den beiden Supermächten. Er porträtiert in ›Biographischen Skizzen‹ Lenin und Mao, Churchill, Stresemann und Adenauer und kommt dabei zu nicht immer bequemen Erkenntnissen. Und er stellt ›Bürgerliche Überlegungen‹ an über die industrielle Revolution, über den Fortschritt, auch über die heutige Rolle des Mannes. Haffners Buch »besticht durch Darstellungskunst, Weite des historisch-politischen Blickwinkels und Themenvielfalt. Zugleich aber gewährt es Einblicke in die inneren Spannungen, Widersprüche, auch Irrtümer eines bedeutenden historisch-politischen Schriftstellers, der nicht nur ›im Schatten der Geschichte‹ schreibt, sondern gelegentlich selbst von der Geschichte eingeholt wird.« (Volker Ullrich in der ›Süddeutschen Zeitung‹)

Der Autor

Sebastian Haffner wurde 1907 in Berlin geboren. Nach dem Studium der Rechtswissenschaften und der Promotion war er Gerichtsassessor in seiner Vaterstadt. 1938 wanderte er nach Großbritannien aus, wo er 1941/42 in London die deutschsprachige ›Zeitung‹ leitete. Seit 1945 war er offizieller Korrespondent des ›Observer‹, den er 1981 verließ. Buchveröffentlichungen u.a.: ›Anmerkungen zu Hitler‹ (1978), ›Preußen ohne Legende‹ (1979), ›Überlegungen eines Wechselwählers‹ (1980).

Inhalt

Bürgerliche Überlegungen

Anhang

Vorbemerkung

Joachim C. Fest rühmt an Sebastian Haffners Arbeiten »intime Kenntnis des Materials, anregende Freiheit des Urteils und stilistische Überredungskraft«. Solche Vorzüge demonstriert auch dieser Band, in dem fünfundzwanzig Beiträge aus beinahe zwanzig Jahren vorgelegt werden. Die ältesten stammen aus dem Jahre 1966, der jüngste ist 1983 entstanden. Die meisten von ihnen sind noch nicht gedruckt worden, einige wurden für Zeitschriften geschrieben; ein Beitrag erschien zuerst in einem Sammelband.

Die hier vereinigten Beiträge haben auf den ersten Blick »keinen anderen Zusammenhang als das besondere Interesse, die Vorlieben oder Irritationen, die der Gegenstand, mit dem sie sich beschäftigen, im Verfasser hervorgerufen hat« (Joachim C. Fest). So weit die Gegenstände aber auch auseinanderliegen, die in diesem Band behandelt werden, an jedem von ihnen werden die Neigungen, Erfahrungen und Vorstellungen von Sebastian Haffner deutlich, seine »intime Kenntnis des Materials« und seine »anregende Freiheit des Urteils«. Er schreibt stets »Im Schatten der Geschichte«, in der es für ihn Variationen durchgehender Themen gibt, die er bis in unsere Tage verfolgt.

Ich habe von dieser Art der Weltbetrachtung profitiert, seit ich ihn kenne. Er ist damals, 1959, Berliner Korrespondent der Wochenzeitung ›Christ und Welt‹ gewesen, für die ich meine ersten Artikel schrieb, nachdem ich aus der Zone, wie man in jenen Jahren noch allgemein sagte, in den Westen gekommen war. Ich verdanke ihm viel – viel mehr, als er selbst weiß oder wahrhaben möchte: Sebastian Haffner ist neben Klaus Mehnert, der mir die Spalten von ›Christ und Welt‹ geöffnet hat, mein publizistischer Ziehvater.

Noch bevor ich Anfang 1978 zur Deutschen Verlags-Anstalt – dem Verlag von Klaus Mehnert – gekommen bin, war es deshalb mein Wunsch, auch Verleger von Sebastian Haffner zu werden. Diesen Wunsch konnte er mir nicht erfüllen, weil er an einen anderen Verlag gebunden war. Ich habe das respektiert (und respektiere es noch), aber nach einer beharrlichen Werbung ist es dann doch gelungen, ihn dafür zu gewinnen, eine Sammlung seiner weit verstreuten und nicht mehr zugänglichen Arbeiten der DVA anzuvertrauen. In ihr wird ein entscheidender Teil dieses großen politischen Schriftstellers sichtbar.

Stuttgart, im Januar 1985 *Ulrich Frank-Planitz*

Historische Betrachtungen

Was ist eigentlich Geschichte?

> Erst Geschichtsschreibung schafft Geschichte. Geschichte ist keine Realität, sie ist ein Zweig der Literatur.

Man hört allenthalben, daß das Geschichtsbewußtsein, die lebendige Beziehung zur Geschichte, abhanden gekommen sei. Und es scheint auch zu stimmen, daß gerade bei den jungen Leuten geschichtliches Wissen und geschichtliches Interesse heute sehr dünn gesät sind. Die alten Griechen, die alten Römer, der Alte Fritz, Luther, Napoleon, Bismarck – in meiner Generation war das noch jedem Schuljungen irgendwie geläufig, auch interessant. Es war mindestens so etwas wie ein höchst aufregendes Bilderbuch, und mancher wollte es auch genauer wissen. Heute – meistens Fehlanzeige, ja mehr als das, ein gewisser Widerwille und Widerstand. Was soll uns das alles, was geht es uns noch an, totes Zeug und übrigens zum größten Teil gelogen – das ist die gängige Einstellung, wobei man zugeben muß, daß die Skepsis gegen den Wahrheitsgehalt des überlieferten Geschichtsbildes ja nicht so ganz unberechtigt ist.

Na schön, als alter Mann kann ich das wie den Verlust so manchen anderen Bildungs- und Kulturgutes bedauern, aber es wäre an sich nicht weiter aufregend. Was es aufregend macht, ist aber, daß dieselbe junge Generation, die Geschichte nicht mehr lernen und von ihr nichts mehr wissen will, auch wieder auf eine früher kaum dagewesene Weise an sie glaubt. Ja, ich kann mich manchmal des Eindrucks nicht erwehren, daß der Glaube an die Geschichte heute ganz unter der Hand bei vielen Leuten, namentlich jungen Leuten, die Stelle des absterbenden Jenseitsglaubens einzunehmen begonnen hat, daß Geschichtsgläubigkeit eine weitverbreitete Diesseits-Religion geworden ist. Den Sinn des Lebens, die Antwort auf die Frage: wozu sind wir da, was sollen wir tun, wie rechtfertigen wir unsere Existenz – immer mehr Leute scheinen diesen Sinn und diese Antwort von einer Gottheit »Geschichte« zu erwarten.

Gott ist bekanntlich tot, oder sagen wir: Gott schweigt, seit wir ihm mittels der Naturwissenschaften über die Schulter zu blicken gelernt haben. Aber die Geschichte antwortet. Sie sagt uns, was wir zu tun haben, damit wir selig werden, und zwar hier auf Erden. Das Bewußtsein, die Geschichte auf seiner Seite zu haben, das geschichtlich Fällige und Richtige zu tun, das gibt Tatkraft, innere Sicherheit, gutes Gewissen, Opferbereitschaft, ja sogar das Gefühl eines gewissen Weiterlebens nach dem Tode. Daß Menschen in dem Bewußtsein, der Geschichte gedient, ihr sozusagen weitergeholfen zu haben, willig und beruhigt sterben, das haben wir in diesem Jahrhundert wieder und wieder erlebt und erleben es immer noch.

Merkwürdig: Man ist heute bereit, mehr als je, für die Geschichte zu leben und zu sterben; aber sich für die Geschichte zu interessieren und sie genauer kennenzulernen, das lehnt man ab. Oder vielleicht ist es gar nicht so merkwürdig? Vielleicht sagt einem ein ganz richtiger Instinkt, daß man, wenn man sich für die Geschichte interessierte und sich näher mit ihr einließe, nicht mehr so willig sein würde, für sie zu leben und zu sterben. Vielleicht fürchtet man Desillusionierung, so etwas wie eine religiöse Krise, wie Glaubensverlust.

Lassen wir diese Frage zunächst einen Augenblick im Raum stehen – zugunsten eines kurzen Überblicks über die verschiedenen Formen der Geschichtsdeutung, Geschichtsprophetie oder Geschichtsreligion, die wir in unserem Jahrhundert am Werk sehen oder gesehen haben. Die derzeit mächtigste und wirksamste ist natürlich der Marxismus oder Neomarxismus in seinen verschiedenen Spielarten. Marx war ja ein ausgesprochen geschichtsbewußter Denker, und was ihm seine große Überzeugungs- und Durchschlagskraft gibt, das ist, daß er mit seinem historischen und dialektischen Materialismus ein unfehlbares wissenschaftlich-historisches Bezugssystem anbietet, mit dem sich, wenn man es akzeptiert, unser Standort in der Geschichte exakt bestimmen läßt, ebenso der nächstfällige Schritt. Eine vergleichbare Wirkungskraft zog allerdings, und das meine ich nicht denunziatorisch, der Nationalsozialismus Hitlers aus einer ebenfalls vergleichbaren Geschichtsdeutung. Für Marx ist bekanntlich alle Geschichte eine Geschichte von Klassenkämpfen. Für Hitler war alle Geschichte eine Geschichte von Rassenkämpfen um Lebensraum. Und auch das hat in meiner Zeit einer ganzen Generation aufs blendendste eingeleuchtet, auch dafür sind seinerzeit viele Millionen mit Überzeugung in den Tod gegangen.

Dann hatten wir vor fünfzig Jahren Spenglers ebenfalls sehr wirkungskräftige Geschichtsdeutung. Für ihn war alle Geschichte ein pflanzenhaft gesetzmäßiges Aufblühen und Hinwelken von Kulturen. Unsere war leider schon, wie er sehr einleuchtend darzustellen wußte, am Verwelken. Alles, was uns Spengler bieten konnte, war ein heroischer Nihilismus. Toynbee, in manchem Spengler ähnlich, war oder ist da optimistischer. Die Gottheit »Geschichte« ist bei ihm eine Sphinx, die der Menschheit immer neue Rätselfragen stellt. Das Schicksal der Kulturen hängt davon ab, ob sie jeweils die richtige Antwort finden. Auch die gegenwärtig richtige Antwort hält Toynbee schon bereit. Sie heißt Weltstaat und Universalreligion und ist gar nicht mal so dumm.

Trotzdem haben weder Toynbee noch Spengler bisher soviel Erfolg gehabt wie Hitler oder gar Marx. Alle diese großen Geschichtssystematiker und Geschichtspropheten fußen natürlich irgendwie auf Hegel, der als erster den Gedanken verkündete, daß die Geschichte eine Gesetzmäßigkeit, ein inneres System, einen Sinn habe, daß sich, in seinen Worten, der Weltgeist in der Geschichte verwirkliche. Auch daß er es mittels eines dialektischen Prozesses tue, glaubte der alte Hegel schon herausgefunden zu haben, allerdings war er vorsichtiger als seine Nachfolger: Er hütete sich vorm Prophezeien. Was der Weltgeist jeweils in der Geschichte vorgehabt hatte, das erfuhren wir bei Hegel immer erst hinterher. Solange Napoleon siegte, war er der Weltgeist zu Pferde, als er dann unterlag, hatte es sich der Weltgeist eben anders überlegt, und Napoleon hatte die Geschichte nicht mehr auf seiner Seite – sehr einfach.

In gewissem Sinne kann man Marx und Hitler und Spengler und Toynbee die Zauberlehrlinge Hegels nennen. Sie konnten nicht mehr wie er die Geister, die sie gerufen hatten, nach Bedarf jeweils wieder in die Ecke stellen, denn mit ihren Prophetien hatten sie sich festgelegt. Aber natürlich kann man sagen: Wozu eine Gesetzmäßigkeit der Geschichte ergründen, wenn man dann nicht auch wagt, Geschichte vorauszubestimmen. Geschichtsdeutung ohne Prophetie ist eine taube Nuß. Und nicht umsonst hat man seit Hegel den Historiker einen rückwärtsgewandten Propheten genannt. Außerdem ist Prophetie kein so blindes Wagnis, wie es scheinen mag. Wenn sie kraftvoll und einleuchtend genug ist, dann bequemt sich die Geschichte unter Umständen, sie wahrzumachen.

Ich werde boshaft, und außerdem rede ich nun schon selbst von der Geschichte wie ein Hegelianer, als wäre sie eine lebende Person oder eine lebende Gottheit, mit der man sich so oder so stellen könnte oder müßte und die es gelte, auf seiner Seite zu haben. Ich bin aber kein Hegelianer und daher auch kein

Marxist, und ich halte jeden Versuch, die Geschichte aus einem Punkte zu erklären oder überhaupt eine geschichtliche Gesetzmäßigkeit zu konstruieren, für Scharlatanerie. Der große unkorrigierbare Grundfehler nämlich, den alle Geschichtssystematiker und alle Geschichtsdeuter begehen, liegt meiner Meinung nach darin, daß sie die Geschichte als etwas objektiv Gegebenes ansehen, eine Summe jederzeit greifbarer und erforschbarer Realitäten wie die Natur. Besonders bei Marx wird das ganz explizit. Der Grundgedanke des historischen und dialektischen Materialismus ist ja gerade, daß menschliche Geschichte einfach eine Fortsetzung des natürlichen Evolutionsgeschehens ist und daß Geschichtsgesetze also sozusagen eine Fortschreibung der Naturgesetze sind, Marxismus eine Art angewandter Darwinismus. Aber auch bei den anderen Geschichtssystematikern spürt man als Grundimpuls, ich möchte fast sagen, eine Art Neid auf die Naturwissenschaften.

Der große Erfolg der Naturwissenschaften hat den Wunsch nach einer Geschichtswissenschaft erzeugt. Wenn der Mensch als Naturwissenschaftler dem Schöpfer sozusagen seine Tricks abgucken und sich dadurch in die Lage versetzen konnte, selbst ein wenig Gott zu spielen, sollte er es dann nicht auch bei dem so viel interessanteren Gegenstand seiner eigenen Vergangenheit tun können? Der Gedanke hat unbedingt etwas Verführerisches, sogar Berauschendes. Der Mensch als Herr der Natur, schön und gut; aber nichts verglichen mit dem Menschen als Herrn der Geschichte. Erst der Mensch, der seine eigene Vergangenheit so durchschaut und beherrscht, wie er die außermenschliche Natur zu durchschauen und zu beherrschen gelernt hat, erst der wird wirklich sein eigener Herr. Die Beherrschung seiner Vergangenheit nämlich macht ihn dann auch zum freien Gestalter seiner Zukunft. Das ist der berühmte Sprung aus dem Reich der Notwendigkeit in das Reich der Freiheit.

Wie gesagt, ein höchst verführerischer Gedanke, aber einer von den Gedanken, die den Wunsch zum Vater haben. Mit dieser Art von Gedanken ist es bekanntlich meist nichts – und so auch mit diesem. Eine Geschichtswissenschaft, die mit der Naturwissenschaft vergleichbar wäre, gibt es nicht und kann es nicht geben, aus einem sehr einfachen Grunde: Die Natur ist Gegenwart, die Geschichte aber befaßt sich mit Vergangenheit. Gegenwart ist real, konkret, erforschlich. Vergangenheit aber ist eben nicht mehr real, sie ist irreal geworden. Die Zeit hat sie uns entrückt, es gibt sie nicht mehr, daher kann man sie auch nicht mehr erforschen. Im Grunde beruht alle Geschichtswissenschaft auf einer simplen Begriffsverwechslung, einer Verwechslung der Begriffe Vergangenheit und Geschichte. Vergangenheit nämlich gibt es genug oder vielmehr: es hat sie gegeben. Könnten wir die Zeit zurückdrehen und alles Vergangene nach Bedarf wieder gegenwärtig machen, um es dann zu durchforschen, um zu sehen, wie es eigentlich gewesen ist, dann allerdings wäre Geschichte eine Wissenschaft. Dann würden wir vielleicht auch ihre Gesetzlichkeit entdecken können, falls sie eine hat. Aber die menschliche Vergangenheit ist und bleibt uns nun einmal zum allergrößten Teil unbekannt.

Es gibt Menschen seit hunderttausend Jahren, aber Rechenschaft zu geben wissen wir uns bestenfalls von den letzten dreitausend Jahren, und auch von denen nur sehr ungenau und unzusammenhängend. Über gewisse kurze Perioden Israels, Athens oder Roms wissen wir eine ganze Menge, über das, was gleichzeitig bei anderen Völkern vorging, so gut wie nichts. Unsere eigene Geschichte können wir ganze tausend Jahre zurückverfolgen, und auch da ist die Überlieferung zeitweise recht dürftig. In den letzten paar hundert Jahren ertrinken wir dafür wieder in einer Überfülle von Fakten, wissen aber nicht, welche davon nun eigentlich geschichtlich wichtig sind, welche nicht. Das stellt sich nämlich oft erst erheblich später heraus. Denken wir nur an ein so wichtiges Ereignis wie die Entstehung des Christentums. Die Zeitgenossen, auch die gebildetsten und historisch interessiertesten, merkten nichts davon. Mit einem Wort: Geschichte ist nichts Vorgegebenes wie Natur, Geschichte ist selbst schon ein Kunstprodukt. Nicht alles, was je geschehen ist, wird Geschichte, sondern nur das, was Geschichtsschreiber irgendwo und irgendwann einmal der Erzählung für wert erachtet haben. Erst Geschichtsschreibung schafft Geschichte. Geschichte – um es ganz scharf zu sagen – ist keine Realität, sie ist ein Zweig der Literatur.

Und daraus folgt ein weiteres. Geschichte wird nach literarischen Gesichtspunkten geschrieben, bestenfalls. Schlimmerenfalls und oft genug wird sie nach politischen Gesichtspunkten geschrieben und ist einfach stehengebliebene Propaganda. Aber reden wir nur von dem besseren Fall, also von der Geschichte, die von wirklich wahrheitsliebenden Geschichtsschreibern geschrieben worden ist, zum Beispiel von Thukydides. Auch die wählen aus, was sie erzählen, und zwar wählen sie das aus, was eine gute Erzählung hergibt, also nicht das Alltägliche, sondern das Außerordentliche, Dramatische, Machtspiel, Konflikt, Aufstieg und Fall, Umsturz und Krieg und vor allem Charakter und Schicksal großer Männer.

Große Männer machen zwar in der Regel nicht die Geschichte, öfter scheitern sie, aber sie machen meist eine gute Geschichte. Und in diesem Sinne ist das heute viel verlachte Wort Heinrich Treitschkes doch wieder richtig. Im übrigen muß auch der wahrheitsliebendste und tatsachentreueste Geschichtsschreiber in gewissem Sinne immer dichten, sonst wird keine Geschichte daraus. Die berichteten Tatsachen mögen noch so streng gesichtet und nachgeprüft sein, ihr Zusammenhang, der erst Geschichte, *eine* Geschichte daraus macht, bleibt immer ein Werk der Imagination. Und noch etwas: Die Auswahl der Tatsachen, aus denen der Historiker Geschichte macht – und auswählen muß er ja immer –, bleibt Ansichtssache. Wenn man etwa Treitschkes und Franz Schnabels deutsche Geschichte im 19. Jahrhundert liest, und beide Werke sind beinahe überfüllt mit Tatsachenmaterial, dann zweifelt man manchmal, ob es sich wirklich um dasselbe Land und dieselbe Zeit handelt.

Klingt das vielleicht wieder boshaft? Das ist wirklich nicht meine Absicht, aber ich glaube, wer die Geduld aufgebracht hat, bis hierhin zu lesen, hat sich die Frage, die ich eingangs stellte, die Frage, ob wirkliche Beschäftigung mit der Geschichte die heutige Geschichtsgläubigkeit nicht vielleicht erschüttern würde, inzwischen selbst beantwortet. Ja, es ist so: Wenn man aus der Geschichte eine Wissenschaft und einen Religionsersatz machen will, dann darf man sie nicht kennen wollen. Es ist ein Mißverständnis, von der Geschichte eine Lebensanweisung zu erwarten, und ein Mißbrauch, sie als Orakel zu benutzen. Geschichte ist unendlich interessant. Aber auf die Frage, ob alles wirklich so kommen mußte, wie es gekommen ist, gibt die Geschichte keine Antwort. Und auf die Frage, wie es nun weitergehen wird, ist ihre Antwort sphinxhaft. Sie lautet: immer ebenso und immer anders.

> Wofür man nicht zu kämpfen bereit ist,
> das verliert man.

Vor anderthalb Jahrtausenden, im August des Jahres 476, endete das Weströmische Reich. An diesem Tage schickte der Reichsfeldherr Odoaker, ein Germane, den letzten weströmischen Kaiser, einen liebenswürdig-dekadenten Jüngling namens Romulus Augustulus, in Pension – übrigens ein Akt, der durch seine beinahe verächtliche Friedlichkeit und Menschlichkeit auffällt, denn normalerweise verloren Herrscher damals zugleich mit ihrem Thron das Leben. Damit ging ein Reich unter, das immerhin mehr als ein Jahrtausend bestanden und mindestens fünfhundert Jahre lang als unzerstörbar gegolten hatte.

Ging es wirklich unter? Diese Frage geht uns mehr an, als man im ersten Augenblick denken möchte, und zwar aus zweierlei Gründen:

Erstens, weil zwischen dem Untergang Westroms und dem Sturz Europas von seiner weltbeherrschenden Höhe, den wir in diesem Jahrhundert erlebt haben, ein paar beklemmende Ähnlichkeiten auffallen.

Zweitens, weil wir ja nun schon seit mehr als einer Generation versuchen, die Einheit Westeuropas wiederherzustellen, die vor tausendfünfhundert Jahren zerstört wurde.

Fangen wir mit dem zweiten an. Was ist eigentlich der Motor der heutigen Europa-Bewegung? Sicher nicht ein europäisches Nationalgefühl. Das Nationalgefühl ist immer noch deutsch, französisch, englisch; wie schwer es fällt, dieses Nationalgefühl einem europäischen Zusammengehörigkeitsgefühl unterzuordnen, das erleben wir ja alle Tage. Auch nicht allein wirtschaftliche und verteidigungspolitische Zwänge treiben Europa an. Wirtschaftlich sind die heutigen Westeuropäer zum Beispiel auf die Rohstofflieferanten stärker angewiesen als aufeinander, und militärische Sicherheit gibt uns die Nato, nicht die Europäische Gemeinschaft. Und doch läßt das Wort »Europa« eine Saite schwingen, die stumm bleibt, wenn man von dem Bündnis mit Amerika spricht. Irgend etwas haben die Europäer miteinander gemein, das sogar mit ihrem starken, überstarken Nationalgefühl konkurrieren kann – und das den

Amerikanern fehlt. Und man kann nach diesem »Etwas« suchen, solange man will, man findet nur das eine: das römische Erbe.

»Ein bißchen lange her, nicht wahr?« höre ich jetzt murmeln. »Und wer weiß überhaupt noch etwas davon? Vielleicht ein paar humanistisch Gebildete, die noch Latein gelernt und auf der Schule von Cäsar und Augustus gehört haben; und davon gibt es immer weniger.« Aber langsam. Man kann von einem Erbe zehren, auch ohne viel darüber gelernt zu haben. Es ist wahr, Latein wird kaum mehr gelernt, und der Name Cäsar sagt vielen nichts mehr – die aber ganz genau wissen, was ein Kaiser ist.

Aber ob wir es wissen oder nicht, fast alle unsere Rechtsbegriffe sind römisch und damit auch unser Rechtsgefühl – der Rechtsstaat ist eine Erfindung der Römer. Der Staat überhaupt, wie wir ihn kennen, mit seinen Politikern und Beamten, seinen Provinzen und Bezirken – römisch. Der mittelalterliche Feudalstaat war ganz anders. Selbst unser Militärwesen mit seinen Legionen und Kohorten – wir nennen sie Divisionen und Bataillone –, mit Infanterie, Kavallerie und Artillerie ist unverfälschtes römisches Erbe. Mit den Heerhaufen und Wagenburgen der alten Germanen hat es nichts mehr zu tun. Und so ließe sich noch manches nennen, das uns selbstverständlich ist, vom Zirkus bis zum Roman, deren Herkunft schon die Namen verraten.

Das Römische Reich ist lange vergangen, gewiß, aber dafür hat es auch lange gedauert. Es ist keine Kleinigkeit, daß das westliche und südliche Europa fast fünfhundert Jahre lang – ein rundes Viertel seiner Geschichte, und zwar das erste, grundlegende Viertel – in einem Reich geeint war.

Man muß sich einmal klarmachen, wie lang diese Zeit war, denn auf der Schule kommt sie meistens sehr kurz weg. Da hört die Geschichte Roms mit Augustus so ziemlich auf, dann erfährt man vielleicht noch etwas von dem bösen Kaiser Nero und den Christenverfolgungen, und schon ist man plötzlich bei den alten Germanen, und das Mittelalter ist da, man weiß nicht wie. Aber Augustus war, als das Römische Reich unterging, so lange tot wie jetzt Luther, die Christianisierung des Reichs unter Konstantin – eine ungeheure Revolution – so lange her wie jetzt Napoleons Feldzüge. Die ganze europäische Neuzeit hat nicht länger gedauert als das Reich der Cäsaren. Und im ganzen war diese »Neuzeit« eine glänzende Epoche. Die eigentliche

Dekadenz- und Untergangsperiode war im Vergleich dazu sehr kurz. 451 hatte das Weströmische Reich noch in einer letzten gewaltigen Anstrengung auf den Katalaunischen Feldern gemeinsam mit den Westgoten die Hunnen zurückgeschlagen. Das lag beim Reichsende 476 erst ein Vierteljahrhundert zurück, also noch nicht so lange wie jetzt der Zweite Weltkrieg. So schnell kann es gehen, wenn es erst einmal bergab geht.

Aber zurück zu der Frage, die wir am Anfang stellten: Ist das Weströmische Reich eigentlich 476 wirklich ganz und gar untergegangen? Wenn man will, kann man sagen: Es hat noch mindestens gute tausend Jahre in verwandelter Form weiterbestanden, und Europa ist auch noch zwischen 500 und 1500 unter Rom geeint gewesen – nun freilich nicht mehr im Römischen Reich, sondern in der Römischen Kirche, die ja aber in ihrer Organisation das Reich verblüffend genau fortsetzte. Nur war aus dem Römischen Reich eben ein geistliches Reich geworden, dem es übrigens in seinen großen Zeiten auch an weltlicher Macht nicht gefehlt hat. Dieses geistliche Reich besteht vielfach sogar noch bis heute fort, und auch wo es nicht mehr besteht, wirkt es nach. Noch heute heben sich die katholischen – oder katholisch gewesenen – Völker Europas ganz deutlich von denen ab, deren Glaubenstraditionen nicht auf Rom, sondern auf Byzanz zurückgehen. Noch heute läuft die alte Grenze zwischen Rom und Byzanz als eine Grenze des Lebensgefühls – auch der politischen Kultur – deutlich mitten durch den Ostblock, zwischen Polen und Rußland.

Aber auch die heutige Grenze zwischen Ost und West in Europa hat tiefe historische Wurzeln, die auf Rom zurückgehen, und zwar in diesem Fall sogar auf ein weltliches Rom, einen Staat. Denn im Jahre 800 wurde ja das 476 untergegangene, aber nie ganz vergessene Weströmische Reich ganz offiziell noch einmal gegründet: Das Reich Karls des Großen war nicht als Neuschöpfung deklariert, sondern ausdrücklich als Wiederherstellung des Weströmischen Reiches. Auch geographisch ist es in seinem Kernbestand unverkennbar mit diesem alten Weströmischen Reich fast deckungsgleich gewesen, wenn auch etwas verkleinert und etwas verrutscht: Spanien und Britannien gehörten nicht mehr dazu, dafür Deutschland – wenn man es nicht allzu genau nimmt – nicht mehr wie früher nur bis zum Rhein und bis zur Donau, sondern bis zur Elbe und zum Bayerischen Wald; also ungefähr in den Grenzen der heutigen Bundesrepublik.

Ja, die Deutschen waren spät ins römische Europa gekommen, in ihrer Mehrzahl erst ins zweite, nicht ins erste Weströmische Reich; aber hier gilt das Wort: »Die Letzten werden die Ersten sein«. Während das karolingische Reich bald wieder zerfiel und die Königreiche ringsum, Frankreich voran, nach und nach heimliche Nationalstaaten wurden, klammerten sich die Deutschen noch viele Jahrhunderte lang an die Reichsidee, bis man schließlich, fast ironisch, vom »Heiligen Römischen Reich deutscher Nation« zu sprechen begann, das noch bis fast vorgestern dauerte, bis 1806. Und dann stand schon wieder ein drittes Weströmisches Reich bereit – nämlich das Imperium Napoleons mit seinen ganz bewußten römischen Anklängen, erst seinen Konsuln und dann seinem Kaiser, seinen Legionsadlern, seinen Senatoren und Präfekten und seiner lässigen Nichtachtung nationaler Gefühle und Traditionen, an der es freilich rasch scheiterte. Die Nationalstaaten, die Nachfolger der Barbarenreiche, die Westrom 476 abgelöst hatten, waren jetzt, das wurde in den napoleonischen Kriegen endgültig klar, stärker geworden als der römische Einheitsgedanke, und das Europa des großen Jahrhunderts von 1815 bis 1914 war ein Europa der »Vaterländer«.

Aber eine Art Europa war auch das noch. Übersehen wir nicht, daß seine maßgebenden Staatsmänner – Metternich, Napoleon III. und Bismarck – immer noch über dem Vaterländischen das Europäische nie ganz aus dem Auge verloren und den Nationalismen, derer sie sich bedienten, nie erlaubten, ein gewisses gesamteuropäisches Interesse zu überwuchern. Jeder von ihnen regierte ein Menschenalter lang – und nicht nur sein Land, sondern von seinem Land aus heimlich Europa. Daß sie es heimlich taten – tun mußten? –, war Europas Tragödie. Denn im allgemeinen Bewußtsein der europäischen Völker ging im 19. Jahrhundert der römische Einheitsgedanke zum erstenmal völlig verloren, und erst das machte die europäische Selbstzerfleischung in den beiden Weltkriegen möglich.

Nicht als ob es nicht immer innereuropäische Kriege gegeben hätte – dynastische Kriege, Religionskriege, Kabinettskriege, in den letzten Jahrhunderten auch zunehmend Nationalkriege. Aber niemals vor den Weltkriegen des 20. Jahrhunderts war selbst in Kriegszeiten das Gefühl einer übergreifenden Zusammengehörigkeit in Europa völlig verlorengegangen. Und immer hatten Friedensverträge – wirkliche Friedensverträge unter Gleichen – diese Zusammengehörigkeit nach dem Kriege wiederhergestellt. Man kann sagen, daß die ganze europäische Geschichte von 476 bis 1914 wie ein Symphoniesatz aus zwei durchgehenden Themen komponiert war – dem alten römischen Einheitsthema und dem neueren Thema der nationalen Vielfalt. Erst in unserem Jahrhundert wurde Europas Einheit eine oder zwei Generationen lang völlig vergessen oder verleugnet. Die Nationen und Nationalstaaten waren alles; was sie so lange verbunden hatte, galt für nichts. Das Ergebnis kennen wir.

Im Ersten Weltkrieg hatte es noch Sieger und Besiegte gegeben, und es dauerte eine Weile, bis sich herausstellte, daß die Sieger noch schwerer geschlagen waren als die Besiegten. Im Zweiten Weltkrieg gab es in West- und Mitteleuropa nur noch Besiegte. Unter den kontinentalen Kriegsteilnehmern gab es keinen, der nicht irgendwann nach 1939 seine Armee pulverisiert gesehen hat, dessen Bevölkerung nicht in die Flucht gejagt und dessen Hauptstadt nicht vom Feinde besetzt wurde. Auch England, dem das erspart geblieben war, mußte nach 1945 schaudernd seinen vermeintlichen Sieg sich als Niederlage entpuppen sehen: sein Empire verloren, seine Wirtschaft zerrüttet, neuerdings sogar seine nationale Einheit gefährdet. Der Nationalismus hatte Europa ruiniert.

Nach 1945 sah das einen Augenblick jeder, und das Pendel schlug zurück. Das Jahrzehnt nach 1945 war die Stunde Europas: die kurze Weltstunde, in der all die besiegten und ruinierten Nationen Westeuropas bereit schienen, zu ihrer vergessenen römischen Einheit zurückzufinden. Es war sicher kein Zufall, es war eher als Symbol gemeint, daß die Verträge, die 1957 die Europäische Gemeinschaft begründeten, in Rom unterzeichnet wurden. Denn die Römischen Verträge sollten ja viel mehr begründen als nur einen »Gemeinsamen Markt«; die Wirtschaftsgemeinschaft, so hoffte man damals, sollte automatisch die politische Gemeinschaft nach sich ziehen. Die Vision Heinrich Manns, die er schon in den zwanziger Jahren »Europäisches Reich« getauft hatte, sollte Wirklichkeit werden, eine übernationale Großmacht Westeuropa, nach Karl dem Großen und Napoleon die dritte Restauration des Weströmischen Reichs.

Kaum zu glauben, daß das erst eine Generation her ist. Man kann heute nur mit dem Altmänner-Lächeln daran denken, mit dem ein impotenter Greis an eine große törichte Jugendliebe zurückdenkt. Es ist bekanntlich nichts daraus geworden. Der Schwung ist schnell erlahmt. Manchmal scheint es heute, als hätten die Europäer all ihre Fähigkeiten zu großen Taten in den selbstmörderischen beiden Weltkriegen verbraucht und als hätten sie seither mit ihrem Nationalismus auch ihre Energie und Schöpfungskraft abgelegt. Wer das heutige Westeuropa betrachtet, der wird zwar an Westrom erinnert – aber nicht an die schöpferische Periode des Augustus, sondern an die Verfallszeit des letzten Kaisers Romulus Augustulus.

Das, was vor tausendfünfhundert Jahren geschah, hat so viel erschreckende Ähnlichkeit mit dem, was heute geschieht. Ein heutiger Westeuropäer, den man »in der Zeit zurückbeförderte«, würde sich im späten Rom viel schneller zurechtfinden als im Mittelalter oder in der Luther- oder Goethe-Zeit. Eine technische Zivilisation, ein hoher Lebensstandard. Churchill hat gelegentlich bemerkt, daß der Wohnkomfort des spätrömischen Britannien in England erst im 19. Jahrhundert wieder erreicht wurde. Und mit ihm zugleich moralische Verweichlichung, politische Passivität, Traditionsverlust, Bildungsverachtung und Abdankungsbereitschaft.

Historische Vergleiche beginnen immer zu hinken, wenn man sie zu sehr ins einzelne verfolgt. Trotzdem, gewisse Parallelen sind nicht zu übersehen. Zum Beispiel überließ man damals die Verteidigung der Grenzen gern domestizierten Germanen, so wie man sie heute gerne den Amerikanern überläßt, und man überließ fernliegende Reichsteile undomestizierten, noch barbarischen Germanen mit demselben Achselzucken, mit dem heute die Engländer ihre afrikanischen Kolonien den Idi Amins und seinen Nachfolgern überlassen. Und wenn aus der Unterwanderung des Reiches Überwanderung wurde und aus Fremdarbeitern Fremdherrscher – was kam es groß darauf an? Tatsächlich endete ja das Weströmische Reich 476 nicht dramatisch, sondern fast unmerklich. An dem bequemen, langweiligen Leben spätrömischer Bürger änderte sich von einem Tag zum anderen kaum etwas, als der Heermeister Odoaker sich zum König machte und den Knaben Romulus Augustulus pensionierte – sehr anständig, daß er ihn nur pensionierte und nicht erdolchen oder erdrosseln ließ. Eigentlich hätte man das erwartet. Freilich, die Herren, denen man nun zu gehorchen hatte, konnten nicht lesen und schreiben und aßen mit den Fingern, aber darüber konnte man Witze reißen.

Es änderte sich dann doch alles – nicht sofort, dafür um so gründlicher. Odoaker hielt sich nicht lange. Andere Germanen, die Ostgoten unter ihrem König Theoderich, machten ihm die

Herrschaft streitig. Bald wurde das Weströmische Reich der Dauerkriegsschauplatz immer neuer barbarischer Eroberer. Die Ostgoten wurden (nach einem byzantinischen Zwischenspiel) von Langobarden verdrängt, Westgoten von Wandalen, Franken kämpften mit Sachsen, Angeln und Sachsen mit Wikingern und Normannen; Recht und Staat verfielen, Mord und Plünderung wurden Alltag, Städte schrumpften und verfielen schließlich, die Häfen leerten sich, die Aquädukte und Kanäle versandeten und versumpften.

Die zwei Jahrhunderte, die dem so unblutigen, beinahe idyllischen Ende des Reiches folgten, wurden das »dunkle Zeitalter«, dessen Geschichte kaum überliefert ist, offenbar weil sich niemand gern daran erinnern – oder erinnern lassen – wollte. Materieller Wohlstand und Zivilisation verfallen rasch, wenn ihr geistiger Kern abstirbt. Wofür man nicht zu kämpfen bereit ist, das verliert man. Und die Folgen des Verlusts sind bitter, auch wenn die Pille verzuckert ist.

Das sind simple Lehren der Geschichte, die über anderthalb Jahrtausende hinweg uns heute noch, und gerade heute, in den Ohren klingen. Gewiß, die Geschichte wiederholt sich nicht haargenau. Es gibt Variationen. Aber das ist ein schwacher Trost.

Das Preußen der Weimarer Zeit nahm schon ein paar deutliche Charakterzüge der heutigen Bundesrepublik vorweg.

Die preußische Geschichte hat, sehr großzügig gerechnet, knapp zweihundertfünfzig Jahre gedauert, streng genommen wohl nur hundertsiebzig Jahre, von 1701 bis 1871. Denn in dem 1871 von ihm gegründeten Deutschen Reich hat sich Preußen nach und nach immer mehr verloren, und als die Siegermächte des Zweiten Weltkrieges es 1947 für abgeschafft erklärten, war es schon eine ganze Weile tot. Vor 1701 aber wiederum hat es kein Preußen gegeben, nur ein Kurfürstentum Brandenburg mit verstreutem hohenzollernschem Familienbesitz in weit entfernten Gegenden im Osten und Westen. Ja, selbst als Friedrich I. sich 1701 in Königsberg in Ostpreußen die preußische Krone aufs Haupt setzte, war das Königreich Preußen immer noch mehr Programm als Wirklichkeit.

Wie es im 18. Jahrhundert, seinem klassischen Jahrhundert, dies Programm verwirklichte, das ist dann freilich eine denkwürdige, erstaunliche Geschichte. Aber ehe wir darauf eingehen, ist es gut, kurz innezuhalten und sich ein bißchen zu wundern. Denn normal ist es ja nicht, daß ein Staat plötzlich aus dem Nichts entsteht und dann, nach einem kurzen Feuerwerk von Leistungen und Erfolgen, bald wieder im Nichts verschwindet.

Nicht nur die europäischen Nationalstaaten, auch die meisten deutschen Länder haben ja eine lange Geschichte und eine starke Zählebigkeit. Bayern zum Beispiel gab es schon zur Zeit Karls des Großen, und es existiert heute noch. Sachsen hat schon in der Reformationsgeschichte eine große Rolle gespielt, und es ist immer noch deutlich wahrnehmbar, wenn es auch heute verwaltungsmäßig in mehrere Bezirke der DDR aufgeteilt ist. Von einem zukünftigen Preußen war noch in der Zeit des Dreißigjährigen Krieges nicht einmal etwas zu ahnen, und heute ist Preußen reine Vergangenheit.

Wenn wir den Gründen für diesen Unterschied nachgehen, stoßen wir sofort auf eine Grundtatsache – vielleicht *die* Grundtatsache – der Geschichte Preußens: nämlich seinen gewissermaßen abstrakten Charakter. Bayern, um nur dieses zu nennen, hatte und hat eine natürliche Grundlage, es bildete oder bildet die politische Organisation deutscher Stämme. Preußen verkörperte keinen Stamm, es war reiner Staat, ein Kunststaat – man kann auch sagen: ein Staatskunstwerk; ein sinnreich konstruiertes Regierungs-, Verwaltungs- und Militärsystem, das sich wie ein Zelt hin- und hertragen und verschiedenen Stämmen, sogar verschiedenen Völkern überstülpen ließ und übrigens wegen seiner anfänglichen territorialen Zerrissenheit auch darauf angewiesen war, von dieser seiner sozusagen beliebigen Verwendbarkeit Gebrauch zu machen.

Darin lag seine große Stärke und seine heimliche Schwäche. Solange Preußen als Staat funktionierte, war es fast unbegrenzt ausdehnbar; aber als es zu funktionieren aufhörte, hörte es auf zu existieren, und einmal seiner Existenz beraubt, war es unwiederherstellbar – kein Naturgewächs, das sich erneuern kann, sondern eine kaputte Maschine. Man kann das heute in der Bundesrepublik auf einem Gebiet bestätigt finden, wo niemand eine solche Bestätigung vermutet: Es gibt noch schlesische und pommersche Landsmannschaften. Eine preußische Landsmannschaft gibt es nicht, auf diesen Gedanken ist niemand gekommen. Preußen war eben kein Nationalstaat, sondern ein Rationalstaat, ein reiner Vernunftstaat, und darin lag auch wieder seine Stärke.

Bleiben wir noch einen Augenblick bei den Schlesiern. Sie haben heute ganz vergessen, sich Preußen zu nennen, aber sie gehörten einmal zum preußischen Kernbestand, sie waren sehr gute, tüchtige und loyale Preußen – und das, obwohl sie ja durch Eroberung, gänzlich ungefragt, zu Preußen gemacht worden waren. Ein gängiger Reim des 18. Jahrhunderts lautete:

Niemand wird Preuße denn aus Not.
Ist er's geworden, dankt er Gott.

Denn dieser preußische Rationalstaat hatte nicht nur etwas Hartes, Metallisches, Mechanisch-Maschinelles. Das hatte er allerdings, aber ihn zeichnete auch eine kühle Liberalität, Gerechtigkeit und Toleranz aus, die für seine Untertanen deswegen nicht weniger wohltuend waren, weil sie auf einer Art Gleichgültigkeit beruhten. In Preußen wurden keine Hexen mehr verbrannt, als das anderswo noch durchaus üblich war, die Folter wurde früher als anderswo abgeschafft, ebenso die barocken und martervollen Hinrichtungsarten, es gab keine Zwangsbekehrungen und Glaubensverfolgungen, jeder konnte denken und schreiben, was er wollte, für alle galt gleiches Recht.

Die Polen, die sich Preußen seit 1772 zu Millionen einverleibte, wurden nicht etwa mit »Germanisierung« gequält wie ein Jahrhundert später im Deutschen Reich. Sie konnten mit Selbstverständlichkeit Polen bleiben, polnisch sprechen und ihre polnischen Priester und Lehrer haben, sie waren eben die polnischen Untertanen des preußischen Staats, so gute und willkommene Untertanen wie alle anderen. Dieser Staat war vorurteilslos, vernünftig, praktisch und gerecht. Solange man dem Staat gab, was des Staates war, gab er seinerseits »jedem das Seine«.

Das machte den Staat Preußen fast unbegrenzt ausdehnungsfähig – nicht nur eroberungstüchtig, sondern auch fähig, sich das Eroberte wirklich einzuverleiben und neue Stärke daraus zu schöpfen. Es machte diesen Staat für seine Untertanen aber auch auf eine besondere Weise entbehrlich, wenn er einmal versagte.

Die Armee besitzt einen Staat

Es war nicht nur annehmbar, sondern in vieler Hinsicht angenehm, preußischer Untertan zu werden. So viel Ordnung, Rechtssicherheit und Gewissensfreiheit fand man nicht überall; es gab auch einen gewissen Stolz. Aber es war nicht unvermeidlich, nicht notwendig, Preuße zu sein; man war nicht Preuße von Natur, wie man Franzose, Engländer, Deutscher oder selbst Bayer oder Sachse war.

Die preußische Staatsangehörigkeit war mehr als jede andere auswechselbar, und wenn der preußische Staat, wie gesagt, beliebigen Bevölkerungen, ohne sie besonders zu stören, übergestülpt werden konnte wie ein Zelt, dann konnte man dieses Zelt auch wieder abbrechen, ohne daß seine Bevölkerung dies als Katastrophe empfand. Preußen war kein Organismus mit Selbstheilungskräften, sondern eine wundervoll konstruierte Staatsmaschine; aber eben eine Maschine, gemacht, nicht geworden; und – darüber ist nun einmal nicht hinwegzukommen – hauptsächlich durch militärische Machtentfaltung und Eroberungskriege gemacht.

Damit fiel es allerdings im 18. Jahrhundert nicht ganz aus dem Rahmen. Alle europäischen Staaten waren damals Militärstaaten, alle führten Eroberungskriege, und wenn sie dabei Erfolg hatten, dann war das ruhmreich. Preußen freilich trieb das alles auf die Spitze. Der preußische Staat Friedrich Wilhelms I., des Soldatenkönigs, war ein Kleinstaat mit einer Großmachtarmee; und sein Sohn Friedrich, den schon seine Zeitgenossen den Großen nannten, machte von dieser Armee mit einer Tollkühnheit Gebrauch, bei der selbst dem damaligen Europa manchmal Hören und Sehen verging.

Man muß aber wohl zugeben, daß das nicht reine Willkür war, daß es seine Gründe hatte. Man braucht nur auf die Landkarte zu blicken. Das Königreich Preußen, das sich 1701 proklamiert hatte, verdiente den Titel Königreich noch kaum. Es bestand aus sechs oder sieben unverbundenen Gebietsfetzen, zwei größeren, Brandenburg und Ostpreußen, im Osten, einem knappen halben Dutzend kleineren im Westen Deutschlands. Es war auf Arrondierung und Vervollständigung geradezu angewiesen, es mußte größer werden, um überhaupt existieren zu können.

Immerhin war der preußische Militarismus auch dem damaligen Europa schon unheimlich. »Andere Staaten besitzen eine Armee, Preußen ist eine Armee, die einen Staat besitzt«, schrieb Mirabeau in den achtziger Jahren des 18. Jahrhunderts, und in gewissem Sinne stimmte das oder schien jedenfalls zu stimmen. Die preußische Armee war, im Verhältnis zum preußischen Territorium und zur preußischen Bevölkerungszahl, unverhältnismäßig groß, und Preußen mochte dem Reisenden wohl wie eine große Garnison oder ein großes Feldlager vorkommen.

In einem anderen Sinne stimmte es auch wieder nicht. Die preußische Armee hat den preußischen Staat nie »besessen«, sie hat nie den geringsten Versuch gemacht, ihn zu regieren oder seine Politik zu bestimmen; sie war die disziplinierteste Armee der Welt; ein Militärputsch war in Preußen immer undenkbar. Andererseits war die Armee das wichtigste Instrument des Staates, seine Trumpfkarte und sein Herzblatt; für sie geschah alles, um sie drehte sich alles, mit ihr stand und fiel alles. Nicht von der Armee, aber von der Sorge um die Armee war dieser Staat in der Tat »besessen«. Auch seine – für die damalige Zeit hochmoderne – Finanz-, Wirtschafts- und Bevölkerungspolitik diente letzten Endes seiner Kriegstüchtigkeit, und das hieß: seiner Armee.

Die Bevölkerungs- und Einwanderungspolitik des 18. Jahrhunderts ist Preußens liebenswürdigster Zug, aber gerade dieser liebenswürdige Zug diente im Grunde dem unliebenswürdigsten, eben dem preußischen Militarismus – merkwürdig, wie das alles zusammenhängt. Preußen wurde in diesem Jahrhundert eine Freistatt und ein Rettungshafen für die Verfolgten, Beleidigten und Erniedrigten ganz Europas, fast so wie Amerika im 19. Jahrhundert. Man kann im ganzen Jahrhundert einen ständigen Strom von Emigranten und religiös Verfolgten sich nach Preußen ergießen sehen. Französische Hugenotten, Salzburger Protestanten, Waldenser, Mennoniten, schottische Presbyterianer, auch Juden, sogar gelegentlich Katholiken, denen in strengeren protestantischen Staaten nicht wohl war. »Wenn Mohammedaner kommen, werden wir ihnen Moscheen bauen«, sagte Friedrich der Große. Sie waren alle willkommen, und sie durften alle weiter ihre Sprache sprechen, ihre Gewohnheiten pflegen und »nach ihrer Façon selig werden«.

Dem preußischen Staat war jeder neue Untertan recht. Er war auch nicht kleinlich, wenn es sich darum handelte, hervorragende Ausländer, die das wünschten, direkt in seinen höheren Dienst zu nehmen. Nett wirkt das alles, menschenfreundlich. Und das war es ja auch. Aber Menschenfreundlichkeit war nicht das preußische Motiv bei dieser hochliberalen Einwanderungs- und Bevölkerungspolitik. Menschenfreundlich war man nebenbei. Das Motiv war Staatsraison, ja, wenn man will, Militarismus. Der König brauchte Soldaten; und der Staat brauchte Menschen, die die Soldaten ernährten, bekleideten und bewaffneten. Das ursprüngliche Preußen war nicht nur territorial zerrissen, sondern auch unterbevölkert. Beidem mußte abgeholfen werden, wenn es sich als Staat konsolidieren wollte; und, so kann man sagen, dem einen durch das andere. »Menschen achte ich vor den größten Reichtum«, erklärte Friedrich Wilhelm I. und noch deutlicher Friedrich der Große: »Der erste Grundsatz, der allgemeinste und wahrste, ist der, daß die wahre Kraft eines Staates in seiner hohen Volkszahl liegt.« Mehr Menschen, egal welche, eine größere Armee, und dann, mit Hilfe dieser Armee, ein größeres Territorium – das war das preußische Erfolgsrezept unter seinen großen Königen des 18. Jahrhunderts.

Man kann nicht sagen, daß es sich nicht bewährte. Die preußische Geschichte des 18. Jahrhunderts ist eine tolle Erfolgsgeschichte. Als es gegründet wurde, am Anfang des Jahrhunderts, war das preußische Königreich noch fast ein Witz. Am Ende des Jahrhunderts war es eine wirkliche Großmacht, sicher immer noch die kleinste unter den Mächten Europas, aber doch anerkannt und durchgesetzt als Mitglied dieses exklusiven Clubs. Sein Gebietskörper, anfangs kaum ein Körper zu nennen, reichte jetzt von der Elbe bis zur Pilitza – Warschau war seit 1795 eine preußische Provinzhauptstadt –, und sein Machteinfluß reichte von der Elbe bis zum Rhein. Napoleon, mit dem Preußen eine Weile sehr gut stand, schlug dem König Friedrich Wilhelm III. 1804 vor, sich »Kaiser von Preußen« zu nennen, und das war kein Witz mehr.

Zwei Jahre später allerdings kam dann der jähe Sturz, und schon fünfzig Jahre vorher, im Siebenjährigen Krieg, hatte Preußen ein paar Jahre lang am Abgrund gestanden. Hier soll nicht die Geschichte der preußischen Kriege, Siege und Niederlagen nacherzählt werden. Roßbach und Leuthen, Kolin, Zorndorf und Kunersdorf, später Jena, Leipzig und Waterloo – heute will man es gar nicht mehr so genau wissen und braucht es auch nicht. Aber worüber sich nach wie vor nachzudenken lohnt, wenn man die preußische Geschichte verstehen will, ist folgendes:

Kein anderer europäischer Staat setzte, wenn er eine Schlacht oder gar einen Krieg verlor, seine ganze Existenz aufs Spiel. Frankreich, England, Spanien, nun gar Rußland, damals auch noch Österreich – das waren feste Größen, ohne die sich niemand Europa vorstellen konnte. Preußen aber war wegzudenken. Dagegen halfen auch alle kriegerischen Erfolge nicht. Es war so neu. Man hatte ein Europa ohne Preußen noch in frischer Erinnerung, und niemand hätte damals Preußen entbehrt. Seit es existierte, erschien es im Gegenteil den meisten seiner Nachbarn als ein höchst überflüssiger Störenfried. Niemand hatte dies kleine Land in den Kreis der europäischen Großmächte eingeladen. Es drängte sich ein, und es drängte sich auf. Wie es das ein Jahrhundert lang schaffte – mit Geist, List, Frechheit, Tücke und Heroismus –, das war schon ein sehenswertes Schauspiel. Aber beliebt machte sich Preußen damit nicht, und der Plan, es wieder abzuschaffen und sein Gebiet unter anderen Staaten aufzuteilen, lag immer in der Luft. Preußen kam sozusagen aus dem Nichts, existierte, mit all seiner spröden Macht, immer am Rande des Nichts – und es paßt irgendwie dazu, daß es heute wieder im Nichts verschwunden ist.

Das wäre ihm um ein Haar schon im Siebenjährigen Krieg passiert, und nach der Niederlage gegen Napoleon 1806 schien es wiederum so weit. Beide Male entkam Preußen der Vernichtung nur durch außerordentliches Glück, verbunden allerdings mit heroischer Zähigkeit, ohne die das Glück jedesmal zu spät gekommen wäre. Und das zweite Mal kam es nicht ganz unversehrt, nicht ganz unverwandelt davon. Die preußische Geschichte ging im 19. Jahrhundert noch eine ganze Weile weiter, und sie hatte noch ihre großartigen Episoden, aber die preußische Erfolgsgeschichte ist eigentlich mit der napoleonischen Zeit zu Ende, und auch das klassische Preußen, das uns heute noch faszinieren kann, dieser kalte, blanke, harte und bei aller Härte auch wieder so aufgeklärte, fortschrittliche und freigeistige Vernunftstaat, hat das napoleonische Zeitalter nicht überlebt. Es ist ein verwandeltes, ein anderes Preußen, das 1815 aus dem Abgrund auftaucht, in den es gefallen war.

Ein frommer Staat der Romantik

So kurz die preußische Geschichte ist – Preußen hat darin drei, ja vier ganz verschiedene Rollen gespielt, es hat zweimal oder sogar dreimal seinen ganzen Charakter verändert, und man muß eigentlich, wenn man »Preußen« sagt, immer hinzufügen, von welchem Preußen man gerade spricht. Das hängt damit zusammen, daß Preußen eben kein natürliches Gebilde war, sondern ein künstliches, ein Staat, der sich selbst machte und in gewissem Sinne selbst darüber befand, was er jeweils war und sein wollte. Preußen hatte nicht nur geographisch keinen festen Standort – es ist zwischen 1740 und 1866 auf der Landkarte Deutschlands und Europas hin- und hergerutscht wie eine Quecksilberkugel auf einer Glasplatte; es hat auch sein inneres Wesen mehrmals geändert.

Es hat das klassische Preußen des 18. Jahrhunderts gegeben; das romantische Preußen des Halbjahrhunderts zwischen Napoleon und Bismarck; das deutschnationale Preußen der Bismarck- und Nach-Bismarck-Epoche; und, wenn man will als Nachspiel, schließlich auch noch das republikanisch-demokratische Preußen der Weimarer Zeit, das interessanterweise schon ein paar deutliche Charakterzüge der heutigen Bundesrepublik vorwegnahm.

Aber zunächst müssen wir jetzt einen kurzen Blick auf das verwandelte Preußen werfen, das aus der napoleonischen Zerreißprobe hervorging, das romantisch-reaktionäre Preußen der Restaurationsepoche und des Biedermeier. Das klassische Preußen des 18. Jahrhunderts war fortschrittlich, kriegerisch und freigeistig gewesen, ein Staat der Aufklärung. Das Preußen der Restaurationszeit war reaktionär, friedlich und fromm, ein Staat der Romantik. Es war kein Zufall, daß in diesem romantischen Preußen Berlin mit seinen Tiecks, Arnims, Fouqués und Chamissos der Hauptsitz der romantischen Schule wurde. Romantisch und reaktionär war freilich das ganze jetzt anbrechende Zeitalter, und insofern blieb Preußen sich doch wieder treu, als es – wie gewohnt – mit der Zeit ging.

Das hatte es auch in der napoleonischen Ära getan und auf seine Weise die modernen französischen Ideen aufzunehmen und in Reformpolitik umzusetzen versucht. Aber sehr viel war daraus nicht geworden, und im entscheidenden letzten Augenblick hatte Preußen sich dann doch der Koalition der alten Mächte angeschlossen und mit ihr gesiegt; damit war den Reformern der Wind aus den Segeln genommen. Zugleich hatte es Preußen aber vor der drohenden Auflösung und Vernichtung gerettet. Über dem Preußen der Metternich-Zeit stand als stillschweigendes Lebensmotto der Satz: »Wir sind noch einmal davongekommen«.

Es wurde ein überaus friedliebender, ja friedensängstlicher, stiller und bescheidener, freilich auch reichlich reaktionärer Staat, der sich eng und ängstlich an seine größeren und stärkeren Verbündeten Rußland und Österreich anschloß, ja anklammerte, die ihn 1813 gerettet hatten. In seinem Testament von 1835 ermahnte Friedrich Wilhelm III. seinen Nachfolger: »Versäume nicht, die Eintracht unter den europäischen Mächten, soviel in Deinen Kräften, zu befördern. Vor allem aber mögen Preußen, Rußland und Österreich sich nie voneinander trennen; ihr Zusammenhalten ist als der Schlußstein der großen europäischen Allianz zu betrachten.«

Man vergleiche das mit den Schlußsätzen des politischen Testaments Friedrichs des Großen von 1776: »Solange das Land keine größere Geschlossenheit und bessere Grenzen besitzt, müssen seine Herrscher *toujours en vedette* sein, über ihre Nachbarn wachen und jeden Augenblick sich bereit halten, die verderblichen Anschläge ihrer Feinde abzuwehren.« Da hat man den ganzen Unterschied. Das klassische Preußen des 18. Jahrhunderts war ein kühner Freibeuterstaat gewesen, der sich durchboxte. Das romantische Preußen war ein auf bescheidener Stufe akzeptierter, wenn man will: arrivierter Staat, der sich aufseufzend nach lebensgefährlichen Abenteuern zur Ruhe gesetzt hatte.

Militaristisch kann man dieses Preußen des Biedermeier eigentlich nicht mehr nennen. Die berühmte Armee wurde vernachlässigt und verkam ein bißchen; als sie 1859, im französisch-österreichischen Krieg, mobilisiert werden sollte, klappte so recht nichts, und als 1864, nach dem Sturm auf die Düppeler Schanzen, in Berlin Unter den Linden Siegessalut geschossen werden sollte, fand sich niemand mehr, der sich erinnerte, wieviel Schuß dabei abzufeuern waren. Man mußte in alten Akten nachschlagen. Erst die Militärreform Wilhelms I., über die es zu dem berühmten Verfassungskonflikt kam, der dann Bismarck ans Ruder brachte, machte Preußen wieder zu einem Militärstaat. In dem Halbjahrhundert zwischen Napoleon und Bismarck hat Preußen keinen einzigen Krieg geführt. Das einzige, was die preußische Armee in dieser Zeit zu tun bekam, war die Unterdrückung nationaldemokratischer Aufstände in den Jahren 1848/49 – eine ruhmlose und traurige Aufgabe, mit der sich das reaktionäre und friedlich-muffige Preußen des 19. Jahrhunderts in Deutschland ebensowenig beliebt machte, wie es das fortschrittliche und kriegerische des vorangegangenen Jahrhunderts getan hatte. Schon vor 1848 hatte es sich mit den »Demagogenverfolgungen« einen schlimmen Ruf eingehandelt.

Merkwürdig nun aber, daß trotzdem gerade in dieser Zeit die anrollende deutsche Nationalbewegung »Preußens deutsche Mission« entdeckte – die angebliche Berufung Preußens, Deutschland als Nationalstaat zu einigen. Preußen war eben neben Österreich im Deutschen Bund die einzige Großmacht, und anders als Österreich bewohnte es in der Form, die es 1815 gewonnen hatte, ganz überwiegend eine deutsche Bevölkerung – über die preußischen Polen sah man großzügig hinweg. Preußen war im deutschen Westen und Süden damals gleichzeitig verhaßt und umworben: der aktuelle Unterdrücker, aber auch der potentielle Anführer der deutschen Nationalbewegung. Von dieser ihm angesonnenen nationalen Führungsrolle wollte Preußen ein halbes Jahrhundert lang durchaus nichts wissen. Die Nationalbewegung – das war ja zugleich die Demokratie, war die Revolution. Davor bekreuzigte es sich.

Bis dann Bismarck kam und die Flucht nach vorn antrat. Der junge Bismarck war durchaus noch kein Freund der deutschen Nationalbewegung gewesen, im Gegenteil, er war 1848/49 der sturste der sturen Nur-Preußen, und das Wort vom »deutschnationalen Schwindel« saß ihm locker auf den Lippen. Gerade deswegen war er ja 1851 als preußischer Gesandter zum Deutschen Bund nach Frankfurt geschickt worden. Aber dort verbiß er sich so sehr in den Rivalitätskampf Preußens mit Österreich, daß er allmählich die Nationalbewegung, samt Demokratie und Revolution, als den entscheidenden Verbündeten Preußens in diesem Rivalitätskampf zu sehen anfing, ohne indessen zu einem überzeugten Verfechter der deutschen Einheit zu werden.

Damit glaubte er immer noch preußische Politik zu treiben. Preußen sollte die neue Vormacht in einem Deutschland werden, aus dem die alte Reichsmacht Österreich auszuschließen war, und die Nationalbewegung sollte in diesem Machtkampf um Deutschland als Preußens Instrument dienen. Scheinbar ging diese kühne, ja paradoxe Rechnung ja denn auch glänzend auf. Es hat sich dann aber doch herausgestellt, daß der alte König Wilhelm I. tiefer blickte, als er am Vorabend seiner Kaiserkrönung in Versailles unter Tränen sagte: »Morgen ist der traurigste Tag meines Lebens. Da tragen wir das alte Preußen zu Grabe.«

Was Bismarck nicht bedacht hatte, war, daß er mit der Reichsgründung Preußen überflüssig machte. Im alten Deutschen Bund, einer losen Vereinigung souveräner Staaten, konnte es eine Hegemonialmacht geben: Österreich oder, wenn Österreich ausschied, eben Preußen. Aber in einem geeinten Nationalstaat war auch der größte Gliedstaat nicht mehr Hegemonialmacht, sondern eben nur der größte Gliedstaat. Bismarck hat mit vielen verfassungstechnischen Kunstgriffen versucht, darüber hinwegzukommen, aber vergebens. Hegel hat richtig gesagt: »Ist das Reich der Vorstellung revolutioniert, so hält die Wirklichkeit nicht aus.«

Das deutschnationale Preußen

Mit der Reichsgründung hatte Bismarck das Reich der Vorstellung revolutioniert. Auch die Preußen fühlten sich im Deutschen Reich nicht mehr in erster Linie als Preußen, sondern als Deutsche. Das deutschnationale Preußen, das Bismarck hinterließ, war das alte Preußen nicht mehr. Er selbst hat das durchaus noch gespürt. Zu dem jungen Kaiser und König Wilhelm II. sagte er einmal: »Mit dem Deutschen Reich ist es soso, lala.

Suchen Sie nur Preußen stark zu machen. Es ist egal, was aus den anderen wird.« Aber dazu war es zu spät. Der Kaiser verstand schon gar nicht mehr, wovon Bismarck sprach, er war bereits ganz und gar der Kaiser und nur noch nebenbei König von Preußen.

Wie wenig Preußen noch etwas Besonderes war, stellte sich schon vier Jahre nach Bismarcks Abgang heraus, als ein bayerischer Fürst, Chlodwig zu Hohenlohe-Schillingsfürst, Reichskanzler wurde – und damit dann auch ganz selbstverständlich preußischer Ministerpräsident. Bismarck hatte es sich noch so vorgestellt, daß der preußische Ministerpräsident immer auch Reichskanzler sein sollte. Nun, noch zu seinen Lebzeiten, stellte sich alles umgekehrt heraus. Reichskanzler konnte auch ein Bayer werden, und wenn er es wurde, dann wurde er auch preußischer Ministerpräsident, und in Preußen regierte eben ein Bayer. Es ist nicht bekannt, daß die Preußen noch irgend etwas dabei fanden. Wie sie es ja auch ein Menschenalter später, 1932, vollkommen widerstandslos, ja klaglos hinnahmen, daß die preußische Regierung abgesetzt und Preußen einem Reichskommissar unterstellt wurde.

Diese letzte, schon republikanische preußische Regierung, die Regierung des ostpreußischen Sozialdemokraten Otto Braun, verdient übrigens noch ein kurzes Wort. Eine Biographie Brauns, die vor wenigen Jahren erschienen ist, trägt den Untertitel: »Preußens demokratische Sendung«. Da spitzt man die Ohren. Was, Preußen soll nun nach seiner deutschen Sendung, mit der es schon »Soso, lala« gewesen war, auch noch eine demokratische Sendung gehabt haben? Eine Demokratie war Preußen in seiner ganzen Geschichte wahrhaftig nicht gewesen, und auch in seiner Nachgeschichte, 1871 bis 1918, war es – mit seinem Dreiklassenwahlrecht, während der Reichstag längst nach allgemeinem, gleichen Wahlrecht gewählt wurde – eher ein Hort der Reaktion in Deutschland gewesen.

Aber zutreffend ist, daß der republikanische Gliedstaat Preußen in der Weimarer Republik noch einmal eine Art Musterland wurde. Während im Reich die Regierungen beinahe jedes Jahr wechselten, hatte Preußen fast die ganze Zeit dieselbe Regierung, eben die Regierung Otto Brauns. Man nannte ihn damals, halb spöttisch und halb bewundernd, »den letzten König von Preußen«, und tatsächlich hatte er in seiner nüchternen und kühlfortschrittlichen Art etwas vom Stil der besten preußischen Könige. In seinem Preußen wurde reformiert, besonders im

Schulwesen und Strafvollzug, es wurde kräftig und ruhig regiert, und sogar das konstruktive Mißtrauensvotum, das heute der Bundesrepublik Stabilität gibt, hat das damalige Preußen schon erfunden.

Mit alledem jedoch ist die letzte, die republikanische Phase Preußens eben doch nur noch eine Fußnote zur preußischen Geschichte, sogar zur preußischen Nachgeschichte. Geschichte gemacht hat Preußen seit der Reichsgründung nicht mehr. Und zugrunde gegangen ist Preußen schon lange vor dem Deutschen Reich, sogar schon vor Hitler – spätestens an jenem 20. Juli 1932, als der damalige Reichskanzler von Papen ein paar Reichswehrkompanien in die preußischen Ministerien einrükken ließ, die Minister nach Hause schickte und sich selbst zum Reichskommissar für Preußen ernannte.

Ein trauriges und etwas ruhmloses Ende einer Geschichte, die man in ihren großen Zeiten, besonders in ihrer ersten Hälfte, nicht ruhmlos nennen kann. Aber auch wieder ein Glück im Unglück für Preußen, daß es mit dem furchtbaren Hitlerschen Finale der Reichsgeschichte als Staat nichts mehr zu tun hatte. Man hat wohl nach dem zweiten Weltkrieg hier und da versucht, Preußen zum Sündenbock für die Hitler-Katastrophe zu machen, aber das hat nie recht gelingen wollen, und heute hört man kaum mehr etwas davon. Das Dritte Reich war Hitlers Reich, und der zweite Weltkrieg war Hitlers Krieg, und Hitler war nun einmal kein Preuße, auch im Geiste nicht – ganz und gar nicht. Eher war er, wie ein seinerzeit in preußischen Kreisen umgehendes Witzwort es haben wollte, »Österreichs Rache für Königgrätz«.

Nein, von der Schuld an den Katastrophen der deutschen Geschichte im 20. Jahrhundert kann man Preußen freisprechen. Dieses Jahrhundert war überhaupt kein preußisches Jahrhundert mehr. Schon im vorangegangenen stand Preußen meistens in der Defensive. Es war ein Staat des 18. Jahrhunderts, ein Vernunftstaat im Zeitalter der Vernunft, ein Staat aus der Retorte, ohne einen anderen Zweck als Selbsterhaltung, ohne eine Idee, die über den reinen staatlichen Selbstzweck hinausging. Es geriet ins Gedränge, als es im 19. Jahrhundert mit zwei solchen Ideen zusammenstieß: der Demokratie und dem Nationalismus. Mit beiden hat es sich zu arrangieren versucht, mit den demokratischen Ideen der Französischen Revolution in der Reformzeit am Anfang des 19. Jahrhunderts, mit der deutschen Nationalidee fünfzig Jahre später unter Bismarck.

Das erste blieb ziemlich erfolglos und endete in fünfzig Jahren der Reaktion. Das zweite wurde nur zu erfolgreich und endete mit Preußens Aufgehen in Deutschland. An Bismarcks Erfolg ist Preußen schließlich zugrunde gegangen.

> Bismarcks Reichsgründung war eine Art grandioser Trick; und mit Tricks, auch mit den glänzendsten, kann man nichts Dauerhaftes schaffen.

Das kleindeutsche Reich mit dem preußischen König als Erbkaiser an der Spitze war seit 1848 das Ziel des deutschen liberalen Bürgertums. Aber gemacht wurde es im Winter 1870/71 nicht von den liberalen Bürgern, die es so heiß ersehnten, sondern von den deutschen Fürsten, die es zum großen Teil gar nicht wollten. Es war nicht die Errungenschaft einer bürgerlichen Revolution, sondern das Produkt – fast könnte man sagen: das Nebenprodukt – eines dynastischen Krieges zwischen Preußen und Frankreich.

Sein Architekt war Bismarck, und mit Recht spricht man heute vom »Bismarck-Reich«. Aber Bismarck selbst hat lange geschwankt, ob er den Anschluß der süddeutschen Staaten an den 1866 errichteten, von Preußen beherrschten Norddeutschen Bund und die Hochstilisierung des erweiterten Bundes zum Kaiserreich eigentlich wollte oder wollen sollte. 1866 hatte er jedenfalls bewußt darauf verzichtet, und das nicht nur aus diplomatischen Rücksichten. Sechs Tage nach der Schlacht bei Königgrätz setzte er dem preußischen Botschafter in Paris die Gründe auseinander, aus denen er sich damals entschieden hatte, an der Main-Linie haltzumachen und statt einer deutschen nur eine norddeutsche Einigung zu suchen:

»Ich spreche das Wort Norddeutscher Bund unbedenklich aus, weil ich es, wenn die uns nötige Konsolidierung des Bundes gewonnen werden soll, für unmöglich halte, das süddeutsch-katholisch-bayerische Element hineinzuziehen. Letzteres wird sich von Berlin aus noch für lange Zeit nicht gutwillig regieren lassen; und der Versuch, es gewaltsam zu unterwerfen, würde uns dasselbe Element der Schwäche schaffen, wie Süd-Italien dem dortigen Gesamtstaate.«

Noch drastischer schrieb er drei Wochen später an seinen Sohn: »Was wir brauchen, ist Norddeutschland, und da wollen wir uns breitmachen.« Und die deutsche Nationalbewegung bezeichnete er damals in einem Telegramm an den Oberkommandierenden der preußischen Main-Armee noch kurzweg als »nationalen Schwindel«.

Ein Jahr später klang das alles schon ein bißchen anders. Bismarck hatte inzwischen mit den preußischen Liberalen seinen Frieden gemacht, ja eine Art politisches Bündnis mit ihnen geschlossen, und das bedeutete für ihn auch Rücksicht auf die National-Idee, das eigentliche Kernstück des damaligen Liberalismus. Mindestens mußte er so etwas wie wohlwollende Neutralität gegenüber dem Gedanken eines Gesamt-Deutschlands zeigen. Im März 1867 schreibt Bismarck, wieder an seinen Pariser Botschafter:

»Man hat die Main-Linie als eine Mauer zwischen uns und Süddeutschland aufrichten wollen, und wir haben sie akzeptiert, weil sie unserm Bedürfnis und unserm realen Interesse entsprach; aber sollte man sich darüber getäuscht haben, daß sie nicht eine wirkliche Mauer, sondern ... gewissermaßen ein Gitter ist, durch welches der nationale Strom seinen Weg findet?«

Auch dies ist noch nicht die Sprache eines entschlossenen Einigungspolitikers und Reichsgründers. Immer noch entspricht die Main-Linie in Bismarcks Augen »unserem«, also dem preußischen, »Bedürfnis und realen Interesse«. Wenn trotzdem der nationale Strom durch sie hindurch wie durch ein Gitter »seinen Weg findet«, dann ist das gewissermaßen höhere Gewalt, der man freilich Rechnung tragen muß. Dieser ambivalenten Haltung entspricht Bismarcks praktische Politik in diesem Jahr: Er schließt militärische Bündnisse mit den süddeutschen Staaten, und er unterbaut den Zoll-Verein mit einem »Zoll-Parlament«, zu dem, zum ersten Mal seit 1848, so etwas wie gesamtdeutsche Wahlen stattfinden. Aber gerade diese Wahlen zeigen, daß sich inzwischen in Süddeutschland der anti-preußische Affekt eher verstärkt hat. Die Mehrheit der süddeutschen Abgeordneten besteht aus Klerikalen, Partikularisten und großdeutschen Demokraten, und Bismarck ist sofort, fast mit Erleichterung, bereit, sich damit abzufinden. Er schreibt im Mai 1868:

»Die Wahlen zum Zoll-Parlament, wie sie nun einmal ausgefallen sind, haben gezeigt, daß der Süden vorerst keine weitere Verbindung mit dem Norden haben will als Zoll-Vertrag und Allianz-Vertrag. Der Norden hat keinen Grund, mehr zu verlangen, denn militärisch ist die Verbindung mit dem Süden keine Verstärkung für uns, strategisch genommen, und politisch haben wir kein Bedürfnis, uns mit den heterogenen Elementen im Süden zu verschmelzen, wo man nicht weiß, ob die Partikularisten oder die Demokraten die ärgeren Feinde Preußens sind. Wir tragen alle die nationale Einigung im Herzen, aber für den rechnenden Politiker kommt zuerst das Notwendige und dann das Wünschenswerte, also zuerst der Ausbau des Hauses und dann dessen Erweiterung. Erreicht Deutschland sein nationales Ziel noch im 19. Jahrhundert, so erscheint mir das als etwas Großes, und wäre es in zehn oder gar fünf Jahren, so wäre das etwas Außerordentliches, ein unverhofftes Gnadengeschenk von Gott.«

Immerhin nennt er jetzt die deutsche Einheit, anders als zwei Jahre zuvor oder selbst ein Jahr zuvor, ein wünschenswertes Ziel, aber sie bleibt für ihn eben ein Fernziel; und daran hat sich auch ein weiteres Jahr später nichts geändert, als bereits die Gefahr eines kriegerischen Zusammenstoßes mit Frankreich sich abzeichnet und zugleich mit ihr hoffnungsvolle Spekulationen auftauchen, daß ein solcher Krieg, von Nord- und Süddeutschland gemeinsam geführt, der deutschen Einigung eine günstige Chance bieten könnte. Bismarck antwortet, am 26. Februar 1869:

»Daß die deutsche Einheit durch gewaltsame Ereignisse gefördert werden würde, halte auch ich für wahrscheinlich. Aber eine ganz andere Frage ist der Beruf, eine gewaltsame Katastrophe herbeizuführen, und die Verantwortlichkeit für die Wahl des Zeitpunkts. Ein willkürliches, nur nach subjektiven Gründen bestimmtes Eingreifen in die Entwicklung der Geschichte hat immer nur das Abschlagen unreifer Früchte zur Folge gehabt; und daß die deutsche Einheit im Augenblick keine reife Frucht ist, fällt meines Erachtens in die Augen.«

Nimmt man noch hinzu, daß Bismarck wieder ein Jahr später, im Februar 1870, ein badisches Ersuchen um Aufnahme in den Norddeutschen Bund fast gereizt abwimmelt, dann ergibt sich ein klares Bild seiner Einstellung. Es ist nicht das Bild eines Mannes, der entschlossen und zielbewußt von langer Hand auf die nationale Einigung des nicht-österreichischen Deutschland lossteuert. Vielmehr hat sich Bismarck mit dieser Idee nur zögernd, gewissermaßen nachgebend angefreundet, und etwas vom Lippendienst und Möglichst-auf-die-lange-Bank-schieben klingt noch in seinen positivsten Äußerungen durch. Man kann dieses Zögern und Auf-die-lange-Bank-schieben auch gut verstehen. Bismarck war ein Preuße, und er fürchtete – mit Recht, wie die spätere Geschichte gezeigt hat –, daß Preußen das süddeutsche Element weder beherrschen noch assimilieren könne, daß es sich vielmehr in Deutschland auflösen, verlieren würde.

Er war außerdem ein konservativer Junker und Monarchist, und die nationale Einigung Deutschlands war eine bürgerlich-liberale, ja im letzten Grunde eine demokratisch-republikanische Idee.

»Bismarck tut immer ein Stück von unserer Arbeit«, schrieb Friedrich Engels 1870 an Karl Marx, »in seiner Weise und ohne es zu wollen, aber er tut's doch.« Aus klassen- und gesellschaftspolitischen ebenso wie aus patriotisch-preußischen Gründen konnte ihm also nicht ganz wohl dabei sein. Allerdings war Bismarck auch ein großer Realist, und rein realpolitische Erwägungen nötigten ihn zunehmend, mit der nationalen Strömung zu rechnen und das Beste daraus zu machen. Wenn sie unwiderstehlich wurde, durfte er sich ihr nicht hoffnungslos widersetzen, sondern mußte sich an ihre Spitze stellen, um sie zu kontrollieren und zu steuern: so, daß sie möglichst weder Preußen noch die überlieferten deutschen Feudal-Strukturen hinwegschwemmte.

In der Praxis hieß das: Die deutsche Einigung durfte sich nur in der nüchternen Form des Beitritts der vier süddeutschen Staaten (Bayern, Württemberg, Baden und Hessen-Darmstadt) zum Norddeutschen Bund mit seiner fest-etablierten preußischen Vorherrschaft vollziehen; und sie durfte nicht von denen vollzogen werden, die sie eigentlich wollten – den liberalen Parteien und Parlamentariern –, sondern nur von denen, die sie eigentlich nicht wollten, den süddeutschen Monarchen, denen dann auch ruhig erhebliche Reservatrechte belassen bleiben konnten, selbst eine gewisse Schein-Souveränität. Dafür konnte, ja mußte man das Ergebnis mit den großen, alt-ehrwürdigen Begriffen »Kaiser und Reich« drapieren und damit die nationale Phantasie und den nationalen Spieltrieb befriedigen und davon ablenken, daß ein eigentlicher Nationalstaat immer noch nicht entstanden, eine wirkliche Mündigerklärung der Nation nicht erfolgt war.

Dieses außerordentliche Kunststück gelang Bismarck im Winter 1870/71 vollkommen, und man kann die Virtuosität, die er dabei entfaltete, nur bewundern und bestaunen. Freilich, Dauer hat sein Werk nicht gehabt, und das ist angesichts seiner Künstlichkeit kein Wunder. Bismarcks Reichsgründung war eine Art grandioser Trick; und mit Tricks, auch mit den glänzendsten, kann man nichts Dauerhaftes schaffen.

Der deutsch-französische Krieg

Das Ereignis, das die nationale Bewegung in Deutschland unwiderstehlich machte und die Errichtung eines deutschen Nationalstaats unabweisbar auf die Tagesordnung setzte, war der deutsch-französische Krieg vom Juli 1870 und der schnelle Siegeszug der verbündeten deutschen Armeen im August und September. Die Frage, ob Bismarck diesen Krieg gewollt und bewußt herbeigeführt hat, ist bis heute unter Historikern umstritten und kann hier nicht untersucht werden. Sie braucht auch nicht beantwortet zu werden, denn eines ist sicher: Selbst wenn Bismarck den Krieg gewollt hat, dann bestimmt nicht, um durch ihn den Anschluß der süddeutschen Staaten herbeizuführen. Mit dem hatte er es nicht eilig, er war vielmehr völlig bereit, ihn zukünftigen Entwicklungen zu überlassen. Daran kann nach den zitierten Aussprüchen Bismarcks aus den vorangegangenen Jahren, die sich vervielfältigen ließen, nicht der geringste Zweifel bestehen, und alles andere ist Legende.

Aber der gemeinsam geführte Krieg hatte die deutsche Einigung nun einmal aktuell gemacht. Der preußische Kronprinz und der Großherzog von Baden – beide fürstliche Nationalliberale – erkannten das ebenso wie die parlamentarischen Vertreter des Liberalismus, die alle viel früher als Bismarck mit Einigungsvorschlägen zur Stelle waren. Der preußische Kronprinz schickte Bismarck schon am 12. August eine Denkschrift, in der es hieß:

»Zur endlichen Einigung des ganzen deutschen Vaterlandes ist es unumgänglich notwendig und erforderlich, die gegenwärtige großartige nationale Begeisterung, welche durch die ersten glücklichen Erfolge der verbündeten Waffen womöglich noch gehoben oder fester geworden ist, nicht verrauchen zu lassen. Sobald mit Gottes Hilfe ein Sieg über die gesamte französische Armee errungen worden ist, muß sofort ans Werk gegangen werden.«

Und drei Tage später schreibt der nationalliberale Abgeordnete Eduard Lasker an Bismarck: »Nachdem die Abwehr gesichert ist, tritt die Frage über das Endziel des Krieges in den Vordergrund, und sie beherrscht das Gespräch nicht bloß unter berufsmäßigen Politikern. Über territorialen Erwerb spreche ich nicht; das Verlangen ist angeregt, mannigfache Verhältnisse werden darüber entscheiden, aber die Grenzerweiterung war nicht der deutsche Zweck des Krieges und wird nicht der Preis sein, welcher die Nation befriedigt. Dagegen darf ich, aus Wahrnehmung, als tiefe Überzeugung des Volkes bezeichnen, daß Deutschland jetzt, anstelle der Verträge mit den süddeutschen Staaten, die Staatseinheit in Form des Bundes gewinnen werde. Ein minderer Ausgang würde zu den schwersten Täuschungen zählen. Das Volk mit seinen großen Instinkten setzt als vollzogen voraus, was es eifrig erfaßt hat.«

Und nicht nur das Volk. Bismarcks rechte Hand, der Staatsminister und Präsident des Bundeskanzleramtes Rudolf von Delbrück, berichtet Mitte September aus Reims, »daß im militärischen Hauptquartier die Herstellung der deutschen Einheit mit der kaiserlichen Spitze als eine leichte Aufgabe angesehen werde. Acht siegreiche Schlachten, in denen die Söhne aller deutschen Länder vereint gekämpft und geblutet hatten, hatten im Bewußtsein der Armee die Einigung Deutschlands vollzogen, und der Zauber, den die Person des Königs auf Offiziere und Mannschaften des ganzen Heeres ausübte, schien in der Kaiserkrone seinen natürlichen Ausdruck zu finden. Sachlich war alles fertig: ›Man brauchte nur zu wollen‹, um alles auch formell in Ordnung zu bringen. Das durch große Taten und große Erfolge gehobene Bewußtsein übertrug ohne weiteres die Stimmung der Armee auf die einzelnen Staaten, deren Kontingente die Armee bildeten, und wollte deshalb jede andere Stimmung als unberechtigt ignorieren oder niederwerfen. Wer die Stimmung in Bayern und Württemberg anders ansah und weder von einer Ignorierung noch von einer Vergewaltigung etwas wissen wollte, lief Gefahr, für träge und kleinmütig, wenn nicht für noch Schlimmeres zu gelten.«

Hier klingt schon durch, daß die nationale Begeisterung in Bürgertum und Armee von den süddeutschen Regierungen nicht unbedingt geteilt wurde, und ähnlich in einem Erlaß des sächsischen Ministerpräsidenten Richard Freiherr von Friesen an den sächsischen Gesandten in München vom 10. September: »Es würde gegen die Natur der Dinge sein, wenn man sich dem Glauben hingeben wollte, daß das Deutsche Volk nach den Erlebnissen des Krieges wieder ruhig in die frühere Zerrissenheit zurückkehren und durch die Beibehaltung der Main-Linie als einer unübersteiglichen Grenze des deutschen Nordens und Südens sich werde befriedigen lassen. Selbst diejenigen Regierungen, in deren Staaten das nationale Bewußtsein noch nicht die Majorität der Bevölkerung durchdrungen haben sollte, werden sich sagen müssen, daß eine Enttäuschung nach solchen

Erfolgen nicht zu einer Schwächung, sondern zu einer wesentlichen Verstärkung der nationalen Bewegung hinführen müßte.«

Sachsen, das 1866 als Besiegter in den Norddeutschen Bund hineingezwungen worden war und sich dort als einziges Königreich, ja als einziger einigermaßen substantieller Staat neben dem übermächtigen Preußen natürlich höchst unbehaglich eingezwängt fühlte, hatte ein offensichtliches Interesse an einer Erweiterung des Bundes nach Süddeutschland, die ihm etwas Luft schaffen konnte. Am liebsten hätte es den Norddeutschen Bund wieder aufgelöst und durch einen anders konstruierten, loseren gesamtdeutschen Bund ersetzt. Aber es hatte wenig Einfluß darauf und hat tatsächlich bei den Verhandlungen kaum eine aktive Rolle gespielt. Diese spielten sich ausschließlich zwischen Bismarck auf der einen Seite und den vier süddeutschen Staaten auf der anderen Seite ab.

Diese vier Staaten waren sehr verschieden eingestellt: Baden beitrittswillig, ja beitrittseifrig; das kleine Hessen-Darmstadt weniger eifrig, aber resigniert; Württemberg unentschieden und zögernd; Bayern im Grunde ablehnend, mindestens entschlossen, nur das absolut Unumgängliche zuzugestehen und soviel wie möglich von seiner Souveränität zu bewahren, ja vielleicht sogar als Preis einen Gebietszuwachs für sich selbst herauszuschlagen. Bayern war im übrigen natürlich der bei weitem größte, älteste und selbstbewußteste süddeutsche Staat, es hielt den Schlüssel zum Erfolg oder Mißerfolg der Verhandlungen in der Hand, und es war sich dessen bewußt. Die bayerische Haltung ist sehr gut in einem Brief des bayerischen Gesandten in Berlin an seinen Ministerpräsidenten, den Grafen Otto von Bray-Steinburg, charakterisiert:

»Nun meine ich, muß die bayerische Regierung in Berücksichtigung der politischen Lage und gewisser notwendiger Konsequenzen des Krieges und der nationalen Stimmung in der deutschen Frage, nämlich der künftigen Gestaltung Deutschlands, Entgegenkommen bezeugen, aber im voraus sehr bestimmt die Grenze dieser Konzessionen gezogen haben. Von Bayern wird das Geschick Süddeutschlands abhängen. Die Grundsätze, die Du vertrittst mit Deinen Kollegen, verbürgen wohl, daß der Krone und Selbständigkeit Bayerns nichts wird vergeben werden ... Die Zeitverhältnisse sind zudem günstig, indem mehr als je die Fürsten sich im monarchischen Interesse aneinanderzuschließen haben. Die Achtung vor Bayern und die Anerkennung seiner Leistung, die es aus eigener selbständiger

Kraft vollbracht hat, ist so groß, daß man mit uns rechnen wird.«

Wie verhielt sich nun Bismarck in dieser Lage? Man kann nur sagen: außerordentlich vorsichtig und zurückhaltend. Dem württembergischen Kriegsminister sagte er am 17. September: »Unser Grundsatz war und ist, wie Sie wissen, Süddeutschland keinen Zwang anzutun, und gegen Bundesgenossen wäre dies nun vollends unmöglich. Also erwarten wir in der deutschen Sache Ihr freiwilliges Anerbieten. Um aber dieselbe anzuregen, so viel wir vermögen, haben wir eine Fürsten-Zusammenkunft von Preußen, Bayern und Württemberg in Versailles vorgeschlagen.«

Diese Fürsten-Zusammenkunft war zunächst Bismarcks einzige Initiative: Sie sollte offiziell der gemeinsamen Unterzeichnung eines Friedensvertrages mit Frankreich dienen, der im September und Oktober näher schien als in den folgenden Monaten; das Friedens-Instrument sollte von sämtlichen verbündeten deutschen Fürsten, »gewissermaßen mit dem Degenknopf«, wie Bismarck sich ausdrückte, unterzeichnet werden. Und Bismarck mochte vielleicht hoffen, bei einer solchen emotionsgeladenen Gelegenheit den Beitritt der süddeutschen Monarchen zum Norddeutschen Bunde gewissermaßen nebenbei, im Handstreich, unter Dach und Fach zu bringen. Aber aus diesem Versailler Fürsten-Kongreß wurde nichts. Nicht nur, weil die Friedenssondierungen mit Frankreich sich zunächst wieder zerschlugen, sondern weil der bayerische König, Ludwig II., sich jeder Einladung standhaft verweigerte. Seinem Hofsekretär ließ er mitteilen: »Mit jedem Tag haben Majestät mehr die Überzeugung, wie unmöglich es ihm ist, die in Aussicht stehende Reise nach Frankreich anzutreten. Majestät glauben daher, daß es notwendig ist, irgendeine Krankheit vorzuschützen, zum Beispiel Sehnendehnung; und möchte Herr Hofrat Sorge tragen, daß dieses unter dem Publikum und den Soldaten bekannt werde.«

Dementsprechend erhielt denn auch Bismarck auf die Ankündigung einer offiziellen Einladung aus München, die kühle Antwort: »Beehre mich, im Auftrag seiner Majestät, Euer Exzellenz mitzuteilen, daß Allerhöchst-dieselben wegen Sehnenverdehnung keinesfalls nach Versailles kommen können.«

Überhaupt hatte Ludwig II. seine eigene Art, sich gegenüber den unangenehmen Dingen, die er auf sich zukommen sah, tot zu stellen. Delbrück, den Bismarck Ende September nach München geschickt hatte, um die bayerische Haltung zu sondieren und womöglich einen Verhandlungsvorschlag herauszulocken, berichtete mit offenbarem Befremden: »Meine über eine Stunde dauernde Audienz hatte einen unerwarteten Verlauf. Über den Zweck meiner Anwesenheit in München fiel kein Wort. Der König erwähnte ihn nicht, und ich schwieg, weil ich den Anschein vermeiden mußte, als wäre ich gekommen, um Zugeständnisse von Bayern zu begehren. Den größten Teil der Zeit füllte der König mit kirchenpolitischen Darlegungen. Vor zwei Monaten war das Dogma der päpstlichen Unfehlbarkeit verkündet worden, und der König begründete in klarem und elegantem Vortrage und mit einer staunenswerten Kenntnis des Kirchenrechts die Stellung, welche er einzunehmen habe, um den Staat vor den Folgen dieses gefährlichen Dogmas zu schützen, und seine Zweifel an der ferneren Haltbarkeit des Systems, das Preußen der Kurie gegenüber befolge.« Als Delbrück dann doch einmal vorsichtig auf seinen eigentlichen Auftrag zu sprechen kam »leuchtete das Antlitz des Königs auf, aber nur einen Augenblick; mit einer ausweichenden Redewendung ließ er den Gegenstand fallen«.

Ende September schien daher alles ins Stocken gekommen, ehe es richtig angefangen hatte. Daß es dann im Oktober und November schließlich doch zu Beitrittsverhandlungen kam, ist Baden zu verdanken. Am 3. Oktober stellte es im Alleingang den offiziellen Antrag auf Eintritt in den Norddeutschen Bund. Daraufhin entschlossen sich auch Hessen-Darmstadt und Württemberg, Beitrittsverhandlungen aufzunehmen; und eine gewisse Isolierungsfurcht, zusammen mit dem Wunsch, die Verhandlungen der anderen zu beeinflussen, bestimmte nun auch Bayern, eine Verhandlungsdelegation nach Versailles zu entsenden. Der Ministerpräsident Graf Bray-Steinburg, der sie führte und der kein Preußenfreund war, kam mit weitgesteckten Zielen: entweder Auflösung des Norddeutschen Bundes und Neugründung eines weit loseren Deutschen Bundes, der im Grunde allen Teilnehmern ihre Selbständigkeit ließ; oder Unterteilung Deutschlands in einen Norddeutschen und einen Süddeutschen Bund, der eine unter preußischer, der andere unter bayerischer Vorherrschaft.

Aus beidem wurde nichts. Das erste erklärte Bismarck von vornherein als unannehmbar; das zweite scheiterte an den anderen süddeutschen Staaten, die sich in getrennten Verhandlungen und unter verschiedenen Sonderbedingungen einer nach dem andern zum Eintritt in den Norddeutschen Bund bereitfanden. Die Verhandlungen waren konfus, ärgerlich und oft gereizt. Versailles war ein Heerlager; von einer ruhigen Konferenzatmosphäre konnte keine Rede sein. Der wiederauflebende Krieg, die drohende Intervention der europäischen Mächte, wachsende Spannungen zwischen Bismarck und Moltke beherrschten die Szene und drängten die Verhandlungen mit den süddeutschen Staaten in den Hintergrund. Bismarck selbst, der sie sozusagen in den Pausen anderer drängender Geschäfte unterbringen mußte, klagte:

»Es ist eine sehr schwere Verantwortung für mich, hier allein Verträge abzuschließen und Abmachungen zu treffen, die für die Zukunft von entscheidendster Bedeutung sind. Ich bin in schlecht geregelter Verbindung mit der Heimat, habe keine Akten zur Hand, und doch muß ich entscheiden: dies nehme ich an, jenes nicht. Ich setze mich der herbsten Kritik für mein ganzes Leben aus, wenn die mit den süddeutschen Staaten getroffenen Abmachungen übel ausschlagen, und doch läßt der Erfolg sich so wenig voraus berechnen wie der nächste Abzug im Pharao.« (Mit »Pharao« ist hier ein französisches Kartenspiel gemeint.)

Württemberg unterschrieb zuletzt

Mitte November war man mit Baden, Hessen und Württemberg ziemlich einig, mit Bayern immer noch weit auseinander, und Bismarck entschloß sich schließlich, zunächst nur mit den drei kleineren Staaten abzuschließen – wohl auch, um damit das isolierte Bayern unter leichten Druck zu setzen. Dann sprang im letzten Moment Württemberg wieder ab: Ohne Bayern wollte es nicht mitmachen. So wurde am 15. November zunächst nur ein Beitritts-Protokoll mit Baden und Hessen-Darmstadt unterzeichnet, gewiß ein mager aussehender Erfolg. Der badische Ministerpräsident Julius Jolly schrieb an seine Frau:

»Ich hatte mir den Augenblick, in welchem dieses seit Jahren von mir mit so mancher Mühe erstrebte Ziel erreicht sei, brillanter gedacht, als er in Wirklichkeit war; er war mir nämlich infolge meines alten mit ziemlicher Heftigkeit aufgetretenen Übels nichts weniger als reizend, und ich hatte stets nur den einen Wunsch im Kopf, ich wollte es wäre vorüber. Und als wir nach dreistündiger ermüdender Diskussion über allerlei Nebenfragen endlich zu Bismarck zur Unterschrift kamen, klagte auch er über Unwohlsein: seine Galle sei ruiniert, und so schlage ihm jeder Ärger auf den Magen.«

Moltkes Mitarbeiter Bronsart von Schellendorff, der allerdings einen ständigen Groll gegen Bismarck hegte, notierte am 20. November in seinem Tagebuch beinahe schadenfroh: »Ein gewisses Gefühl des Mißbehagens lastet auf Graf Bismarck, er hat entschieden das Gefühl, in diesem Kriege eine untergeordnete Rolle zu spielen, denn bisher hat der Soldat noch alles, der Diplomat noch nichts vor sich gebracht. Die kleinen politischen Kunststücke haben sich als Spinngewebe erwiesen.«

Das war nun freilich voreilig geurteilt, denn gerade in diesen Tagen kam Bismarck schließlich doch auch mit den Bayern zu Stuhle – im wesentlichen allerdings durch großzügiges Nachgeben. Bayern blieb auch nach seinem Beitritt zum Bund, der nun in »Deutsches Reich« umgetauft werden sollte, ein fast souveräner Staat, mit eigener Post und Eisenbahn, weitgehender eigener Steuer-Hoheit, eigener Armee unter eigenem Oberbefehl in Friedenszeiten, sogar dem Recht, eigene diplomatische Vertretungen zu unterhalten. Graf Bray-Steinburg schrieb an seine Frau: »Was mich betrifft, so nehme ich das feste Bewußtsein von hier mit, daß in dem von uns vorbereiteten Abkommen die günstigsten Bedingungen enthalten sind, die unter den gegenwärtigen Verhältnissen zu erlangen irgend möglich war.«

Bismarck selbst äußerte sich am Abend nach der Unterschrift im Kreise seiner engsten Mitarbeiter: »Die Zeitungen werden nicht zufrieden sein, und wer einmal in der gewöhnlichen Art Geschichte schreibt, kann unser Abkommen tadeln. Er kann sagen, der dumme Kerl hätte mehr fordern sollen; und er kann recht haben – mit dem Müssen. Mir aber lag mehr daran, daß die Leute mit der Sache innerlich zufrieden waren – was sind Verträge, wenn man muß! und ich weiß, daß sie vergnügt fortgegangen sind. – Ich wollte sie nicht pressen, die Situation nicht ausnutzen. Der Vertrag hat seine Mängel, aber er ist so fester. Was fehlt, mag die Zukunft beschaffen.«

Nach Bayern unterzeichnete nun auch Württemberg, und Bismarck hatte insofern recht, als er schon nach der bayerischen Unterzeichnung bemerkte: »Die deutsche Einheit ist gemacht, und der Kaiser auch.« Aber es war eine sehr lockere, etwas fadenscheinige Einheit, und der pomphafte Kaisermantel war sehr notwendig, um ihre Unvollkommenheiten zu verdekken. Mit dem Kaiser aber hatte es seine besondere Bewandtnis.

An sich wäre der Beitritt der vier süddeutschen Staaten zum Norddeutschen Bund, mit dem sie ja schon vorher durch Militärbündnisse und Zoll-Union eng verbunden waren, kein epochales Ereignis gewesen, zumal dem wichtigsten von ihnen, Bayern, fast volle Souveränitätsrechte vorbehalten blieben. Es war die Umtaufe des erweiterten Norddeutschen Bundes in »Deutsches Reich« und die Erhebung des Königs von Preußen zum deutschen Kaiser, was die Phantasie beflügelte, dem Nationalgefühl Befriedigung oder Ersatzbefriedigung bot und der Welt die Geburt einer neuen europäischen Großmacht signalisierte. In dieser scheinbar nur äußerlichen, nur symbolischen Handlung – aber Symbole sind mächtig! – lag Bismarcks eigentlich genialer Trick: Er gab damit den bürgerlichen Liberalen, die ja damals zugleich Romantiker waren, das, was seit 1848 ihr Traumziel gewesen war; und doch verbaute er gerade damit den Weg zu ihrem eigentlichen uneingestandenen Realziel, dem bürgerlich-parlamentarischen Nationalstaat. Denn nichts konnte monarchisch-feudaler sein als die mittelalterliche Kaiser- und Reichsidee, und überdies sorgte Bismarck dafür, daß keine Nationalversammlung und kein Reichstag den Kaiser kürte, sondern ausschließlich die deutschen Fürsten.

Freilich hatte Bismarck gerade hiermit seine größten Schwierigkeiten und seinen größten Ärger. Er war sich von vornherein klar darüber, daß das Angebot der Kaiserkrone von dem mächtigsten der deutschen Fürsten, dem bayerischen König, kommen mußte; aber der wollte ganz und gar nicht. Und ebensowenig wollte der König von Preußen deutscher Kaiser werden. »Was soll mir der Charaktermajor!« rief er unwillig aus. Aber Bismarck überwand beide.

Bayerns König wurde bestochen

Wie er den Widerstand Ludwigs II. von Bayern brach, das ist das dramatischste, aber auch peinlichste Kapitel dieser Geschichte. Es ist erst in unseren Tagen enthüllt worden, und noch heute versucht man hier und da, der Wahrheit auszuweichen, aber sie ist nicht mehr abzuleugnen: Bismarck hat Ludwig II. ganz schlicht bestochen, und zwar durch die Vermittlung eines dunklen Ehrenmannes, des Oberststallmeisters Graf Maximilian von Holnstein, in München »Roßober« genannt, dessen unerklärlicher Einfluß auf den König manches Gerede verursacht hat. Vier Millionen und 720000 Goldmark, die Bismarck dem Welfen-Fonds, also dem Vermögen des 1866 abgesetzten Hannoverschen Königshauses, entnahm, erhielt Ludwig II. für seine Privatschatulle; er hat davon die meisten seiner berühmten Schlösser gebaut. Graf Holnstein, der im Spätherbst 1870 dreimal zwischen Versailles und München in aller Heimlichkeit hin und her reiste, um das Geschäft zu vermitteln, verdiente dabei eine Provision von 480000 Goldmark, worüber sich die Wittelsbacher später bitter beklagten.

Die Sache entschied sich in den letzten November- und ersten Dezembertragen. Noch am 21. November schrieb der Onkel Ludwigs II., Prinz Luitpold, an seinen Neffen: »Was die auch mir in der Seele verhaßte deutsche Kaiser-Idee betrifft, so begreife ich vollkommen, daß Du, lieber Ludwig, nicht geneigt bist, dem König von Preußen vorzuschlagen, den Titel eines deutschen Kaisers anzunehmen, und stimme vollkommen Deinem Entschlusse bei, dies nicht zu tun.« Aber dieser Entschluß wird schon zwei Tage später umgestoßen. Am 23. November schreibt Ludwig an seinen Bruder Otto, dem er freilich die finanziellen Hintergründe seines Umfalls verschweigt: »... so ist es, so schauderhaft und entsetzlich es immerhin bleibt, ein Akt von politischer Klugheit ..., wenn der König von Bayern jenes Anerbieten stellt ... Da die Sachen so stehen ... so gebietet es das Interesse, wenn die übrigen Fürsten oder gar das Volk von mir überflügelt werden. Jammervoll ist es, daß es so kam, aber nicht mehr zu ändern.« Otto antwortet: »Als ich Deinen Brief gelesen, kamen heiße Tränen in meine Augen, und noch jetzt schmerzt mich die erschütternde Mitteilung, die Du mir gemacht, so oft sie mir wieder in den Sinn kommt ... Höre noch einmal meine Stimme: Ich beschwöre Dich, das Schreckliche nicht zu tun.«

Indes umsonst. Am 29. November trifft der »Roßober« mit dem von Bismarck selbst für den bayerischen König zur Abschrift aufgesetzten »Kaiserbrief« in München ein (»Wissen S' was, Exzellenz«, soll er gesagt haben, »schreiben S' gleich selbst einen Brief auf, so wie er sein soll, sonst gibt es hintennach doch wieder Anständ.«). Die entscheidende Szene, die sich danach beim König abgespielt hat, hat Holnstein 1876 dem Hofmarschall des preußischen Kronprinzen, Graf August zu Eulenburg, geschildert, der sie wie folgt aufgezeichnet hat:

»In Hohenschwangau angekommen, habe er nicht Zutritt zu seiner Majestät erlangen können. Der König habe sich, sobald er von Holnsteins Ankunft gehört, sofort zu Bette gelegt und Zahnschmerzen bekommen. Nach vergeblichem Warten von morgens 10 Uhr bis nachmittags dreiviertel 4 Uhr habe er seiner Majestät melden lassen, daß er Punkt 6 Uhr die Rückreise nach Versailles antreten und bis dahin eine Allerhöchste Antwort haben müsse. Darauf sei er endlich vorgelassen worden und habe nun mit dem im Bette liegenden und ganz in Decken gewickelten König bis halb 6 Uhr einen harten Kampf gehabt, um so peinlicher, als Seine Majestät ihm nicht mit sachlichen Gründen widersprochen habe, sondern ihn mit allerlei nichtigen Vorwänden hinzuhalten gesucht hätte. Graf Holnstein sei endlich dazu gekommen, dem Könige den mit Graf Bismarck vereinbarten und von Graf Bray im Eisenbahn-Coupé redigierten Entwurf zu dem Briefe vorzulesen, und habe nun die letzte Viertelstunde mit der Uhr in der Hand dem König wiederholt, daß er, Holnstein, um sein Wort einzulösen und zur verabredeten Zeit wieder in Versailles zu sein, Schlag 6 Uhr von Hohenschwangau abreisen müsse; habe Seine Majestät den Brief bis dahin nicht geschrieben, so wäre diese Phase unwiederbringlich vorbei, und man werde sich in Versailles anders zu helfen wissen. Der König sei gewiß vollkommen frei, zu tun und zu lassen, was er wolle, aber Holnstein, als des Königs treuergebener Diener, müsse Seiner Majestät zu bedenken geben, daß das Infragestellen des vom deutschen Volke verlangten Kaisertums durch Übelwollen des Königs von Bayern, dessen Truppen vor Paris ständen und dort vielleicht den Kaiser ohne Befehl ausrufen würden, den widerstrebenden König dem eigenen Volke gegenüber in eine Lage bringen müßte, welcher Seine Majestät sich am besten durch einen Aufenthalt in der Schweiz entziehen würde. – Der König sei nun aufgestanden und an den Schreibtisch gegangen, habe dann aber wieder erklärt, wegen Mangels an passendem Papier nicht schreiben zu können; Holnstein habe um die Erlaubnis gebeten, schellen zu dürfen, bevor er dies aber ausgeführt, sei das Papier auf einmal dagewesen, und der König habe nun geschrieben, ohne ein Wort zu sagen.«

Dieser Bericht klingt im großen und ganzen glaubwürdig – nur daß Holnstein den eigentlichen *nervus rerum* dabei wohlweislich aussparte. Sicher war dem König Ludwig II. die ganze Transaktion peinlich und widerwärtig; zur Bestechung mußte wohl auch noch ein wenig Erpressung kommen, die Holnstein, selbst materiell interessiert, auf sich nahm. Er selbst hatte weniger Skrupel und war offensichtlich überglücklich, den Coup seines Lebens gemacht zu haben; auf dem Rückweg nach Versailles notierte er auf seiner Manschette den Namen des Lokomotivführers; der gute Mann sollte auch eine Belohnung abbekommen. Die Zahlungen an Ludwig II., der zur Kaiser-Proklamation nicht erschien, begannen im März 1871. Bismarcks Sekretär und Chronist Moritz Busch notiert, »daß der Kanzler, als Holnstein zu ihm gekommen, ihn sofort in seinem Schlaf- und Arbeitszimmer empfangen und bald nachher Champagner bestellt habe«.

Das war am 2. Dezember, und damit war das bayerische Hindernis genommen. Aber am folgenden Tage schon zeigte sich ein beinahe ebenso schweres. Der König von Preußen wollte die neue Würde nicht. Sein Sohn, der spätere Kaiser Friedrich, schrieb am Abend in sein Tagebuch: »Nach dem Essen bekannte ich Seiner Majestät meine Neugierde wegen des mir zu Ohren gekommenen Gerüchts und erhielt infolgedessen die Erlaubnis, dem gerade angesetzten Vortrag des Grafen Bismarck beizuwohnen, welcher darauf den königlich-bayerischen Brief vorlas ... Seine Majestät war über den Inhalt dieses Briefes ganz außer sich vor Unwillen und wie geknickt; er scheint demnach nicht zu ahnen, daß das Konzept von hier aus nach München gegangen ist ... Der König war heute nicht umzustimmen und sah in ›Kaiser und Reich‹ eigentlich nur ein Kreuz für sich selbst wie auch für das preußische Königtum überhaupt.«

Der König leistete noch wochenlang hinhaltenden Widerstand, der zum Schluß die Form annahm, daß er den Titel »Deutscher Kaiser« ablehnte und verlangte, »Kaiser von Deutschland« tituliert zu werden – wobei er sicher sein durfte, daß ihm die damit ausgedrückte direkte Territorialhoheit von seinen Mit-Fürsten nicht zugestanden werden würde. Bismarck, der soviel Widerstand gerade von dieser Seite nicht erwartet haben mochte, schrieb an seine Frau: »Ich hatte ... mehrmals das dringende Bedürfnis, eine Bombe zu sein und zu platzen, daß der ganze Bau in Trümmer gegangen wäre. Nötige Geschäfte greifen mich wenig an, aber die unnötigen verbittern.«

Noch am Tage vor der auf den 18. Januar 1871 anberaumten feierlichen Kaiser-Proklamation war der Widerstand des Königs nicht gebrochen, und alles schien im letzten Augenblick gefährdet. Der Großherzog von Baden, der das Kaiserhoch ausbrachte, umging schließlich die Schwierigkeit, indem er weder den Deutschen Kaiser noch den Kaiser von Deutschland, sondern »Kaiser Wilhelm den Siegreichen« hochleben ließ.

Diese Kaiser-Proklamation, für die der sonst als Lazarett dienende Spiegelsaal des Versailler Schlosses von Verwundeten geräumt worden war, ist von dem Maler Anton von Werner in einem berühmten Bild verewigt worden (das freilich, wie wir inzwischen wissen, die Proklamation nicht ganz richtig wiedergibt, die Vorzeichnungen sind da exakter) – der Kronprinz hatte ihm telegrafisch bestellen lassen, »daß Sie hier etwas Ihres Pinsels Würdiges erleben werden, wenn Sie vor dem 18. Januar hier eintreffen können« – und lange Zeit in Deutschland als »Reichsgründungstag« gefeiert worden. Tatsächlich war der 18. Januar nicht der Reichsgründungstag. Nach den Verträgen mit den süddeutschen Staaten trat das Deutsche Reich am 1. Januar 1871 in Kraft. Die Ratifizierung des bayerischen Vertrages erfolgte dann aber erst am 21. Januar, und die Organe des neuen Reiches nahmen gar erst im März 1871 ihre Tätigkeit auf. Der Beginn des Deutschen Reiches ist ebenso schwierig genau zu datieren wie sein Ende. Jedenfalls fand er nicht am 18. Januar statt.

Die Feier vom 18. Januar war auf diesen Tag gelegt worden, weil es der Tag der Krönung des ersten preußischen Königs 1701 gewesen war; sie stellte eine Art Konzession an das preußische Gefühl des neuen Kaisers dar und gestaltete sich, wie einer der Teilnehmer sich ausdrückte, zu »einer Art preußischer Hausandacht« von geistlich-militärischem Charakter. Ihren Mittelpunkt bildete eine Predigt des Berliner Hofpredigers und Divisionspfarrers Rogge; »eine taktlose Rede voll preußischer Selbstvergötterung«, wie Kronprinz Albert von Sachsen nachher bemerkte. Auch Bismarck hörte ihr mit Ingrimm zu: »Mehr als einmal dachte ich bei mir, warum kann ich diesem Pfaffen nicht an den Leib? Jede Thronrede muß vorher Wort für Wort beraten werden, und dieser Pfaffe darf sagen, was ihm gerade einfällt.«

Auch sonst herrschte an jenem 18. Januar keine gute Stimmung. Die versammelten Fürstlichkeiten begrüßte einer von ihnen, Georg Albert von Schwarzburg-Rudolstadt, mit bitterem Sarkasmus: »Seid gegrüßt, Mitvasallen!« König Ludwig von Bayern fehlte. Sein Bruder Otto, der ihn vertrat, schrieb ihm nachher: »Ach, Ludwig, ich kann Dir gar nicht beschreiben, wie unendlich weh und schmerzlich es mir während jener

Zeremonie zumute war, wie sich jede Phase in meinem Innern sträubte und empörte gegen all das, was ich mit ansah ... Alles so kalt, so stolz, so glänzend, so prunkend und großtuerisch und herzlos und leer ... Endlich drängte man sich durch diese Knäuel zurück und aus dem Saale hinaus. Mir war's so eng und schal in diesem Saale, erst draußen in der freien Luft atmete ich wieder auf. Dieses wäre also vorbei.«

Der neue Kaiser war kaum weniger unglücklich. Er schrieb an die Kaiserin: »Eben kehre ich vom Schlosse nach vollbrachtem Kaiserakt zurück! Ich kann Dir nicht sagen, in welcher morosen Emotion ich in diesen letzten Tagen war, teils wegen der hohen Verantwortung, die ich nun zu übernehmen habe, teils und vor allem über den Schmerz, den preußischen Titel verdrängt zu sehen! In einer Konferenz gestern mit Fritz, Bismarck und Schleinitz war ich zuletzt so moros, daß ich drauf und dran war, zurückzutreten und Fritz alles zu übertragen!«

Der alte König hatte so unrecht nicht mit seinem Schmerz, »den preußischen Titel verdrängt zu sehen«. Wenn man heute zurückblickt, kann man in dem, was damals geschah, in der Tat deutlich den Anfang vom Ende Preußens erkennen: Es ist mehr und mehr im Reich auf- und schließlich mit ihm untergegangen. (Merkwürdig: Preußen gibt es nicht mehr, aber Bayern gibt es durchaus noch.)

Was das Bismarck-Reich selbst betrifft, so war es zunächst im deutschen Volksbewußtsein ein ungeheurer Erfolg; fast ein halbes Jahrhundert lang galt es als so etwas wie die natürliche Form deutscher Einheit und das vorbestimmte Happy-End der deutschen Geschichte. Das war es nicht. Es war eine Kunst-Schöpfung, und es hat so, wie es 1870/71 gegründet wurde, wenig Dauerhaftigkeit bewiesen. Es hat nur etwa drei Vierteljahrhunderte existiert, in dieser kurzen Zeit seine Form zweimal von Grund auf gewandelt und heute anderen Formen deutscher Staatlichkeit Platz gemacht. Es war, wie man früher gesagt hätte, kein Segen daran.

Heute ist Bismarcks Reichsgründung Geschichte, ferne Geschichte. Die staatlichen und gesellschaftlichen Kräfte, die in ihr wirksam waren, gehören ebenso der Vergangenheit an wie das Reich selbst. Mit einer Ausnahme vielleicht: Ein gewisses deutsches Nationalgefühl gibt es auch heute noch, wenn auch kaum eine wirklich lebendige Nationalbewegung wie die, der 1871 eine so merkwürdige Scheinerfüllung beschert wurde. Aber dieses Nationalgefühl ist mit keinen Restaurationswünschen verbunden. Zum Deutschen Reich führt kein Weg zurück. Denn: »Die erstrebte Wiederherstellung der nationalen Einheit des deutschen Volkes«, meint ein Chronist der Reichsgründung wie Ernst Deuerlein, »bedeutet nicht die Wiedereinsetzung des Deutschen Reiches. Ein wiedervereinigtes Deutschland würde mit dem Deutschen Reich, so wie es 1870/71 geschaffen worden war, noch weniger gemeinsam haben, als dieses mit dem 1806 aufgelösten Heiligen Römischen Reich Deutscher Nation gemein hatte.«

Sedantag

> Es ist kein Zufall, daß die Deutschen in beiden Weltkriegen immer wieder Schlachten gewonnen, aber den Krieg verloren haben.

Am 1. und 2. September 1870 wurde eine französische Armee von hunderttausend Mann, bei der sich auch der Kaiser Napoleon III. befand, von zwei deutschen Armeen zwischen der kleinen Festung Sedan und der belgischen Grenze eingeschlossen, auf engem Raum zusammengedrängt und, nach verzweifelten und vergeblichen Ausbruchsversuchen, zur Kapitulation gezwungen. Militärgeschichtlich ist die Schlacht von Sedan auch heute noch interessant als ein frühes Modell der Kesselschlachten, die später in der Strategie der beiden Weltkriege, namentlich des zweiten, eine so bedeutende Rolle gespielt haben. In der politischen Geschichte bildet die Schlacht bei Sedan ebenfalls einen wichtigen Einschnitt, der heute klar zu sehen ist, obwohl damals wahrscheinlich jeder ausgelacht worden wäre, der ihr diese Deutung gegeben hätte.

Sedan war für Europa der Anfang vom Ende der Monarchie. Die Gefangennahme Napoleons III. bei Sedan führte nicht nur den persönlichen Sturz des damaligen Kaisers der Franzosen herbei, sondern auch ganz unmittelbar, mit einer gewissen Selbstverständlichkeit, das Ende der Dynastie Bonaparte. Das Kaisertum der Bonapartes aber war der letzte wiederholte Versuch gewesen, im nachrevolutionären Frankreich die monarchische Staatsform in einer modernisierten Version noch einmal lebensfähig zu machen. Die französische Republik, die am 4. September 1870 als unmittelbare Folge der Schlacht bei Sedan ausgerufen wurde, hat sich trotz allen Wechsels ihrer Verfassungen als unerschütterlich und endgültig erwiesen. Auch Pétain, auch de Gaulle haben an der republikanischen Staatsform nicht mehr gerüttelt, nicht mehr zu rütteln gewagt. Und diese französische Republik hat ganz Europa angesteckt. Europa besteht heute zum überwiegenden Teil aus Republiken.

Wo die Monarchie noch existiert, hat sie einen ehrwürdig musealen, fast mumifizierten Charakter, eine Art Kuriositätswert bekommen, und wo sie abgeschafft ist, wird sie nicht mehr wiederkehren; das fühlt jeder. Man hat sich über das schnelle

Absterben dieser jahrtausendealten politischen Einrichtung in den letzten hundert Jahren noch gar nicht genug Gedanken gemacht. Vielleicht wäre es an der Zeit, den tiefen Bewußtseinswandel, der sich darin ausdrückt, einmal auf seine historischen Ursachen hin zu untersuchen. Aber wie dem auch sei: Frankreich war der Vorreiter dieses erstaunlichen Geschichtsprozesses. Hier wurde der Prozeß Republik versus Monarchie am frühesten und am gründlichsten ausgetragen, fast achtzig Jahre lang. Und durch die Schlacht bei Sedan wurde er endgültig entschieden – eine Entscheidung, die sich in dem seither vergangenen Jahrhundert als Vorentscheidung für ganz Europa herausgestellt hat.

Aber nicht das ist der Grund, die Erinnerung an Sedan heraufzubeschwören, sondern Sedan, nach dem noch jetzt fast in jeder deutschen Stadt eine Straße heißt, hat im politischen Bewußtsein der Deutschen lange Zeit eine ganz ungewöhnliche, man muß heute wohl sagen: verhängnisvolle Rolle gespielt. Das wirklich Merkwürdige und Bedenkenswerte ist, wie vollständig, wie spurlos sich die Erinnerung daran nach dem Zweiten Weltkrieg verloren hat. Fast nichts illustriert so drastisch den Generationsbruch und den Wandel, man könnte auch sagen: den Verlust des Geschichtsbewußtseins in Deutschland wie diese beinahe totale Verdrängung dessen, was der Sedantag bis 1918, und in weiten Kreisen noch lange darüber hinaus, bedeutete.

Der Sedantag war ein rundes halbes Jahrhundert lang *der* deutsche Nationalfeiertag, mit Paraden, Beflaggung, Schulfeiern, patriotischen Reden und allgemeinen Hochgefühlen. Und zwar war es, muß man wahrheitsgemäß und mit einiger Beschämung sagen, der einzige wirklich effektive Nationalfeiertag, den die Deutschen je gehabt haben. Was nachher an seine Stelle trat, der 11. August, Verfassungstag der Weimarer Republik, der 1. Mai der Nazis, der 17. Juni der Bundesrepublik, das war alles nichts Rechtes mehr: halt ein freier Tag und ein paar Weihestunden und Reden, die keinen sonderlich interessierten. Aber der 2. September, Sedantag, mein Gott, da war wirklich noch was los! Das war eine Stimmung – ich finde für die heutige Zeit keinen anderen Vergleich –, als ob die deutsche Nationalmannschaft die Fußballweltmeisterschaft gewonnen hätte, und zwar jedes Jahr aufs neue.

Alle Jahre wieder wurde die große Schlacht im Geiste noch einmal siegreich durchgekämpft, immer wieder brachen die französischen Kavallerieattacken im deutschen Musketenfeuer zusammen, immer wieder übergab der stolze französische Kaiser als gebrochener Mann, dem es nicht vergönnt gewesen war, an der Spitze seiner Truppen zu fallen, dem Preußenkönig seinen Degen. Jeder trug im Kopf die triumphalen Bilder, die damals zu Hunderttausenden in Deutschlands guten Stuben hingen: König Wilhelm, der Heldengreis, inmitten seiner Paladine auf der Höhe von Frésnois; Moltke bei den Kapitulationsverhandlungen, den Handrücken lässig auf der Generalstabskarte, auf die die französischen Unterhändler wie auf ein Todesurteil starrten; der gigantische Bismarck neben dem häßlichen Zwerg Napoléon auf der schütteren Holzbank vor dem Weberhäuschen in Domchérie – alle diese Szenen des Triumphs Jahr für Jahr aufs neue nachzuschmecken, das war ein wirkliches Fest. Von den Hochgefühlen patriotischen Selbstgenusses, mit denen das gefeiert wurde, macht man sich heute kaum noch eine Vorstellung.

Wer von den Älteren sich daran zurückerinnert, der schüttelt wohl den Kopf darüber, mit ein bißchen Rührung, denn es gehört ja zur eigenen Kindheit und Jugend, und Kindheits- und Jugenderinnerungen sind nun einmal rührend; auch wohl mit ein bißchen Beschämung, so wie man sich im ernüchterten Zustande an das erinnert, was man im Rausch empfunden und getan hat. Aber der Rausch war wirklich, und wirklich waren auch die Empfindungen und die Taten, die ihm entsprangen. Sedan war für die Deutschen der mitlebenden und der folgenden Generationen mehr als eine gewonnene Schlacht. Es war der Gründungsmythos einer neuen Nationalreligion, und es ist keine Übertreibung, daß die Deutschen sich, dank Sedan, lange Zeit als das auserwählte Volk empfunden haben. Geibel dichtete nach Sedan:

> Nun laßt die Glocken von Turm zu Turm
> durchs Land frohlocken im Jubelsturm!
> Des Flammenstoßes Geleucht facht an!
> Der Herr hat Großes an uns getan.
> Ehre sei Gott in der Höhe!

Man bemerke den absichtlichen, fast blasphemischen Anklang an das Weihnachtsevangelium. Und die ›Kreuzzeitung‹ schrieb unmittelbar nach der Schlacht: »Mit dem 2. September beginnt ein neues Zeitalter – die Hegemonie des germanischen Geistes auf Erden. In ein Symbol, das jeder begreift, hat das Geschick diese Tatsache gekleidet. Als wir den Kaiser der Franzosen, seine Marschälle und Soldaten auf dem Schlachtfelde von Sedan gefangennahmen, endete das Zeitalter französischer Gewalttaten, französischer Halbbarbarei und begann die Periode des deutschen Friedens und der deutschen Bildung.«

Nun, mit dem deutschen Frieden und der deutschen Bildung war es gerade nach Sedan leider nicht so weit her. Auffallend ist die unritterliche Gehässigkeit, mit der in diesem Kommentar der Besiegten gedacht wird, und darin ist er leider nicht untypisch. Der Sedantag war von Anfang an nicht nur ein Fest deutschen Auserwähltheitsbewußtseins, er war auch ein Fest der deutsch-französischen Erbfeindschaft, mit der es 1870/71 seinen Anfang nahm und an die heute keiner mehr gern erinnert sein will. Mit dieser Erbfeindschaft hat es eine eigenartige Bewandtnis. Sie war durchaus beiderseitig, aber sie trug nicht auf beiden Seiten denselben Charakter. Bei den Franzosen entstand sie aus dem Revanchestreben der Besiegten, auch wohl aus dem Groll der Mißhandelten. Sie hatten schließlich den Krieg nach Sedan noch ein halbes Jahr lang im eigenen Lande gehabt, und der Verteidigungskrieg der Republik war ein versuchter Volkskrieg gewesen, mit seinen ganz spezifischen Leiden und Greueln. Begreiflich, daß sie nach dem opferreichen Frieden von Frankfurt, den sie schließlich zähneknirschend unterzeichnen mußten, unversöhnt blieben.

Rätselhafter ist es, daß auch die Sieger unversöhnt blieben und daß gerade ihr vollständigster und glänzendster Einzelsieg, daß gerade Sedan die Besiegten in ihren Augen zu Halbbarbaren und die Feindschaft mit ihnen unwiderruflich machte. Aber so ist es. In der deutschen Nationalreligion, deren Gründungsmythos sich bei Sedan vollzogen hatte, hatte Frankreich seinen festen Platz als besiegter, immer wieder zu besiegender Bösewicht, als Erbfeind eben. »Siegreich wollen wir Frankreich schlagen«, begann ein damals gedichtetes, jahrzehntelang viel gesungenes Lied, und alle deutschen Kriegspläne sahen fortan als unentbehrlichen Auftakt jedes künftigen Krieges erst einmal einen neuen siegreichen Frankreich-Feldzug vor – ganz gleichgültig, ob eigentlich ein direkter deutsch-französischer Konflikt vorlag oder nicht. Das war so bei Schlieffen und dem jüngeren Moltke vor 1914 und noch bei Hitler, der in »Mein Kampf« auf den ersten Seiten bekennt, daß die Volksausgabe eines Buches über den Krieg von 1870/71 sein stärkstes formatives Jugenderlebnis gewesen sei. Es war das Erbe von Sedan. Sedan war zu schön gewesen. Man mußte es nicht nur jedes Jahr feiern, man mußte es auch irgendwann wieder mal nachvollziehen.

Schön war Sedan noch in einem anderen und nicht weniger fatalen Sinne. Natürlich war es ein gräßlicher Vorgang gewesen, wie jede Schlacht. Aber nicht wegzuleugnen ist die abstrakte, intellektuell-ästhetische Befriedigung, die Moltkes planerische Präzisionsarbeit gewährt, die Faszination, die in dem restlosen Aufgehen seiner strategischen Rechnung liegt. Sedan war, nach mehr als zweitausend Jahren, ein endlich wieder einmal gelungenes, neues Cannae – die vollkommene Vernichtungsschlacht, und die Erfahrung, daß bei Sedan ein größeres Cannae sich unter modernen Verhältnissen als möglich erwiesen hatte, ließ Moltkes Nachfolger nicht mehr los. Schlieffen war besessen davon. Sein berühmter Plan, der dann 1914 an der Marne scheiterte, lief auf ein Super-Sedan hinaus, und ganz generell muß man sagen, daß eine Art von strategischem Ästhetizismus, der in der Schönheit der vollkommenen Vernichtung schwelgte, nach Sedan das heimliche Laster deutscher Militärplanung wurde, ja, fast ein heimliches Nationallaster.

Die Deutschen der Periode zwischen 1870 und 1945 komponierten Schlachten, so wie sie früher Sinfonien komponiert hatten. Sie vergaßen darüber ihren Clausewitz, den andere studierten. Über der Faszination der vollkommenen Schlacht vergaßen sie das eigentliche Wesen des Krieges. Es ist ihnen schlecht bekommen. Es ist kein Zufall, daß sie in beiden Weltkriegen immer wieder Schlachten gewonnen, aber den Krieg verloren haben. Wenn sie sich an Sedan nicht so berauscht hätten, wäre ihnen diese Erfahrung vielleicht erspart geblieben. Sie hätten dann möglicherweise mehr darüber nachgedacht, daß ja auch Sedan den Krieg 1870 keineswegs siegreich beendet hatte. Das Schlimmste war auch damals erst nachgekommen.

Die Schlachtenästhetik, die von Sedan ihren Ausgang nahm, ist heute so tot wie die deutsch-französische Feindschaft, die ebenfalls von Sedan her datiert. Die Atombombe hat sie ins kriegsgeschichtliche Museum verbannt. Geschichte gemacht hat eher der französische Volkskrieg der Nach-Sedan-Monate, der später von Mao Tse-tung und Ho Tschi-minh zu einen Instrument unüberwindlicher nationalrevolutionärer Verteidigung entwickelt worden ist.

Wenn man heute, nach mehr als hundert Jahren, auf die Schlacht bei Sedan zurückblickt, dann ist man überwältigt von der Ironie des geschichtlichen Prozesses. Der vollkommenste Sieg hat dem Sieger keinen Segen gebracht. Man könnte geradezu sagen: Die Niederlage hat Frankreich vorwärts gestoßen ins 20. Jahrhundert. Der Sieg hat Deutschland zu seinem Schaden viel zu lange im 19. Jahrhundert fixiert. Das deutsche Kaiserreich, das dank Sedan das französische ablöste, existiert nicht mehr. Die französische Republik, die der Schock von Sedan ins Leben rief, existiert immer noch. Auch Elsaß-Lothringen, damals der Siegespreis, ist längst wieder bei Frankreich. Aus den Erbfeinden Deutschland und Frankreich sind neuerdings Freunde und Partner geworden. Es ist nicht mehr undenkbar, daß sie eines Tages Glieder desselben Staatenbundes oder gar Bundesstaates sein werden.

Die furchtbaren Kämpfe zwischen ihnen, die Demütigungen und Triumphe, das Leid, der Haß, der Stolz dreier Generationen – man möchte das alles am liebsten vergessen. Bei den Jüngeren ist das Vergessen schon im vollen Gange. Wer heute an Sedan erinnert, reißt schon keine Wunden mehr auf. Er ist in Gefahr, eine gewisse Gelangweiltheit zu erzeugen. Was sollen die alten Geschichten? Im Grunde will es keiner mehr wissen. Das hat etwas Melancholisches, aber es ist auch ein Trost. Die Geschichte, die den Ruhm auslöscht, vergibt auch die Sünden.

Die Pariser Kommune

> Das Massaker an der Pariser Kommune bedeutet für die Weltrevolution dasselbe wie Golgatha für das Christentum.

Das Deutsche Reich hat fünfundsiebzig Jahre bestanden; die Pariser Kommune nur zweiundsiebzig Tage. Aber nach hundert Jahren ist das deutsche Kaiserreich, das in Versailles proklamiert wurde, unwiederbringliche Vergangenheit, die Pariser Kommune immer noch unheimlich lebendige Gegenwart. Sie ist die Inspiration fast aller Revolutionen geworden, die das 20. Jahrhundert erschüttert haben. Man könnte sagen: Das 20. Jahrhundert begann am 18. März 1871 in Paris.

In den zweiundsiebzig Tagen der Pariser Kommune ging es zum erstenmal um die Dinge, um die heute in aller Welt gerungen wird: Demokratie oder Diktatur, Rätesystem oder Parlamentarismus, Sozialismus oder Wohlfahrtskapitalismus, Säkularisierung, Volksbewaffnung, sogar Frauenemanzipation – alles das stand in diesen Tagen plötzlich auf der Tagesordnung. Von allem findet man in der Kommune spontane Urformen. Und so ist es kein Wunder, daß die Revolutionäre unseres Jahrhunderts sich immer wieder an die Pariser Kommune erinnert und auf sie berufen haben: Lenin ebenso wie die heutigen Antiautoritären des Westens.

Aber merkwürdig: Alle reden von der Kommune; wenige wissen, wie es zu ihr kam, wie sie sich abspielte und woran sie zugrunde ging. Ihr Mythos hat ihre Geschichte überwuchert. Die bürgerliche Kommuneliteratur hat sich jahrzehntelang an Verteufelung, die sozialistische an Glorifizierung der Kommune nicht genug tun können. Erst in jüngster Zeit ist es französischen Historikern gelungen, ein überzeugendes Gesamtbild zu zeichnen. Dabei haben sie eine Entdeckung gemacht, die vielleicht erst im Lichte dessen möglich war, was die Welt in den letzten dreißig Jahren in China, Jugoslawien, Algerien, Kuba und Vietnam erlebt hat: Die Pariser Kommune war die Frucht eines begonnenen und dann abgebrochenen Volkskrieges.

Die Franzosen waren im Herbst 1870 ganz dicht daran gewesen, das zu entdecken, was viele Jahrzehnte später Mao entdeckt hat: den revolutionären Volkskrieg, mit dem ein zum äußersten entschlossenes Land einen militärisch überlegenen

Eroberer mattsetzen kann. Sie erkannten aber auch sehr schnell, daß eine bürgerliche Gesellschaft einen solchen Volkskrieg nicht führen kann, ohne sich selbst zu zerstören – und brachen das Experiment schleunigst ab. Mit dem Ergebnis, daß die freigesetzte und dann frustrierte Massenenergie nach innen explodierte. Es ist, als ob Leute mitten im 19. Jahrhundert mit Kernenergie herumexperimentiert und aus Versehen eine kleine Atombombe gezündet hätten.

Die Explosion des 18. März 1871 blieb den Zeitgenossen unerklärlich; sie erschien ihnen, je nachdem, wie ein Höllenspuk oder wie ein Himmelswunder. Aber sie war weder das eine noch das andere. Sie war ein politischer Atomblitz, der zunächst folgenlos verpuffte. Seine Ausschüttung aber hat das ganze 20. Jahrhundert radioaktiv durchsetzt. Und die kritische Masse, die die Explosion unvermeidlich machte, hatte sich im belagerten Paris des Winters 1870/71 angehäuft.

»Jetzt ist Paris ein Feldlager, morgen wird es eine einzige Barrikade sein ... Haus für Haus, Straße für Straße, Stadtteil für Stadtteil werden wir bis auf den letzten Stein niederreißen, bis auf die Grundmauern einäschern ... Wir sind zum Äußersten entschlossen. Die Welt wird sehen, wie wir alle, ohne Ausnahme, das Opfer unserer Person und unserer Habe bringen ... Paris ist gefährlich! Paris kann schrecklich werden! Nehmt euch in acht vor Paris! Der Vulkan raucht, und sein Krater ist groß genug für euer Grab und das unsrige.«

Das sind prophetische Worte. Im blutigen Mai 1871, im Todeskampf der Kommune, wurden sie Wirklichkeit. Aber die Worte stammen schon aus dem September 1870 und sind ein Aufruf zum Volkskrieg gegen die siegreichen Deutschen. Sie spiegeln die Stimmung von Paris nach der Niederlage von Sedan.

»Die Mobilisierung des ganzen Volkes im ganzen Lande muß ein riesiges Meer schaffen, in dem der Feind ertrinkt.« So sagt es Mao. Aber so dachten bereits im September 1870, zwei Generationen vor Mao, beinahe instinktiv die zwei Millionen Pariser. Nach der Kapitulation des Kaisers Napoleon III. und seiner Armee, die Frankreich scheinbar wehrlos ließ, hatten sie erfaßt, daß es immer noch eine Möglichkeit des Widerstandes gab: Massenmobilisierung, Volkskrieg.

Freilich dachten sie, wenigstens für den Augenblick, mehr an Paris als an Frankreich. Das war begreiflich, denn die deutschen Armeen marschierten ja schnurstracks auf Paris zu, Paris erwartete ihren Sturmangriff, und unter seinen Trümmern wollte es den Feind begraben. Doch der Riß zwischen Paris und Frankreich, der neun Monate später zur Bürgerkriegsfront werden sollte, zeigte sich schon jetzt im September 1870.

Das ländliche Frankreich war durch die Nachricht von Sedan nicht aufgewühlt wie die Hauptstadt; es war wie gelähmt. Auf ihrem Marsch nach Paris trafen die Deutschen nirgends auf Widerstand, die Honoratioren der Provinzstädte empfingen die deutschen Offiziere fast wie Touristen. Paris aber hatte schon am 4. September, in einer kurzen unblutigen Revolution, die Republik ausgerufen und eine Regierung der nationalen Verteidigung eingesetzt.

In den vierzehn Tagen bis zum Eintreffen der Deutschen veränderte sich die Weltstadt zur Festung: Die Tuileriengärten wurden ein Artilleriepark, der abgeholzte Bois de Boulogne eine Schafweide, aus Theatern wurden Lazarette, und auf dem Montmartre hob man in Erwartung kommender Dinge Massengräber aus. Auf den Champs-Élysées kampierten Soldaten. Über dem Marsfeld, wo die aus den Bürgern rekrutierten Nationalgarden ihre Schießübungen abhielten, lag der Geruch von Salpeter. Draußen vor der Umwallung, zwischen den Forts, wurde Tag und Nacht geschanzt, und Häuser, die das Schußfeld behinderten, wurden rücksichtslos abgerissen. Ein Gelehrter, dessen Haus betroffen war, sagte erschrocken, er brauche mindestens eine Woche, um seine kostbare Bibliothek zu verlagern. »Um so schlimmer für Ihre Bibliothek«, war die Antwort.

Handel und Wandel hörten auf, Fabriken, die nicht Kanonen gießen oder Patronen füllen konnten, wurden geschlossen. Aus Arbeitern wurden Milizsoldaten, statt Lohn empfingen sie einen Franc und fünfzig Centimes Sold pro Tag. Alle Mietzahlungen, alle Wechselschulden wurden auf unbestimmte Zeit suspendiert. Sogar die Prostituierten verschwanden von den Straßen: Sie wurden zum Uniformnähen eingezogen.

Paris im September 1870 lebte in einem kalten Fieber aus Freiheitsrausch und Todesbereitschaft; politische Klubs und radikale Zeitungen schossen wie Pilze aus dem Boden, und zugleich herrschte eine Art spartanischer Primitivsozialismus; der nahe Untergang machte für einen Augenblick alle gleich, und Paris fieberte dem Augenblick entgegen, da es eine einzige Barrikade, ein einziges Schlachtfeld werden würde.

Und dann geschah nichts. Der große und furchtbare Augenblick blieb aus. Die Deutschen griffen nicht an. Sie schlossen

Paris ein, schnürten es von der Außenwelt ab und verlegten sich geduldig darauf, es auszuhungern. Statt der Apokalypse kam die Langeweile, und dann, als die Wochen und die Monate vergingen, kamen Kälte und Hunger. Die patriotische Einigkeit zerfiel, der heroische Widerstandswille begann wegzufaulen.

Jeder Fisch fault vom Kopf her. In der Bevölkerung hielt die Stimmung des September noch eine Weile vor. In der Regierung begann die Zersetzung schon in dem Augenblick, als klar wurde, daß es keine Schlacht um Paris geben werde, sondern nur eine Belagerung von Paris. Nach außen sprach die Regierung weiter von nationaler Verteidigung, vom Krieg bis aufs Messer, von Massenerhebung, von Sieg oder Untergang. Intern diskutierte sie über die Möglichkeiten der Kapitulation.

Dabei bildeten sich drei Richtungen, personifiziert in den drei markantesten Mitgliedern der Regierung: dem Innenminister Léon Gambetta, dem Regierungschef und Oberstkommandierenden General Louis Jules Trochu und dem Außenminister Jules Favre.

Gambetta war mit zweiunddreißig Jahren der jüngste, dynamischste und auch »linkeste« der Männer des 4. September, ein bürgerlicher Radikaldemokrat, der den Gedanken des Volkskrieges ernst nahm. Die Deutschen griffen Paris nicht an? Gut! Dann waren ihre Armeen jedenfalls auf Monate an das belagerte Paris gefesselt, und das gab der Regierung die Zeit, inzwischen den Volkskrieg draußen im Lande zu organisieren. Aufgeben? Niemals! Man hörte Gambetta im Kabinett mit Skepsis zu, nahm ihn aber beim Wort.

Am 7. Oktober verließ Gambetta die eingeschlossene Hauptstadt in einem Fesselballon – ein tollkühnes Wagestück –, um draußen im Lande neue Armeen zu organisieren. Der Winterkrieg 1870/71 gegen die Deutschen war sein Werk. Aber in der Pariser Regierung war Gambettas Stimme fortan verstummt. Dort ging die Auseinandersetzung nur noch um die verschiedenen Standpunkte von Regierungschef Trochu und seines Außenministers Favre.

General Trochu war ein aufrechter, phantasieloser Soldat, der sich durch eine gewisse Querköpfigkeit beim Kaiserhof unbeliebt und bei der republikanischen Opposition populär gemacht hatte; dieser Popularität verdankte er seine jetzige Stellung. Für den Volkskrieg hatte der Fünfundfünfzigjährige nur das hochmütige Achselzucken des Fachmanns, der es besser wußte, und an eine Siegeschance glaubte er nach Sedan keinen Augenblick mehr. Was die blendende kaiserliche Armee nicht geschafft hatte, das sollte ein Haufen bewaffneter Bürger schaffen?

Als Soldat stand Trochu aber auf dem Ehrenstandpunkt. Paris war eine belagerte Festung. Die Ehre der Armee erforderte, daß es bis zur letzten Brotkrume hielt. Und so lange durfte von Kapitulation keine Rede sein. Um die Moral der Bevölkerung hochzuhalten, mußte man bis zum letzten Augenblick eisern vom Endsieg sprechen. Und um die Einigkeit in der belagerten Festung nicht zu gefährden, mußte man auch den linken Hitzköpfen ein wenig Auslauf gönnen und ihnen manches durchgehen lassen, worüber man innerlich nur den Kopf schütteln konnte. Daß die bürgerliche Ordnung dabei ein wenig aus dem Leim geriet, ließ Trochu kalt.

Um so mehr erhitzte es den Außenminister Jules Favre. Favre, ein alternder Staranwalt und Tribünenlöwe, dem immer die Tränen locker saßen, war ein Rechtsliberaler – gewiß ein Republikaner, gewiß auf seine Art ein Patriot, aber vor allem ein Mann der bürgerlichen Ordnung. Natürlich sah der Einundsechzigjährige von Anfang an, daß der Volkskrieg Gift für die bürgerliche Ordnung war. Für ihn war er das größte Unglück, das dem armen Frankreich jetzt noch passieren konnte. Deshalb ging es Favre einzig und allein darum, den Volkskrieg wieder abzublasen, bevor er »die Gesellschaft« zerstörte.

Zu diesem Zweck fuhr Favre schon am 17. September 1870 heimlich zu Bismarck nach Ferrières hinaus, um Frieden und Kriegsentschädigung anzubieten. Doch als Bismarck die Abtretung Elsaß-Lothringens forderte, brach Favre in Tränen aus und gab sich für den Augenblick geschlagen. Aber nur für den Augenblick. Gleich nach seiner Rückkehr schickte er den alten Thiers, gerade noch rechtzeitig, ehe sich der deutsche Belagerungsring schloß, hinaus aus Paris, auf eine Rundfahrt zu den europäischen Höfen. Durch deren Vermittlung hoffte er, wieder Friedensverhandlungen in Gang zu bringen.

Der Mann für den Bürgerkrieg

Damit tritt die vierte und wichtigste Persönlichkeit des bürgerlichen Frankreich auf die Szene – der Mann, der schließlich die Kapitulation vollziehen, den Volkskrieg abwürgen und den verlorenen Krieg in einen für das Bürgertum siegreichen Bürgerkrieg verwandeln sollte. Adolphe Thiers gehörte nicht zur Regierung der nationalen Verteidigung; an nationale Verteidigung hatte er keinen Augenblick geglaubt.

Er war damals ein Mann von dreiundsiebzig Jahren, früher Ministerpräsident unter dem Bürgerkönig Louis Philippe, alt, kalt, klug und hart, ein Menschenverächter. Thiers war kein sentimentaler rechtsliberaler Republikaner wie Favre, sondern ein abgebrühter, autoritärer Konservativer. »Meiner Herkunft nach gehöre ich zum Volke«, sagte er einmal, »meiner Erziehung nach bin ich Bonapartist, aber nach Lebensstil und Umgang bin ich ein Aristokrat.«

Auf die proletarischen Massen, deren Patriotismus so verdächtig revolutionäre Züge trug, blickte er nicht mit nervöser Unruhe wie Favre, sondern mit blankem Haß – und zugleich mit dem Überlegenheitsgefühl des erfahrenen Politikers. Anders als Favre war er von Anfang an bereit, Elsaß und Lothringen verloren zu geben. Sein Programm hieß: Frieden nach außen – und Ruhe und Ordnung im Innern.

Mit diesem Programm traf er am 31. Oktober 1870, vom russischen Zaren als Unterhändler angemeldet, in Versailles ein. Bismarck verstand sich mit Thiers besser als mit Favre, er fand Gefallen an seinem klaren Verstand, seinem harten Realismus und seinen »guten altfranzösischen Manieren«. Fast war er sich mit seinem »kleinen Freund Thiers« schon einig geworden – da platzte die Schreckensnachricht herein, in Paris sei die Regierung gestürzt und die Kommune ausgerufen. Thiers schien niemanden mehr hinter sich zu haben, in dessen Namen er unterschreiben konnte. Die Verhandlungen wurden abgebrochen.

An diesem 31. Oktober 1870 war in Paris für ein paar Stunden bereits die Kommune proklamiert, das schleichende Mißtrauen zum erstenmal offen ausgebrochen. Die Regierung sprach immer noch in den großen Worten des September, aber die Worte klangen hohl, und dahinter begann man die Planlosigkeit Trochus und die Kapitulationspläne Favres zu wittern.

Als die Nachricht durchsickerte, daß Thiers mit Bismarck verhandelte, zogen proletarische Bataillone der Nationalgarde zum Stadthaus, wo die Regierung tagte, und verlangten Wahlen zu einer Pariser Kommune. Einige gingen weiter. Der junge feurige Gustave Flourens, Führer und Abgott der Scharfschützen von Belleville, einer »roten« Eliteeinheit, sprang auf den Regierungstisch und proklamierte die Kommune gleich selbst, während er vor den Nasen der Minister hin- und herstampfte, daß die Tintenfässer klirrten.

»Pariser Kommune« – das hatte, trotz des Gleichklangs, nichts mit Kommunismus zu tun. Pariser Kommune hieß einfach Pariser Gemeinderat, gewählter Magistrat. Aber auch das bedeutete eine Revolution, denn Paris besaß keine zentrale Selbstverwaltung. Es wurde vorsichtshalber von der Regierung durch ihre Präfekten verwaltet. Der Grund ist allen Franzosen geläufig: Eine eigene Kommune hatte Paris nur zur Zeit der großen Revolution (1789–1795) besessen, und damals war diese Pariser Kommune der Motor der Revolution gewesen. Gerade deswegen hatte Napoleon die Pariser Selbstverwaltung wieder abgeschafft, und alle seine Nachfolger waren dabei geblieben. Und gerade deswegen verlangten die Pariser jetzt ihre Erneuerung. Paris brauchte wieder seine eigenen Vertreter, um der schlaffen Regierung in seinen Mauern Dampf zu machen. Der Ruf nach der Kommune war ein Ruf nach freien Wahlen und zugleich nach totalem Volkskrieg.

Am 31. Oktober 1870 verhallte dieser Ruf noch erfolglos. Stadtkommandant General Ducrot hatte die spontane und konfuse Erhebung mit Waffengewalt niederschlagen wollen. Aber Regierungschef Trochu wurde auch ohne Gewalt damit fertig. Er versprach Kommunalwahlen und erreichte damit den Abzug der Aufständischen. Gehalten wurde das Versprechen freilich nicht. Die Einigkeit, die Trochu bewahren wollte, war fortan nur noch Schein. Regierung und Masse, Bürgertum und Proletariat gebrauchten noch dieselben patriotischen Vokabeln, aber in Wahrheit bildeten die »Freunde der Ordnung« und die »Verteidiger der Republik« jetzt zwei Lager, die dann im Frühling 1871 zu Bürgerkriegsfronten wurden.

Eine andere Front verlief zwischen dem ländlichen Frankreich und Paris. Denn den wirklichen Winterkrieg gegen die Deutschen – der blutig und mörderisch genug wurde – führte nicht die kriegsentschlossene Hauptstadt, sondern die kriegsmüde Provinz.

Gambetta, der in der Provinz jetzt wie ein Diktator regierte, hatte neue Armeen »aus dem Boden gestampft«. Aber auch er hatte der französischen Landbevölkerung nicht den revolutionären Patriotismus einflößen können, der im September Paris ergriffen hatte. Die französischen Bauern – damals noch achtzig Prozent der Bevölkerung – waren weder revolutionär noch kriegerisch. Nur Gambettas eiserner Wille peitschte die unzulänglich ausgebildeten Armeen ins Feuer. Die unvermeidlichen Niederlagen bewirkten tiefe Mutlosigkeit und tiefen Friedensdurst – und tiefen Groll gegen das fremde, kriegsbesessene Paris, das dem Lande die Geißel Gambetta geschickt hatte und inzwischen tatenlos in der Hungerhölle der Belagerung dem Bürgerkrieg entgegenschmorte. Denn auch in Paris, wo die deutschen Granaten einschlugen und die Kinder dahinstarben, weil es keine Milch mehr gab, bildete sich in diesen Wintermonaten eine Bürgerkriegsfront.

Was die eine Seite empfand, das hat später in seinen Erinnerungen der General Ducrot mit brutaler Offenheit ausgesprochen: »Praktisch drehte sich die ganze Verteidigung nur noch um eine einzige Sache: Angst vor einer Rebellion.« Die Gefühle der anderen Seite fanden offenen Ausdruck in dem roten Plakat, das am 6. Januar 1871 an allen Pariser Anschlagmauern klebte.

»Hat die Regierung, der am 4. September die nationale Verteidigung anvertraut wurde, ihre Pflicht getan? Nein! Wir haben 500000 Soldaten und lassen uns von 200000 Preußen aushungern. Wer trägt die Verantwortung? Die Regierung. Sie hat verhandelt, statt zu handeln. Sie hat die Massenerhebung verweigert. Sie hat die Bonapartisten in den Ämtern gelassen und die Republikaner in die Gefängnisse geworfen. Die Politik, die Strategie, die Administration der Regierung vom 4. September sind gerichtet. Diese Regierung ist nichts weiter als die Verlängerung des Kaiserreichs. Weg mit ihr! Platz für das Volk! Platz für die Kommune!«

Das ist der Aufruf zur Revolution – immer noch verbunden mit der Idee des Volkskrieges. Ein bürgerlicher Beobachter notierte mit Erstaunen: »Die Masse hat ihren Widerstandswillen verdoppelt und wünscht wahrhaftig immer noch aus ganzem Herzen gegen die Preußen zu marschieren und sie zu zerschmettern.« Und ein Mitglied der Regierung bemerkte zynisch: »Erst wenn zehntausend Nationalgardisten am Boden liegen, wird sich die öffentliche Meinung beruhigen.«

Tatsächlich wurde bei dem letzten großen Ausfall aus der belagerten Festung Paris am 19. Januar 1871 zum erstenmal die proletarische Nationalgarde in Massen eingesetzt. Sie schlug sich mit unerwarteter Bravour und fürchterlichen Verlusten. Als die Nationalgarde ins Feuer geschickt wurde, war der Entschluß zur Kapitulation bereits gefaßt.

An den Mauern wurden noch Regierungsplakate angeschlagen: »Mut, Patriotismus, Vertrauen! Der Gouverneur von Paris wird niemals kapitulieren!« Aber Außenminister Favre war schon bei Nacht und Nebel auf dem Weg nach Versailles. Ministerpräsident Trochu trat ab. Es gab keinen Gouverneur von Paris mehr, der kapitulieren konnte. Ein napoleonischer General, Joseph Vinoy, wurde Militärbefehlshaber von Paris. Am 22. Januar gab er seine Visitenkarte ab: Vor dem Stadthaus ließ er rücksichtslos auf Demonstranten feuern, die gegen Kapitulationspläne protestierten.

Als Paris am 29. Januar aufwachte, erfuhr es, daß Waffenstillstand geschlossen, daß der Krieg zu Ende war. Immerhin, die »Preußen« würden Paris nicht betreten, und die Nationalgarde konnte ihre Waffen behalten. (Favre hatte zu Bismarck mit Tränen in den Augen gesagt: »Zwingen Sie mich nicht, die Nationalgarde zu entwaffnen. Das wäre der Bürgerkrieg.«) Aber die reguläre Armee mußte, bis auf eine Division, die Waffen niederlegen und alle Forts den Deutschen intakt übergeben. Im übrigen sollte ganz Frankreich eine Nationalversammlung wählen, die über Krieg und Frieden zu entscheiden hatte. Sie sollte aber nicht in Paris zusammentreten, sondern in Bordeaux. Die Hauptstadt verharrte in dumpfem, wie betäubtem Schweigen. Der Polizeipräfekt meldete: »Alles ruhig. Keine Zwischenfälle. Bevölkerung resigniert.«

Die Wohlhabenden verließen die Stadt zu Zehntausenden, um sich auf dem Lande von den Entbehrungen und Ängsten der Belagerungszeit zu erholen. Dann verschwanden die regulären Soldaten aus dem Straßenbild; und dann reiste auch die Regierung ab – nach Bordeaux, zur Nationalversammlung. Zurück blieben die kleinen Leute, die Proletarier, in einer merkwürdigen Gemütsverfassung; sie fühlten sich verraten, aber sie hatten wieder mehr zu essen. Zurück blieb auch die bewaffnete Nationalgarde, mehr als dreihunderttausend Mann. In diesem Februar 1871 entdeckte sie allmählich, daß es außer ihr keine Macht mehr gab in Paris; und sie organisierte sich, um die Macht, die ihr zugefallen war, auszuüben: Sie bildete eine »Föderation der Nationalgarde«, sie wählte Soldatenräte, und diese wählten ein Zentralkomitee.

Noch immer brauchte niemand Miete zu zahlen, noch immer waren alle Schulden suspendiert, noch immer bezogen alle Bürger die gleichen Brotrationen und jeder Nationalgardist seine dreißig Sous täglichen Sold. Es war eigentlich noch immer alles wie vorher – nur ohne Granateinschläge; und freilich auch ohne Siegeshoffnung.

Und dann, Ende Februar, plötzlich der erste Donnerschlag: Beim Abschluß des Vorfriedens hatte die Nationalversammlung von Bordeaux den Deutschen den Einzug in Paris zugestanden! Es gab einen Aufschrei, viele wollten sich den Deutschen bewaffnet entgegenstürzen. Aber nun zeigte sich, daß es in Paris eine neue Autorität gab, die aus besonnenen Leuten bestand und der gehorcht wurde.

Das Zentralkomitee der Nationalgarde gab seine Weisungen: Keine Unbesonnenheiten, kein Blutvergießen! Die Deutschen würden, so war es zugestanden, nur den Westteil von Paris auf drei Tage besetzen. Dort sollten deshalb alle Geschäfte und Gaststätten schließen, die Bewohner in den Häusern bleiben. Die Grenze des Besatzungsgebiets war mit hohen Barrikaden abzusperren; niemand durfte sie während der Besetzung überschreiten. Vor allem: Alle Kanonen waren vor dem Einmarsch der Deutschen am 5. März aus dem Westen in den Osten der Stadt zu schaffen. Das war das schwerste, denn es gab keine Pferde in Paris; sie waren längst aufgegessen. Aber der Befehl des Zentralkomitees wurde trotzdem befolgt: Die Menschen spannten sich selbst vor die Kanonen und zogen, stemmten und schleppten sie quer durch ganz Paris hinauf auf die Höhen des Montmartre. Paris hatte seine neue Regierung, und sie funktionierte.

Aber zwischen dieser Regierung in Paris und der Regierung, die die Nationalversammlung in Bordeaux inzwischen unter Thiers eingesetzt hatte, klaffte ein Abgrund. Und im März kamen aus Bordeaux Tag für Tag Dekrete wie Keulenschläge, jedes einzelne eine Kriegserklärung an das Paris der Nationalgarde: Alle Mieten, die seit dem Juli 1870 aufgelaufen waren, wurden von einem Tag auf den anderen wieder für fällig erklärt, ebenso alle Wechselschulden. Das war der Ruin aller kleinen Leute. Der Sold der Nationalgarde wurde gestrichen. Die Anführer des Aufstands vom 31. Oktober wurden in Abwesenheit zum Tode verurteilt. Alle linken Zeitungen wurden verboten. Zum Oberkommandierenden der Pariser Nationalgarde wurde ein bonapartistischer Armeegeneral ernannt; und schließlich beschloß die Nationalversammlung, nicht nach Paris zurückzukehren, sondern nach Versailles – dem in Pariser Augen durch das französische Kaisertum und durch den deutschen Siegestriumph entehrten Versailles, wo die Betten noch von den Deutschen warm waren!

Ja, gab es denn Paris nicht mehr? Stand es denn nicht noch aufrecht, bewaffnet, organisiert, unbesiegt? Alle die Leidenschaften, die sich im vorigen September gegen die »Preußen«

gewandt hatten, flammten noch einmal auf – und jetzt wandten sie sich gegen die »Kapitulanten von Bordeaux«. Als Ministerpräsident Thiers am 15. März in Paris eintraf, entschlossen, vor dem Zusammentritt der Nationalversammlung in Versailles am 20. März in der Hauptstadt Ordnung zu schaffen, empfing ihn die Stadt stumm und feindlich, geduckt wie vor einem Schlag und bereit, diesmal furchtbar zurückzuschlagen. Schlag und Gegenschlag erfolgten am Sonnabend, dem 18. März 1871.

Verbrüderung bei Brot und Wein

Die »Revolution des 18. März 1871«, aus der die Pariser Kommune hervorging – war sie eigentlich eine Revolution? Freunde und Feinde der Kommune verwendeten den Begriff mit seltener Eintracht: man hat sie sogar »die schönste Revolution der Weltgeschichte« genannt, und richtig ist, daß niemals vorher oder nachher spontan handelnde Massen so viel Geistesgegenwart, Intelligenz und Einfallsreichtum gezeigt haben wie die Pariser an diesem Tag und daß niemals eine Massenaktion in so kurzer Zeit und mit so wenig Blutvergießen einen so totalen Erfolg erzielt hat.

Und doch gibt es etwas, das diesen 18. März von allen anderen Revolutionen so gründlich unterscheidet, daß man zweifeln muß, ob der Begriff »Revolution« überhaupt noch darauf paßt. In allen Revolutionen, die wir kennen, liegt die Initiative und die Offensive bei den revolutionären Massen: Sie greifen an, um einen bestehenden Staat, eine bestehende Regierung zu stürzen. So war es aber am 18. März in Paris nicht. Die Massen, vor denen der Staat und die Regierung am Ende dieses Tages die Flucht ergriffen, waren nicht im Angriff, sondern in der Verteidigung. Es war der Staat, der die Initiative ergriff – und sich dabei ein Bein brach. Es war die Regierung, die angriff, um etwas Bestehendes zu stürzen: nämlich die schweigende Macht der Pariser Volksmassen und ihrer Nationalgarde, die sich während der deutschen Belagerung formiert hatte und nach der Kapitulation faktisch die Autorität in der Hauptstadt besaß. Die Pariser Massen wollten nichts erobern, was ihnen fehlte, sondern sie verteidigten etwas, was sie schon hatten und was man ihnen wegnehmen wollte. Gerade das erklärt das Selbstvertrauen und die Durchschlagskraft, womit sie handelten und siegten.

In den zweiundzwanzig Stunden von zwei Uhr morgens bis Mitternacht dieses einen Tages drängen sich vier verschiedene Ereignisse zusammen:

1. Von zwei Uhr morgens bis sieben Uhr morgens: ein militärischer Staatsstreich der Regierung Thiers zur Besetzung und Entwaffnung der Pariser Arbeiterviertel.

2. Von sieben Uhr morgens bis mittags: ein spontan einsetzender und erfolgreicher Widerstand gegen diesen Überfall.

3. Um drei Uhr nachmittags: der Entschluß von Ministerpräsident Thiers, angesichts der Niederlage Paris aufzugeben – und danach die Flucht der Regierung und die Besetzung von ganz Paris durch die Nationalgarde.

4. Von neun Uhr abends bis Mitternacht: die zögernde und halb widerwillige Übernahme der Regierungsgewalt in Paris durch das Zentralkomitee der Nationalgarde – und sein Entschluß, die Regierung nicht nach Versailles zu verfolgen und die Macht schnellstens auf eine gewählte Gemeindeverwaltung, auf die Kommune, zu übertragen.

Keiner der Handelnden hatte diesen Ablauf vorhergesehen oder gar geplant. Ganz gewiß nicht die Männer des Zentralkomitees, die den Anfang des Dramas buchstäblich verschliefen; aber auch nicht Thiers, von dem der Angriff ausging. Einige Kommune-Historiker haben ihm unterstellt, daß er mit übermenschlicher Schlauheit und Bosheit alles von vornherein so geplant habe, wie es dann kam, aber diese These überzeugt nicht. Ganz gewiß wollte Thiers der Nationalversammlung, die für den 20. März in Versailles zusammengerufen war, nicht als besiegter und blamierter Flüchtling gegenübertreten, der Paris verloren, sondern als Triumphator, der Paris zur Räson gebracht hatte.

Thiers' politisches Ziel war es zu dieser Zeit, einer im Grunde monarchistisch gesinnten Nationalversammlung die Republik abzulisten – sozusagen eine Republik der Monarchisten, eine rechtsbürgerliche, sozialreaktionäre Republik mit ihm selbst als Präsidenten. Dazu brauchte er einen persönlichen Triumph – bisher hatte er ja nichts vorzuweisen als einen traurigen und beschämenden Frieden mit den Deutschen; und diesen Triumph suchte er in Paris am 18. März. An einer Niederlage konnte ihm nicht gelegen sein.

Thiers war am 15. März – zehn Tage nach der deutschen Siegesparade auf den Champs-Élysées – mit seinen wichtigsten Ministern aus Bordeaux in Paris eingetroffen und hatte sofort militärische Maßnahmen eingeleitet, um die Staatsgewalt in Paris, die seiner Regierung offensichtlich entglitten war, noch vor dem 20. März wiederherzustellen. Praktisch hieß das: Entwaffnung der Nationalgarde, vor allem Wegnahme ihrer Kanonen, und darüber hinaus militärische Besetzung der östlichen und nördlichen Viertel von Paris und Verhaftung der Männer, die dort seit der Kapitulation die Autorität ausübten.

Thiers drängte; er hatte es eilig. Die Generäle hätten lieber noch ein bißchen gewartet, sie trugen Bedenken vor: Sie hatten nur vierzigtausend Mann zur Verfügung, schlecht ausgerüstet und nicht unbedingt zuverlässig. Die Nationalgarde war dreihunderttausend Mann stark, davon mindestens hunderttausend Mann wirklich kampfstarke und kampfwillige Truppen, und sie hatten siebenhundert Kanonen.

Aber Thiers ließ nicht locker: Was an Stärke fehlte, mußten Überraschung und Brutalität ersetzen. Man einigte sich schließlich auf eine Nacht-und-Nebel-Aktion, auf einen Handstreich. Paris sollte im Schlaf überwältigt werden, blitzartig und unangekündigt. Die Aktion wurde für die Nacht vom 17. auf den 18. März angesetzt.

In den Abend- und Nachtstunden des 17. März fand im Außenministerium am Pariser Quai d'Orsay, wo die Regierung für den Moment ihr Hauptquartier aufgeschlagen hatte, bis nach Mitternacht ein letzter Kriegsrat statt. Zur gleichen Zeit tagte in einer Schule in Ostparis das Zentralkomitee der Nationalgarde, ahnungslos. Seine Mitglieder trennten sich zwischen ein und zwei Uhr morgens, um schlafen zu gehen, und einige begegneten bereits auf dem Heimweg marschierenden Soldatenkolonnen, schöpften aber immer noch keinen Verdacht.

Die Truppen des Regierungsgenerals Joseph Vinoy waren um zwei Uhr nachts ganz still in Marsch gesetzt worden, ohne Signale, ohne Fahnen und Kapellen, und, was sich als verhängnisvoll erweisen sollte, ohne Proviant. Alles sollte ja ganz schnell gehen; die Truppen sollten so leicht wie möglich marschieren, nur mit Waffen und Munition. Die Nacht war neblig, die Kolonnen zogen schweigend durch das schlafende Paris, wie durch Feindesland. Die französische Armee kam in ihre Hauptstadt wie ein Dieb in der Nacht.

Erstes Operationsziel waren die siebenhundert Kanonen, die auf siebzehn verschiedenen Plätzen in Nord- und Ostparis stationiert waren, davon allein hunderteinundsiebzig Stück auf den Höhen von Montmartre, wo jetzt die Kirche Sacré Cœur steht. Danach waren, noch vor Morgengrauen, die öffentlichen Gebäude und die Hauptquartiere der Nationalgarde zu besetzen. Wenn ihre Führer sich am Morgen dort einfanden, sollte das Militär sie verhaften.

Alle Truppenteile erreichten planmäßig ihre Marschziele, um sechs Uhr morgens waren die Kanonen überall in der Hand des Militärs. Auch die ersten Gebäude waren schon besetzt und einige führende Nationalgardisten verhaftet. Nur auf dem Montmartre hatte es einen Zwischenfall gegeben: Ein Posten, den man kurzerhand niedergemacht hatte, schrie laut und anhaltend in seiner Todesqual. Davon wachte in einem benachbarten Haus eine junge Lehrerin auf, kam heruntergelaufen und rief einen Arzt.

Es war Louise Michel – später eine der Heroinen der Kommune –, und der neunundzwanzigjährige Arzt war Georges Clemenceau, später der Kriegspremier des Ersten Weltkriegs, damals zugleich Bezirksbürgermeister von Montmartre. Mit lauter Stimme protestierte er gegen den Überfall. Die Soldaten konnten den Bürgermeister nicht gut verhaften oder erschießen, sie mußten ihn gewaltsam wegschaffen. Leute erschienen an den Fenstern, aufgeschreckt durch das Geschrei auf der Straße.

Inzwischen war es Morgen geworden. Paris erwachte, und das Bild veränderte sich. Bleiben wir in Montmartre, bei der Szene, über die es Dutzende von Augenzeugenberichten gibt. Zuerst tauchten die Frauen auf, Hausfrauen mit Milchkannen, unterwegs zu den Milch- und Bäckerläden, zum Einholen fürs Familienfrühstück. Bald kamen aber auch, von ihren Frauen aus dem Bett geholt, die Männer in immer größerer Zahl dazu, neugierig und verdutzt, und dann tauchten plötzlich bewaffnete Trupps der Nationalgarde auf – irgend jemand hatte irgendwo Alarm geschlagen.

Alles war noch verschlafen, niemand wußte, was eigentlich los war, aber jeder wollte es wissen. Die Soldaten, die inzwischen die Barrikaden um die Kanonen heruntergerissen hatten und die Geschütze fortschaffen wollten, fanden sich auf einmal in einer immer dichter werdenden Menschenmenge eingekeilt. Die Stimmung schwankte zwischen Verbrüderung, Mißtrauen und Spott. »Wo wollt ihr denn hin mit unseren Kanonen?« riefen die Frauen. »Nach Berlin?«

Gierig starrten die Soldaten auf die frischen Brotstangen, die die Hausfrauen unter dem Arm trugen. »Was, hat man euch nicht einmal etwas zu essen gegeben, arme Kerle?« Man brachte

Wein, und dann waren Zivilisten und Soldaten einträchtig beim Futtern. Jetzt erst, zu spät und vergebens, versuchten die Offiziere, ihre Männer zurückzukommandieren und die Menge zu zerstreuen. Aus den Seitenstraßen rückten im Marschschritt ganze Bataillone Nationalgarde heran. Verbrüderung oder Kampf? Die Zivilisten waren ganz für Verbrüderung; sie ließen die Armee hochleben, und schon hängten manche Soldaten die Gewehre mit der Mündung nach unten um.

Um diese Zeit – es war inzwischen heller Tag, acht Uhr vorbei – erschien der General Claude Lecomte, der die in Montmartre eingesetzte Brigade kommandierte. Er hatte die Meldung bekommen, daß die Aktion ins Stocken geraten war. Lecomte kommandierte: »Dreißig Schritte zurück«, dann, wenige Sekunden später: »Feuer!«

Einige Soldaten legten an, ließen dann aber die Gewehre sinken. Lecomte wiederholte seinen Befehl, einmal, zweimal, dreimal, mit immer schärferer, sich überschlagender Stimme. Vergebens. Schließlich zog er seinen Revolver und legte auf den nächsten Soldaten an: »Schieß – oder ich schieße!«

Und da geschah es. Einige Männer sprangen auf den General zu, überwältigten ihn und schleppten ihn fort (später am Tage wurde er zusammen mit einem anderen besonders verhaßten General – dem General Clément Thomas – von einer Menschenmenge aus dem Gewahrsam geholt, in den er zunächst gebracht worden war, und erschossen – die einzige Mordtat dieses sonst erstaunlich unblutigen Kampftages).

Mit der Überwältigung Lecomtes war die Sache auf dem Montmartre entschieden. Die Offiziere, die ihren General gefangen sahen, gaben auf. Die Soldaten aber wurden eins mit dem Volk. Eine einzige vereinte Masse, Männer und Frauen, Zivilisten und Uniformierte, Nationalgardisten und Armeesoldaten, schleppte die Kanonen in ihre Positionen zurück.

Nicht überall ging es so friedlich zu. Aber eine wirkliche Straßenschlacht gab es nur an einer Stelle, auf der Place Pigalle, und dort blieb die Nationalgarde nach einer halben Stunde siegreich. Die Nationalgarde trat um diese Zeit – neun Uhr morgens – in allen Stadtvierteln den Regierungstruppen entgegen. Wie auf Befehl, obwohl es keine zentrale Führung gab und das Zentralkomitee sich erst gegen Mittag wieder zusammenfand.

In einem Distrikt nach dem anderen läuteten die Sturmglokken und dröhnten die Alarmtrommeln, wurden die Regierungssoldaten von wogenden Volksmassen umringt, die sie unbeweglich machten. An einer Stelle, wo die Soldaten tatsächlich ein paar Pferde aufgetrieben hatten und die Kanonen wegfahren wollten, schnitt die Volksmenge einfach die Bespannung durch. Überall gab es ein Zusammenspiel von Volksmassen und Nationalgarde, das an Maos Ausspruch von den Guerillas erinnert, die in der Volksmenge schwimmen wie die Fische im Wasser. Überall verstand man sich aufs halbe Wort.

Vor die Wahl gestellt zwischen angebotener Verbrüderung oder aussichtslosem Kampf, zogen die eingekeilten Soldaten meist die Verbrüderung vor. Mitunter auch, auf Befehl vorsichtig gewordener Offiziere, den Abzug – auf dem sich dann oft die Mannschaft verkrümelte. Manche Offiziere wurden von ihren eigenen Leuten entwaffnet, manche auch, in regelrechten Zweikämpfen, denen die Truppe zusah wie einem Boxkampf, von Offizieren der Nationalgarde.

Zur Mittagsstunde war der Handstreich der Regierung gescheitert. Nord- und Ostparis waren wieder fest in der Hand der Nationalgarde, die Kanonen wieder an ihren Plätzen, die besetzten Gebäude zurückerobert, die am Morgen verhafteten Nationalgardisten befreit und viele Armeeoffiziere in Haft.

Die Flucht nach Versailles

Die Regierung, die am Quai d'Orsay auf den Ausgang der Dinge wartete, hatte bis zum Morgen, und trügerischerweise noch bis in den Vormittag hinein, Erfolgsmeldungen empfangen, dann immer schlechtere Nachrichten, und seit zwölf Uhr mittags gar keine mehr. Man speiste in trüber Stimmung. Nach dem Mittagessen verkündete der alte Thiers einen Entschluß, auf den niemand gefaßt war: mit der ganzen Regierung, der ganzen Verwaltung und den Resten der Armee Paris zu räumen.

Einige Minister, voran Jules Favre, der diesmal Tränen des Zorns weinte, sprachen leidenschaftlich dagegen. War denn wirklich schon alles verloren? Hatte man nicht noch Truppen in Reserve, und hatte nicht die militärische Disziplin am Ende immer noch über den bewaffneten Mob gesiegt? Fliehen, aufgeben, Paris sich selbst überlassen, die Niederlage eingestehen? Schändlich, unmöglich! Aber Thiers blieb kalt und fest. Wenn man eine Niederlage erlitten hatte – und es war wohl kein Zweifel mehr, daß das der Fall war –, dann tat man besser daran, sie sich zunächst einmal einzugestehen, als sie durch Weiterkämpfen schlimmer zu machen.

Plötzlich draußen Trommeln und Marschtritt, alles stürzte zum Fenster: Was da draußen aufmarschierte, war Nationalgarde – drei Bataillone mit aufgepflanzten Bajonetten! »Mein Gott«, rief einer der Minister. »Wir sitzen ja in einer Falle!« Jetzt widersprach Thiers keiner mehr. Alle waren für schleunige Flucht; er selbst, vorher so ruhig und kalt, wurde nervös.

In aller Eile unterzeichnete er mit zitternder Hand Befehle – Panikbefehle: Alle Truppen schleunigst zurück nach Versailles, alle, auch die Besatzungen der Forts, auch die vom Mont Valérien, dem Schlüsselfort von Paris, alle, alle zurück zum Schutz der Zuflucht Versailles! Auch alle Behörden weg, alles heraus aus Paris! Und dann selber los, schnell, schnell, so schnell wie möglich! Gottlob, für gute Pferde hatte General Vinoy bereits gesorgt. Ein Vierspänner stand im Hof. Thiers verließ den Regierungssitz über die Hintertreppe. Es war genau zwei Uhr zweiundfünfzig. Kurz nach vier hielt seine Kutsche mit schweißbedeckten Pferden in Versailles.

Später trafen auch die anderen Minister in Versailles ein, dann, im Laufe des Abends, Wagen mit Beamten, Akten und Amtskassen – der ganze staatliche Verwaltungsapparat. Die Soldaten kamen noch später, viele in aufgelöster Ordnung und halb meuterischer Stimmung. Versailles glich an diesem Abend mehr einem Flüchtlingslager als einem Regierungssitz, und die Truppe, die es schützen sollte, mehr einem Debattierklub als einer Garnison. Wäre die Nationalgarde in dieser Nacht nach Versailles marschiert, sie hätte wenig Widerstand gefunden.

Daß sie es nicht tat – das werfen alle Freunde der Pariser Kommune, von Marx über Lenin und Trotzki bis zur Gegenwart, der Nationalgarde immer wieder vor. Tatsächlich haben auf der Sitzung, zu der sich das Zentralkomitee der Nationalgarde an diesem 18. März um neun Uhr abends im Stadthaus endlich zusammenfand, einige Mitglieder den sofortigen Marsch auf Versailles verlangt. Aber die Mehrheit hat ihn abgelehnt. Daß es in dieser Nacht und noch an den nächsten Tagen ohne weiteres möglich gewesen wäre, Versailles zu nehmen und die Regierung Thiers auszuheben oder zur Weiterflucht zu zwingen, daran dürfte im Zentralkomitee kein Zweifel bestanden haben. Aber es gab drei Gegenerwägungen.

Erstens die Deutschen. Würden sie eine Revolutionsregierung dulden? Bestenfalls doch nur dann, wenn diese Regierung alles, was Thiers bereits unterschrieben hatte, demütig vollzog, die Abtrennung Elsaß-Lothringens, die erdrückende Kriegsentschädigung, alles. Wollte man das, konnte man das? Unmöglich! Aber den Frieden zerreißen und wieder Krieg mit den Deutschen beginnen? Ebenso unmöglich! Wenn man aber weder den Frieden auf sich nehmen noch den Krieg erneuern wollte, dann durfte man eben nicht französische Regierung werden wollen. Und wenn man das nicht wollte – was wollte man dann in Versailles?

Zweitens der Bürgerkrieg. Versailles konnte man nehmen, gut, und die Regierung Thiers konnte man vielleicht ausheben, auch gut. Aber was war damit gewonnen? Die Nationalversammlung saß ja noch in Bordeaux. Nach Bordeaux konnte die Pariser Nationalgarde nicht ohne weiteres marschieren. Und hinter der Nationalversammlung, zähneknirschend mußte man es zugeben, stand ja nun einmal die Provinz, das kriegsmüde, monarchiefromme, kirchenfromme, zurückgebliebene Bauernvolk. Wollte man es unterwerfen, konnte man es überhaupt? Wollte man den Bürgerkrieg, konnte man ihn wollen?

Drittens Paris selbst. Hier waren ja sofort dringende, ungeheure Arbeiten zu verrichten, die alle Kräfte in Anspruch nahmen. Alles, wovon die Riesenstadt Tag für Tag lebte – Nahrungsmittelversorgung, Verwaltung, Finanzen, Verkehr, Justiz, Post, Polizei – alles war ja mit der Flucht der Staatsbehörden zusammengebrochen. Paris am Leben halten: Das war die Aufgabe der nächsten Stunden und Tage; und dann die Selbstverwaltung schaffen, die der Stadt bisher gefehlt hatte, die Kommune wählen lassen. Die gewählte Kommune mochte dann mit der Regierung in Versailles eine neue Verfassung für Paris und Frankreich aushandeln.

Das waren die Gedanken, die das Zentralkomitee am Abend des 18. März beherrschten, und aus ihnen folgte der Entschluß, den es noch in der Nacht faßte und auf Plakaten bekanntgab: Sofortige Wahl einer Pariser Kommune, der das Zentralkomitee die Macht übertragen wird.

Die Wahlen zur Kommune sollten zuerst am 22., dann am 23. März stattfinden; schließlich wurden sie nochmals verschoben. Die Bezirksbürgermeister schalteten sich ein und versuchten, zwischen Paris und Versailles zu vermitteln, um einen drohenden Bürgerkrieg abzuwenden. Der Montmartre-Bürgermeister Clemenceau fuhr zwischen Paris und Versailles hin und her: Warum sollte Versailles nicht ein Gesetz verabschieden, das Paris endlich seine Selbstverwaltung zugestand, so daß Kommunalwahlen aufhörten, ein revolutionärer Akt zu sein?

Das Zentralkomitee, machtscheu und besonnen, gab Clemenceau und seinen Kollegen freie Hand zu Verhandlungen, und auch Ministerpräsident Thiers machte ihnen halbe Hoffnungen: Wenn man die Kommunalwahlen ein wenig aufschob, um zwei Wochen, wenigstens um eine Woche, könne er vielleicht ein solches Gesetz einbringen. »Gebt mir Zeit!« In Wirklichkeit wollte er nur Zeit gewinnen, um seine demoralisierten Truppen wieder zu disziplinieren – und eine Armee zu schaffen, die Paris erobern konnte. Denn Thiers hatte nicht aufgegeben. Er bereitete seine Rache vor.

Das Zentralkomitee durchschaute Thiers' Spiel und brach die Verhandlungen ab. Am Sonntag, dem 26. März, fanden die Wahlen zur Kommune statt – ohne Genehmigung von Versailles, aber mit Zustimmung der Bezirksbürgermeister, die ebenfalls der Versailler Hinhaltetaktik müde geworden waren. Es waren vollkommen freie Wahlen. Die bürgerlichen Bezirke wählten bürgerliche Vertreter, und die Arbeiterbezirke wählten Arbeitervertreter. Am 28. März wurde die neugewählte Kommune von Paris feierlich proklamiert, ihre zweiundneunzig Mitglieder versammelten sich auf dem Balkon des Stadthauses, über dem eine rote Fahne wehte, und über den Platz davor paradierte drei Stunden lang die gesamte Nationalgarde.

Viele Pariser sagten, es sei die schönste Parade, die sie je gesehen hätten – und sie hatten manche schöne Parade gesehen. Es war ein Siegesfest. Die Nationalgardisten salutierten vor den gewählten Volksvertretern, indem sie, Bataillon für Bataillon, ihre Käppis im Gleichtakt auf die Spitzen ihrer Bajonette hißten. Der Frühlingstag war hell und blau, die Fahnen wehten, die Clairons schmetterten, und die Kanonen – die zurückeroberten Kanonen – schossen Salut. Am Abend wurde auf den Straßen getanzt.

Paris feierte seinen Sieg und seine Freiheit. Zwei Monate später starben die letzten der Sieger und Freiheitskämpfer auf diesem Platz schockweise unter den Salven der Erschießungspelotons.

Die Pariser Kommune, am 28. März 1871 unter allgemeinem Jubel installiert, wurde am 28. Mai im Blut erstickt. Sie hat nur zwei Monate existiert und fast die ganze Zeit einen Bürgerkrieg zu führen gehabt. Das macht es schwer, die Kommune gerecht zu beurteilen. Selbst eine normale Regierung, die einen bestehenden Staatsapparat übernimmt, kann nicht an der Leistung ihrer ersten zwei Monate gemessen werden. Und die Kommune war keine normale Regierung, sie war etwas ganz Neues; sie fand keinen funktionierenden Staatsapparat vor, sondern mußte ihren eigenen erst schaffen oder improvisieren.

Daß unter solchen Umständen vieles nicht klappte und vieles, was als Gesetz dekretiert wurde, auf dem Papier blieb, versteht sich von selbst. Jede Regierung, auch die solideste und gefestigtste, wird durch Krieg und Bürgerkrieg aus der Bahn geworfen. Das Erstaunliche ist, wie sehr es der Kommune trotz aller Nöte und Zwänge des Bürgerkrieges gelungen ist, ihr politisches Wesen und Wollen zu artikulieren. Daß sie, nach ihrer so kurzen und so furchtbar bedrängten Existenz, immer noch heiß umstritten bleibt als eines der aufregendsten politischen Experimente aller Zeiten, ist nicht ihre geringste Leistung.

Über die Pariser Kommune gibt es nicht, wie über so viele andere dramatischen Ereignisse der Geschichte, lediglich *eine* Legende; es gibt vier, je zwei von ihren Feinden und von ihren Freunden:

– Die ältere Legende ihrer Feinde – und sie wirkt immer noch nach – malt ein Bild wüster Schreckensherrschaft; für sie war die Kommune eine Dauerorgie blutrünstiger Mordbrenner.

– Heute wird das kaum mehr ernsthaft behauptet. Statt dessen wird die Pariser Kommune nun von ihren Feinden mit herablassender Süffisanz als ein im Grunde hoffnungsloses administratives Durcheinander dargestellt, angerichtet von wohlmeinender Unfähigkeit.

– Die ältere Legende der Freunde stammt von niemand geringerem als Marx und Engels. Für Engels war die Kommune die Wirklichkeit gewordene Diktatur des Proletariats; für Marx »die endlich entdeckte politische Form, unter der die Befreiung der Arbeit sich vollziehen konnte«. Auch das wird heute kaum mehr behauptet – am wenigstens in der Sowjetunion, wo man gerade aus den Fehlern der Kommune gelernt zu haben glaubt und alles ganz anders macht.

– Statt dessen gibt es heute eine neue »linke« Kommunelegende, die sie als ein idyllisches Utopia, als ideale herrschaftsfreie Räterepublik begreift.

Keine dieser vier gängigen Lesarten der Kommune deckt sich mit ihrer Wirklichkeit. Die Kommune war keine Diktatur von Schreckensmännern. Sie war eine frei und ordnungsgemäß gewählte demokratische Stadtverordnetenversammlung von zweiundneunzig größtenteils jungen Abgeordneten (Durchschnittsalter siebenunddreißig Jahre), darunter zunächst einundzwanzig ausgesprochen Konservativen, die in den wohlhabenden Stadtteilen gewählt worden waren. Im Laufe des April, als es gefährlich wurde, zur Kommune zu gehören, legten diese einundzwanzig bürgerlichen Kommunemitglieder ihr Mandat nieder, worauf sie durch vollkommen normale Nachwahlen ersetzt wurden; ihnen selbst wurde kein Haar gekrümmt.

In der Zeit vom 26. März 1871, dem Tag, an dem die Wahlen zur Kommune stattfanden, bis zum 21. Mai, dem Einbruch der Versailler Regierungstruppen, ist in der französischen Hauptstadt kein Tropfen Blut geflossen. Die Pariser Kommune hatte kein Revolutionstribunal und keine Tscheka. Bezeichnenderweise hat ihr Lenin später als einen der Gründe für die Niederlage gerade ihre Großmut gegenüber ihren Feinden vorgeworfen.

Die Kommune war auch kein Narrenhaus weltfremder Weltverbesserer. Im Gegenteil, man muß das Improvisations- und Organisationstalent bewundern, mit dem sie die kommunalen Aufgaben bewältigte. Sie übernahm immerhin eine durch Belagerung, Hungersnot, Beschießung und Massenexodus schwer zerrüttete Zwei-Millionen-Stadt, die am 18. März durch die Flucht der staatlichen Behörden aller ihrer Verwaltungsorgane beraubt worden war.

Sie bestand auch nicht aus geschulten Kommunalbeamten, sondern aus Amateuren – Politikern, Journalisten, kleinen Geschäftsleuten und Arbeitern. Aber diese Amateure arbeiteten mit Eifer und Hingabe und bemerkenswertem praktischem Verstand, und das Chaos, das nach dem 18. März fast unvermeidlich schien, wurde niemals Wirklichkeit.

Die ausländischen Journalisten, die nach dem 18. März in Paris zusammenströmten, stellten mit Erstaunen fest, wie wenig Sensationelles es aus Paris zu melden gab, wie normal und ungestört das Alltagsleben der großen Stadt verlief: Die Geschäfte und Cafés waren geöffnet, der Verkehr lief wie immer, die Post wurde pünktlich ausgetragen, die Versorgung funktionierte, in den Schulen wurde unterrichtet, die Theater spielten wieder, und die vorher geschlossenen Museen wurden von der Kommune wieder geöffnet. In diesen Frühlingswochen 1871 ging sogar die Zahl der Verbrechen auffallend zurück; man lebte sicherer in Paris als je zuvor.

Die große soziale Krise, von den brutalen Dekreten der Regierung Thiers ausgelöst, wurde abgewendet: Die im Kriege aufgelaufenen Mietschulden wurden von der Kommune endgültig annulliert (»Nachdem bisher Industrie, Handel und Arbeit alle Kriegslasten getragen haben, soll nun auch das Eigentum seinen Beitrag leisten«), für andere Privatschulden wurde ein letztes Moratorium bis Mitte Juli 1871 verfügt (danach sollten sie in vierteljährlichen Raten drei Jahre lang abgetragen werden). Außerdem stoppte die Kommune alle Pfandversteigerungen durch die Leihhäuser – während der Hungerzeit hatten die Armen von Paris fast ihr ganzes Hab und Gut aufs Leihhaus getragen, um die Schwarzmarktpreise wenigstens für die allernötigsten Lebensmittel aufzubringen; später sorgte die Kommune für die kostenlose Rückgabe wenigstens der lebensnotwendigsten Pfandobjekte.

Also eine durchaus tüchtige und funktionsfähige Stadtverwaltung mit einem sozialen Gewissen. Aber keineswegs eine Diktatur des Proletariats (Engels) oder die endlich entdeckte politische Form zur Verwirklichung des Sozialismus (Marx). Gewiß wurde die Kommune hauptsächlich vom Proletariat getragen. Aber sie war keine Diktatur, sondern ein demokratisches Stadtparlament, in dem frei debattiert und abgestimmt wurde, in dem es zwar noch keine organisierten Parteien, aber mindestens vier verschiedene Gruppierungen gab. Die Sozialisten waren ganz klar in der Minderheit – so sehr, daß sie Anfang Mai sogar eine Weile mit dem Gedanken spielten, sich ebenso wie die Konservativen aus der Kommune zurückzuziehen. Die ausschlaggebende Mehrheit bestand aus Republikanern und Radikaldemokraten, die sich als Fortsetzer der Großen Französischen Revolution fühlten.

Die Kommune war demokratisch und föderalistisch, und sie war antimilitaristisch und antiklerikal. Sozialistisch war sie jedenfalls nicht. Die Kommunarden waren keine Kommunisten. Sie kämpften gegen Monarchisten, Generale und »Pfaffen«. Die Kapitalisten ließen sie ungeschoren. Sie rührten ja selbst in der höchsten Not die Bank von Frankreich nicht an. Mit Recht schrieb Engels: »Die Bank in den Händen der Kommune – das war mehr wert als zehntausend Geiseln.« Sie hätte nur ihre Hand auf die Bank zu legen brauchen, um das gesamte Frankreich Thiers' lahmzulegen; und die zwei Milliarden Goldfrancs in ihren Safes, wären sie nicht ein großartiger Kriegsschatz für die Kommune gewesen? Aber sie begnügte sich, bescheidene Kredite von der Bank zu erbitten.

Auch die Pariser Börse funktionierte ungestört weiter – die Kurse stiegen sogar, nachdem sich der erste Schrecken gelegt hatte. Von einer Enteignung oder Sozialisierung der Pariser Industrieunternehmen war nie die Rede. Ein einziges Dekret der Kommune könnte man als milde sozialistisch bezeichnen: Es sah vor, daß Betriebe, deren Eigentümer geflohen waren, unter Vorbehalt späterer Entschädigung als kooperative Unternehmen ihrer Belegschaft wieder geöffnet werden sollten. Aber das war mehr eine Notmaßnahme zur Behebung der Arbeitslosigkeit als ein prinzipieller Akt.

Die Kommune war also keine Vorform der Sowjetunion. Sie war aber auch nicht die perfekte Räterepublik, die den heutigen westlichen Antiautoritären vorschwebt – die herrschaftsfreie Selbstverwaltung, in der jeder Funktionär jederzeit abrufbar ist und jede Arbeit für Arbeiterlohn verrichtet wird.

Als eine Räterepublik kann man allenfalls das kurze Interregnum vom 18. bis zum 28. März bezeichnen: Denn das Zentralkomitee der Nationalgarde, das damals bis zur Kommune-Wahl Paris regiert hatte, war ja eine Art Soldatenrat. Aber die Kommune war keineswegs ein Arbeiterrat, sondern eben eine freigewählte Stadtverordnetenversammlung. Ihre Mitglieder waren durchaus nicht jederzeit abrufbar, wie die Legende behauptet, und das Gehalt, das sie sich bewilligten, war zwar bescheiden – sechstausend Goldfrancs im Jahr –, aber immerhin das Vierfache eines Facharbeiterlohns und mehr als das Zehnfache des Soldes eines Nationalgardisten. Allerdings mußten die Stadtverordneten notgedrungen fürs erste zugleich ihre eigenen Verwaltungsbeamten sein. Hätte die Kommune länger existiert, so hätte sie sich zweifellos nach und nach ihren eigenen Beamtenkörper zugelegt; denn die Überarbeitung, die sie ihren Mitgliedern zumutete, war fürchterlich.

Also nur ein ganz normales demokratisches, fortschrittliches Stadtparlament? Von Hause aus, ja. Und wenn man die Kommune in Frieden gelassen hätte – sehr möglich, daß sie das auch geblieben wäre und daß heute niemand mehr viel über sie zu berichten fände. Paradoxerweise war es aber gerade der Bürgerkrieg, der die Kommune über sich hinauswachsen ließ – der Bürgerkrieg, der ihr aufgezwungen wurde und für den sie nicht gemacht war.

Staatsmodell für die Zukunft

Wenn die Pariser nach ihrer siegreichen Erhebung vom 18. März die politische und soziale Revolution und den Bürgerkrieg gewollt hätten, dann hätten sie keine Kommune von Paris gewählt, sondern eine Revolutionsregierung von Frankreich proklamiert. Sie begnügten sich aber damit, die örtliche Selbstverwaltung zu konsolidieren, die sie sich im Belagerungswinter verdient und am 18. März erkämpft zu haben meinten. Sie verfolgten ja auch die geflohene Regierung nicht nach Versailles und machten ihr die Existenz nicht streitig. Das war ein Friedensangebot an die Regierung Thiers' – ein Angebot zur friedlichen Koexistenz.

Warum sollte eine »linke« Pariser Stadtverordnetenversammlung nicht mit einer »rechten« französischen Nationalversammlung koexistieren können – genauso wie etwa heute ein SPD-Oberbürgermeister von München mit einem CSU-Ministerpräsidenten von Bayern? Mit ein wenig gutem Willen hätten sich beide durchaus arrangieren können. Der allgemeine Jubel, mit dem die Kommune am 28. März nach ihrer Proklamation in Paris begrüßt wurde, war nicht zuletzt ein Jubel der Erleichterung über den vermeintlich abgewendeten Bürgerkrieg.

Aber der Bürgerkrieg kam dann doch. »Die royalistischen Verschwörer haben angegriffen!« Man hört geradezu den entsetzten Aufschrei in der Proklamation der Kommune vom 2. April. »Trotz unserer maßvollen Haltung haben sie *angegriffen:* Gewählt von der Pariser Bevölkerung, ist es nunmehr unsere Pflicht, diese große Stadt gegen die ruchlosen Aggressoren zu verteidigen. Mit eurer Hilfe *werden* wir sie verteidigen.« Was die Kommune dann sieben Wochen lang tat, bis zum Untergang in einem Inferno von Blut und Feuer. Aber von Woche zu Woche wurde es klarer, daß die Kommune todgeweiht war.

Das Ergreifende ist, daß diese Erkenntnis die Kommune nicht lähmte, sondern über sich hinauswachsen ließ. Erst im Bürgerkrieg entwickelte sie ein Verfassungsprogramm für ganz Frankreich und verwandelte sich bewußt aus einer bloßen Stadtverwaltung für den Tag in ein Staatsmodell für die Zukunft. In den letzten hoffnungslosen Wochen blieb es ihr höchster Ehrgeiz, ein Beispiel zu hinterlassen. Sie entwarf mit fieberhaftem Eifer grundlegende Reformen, die den kommunalen Rahmen sprengten und die auch keine Aussicht mehr hatten, verwirklicht zu werden. Ihr Zweck war nur noch, Signale für die Zukunft zu setzen.

»Was soll man von einer Regierung denken«, schrieb einer ihrer Chronisten halb entsetzt, halb bewundernd, »die sich in einem solchen Augenblick mit Erziehungsreform beschäftigt ... Diese Größe, diese Ruhe, diese Blindheit in einer Versammlung, die bereits zehntausend Chassepots (Gewehre) auf sich gerichtet sieht, gehört zu den größten Seltsamkeiten, die je ein Historiker zu berichten hatte.«

Aber auch diese Reformen waren nicht sozialistisch, sie waren radikaldemokratisch – wenn man will: sozialdemokratisch. Mit Recht hat der jüngste Historiker der Kommune, Henri Lefèbvre, in seinem Buch ›Aufstand in Frankreich‹ festgestellt: »Die meisten Maßnahmen der Kommune, die ihren Ruhm ausmachen, waren Maßnahmen einer bürgerlichen Demokratie.« Und weiter: »Was die Kommune tatsächlich geliefert und für einen kurzen Augenblick verwirklicht hat, war das Programm, für dessen unvollständige Durchsetzung die bürgerliche Demokratie später mehr als dreißig Jahre gebraucht hat: Trennung von Kirche und Staat, ein kostenloses weltliches Bildungssystem für alle, Schaffung von Gewerkschaften und Betriebsräten, Arbeiterschutz und so weiter.« Dabei ist »mehr als dreißig Jahre« eine Untertreibung. Vieles von dem, was die Pariser Kommune in Gesetzesform goß, ist in den westlichen Demokratien erst nach dem Zweiten Weltkrieg Selbstverständlichkeit geworden. Einiges ist noch heute Zukunftsmusik.

Damals wirkte das, was uns heute selbstverständlich vorkommt, wie haarsträubende Ketzerei. In den Augen der guten Bürger von 1871 war es eine Ungeheuerlichkeit, daß die Kommune die Arbeiter ermutigte, Gewerkschaften zu bilden, daß sie in den städtischen Betrieben Betriebsräte einführte und – in den Uniformwerkstätten – den ersten Tarifvertrag der Welt aushandeln ließ.

Zu den »Greueln der Kommune« gehört, daß sie die Kirchensteuer und den Religionsunterricht abschaffte, das allgemeine Recht auf kostenlose Bildung verkündete und in den

Schulen (wenigstens auf dem Papier) den polytechnischen Unterricht einrichtete.

Der Gipfel aller Greuel waren in den Augen der wohlanständigen bürgerlichen Zeitgenossen die ersten tastenden Schritte auf dem Gebiet der Frauenemanzipation: Unter der Kommune bildete sich ein »Zentralkomitee der Frauen für die Verteidigung von Paris und die Betreuung der Verwundeten«, und diesem Frauenkomitee übertrug die Kommune, unter dem Murren auch mancher ihrer eigenen Offiziere, das Lazarettwesen und die Hilfsdienste der kämpfenden Truppe; der Arbeitskommissar regte sogar eine Frauengewerkschaft an. Und man glaubt sich eher im Jahre 1971 als 1871, wenn man in dem Dekret über die Theater, das die Kommune am 21. Mai, dem Tag des Einmarschs der Versailler Regierungstruppen, in ihrer letzten Plenarsitzung verabschiedete, liest: »Die Theater werden der Erziehungskommission unterstellt. Sie ist beauftragt, das System der Theaterleitung durch eine Direktion auf ein System kooperativer Gemeinschaftsarbeit umzustellen.«

Der Tag, an dem die Kommune den Schritt von der bloßen Stadtverwaltung zum Zukunftsstaat tat, läßt sich genau datieren. Es war der 19. April 1871. An diesem Tag veröffentlichte sie eine Proklamation, in der sie eine Kommunalverfassung für ganz Frankreich forderte: »Die kommunale Revolution, die mit der Initiative des Volkes am 18. März begonnen hat, eröffnet eine neue Ära der Politik, die Ära einer experimentellen, positiven und wissenschaftlichen Politik. Sie bedeutet das Ende der alten staatlichen und klerikalen Welt, der Welt des Militarismus, Monopolismus und der Privilegien, denen das Proletariat seine Knechtschaft verdankt und die Nation ihre Leiden und Katastrophen.« Sie forderte die Ausdehnung der »absoluten kommunalen Autonomie« auf alle Orte und die Konstituierung der neuen französischen Republik als einer Bundesrepublik freier Städte und Gemeinden.

Zu dieser Zeit waren die Kommunen in anderen französischen Städten, die sich nach dem Vorbild von Paris gebildet hatten, sämtlich niedergeschlagen und die Pariser Kommune selbst bereits tödlich bedroht. Die Proklamation vom 19. April konnte nichts mehr bewirken; man hat sie, treffend genug, das Testament der Kommune genannt. Und dieses Testament ist auch heute noch unvollstreckt. Anders als die Arbeits-, Erziehungs- und Säkularisierungsgesetze der sterbenden Kommune, die ihrer Zeit nur um ein halbes oder ganzes Jahrhundert voraus waren und heute Gemeingut aller Demokratien geworden sind, wirkt ihr Gedanke des Staats als einer Vereinigung freier Städte und Gemeinden auch heute noch wie eine Utopie. Aber ist nicht gerade dieser Gedanke in einer Zeit, deren Grundtatsache Urbanisierung und deren Grundforderung »Demokratisierung« heißt, das wichtigste Vermächtnis der Pariser Kommune?

Ein konservativer Staatsdenker und also gewiß ein unverdächtiger Zeuge, Alexis de Tocqueville, hat dem Verfassungsgedanken der Pariser Kommune das schlagendste Argument geliefert. Er schreibt: »In der Gemeinde liegt die Stärke der freien Völker. Kommunale Selbstverwaltung ist für die Freiheit, was die Volksschule für die Bildung ist: Sie bringt sie in Reichweite aller, sie macht sie für den gemeinen Mann greifbar. Ohne kommunale Selbstverwaltung mag eine Nation sich eine noch so freiheitliche Verfassung geben, sie gewinnt dadurch nicht den wahren Instinkt für die Freiheit. Unter der formalen Demokratie wird in einer solchen Nation der eingeborene Despotismus des Staatswesens immer wieder zum Vorschein kommen.«

Die Volksschule der Freiheit – das ist kein schlechter Titel für die Pariser Kommune. Es ist eine Schule, in der wir alle auch heute noch etwas lernen können. Aber im 19. Jahrhundert wurde diese Schule in einem grausamen Bürgerkrieg zerstört. Und dieser Bürgerkrieg hat Folgen gehabt, die bis in unsere Tage reichen.

Die Armee greift die Hauptstadt an

Am 2. April 1871, Palmsonntag, hörte man in Paris Kanonendonner. Die Leute glaubten zuerst, es werde irgendwo Salut geschossen. In Wirklichkeit hatte der Bürgerkrieg begonnen. Ministerpräsident Thiers hatte die Niederlage vom 18. März, als er mit seinen Ministern und der Armee aus Paris fliehen mußte, keinen Augenblick hingenommen. Das wichtigste Pariser Fort, Mont Valérien, hatte er schon am nächsten Tag abermals besetzt, die demoralisierten Truppen wurden in Versailles wieder auf Disziplin gedrillt, neue Truppen aus der Normandie und der Bretagne zusammengekratzt, und am 1. April verkündete Thiers der Nationalversammlung: »Eine der besten Armeen, die Frankreich je besaß, ist in Versailles wiederaufgebaut worden. Gute Staatsbürger können beruhigt sein: Der Kampf wird schmerzhaft sein, aber kurz.«

Er hatte jetzt etwa sechzigtausend Mann beisammen, und für den nächsten Tag war ihnen ihre erste Bewährungsprobe befohlen: die Überwältigung eines Außenpostens der Kommune in einem Vorort, drei Brigaden gegen drei Bataillone, eine sichere Sache. Alles verlief denn auch plangemäß. Die drei Bataillone Pariser Nationalgarde wurden nach tapferer Gegenwehr vertrieben. Paris schrie auf – ein Schrei mehr der Entrüstung als der Furcht. Was für eine Frechheit! Die Kommune würde es ihnen zeigen! Am Abend des 2. April läuteten in Paris die Sturmglokken, die Nationalgarden eilten zu ihren Sammelplätzen, und überall hörte man die Parole: »Nach Versailles!«

Die Exekutivkommission der Kommune war gegen den Marsch nach Versailles. Aber die Bürgermiliz, die Nationalgarde, war nicht zu halten. Am Montagnachmittag marschierte sie in drei Heersäulen, fünfzigtausend Mann stark, auf Versailles.

Bei dieser ersten und einzigen Offensivaktion der Pariser im Bürgerkrieg zeigte sich, daß die Nationalgarde keine Feldarmee war. In ihren eigenen Stadtvierteln, wo sie jeden Stein kannte, inmitten ihrer Familien und Nachbarn, war diese Bürgermiliz eine wirkliche Macht; sie hatte es am 18. März bewiesen. Draußen im Felde war sie ein verlorener Haufen. Das zeigte sich jetzt bei dem Ausfall am 3. und 4. April.

Nichts war vorbereitet, alles nur improvisiert, Generalstabsarbeit gab es nicht. Die Nationalgarde marschierte auf Versailles ohne Proviant, ohne Zelte und Biwakmaterial, ohne Sanitäter, sogar die Kanonen waren in Paris zurückgeblieben. Ein Chronist fand, die Kolonnen, die auf der Mitte der Straßen marschierten, glichen »mehr einer Masse fröhlicher Ausflügler, die zu einem Picknick aufbricht, als einer angreifenden Truppe, die auf eine furchtbare Stellung losmarschiert«.

Als die ersten Kanonenkugeln vom Mont Valérien in die dichtgeschlossenen Reihen einschlugen, brach Panik aus. Trotzdem fehlte es nachher im Nahkampf nicht an Schneid. Besonders die südlichste der drei Kolonnen, unter dem Kommando des tapferen Eisengießers Emile Victor Duval, schlug sich wacker. Sie nahm die Höhen von Châtillon und hielt sie nach einer durchfrorenen Nacht mit hungrigem Magen stundenlang gegen wütende Gegenangriffe.

»Keinen Schritt zurück!« kommandierte Duval. Aber inzwischen rückten Versailler Truppen rechts und links an ihm vorbei und kesselten seine Truppe ein. Nach letzter verzweifelter Gegenwehr mußte sie sich am Dienstagnachmittag ergeben.

Dabei zeigten die Versailler zum erstenmal, wie sie diesen Krieg zu führen gedachten. Ihr Kommandeur, der General Vinoy, ließ die Gefangenen halten: »Wer sind die Anführer?« Emile Victor Duval trat vor, mit ihm zwei seiner Bataillonskommandeure. »Erschießen!« befahl Vinoy. Dann ließ er alle Gefangenen herausgreifen, die Armeeuniform trugen. Sie wurden ebenfalls erschossen.

Noch einen anderen Führer verlor die Nationalgarde an diesem Tag – Gustave Flourens, den jungen, bewunderten Führer der Scharfschützen von Belleville, der die nördliche Kolonne kommandiert hatte und ebenfalls gefangengenommen worden war. Als Flourens an einen berittenen Versailler Offizier herantrat, um gegen die Mißhandlung seiner gefangenen Leute zu protestieren, zog dieser seinen Säbel und spaltete dem Waffenlosen mit einem furchtbaren Hieb den Schädel.

Vielleicht waren diese Schreckenstaten der Grund, daß die Niederlage in Paris nicht demoralisierend wirkte. Der Zorn war stärker als die Enttäuschung. Die Nationalgarde hatte Tausende ihrer besten Leute verloren, aber ihr Kampfwille war noch ungebrochen. Was für den Augenblick ein wenig gedämpft wurde, das war die Eigenmächtigkeit der Truppe. Die Kommune versuchte jetzt, die Bürgermiliz in die Hand zu bekommen. Noch am Abend des 3. April ernannte sie einen Kriegskommissar und gab ihm Vollmacht, die Nationalgarde zu reorganisieren: Gustave Paul Cluseret, der, ebenso wie sein Stellvertreter und späterer Nachfolger Louis Rossel, Berufsoffizier war.

Cluseret hatte sich im Krimkrieg ausgezeichnet, war später wegen eines Ehrenhandels aus der Armee ausgeschieden, nach Amerika ausgewandert und hatte es dort im Bürgerkrieg in der Armee der Nordstaaten zum Generalmajor gebracht. 1870, beim Krieg gegen die Deutschen, trieb ihn sein Patriotismus nach Frankreich zurück.

Rossel, ein junger Mann, Hauptmann in der kaiserlichen Armee, hatte sich bei der Kapitulation von Metz im Oktober 1870 auf abenteuerliche Weise der deutschen Gefangenschaft entzogen. Im Winterkrieg hatte er sich in Gambettas Armeen hervorragend bewährt und war zum Oberst befördert worden. Am 19. März schrieb er einen Brief an den Kriegsminister der Regierung Thiers: »Mon Général, da ich aus einer heute in Versailles veröffentlichten Depesche entnehme, daß zwei Parteien um die Herrschaft in diesem Lande kämpfen, zögere ich nicht, mich der Seite anzuschließen, in deren Reihen es keine kapitulierenden Generäle gibt.«

Cluseret und Rossel waren tüchtige Militärfachleute, aber in der Kommune Fremdkörper, und mit der Nationalgarde lebten sie während der ganzen Zeit ihres Kommandos in einem nervenaufreibenden Kleinkrieg. Sie beklagten sich bitter über das Durcheinander und die »zanksüchtigen und eifersüchtigen« Komitees, diese »wildgewachsenen Pflanzen der Revolution«. Gewiß hatten sie damit von ihrem Standpunkt aus vollkommen recht, wenn sie Ordnung in den Laden bringen und aus einem Sauhaufen eine Armee machen wollten. Das war eine Sisyphusarbeit; und man kann sich nur wundern, daß sie immerhin einigen Erfolg damit hatten.

Denn den hatten sie. Die fünf, sechs Wochen lang erfolgreiche Verteidigung von Paris ist im wesentlichen ihr Werk. Sie bauten mit ausgesuchten Einheiten eine Front auf und brachten in einem verlustreichen Abnutzungskrieg die Versailler Offensive, die nach dem 4. April voll eingesetzt hatte, vor den Toren der Stadt zum Stehen.

Als Rossel am 10. Mai verbittert sein Amt hinwarf – Cluseret war zehn Tage vorher abgesetzt worden –, waren die Versailler noch kaum einen Schritt weitergekommen. Allerdings verbluteten die besten Einheiten der Nationalgarde dabei langsam, und Ersatz war nicht da. Die wirkliche Kampfstärke der Nationalgarde – nominell mehr als dreihunderttausend – hatte am 18. März rund hunderttausend Mann betragen. Mitte Mai war sie auf ungefähr dreißigtausend zusammengeschrumpft. Auch die Versailler Armee hatte schwer gelitten. Aber ihre Verluste konnten ersetzt werden; und gerade in diesen Tagen erhielt sie ihre kriegsentscheidende Verstärkung.

Diese Verstärkung kam aus den deutschen Gefangenenlagern, wo ja noch, bataillons- und mitunter sogar divisionsweise zusammengefaßt, ausgeruht und voll verwendungsfähig, die ganze kaiserliche Armee saß – die Armee von Sedan und Metz, mehr als dreihunderttausend Mann.

Bismarck war zunächst nicht geneigt, im französischen Bürgerkrieg Partei zu ergreifen. Man kann die Entwicklung seiner Gedanken in den Reichstagsreden des Kanzlers vom April und Mai genau verfolgen. Wie immer dachte Bismarck kühl-realistisch nach Staatsräson. Daß sein »kleiner Freund Thiers« ihm sympathischer war als die wilden Männer der Kommune, spielte keine Rolle für ihn. Er fand sogar freundliche Worte für die

Kommune – sie habe schließlich einen gesunden Kern, sagte er, nämlich »die deutsche Städteordnung«, also die Forderung nach kommunaler Selbstverwaltung.

Bismarck fürchtete aber, daß die streitenden Parteien in Frankreich sich wieder gegen die Deutschen zusammenfinden und den Krieg erneuern könnten, wenn er Frankreich – ganz gleich, welchem Frankreich – seine Armee zurückgäbe. Noch war ja kein endgültiger Frieden geschlossen, und die französischen Unterhändler rangen noch um jeden Fußbreit Boden bei der endgültigen Grenzziehung und um jeden Monat Zahlungsaufschub bei der Kriegsentschädigung.

Die deutschen Truppen, die die nördlichen und östlichen Forts von Paris nach wie vor besetzt hielten, wurden angewiesen, sich streng neutral zu verhalten. Sie ließen auch Lebensmittel nach Paris durch, so daß die Kommune nicht ausgehungert werden konnte. Gefangene gab Bismarck zunächst nur tropfenweise frei; er machte sich sogar Vorwürfe, daß er Ministerpräsident Thiers ohnehin viel mehr Truppen vor Paris hatte zusammenziehen lassen, als der Vorfriede eigentlich erlaubte. Manchmal, sagte Bismarck, erwäge er, ob er nicht Paris als Faustpfand einnehmen sollte – »sei es mit Gewalt, sei es im Einverständnis mit der Kommune«.

Thiers waren diese Gedankengänge bekannt – natürlich las er Bismarcks Reichstagsreden –, und er faßte seinen Entschluß. Thiers war ein kalter, harter und, wie sich nach seinem Siege erwies, ein grausamer Mann, und er hatte einen abstoßenden Zug von frömmelnder Scheinheiligkeit. Aber immer wieder muß man die Konsequenz bewundern, mit der Thiers das jeweils Nötige tat. Das Nötige war jetzt, die Kriegsgefangenen frei zu bekommen, und dafür mußte Thiers zum zweitenmal vor Bismarck kapitulieren. Er schickte Außenminister Favre nach Frankfurt mit dem Auftrag, alles, was Bismarck forderte, zu akzeptieren. Am 10. Mai wurde der Friede unterzeichnet.

Damit hatten beide Seiten, was sie wollten. Schon während der Frankfurter Verhandlungen setzte Bismarck die Repatriierung der Kriegsgefangenen in großem Stil in Gang, und am 12. Mai, zwei Tage nach der Unterzeichnung des Friedensvertrages, erklärte er vor dem Reichstag: »Nach der militärischen Lage der Dinge dürfen wir hoffen, daß der Kampf vor und in Paris sich seinem Ende nähert; und sobald die Truppen der Regierung siegreich sein werden – wozu wir die Mittel jetzt, nachdem der definitive Friede abgeschlossen ist, durch verstärkte Freilassung der Gefangenen bereitwillig gewähren werden –, wird innerhalb von dreißig Tagen eine erste Zahlung von fünfhundert Millionen Franken stattzufinden haben.«

Jetzt strömte die Armee divisionsweise nach Frankreich zurück – guttrainierte, erstklassige Soldaten und Offiziere, die den Pariser Pöbel aus ganzer Seele haßten und darauf brannten, den militärischen Ruf und Ruhm, den sie im Kriege verloren hatten, im Bürgerkrieg wieder aufzufrischen. Die Sache war entschieden. Am 20. Mai verfügte Thiers über eine Elitearmee von hundertdreißigtausend Mann unter dem Kommando des Marschalls Mac-Mahon. Auf der anderen Seite gab es noch dreißigtausend abgekämpfte, führerlose Nationalgardisten.

Der Mann für den Untergang

Die Kommune hatte keinen Führer gehabt – keinen Lenin, keinen Mao Tse-tung, keinen Ho Tschi-minh. Sie fand auch jetzt keinen. Aber sie fand jetzt zum erstenmal einen Mann, in dem sie sich personifizierte – den Mann, der ihren Untergang würdig verkörperte. Charles Delescluze übernahm am 10. Mai den Vorsitz des Wohlfahrtsausschusses und das verwaiste Amt des Kriegskommissars. Ursprünglich hatte er nicht einmal seinen Sitz in der Kommune annehmen wollen, denn er war ein kranker Mann, mit zweiundsechzig viel älter als die meisten seiner Kollegen, und durch ein schweres Schicksal über seine Jahre gealtert: Der Sohn eines Revolutionärs von 1792 und selber ein Veteran der Revolutionen von 1830 und 1848 hatte zwanzig Jahre seines Lebens als politischer Gefangener auf der Teufelsinsel zugebracht.

Die Taten, die die wenigen Tage seiner »Regierung« denkwürdig gemacht haben, waren symbolische Trotzhandlungen: die Sprengung der Vendôme-Säule (»dieses Monuments des Militarismus und Imperialismus«) und die Wiedereinführung des Revolutionskalenders von 1792; der Mai 1871 wurde zum Floréal 79. Man kann darüber lächeln. Aber das Lächeln vergeht einem, wenn man den Aufruf liest, den Delescluze nach dem Einmarsch der Versailler Armee in ganz Paris anschlagen ließ; er sprach den Verteidigern aus der Seele wie keiner der militärisch vernünftigen Befehle seiner Vorgänger – und er wurde wortwörtlich befolgt:

»Bürger! Genug des Militarismus! Keine betreßten und vergoldeten Stabsoffiziere mehr! Platz für das Volk, für die Kämpfer mit nackten Armen! Die Stunde des Revolutionskriegs hat geschlagen! Das Volk weiß nichts von strategischen Manövern; aber wenn es eine Flinte in der Hand und sein Pflaster unter den Füßen hat, dann fürchtet es alle Strategen der monarchistischen Schule nicht. Zu den Waffen, Bürger, zu den Waffen! Eure Mandatare werden, wenn es sein muß, mit euch kämpfen und sterben!«

Genauso geschah es. Und wenn dagegen gesagt wird, daß solch ein Aufruf alle Disziplin zunichte machen und alle Chancen einer geordneten Verteidigung untergraben mußte, dann ist die Antwort, daß es solche Chancen ohnehin nicht mehr gab. Die Kommune konnte nicht mehr siegen. Sie konnte nur noch heroisch sterben, im brennenden Paris, in der Blutwoche vor Pfingsten 1871, wie auf einem riesigen, selbstentzündeten Scheiterhaufen untergehen.

Die Versailler Armee rückte am Sonntag, dem 21. Mai, mit überwältigender Übermacht in Paris ein. Aber es dauerte eine volle Woche, bis sie die »Kämpfer mit nackten Armen« überwunden hatte, und wo diese Kämpfer zurück mußten, gingen die berühmten Gebäude, die sie verteidigt hatten, in Flammen auf. Einen regelrechten Sturm auf Paris hatte es gar nicht gegeben. Mac-Mahons Truppen fanden eine Bresche an der längst vollkommen zerschossenen westlichen Stadtmauer unbesetzt, ein Sympathisant winkte sie einfach herein. Die Nationalgarde reichte längst nicht mehr aus, die ganze Stadtmauer zu besetzen, sie war dezimiert, die Soldaten wurden kaum mehr abgelöst, und seit dem Ende des Regimes Cluseret/Rossel gab es niemanden mehr, der sich um die »Westfront« kümmern konnte.

Der 21. Mai war ein schöner Sonntag, im Tuileriengarten fand gerade ein großes Konzert statt, und bis die Kommune Klarheit hatte, was geschehen war, und reagieren konnte, war ein großer Teil des westlichen Paris bereits besetzt, und die Versailler Truppen begannen ungestört damit, ihre Gefangenen zu erschießen. Ein Kommuneoffizier, der nachts auf Erkundung ritt – man wußte im Stadthaus immer noch nicht, wie weit die Truppen gekommen waren –, kam plötzlich auf einer leeren Straße nicht mehr weiter. Sein Pferd scheute. Da sah er an den Häuserwänden lauter schlafend ausgestreckte Nationalgardisten. Und dann sah er überall in den Rinnsteinen Blutlachen und merkte, daß die Schlafenden Tote waren: Erschossene.

Am Montag verkündete Thiers in Versailles bereits triumphierend die Einnahme von Paris und das Ende des Bürgerkriegs. Aber da fing der Bürgerkrieg erst richtig an. Westparis, das Paris der wohlhabenden Bürger, war fast kampflos gefallen, aber nun, von der Place de la Concorde an, fanden die Regierungstruppen jede Straße verbarrikadiert und hinter jeder Barrikade Kämpfer. Von den Dächern wurde geschossen, Haus für Haus mußte gestürmt werden. Den ganzen Dienstag kam die Armee nicht voran. Und in der Nacht zum Mittwoch, als Verstärkungen und schwere Artillerie den Widerstand im Zentrum endlich gebrochen hatten, setzten die Verteidiger die Tuilerien, die Gebäude der Ehrenlegion, des Staatsrats und des Rechnungshofes in Brand. Den langsamen, zähen Rückzug der Nationalgarden begleiteten Flammen; den langsamen, zähen Vormarsch der Regierungstruppen Erschießungen. Überall, wo sie Fuß faßten, wurden Menschen an die Wand gestellt und erschossen: Gefangene, Verdächtige, Denunzierte, dabei auch zufällig aufgegriffene Leute, die nur ein unvorsichtiges Wort gesagt hatten.

Mittwoch das gleiche: zäher, verbissener Widerstand der »Föderierten« – so nannten sich die Kommunekämpfer jetzt –, zähes, langsames Vorrücken der Armee. Und Brände. Und Erschießungen. Die lange, schnurgerade Rue de Rivoli wurde zentimeterweise erobert. Im Süden hielt sich die Nationalgarde immer noch hartnäckig auf der Butte-aux-Cailles. Strahlendes, heißes Sommersonnenwetter wie schon seit Tagen. Und keine Stelle mehr in Paris, wo man jetzt nicht das Brüllen der Kanonen, das Knattern der Mitrailleusen, die Salven der Chassepots hörte. Der Schlachtlärm wälzte sich langsam ostwärts. Am Abend fiel das Stadthaus und ging in Flammen auf.

Donnerstag: der dritte Schlachttag. In der Mairie (Bürgermeisteramt) des 11. Bezirks versammelten sich die Reste der Kommune zum letztenmal (die meisten ihrer Mitglieder standen seit Tagen irgendwo auf der Barrikade). Die Butte-aux-Cailles war gefallen. Hauptwiderstandszentrum war jetzt der Platz am Château-d'Eau, schon im östlichen Teil der Stadt – ein Platz, auf den acht Straßen mündeten, alle verbarrikadiert, alle verteidigt, alle unter Artilleriefeuer. Am Nachmittag kam Meldung, daß die Reserven am Château-d'Eau erschöpft seien. Und die Todesnachrichten von Kommunemitgliedern, die man vor der Erschießung schrecklich mißhandelt hatte. Gegen Abend verließ Delescluze die Kommuneversammlung. Kurz darauf kehrte er in seiner besten Kleidung zurück, Gehrock, steifes, weißes

Hemd und rote Schärpe: Er werde, sagte er, die Lage am Château-d'Eau inspizieren. Wer wolle, könne ihn begleiten. Ein halbes Dutzend ging mit.

Auf der Barrikade am Château-d'Eau waren kaum noch Verteidiger, und die Straße, auf der das Häuflein der Kommunarden ging, lag unter Artilleriefeuer. Einer nach dem andern blieb deckungsuchend zurück. Fünfzig Meter vor der Barrikade war Delescluze ganz allein. Er ging unbeirrt weiter, schwer auf seinen Stock gestützt, Zylinder auf dem Kopf. Er beachtete nicht das Zurückbleiben seiner Begleiter und nicht die Kugeln, die rings um ihn einschlugen. Merkwürdigerweise traf ihn keine: Unverwundet erreichte er die Barrikade, hinter der gerade blutrot die Sonne unterging.

Vor dem großen Steinhaufen zögerte er einen Augenblick. Dann kletterte er mühsam hinauf, ein wenig stolpernd, mit steifen Gliedern. Der alte Mann im Gehrock und mit roter Schärpe schien das einzig lebende Wesen weit und breit. Jetzt war er oben, und einen Augenblick sah man ihn hochaufgerichtet auf der Barrikade stehen, als Silhouette gegen die sinkende Sonne. Dann schwankte er und fiel – kopfüber nach vorn. Den Schuß, der ihn getroffen hatte, hatte keiner gehört. Denn geschossen wurde dauernd. So starb Delescluze, und mit ihm war die Kommune gestorben. Es gab nach diesem Donnerstag keine Kommune mehr. Aber die Schlacht von Paris tobte weiter. Und das Schlimmste kam erst, als der Kampf drei Tage später zu Ende ging.

Die Grausamkeit der Sieger

Wäre die Geschichte der Pariser Kommune mit dem Fall der letzten Barrikade am Pfingstsonntag 1871 zu Ende gewesen – sehr möglich, daß man sie heute längst vergessen hätte. Sie war aber nicht zu Ende. Was nach dem Kampf geschah, hat dafür gesorgt, daß die Kommune unvergeßlich wurde. Wir sind heute gegen Greuel abgestumpft. Aber das 19. Jahrhundert war, jedenfalls in Europa, eine zivilisierte Epoche, und wenn damals in der zivilisiertesten Hauptstadt des Kontinents plötzlich auf allen Straßen gemordet wurde, dann ging es der Mitwelt noch durch Mark und Bein. Das Massaker an der Kommune wirkt in der Geschichte seiner Zeit wie ein greller Blutspritzer auf einem Museumsbild.

Schon während der Schlacht um Paris hatten die Regierungstruppen ihre Gefangenen – und viele Unbeteiligte – erbarmungslos erschossen. Und in den letzten verzweifelten Tagen hatten auch die Barrikadenkämpfer Greueltaten verübt: Die Erschießung von zweiundsechzig Geiseln, darunter der Erzbischof von Paris, am 25. und 26. Mai hat den heroischen Todeskampf der Kommune häßlich entstellt. Aber es verblaßt gegen das, was nach dem Kampf, bei kaltem Blut, von den Siegern verübt wurde.

»Nach beendigtem Kampf«, schreibt der Kommunechronist Prosper Lissagaray, »verwandelte sich die Armee in ein ungeheures Exekutionspeloton« – und Paris in einen Menschenschlachthof. Die Arbeiterviertel wurden durchkämmt, die Häuser durchsucht, Straßenpassanten wahllos aufgegriffen und die Verhafteten zu Tausenden in die Kasernen und Gefängnisse getrieben. Was dort auf sie wartete, war kein Gericht, nicht einmal ein Standgericht, sondern eine Selektion – wie auf der Rampe von Auschwitz.

Man machte sich nicht die Mühe, die Verhafteten zu identifizieren. Ein Blick genügte: Wer geschwärzte Hände hatte oder eine Verfärbung von einem Gewehrkolben an der Schulter, wer eine Uniform oder auch nur ein Paar Armeestiefel trug, aber auch wer eine trotzige Miene aufsetzte oder sonst irgendwie das Mißfallen der Offiziere erregte, die zigarrenrauchend an langen Tischen saßen und die hereinquellenden Menschenmassen abfertigten, wurde nach links gewinkt – und dort warteten die Erschießungskommandos.

In den Gefängnissen erschoß man sofort, an Ort und Stelle. Von anderen Sammelstellen aus – dem Theater Châtelet zum Beispiel, wo die Gefangenen auf die Bühne getrieben wurden, während in den Logen Wachkommandos ihre Gewehre auf sie richteten – mußten sie noch einmal einen Todesmarsch antreten, zu irgendeinem öffentlichen Park oder Platz. Im Jardin du Luxembourg wurde Tag für Tag zur Hinrichtung Schlange gestanden. Aus dem Tor der Kaserne Lobau rieselte tagelang ein nie versiegender Blutbach auf die Straße.

Aus dem Roquettegefängnis gibt es den Bericht eines Gymnasiallehrers, der das Glück gehabt hatte, von einem mitleidigen Sergeanten nach rechts zurückgeholt zu werden, nachdem man ihn schon nach links beordert hatte:

»Wir waren bald mehr als dreitausend Gefangene auf der rechten Seite. Den ganzen Sonntag über und noch einen Teil des

Montags dauerte das Knallen neben uns fort. Am Montagmorgen kam ein Peloton herein: ›Fünfzig Mann!‹ sagte der Sergeant. Wir glaubten, es ginge zur Erschießung, und niemand rührte sich. Die Soldaten nahmen die nächsten fünfzig. Ich war darunter. In dem Raum, in den man uns führte und der uns riesig vorkam, sahen wir Haufen über Haufen von Leichen aufgeschichtet. ›Hebt alle diese Schweine auf und werft sie in die Möbelwagen!‹ Wir hoben die blutstarrenden Leichen auf. Die Soldaten machten schauderhafte Späße: ›Sieh doch, was der für Fratzen macht!‹ und sie zertraten ihnen die Gesichter mit dem Absatz. Es kam uns vor, als ob einige noch lebten. Wir sagten es den Soldaten, aber sie antworteten: ›Vorwärts! Vorwärts! Macht nichts!‹ Sicher wurden einige lebendig begraben. Ich habe gezählt: Wir legten neunzehnhundertundsieben Leichen in die Möbelwagen.«

Wer der ersten Selektion entgangen war, auf den wartete am westlichen Stadtrand, auf dem Wege nach Versailles, eine zweite. Dort hatte sich der General Marquis de Gallifet postiert – ein berühmter Lebemann und schneidiger Reitergeneral des Kaiserreichs; bei Sedan hatte er, zur Bewunderung des preußischen Königs, den Todesritt der französischen Kavallerie kommandiert.

Jetzt stand Gallifet an der Porte de la Muette, ließ die Gefangenenkolonnen halten, ging die Reihen durch und winkte den und jenen mit dem Finger heraus: »Sie sehen intelligent aus; treten Sie vor.« »Sie haben eine Uhr. Sie müssen wohl ein Beamter der Kommune gewesen sein.« Besonders auf die Weißhaarigen hatte es Gallifet abgesehen: »Ihr wart schon 1848 dabei«, sagte er. »Ihr seid noch schuldiger als die anderen.« Die Aussortierten starben unter den Salven von Gallifets Soldaten an der Porte de la Muette. Ihre Leichen wurden in die Festungsgräben geworfen und mit Kalk bestreut.

Es war das Problem der Leichenbeseitigung, das schließlich, nach mehr als einer Woche, dem wahllosen Gemetzel allmählich ein Ende machte. Das Wetter dieser Tage war heiß und regnerisch. Die unbestatteten Leichen, mit denen, wie Ministerpräsident Thiers es in einem Erlaß an seine Präfekten ausdrückte, »die Straßen von Paris jetzt gepflastert« waren, quollen in der feuchten Hitze auf, und die Stadt begann zu stinken.

»Diese Elenden«, schrieb eine bürgerliche Zeitung, »die uns lebend soviel Schaden gebracht haben, fahren noch nach ihrem Tode fort, uns zu schaden.« Der ›Temps‹ klagte: »Wer erinnert sich nicht, wenn er auch nur einige Minuten den Anblick gehabt, des Squares vor der Tour Saint Jacques, der zur Schlachtbank geworden ist? Auf diesem feuchten, kürzlich umgeharkten Boden schauen da und dort Köpfe, Arme, Füße oder Hände hervor, und mit dem Erdboden gleich erblickt man die Gesichter der Leichen, die in die Uniform der Nationalgarde gekleidet sind. Es ist abscheulich. Ein fader, ekelhafter Geruch hängt über diesem Garten; an manchen Stellen wird er zum Gestank.« Und das ›Paris Journal‹ schrie am 2. Juni angeekelt auf: »Schluß mit dem Töten! Wir wollen nicht mehr! Selbst die Mörder und Brandstifter nicht! Keine Begnadigung verlangen wir, aber einen Aufschub. Nicht mehr töten!«

Die Zahl der Opfer ist nie festgestellt worden. Für siebzehntausend von Straßen, Parks und öffentlichen Plätzen weggeschaffte Leichen hat die Stadt Paris im Laufe des Juni der Regierung Rechnungen präsentiert: Das ist die Mindestzahl. Aber darin sind die nicht enthalten, deren Kadaver bereits von ihren Mitgefangenen beseitigt worden waren oder die in den Festungsgräben von la Muette verfaulten. Die Schätzungen der Gesamtzahl liegen zwischen zwanzigtausend und dreißigtausend, auch die Zahl vierzigtausend ist genannt worden. Ob zehntausend mehr oder weniger, man weiß es nicht. Zum Vergleich: In den sechzehn Monaten der Pariser Schreckensherrschaft, von April 1793 bis Juli 1794, von denen noch heute die Geschichtsbücher voll sind, waren in Paris genau 2596 Menschen hingerichtet worden.

Nach dem Gemetzel die Prozesse. Hier haben wir genaue Zahlen. 36309 Gefangene blieben lebend in der Hand der siegreichen Armee, und noch jahrelang waren sechsundzwanzig Militärgerichte, bestehend aus vierzehn Generalen, zweihundertsechsundsechzig Obersten und zweihundertvierundachtzig Majoren, mit ihrer Aburteilung beschäftigt. Das letzte Todesurteil wurde 1875 vollstreckt. Die große Masse wurde allerdings nicht mehr hingerichtet, sondern in die Strafkolonien von Cayenne oder Neukaledonien deportiert.

Man steht wie betäubt vor dieser furchtbaren und unermüdlichen Rache. Die Raserei der ersten Blutorgie und danach die kalte Verbissenheit des jahrelangen Justizterrors – wie passen sie zu der hochkultivierten, hochgebildeten französischen Bourgeoisie der siebziger Jahre, zu den Menschen der *belle-époque?* Gern würde man alles einer wildgewordenen Soldateska anlasten, aber das ist nicht möglich: Die französische Armee handelte nicht spontan und auf eigene Faust; ihre Untaten waren von oben befohlen und wurden später mit einer glänzenden Parade und reichem Ordenssegen belohnt.

Auch Thiers ist nicht der Alleinschuldige: Die Mehrheit der Nationalversammlung war noch blutrünstiger als der Regierungschef, und das Paris der feinen Leute klatschte seinen Grausamkeiten begeistert Beifall. Nein, das Massaker an der Kommune war das Verbrechen einer ganzen Klasse; und obwohl es bei kaltem Blut begangen wurde, ist es nicht rational zu erklären, sondern nur psychologisch. Es ist nicht mit Zorn und gerechter Entrüstung zu erklären – die Brandstiftungen und Geiselerschießungen in den letzten Tagen der Kommune wiegen leicht, verglichen mit den Greueln nach ihrer Niederwerfung, sie waren selbst schon Reaktionen auf die Gefangenenmorde der Versailler Truppen gewesen. Es ist nur zu erklären mit schlechtem Gewissen und heimlicher Angst.

Schlechtem Gewissen: Denn das Paris der Arbeiter war dem Entschluß des September 1870, dem Entschluß zum Volkskrieg gegen die deutschen Belagerer, treu geblieben; während das bürgerliche Frankreich eben schließlich doch die Kapitulation vor den Deutschen der bei einem Volkskrieg unvermeidlichen sozialen Revolution vorgezogen hatte. Und heimlicher Angst, daß diese Revolution auf die Dauer nicht aufzuhalten sein würde, daß ihr die Zukunft gehöre. Die furchtbarsten politischen Verbrechen und Grausamkeiten werden fast immer aus Angst vor der Zukunft begangen; und keine Revolution ist je so grausam wie die Reaktion, die eine Revolution gerade noch einmal mit knapper Not niedergeschlagen hat.

Dabei war die Grausamkeit der Reaktion gegen die Kommune, um Talleyrand zu zitieren, »schlimmer als ein Verbrechen, nämlich eine Dummheit«. Sie hat drei Folgen gehabt, die die bürgerlichen Reaktionäre unmöglich gewollt haben können:

– Sie hat die Sympathien – auf die Dauer selbst in der bürgerlichen Welt – zugunsten der Kommune umschlagen lassen.

– Sie hat Frankreich auf unabsehbare Zeit unheilbar gespalten. Bourgeoisie und Proletariat sind seitdem zwei verschiedene Nationen.

– Und sie hat der sozialen Revolution in aller Welt ihren Mythos gegeben. Das Massaker an der Pariser Kommune bedeutet für die Weltrevolution dasselbe wie Golgatha für das Christentum.

Selbst das bürgerliche Frankreich beruft sich heute für die

Glorie der französischen Geschichte nicht mehr auf Thiers oder Mac-Mahon, sondern eher auf einen Delescluze, der auf der Barrikade zu sterben wußte, oder auf Louise Michel, die ihren Richtern zurief: »Wenn heute jedes Herz, das für die Freiheit schlägt, nur noch das Recht auf einen Klumpen Blei hat, dann verlange auch ich meinen Anteil. Töten Sie mich! Wenn Sie mich leben lassen, werde ich nicht aufhören, nach Rache zu schreien und die Mörder anzuprangern!« Und sie waren nicht die einzigen Helden der Kommune. Der Graf de Mun, der an den Massenmassakern an hoher Stelle mitgewirkt hatte, sagte später als Zeuge vor der Untersuchungskommission der Nationalversammlung: »Sie starben alle mit einer gewissen Unverschämtheit.« Er mußte es wissen.

Die Kommunarden halfen Lenin

Die »Mauer der Föderierten« auf dem Friedhof Père Lachaise, an der am Pfingstsonntagvormittag als Auftakt des Kommenden hundertsiebenundvierzig gefangene Kommunarden mit Mitrailleusen niedergemäht worden waren, ist heute ein Wallfahrtsort der französischen Linken; die Zuckergußkirche Sacré-Cœur, von den Siegern als Sühne für die »Greuel der Kommune« an genau dem Platz errichtet, wo der Aufstand am 18. März 1871 seinen Anfang genommen hatte, ist nur noch eine Kuriosität für Touristen und eine Verlegenheit für bürgerliche Ästheten. So sehr hat sich in einem Jahrhundert auch in Frankreich das Blatt gewendet – einem Frankreich, in dem die bürgerliche Republik sich längst viele Gesetzgebungsakte der Kommune stillschweigend zu eigen gemacht hat.

Zwei große Männer haben versucht, die damals geschlagene tiefe Wunde zu heilen; beiden ist es nur vorübergehend und unvollkommen gelungen: Clemenceau, der schon im März 1871 vergeblich versucht hatte, den Bürgerkrieg abzuwenden, und der 1917/18 als Kriegspremier des Ersten Weltkrieges eine *Union sacrée* der beiden Frankreich verkörperte, die nach dem Sieg rasch wieder zerfiel; und de Gaulle, ein Mann der Rechten, aber zugleich der Mann der Résistance im Zweiten Weltkrieg.

Doch gerade der Zweite Weltkrieg hat die alte Wunde wieder aufgerissen: Die »Rechte«, das wohlhabende Besitzbürgertum, stellte 1940 die »Kollaborateure« wie 1871 die »Kapitulanten«; und der nationale Widerstand war wiederum die Sache der

»Linken«, der Proletarier und der Intellektuellen. Marschall Pétain, der vor Hitler kapitulierte, war ein glückloser Thiers, und die Résistance war (auch in ihren sozialen Ideen) fast dasselbe wie die Kommune. Die Résistance freilich ging weniger großmütig mit ihren Feinden um: In den blutigen Abrechnungen des Winters 1944/45 fanden die Kommunarden so etwas wie eine späte Rache.

Aber die wirkliche weltgeschichtliche Rache für den Pariser Blutmai 1871 ist nicht in Frankreich vollzogen worden, sondern in Rußland, und der wirkliche Rächer der Kommune heißt Lenin. Selten läßt sich ein geschichtlicher Zusammenhang so klar nachweisen wie der zwischen der Pariser Kommune von 1871 und der russischen Oktoberrevolution von 1917 – genauer: zwischen der Erbarmungslosigkeit, mit der Thiers den Klassenkampf der Bourgeoisie, und der antwortenden Erbarmungslosigkeit, mit der Lenin den Klassenkampf gegen die Bourgeoisie geführt hat.

Lenin hat damit ein Vermächtnis vollstreckt, das Karl Marx der sozialistischen Weltbewegung ausdrücklich hinterlassen hatte. Die Adoption oder »Annexion« der Kommune durch Marx ist ihre gewaltigste weltgeschichtliche Wirkung geworden. Und nie wäre es zu dieser Wirkung gekommen ohne die Schrecklichkeiten ihrer Unterdrückung.

Denn es ist ein Irrtum anzunehmen, daß die Kommune sich an Marx inspiriert oder daß Marx seinerseits die Kommune gewollt oder ihrer Politik zugestimmt hätte. Im September 1870 hatte er in seinem Londoner Exil den damals schon auftauchenden Gedanken einer *Commune de Paris* schlechterdings eine »Dummheit« genannt; von den Männern, die sie später führten und die er zum großen Teil persönlich kannte, hatte er keine hohe Meinung.

Marx hat denn auch vieles an der Kommune, solange sie existierte, in seiner Privatkorrespondenz hart kritisiert. In einem Brief vom 17. April rechnet er bereits kühl mit ihrer Niederlage, und eine Einladung vom 29. April, die Verhältnisse an Ort und Stelle zu studieren, ließ er wohlweislich unbefolgt (»Aber ich fürchte, Sie müßten sich beeilen, denn ich weiß nicht, wie lange wir uns noch halten können«, hatte der Einladende geschrieben). Vom Standpunkt seiner Lehren war die Pariser Kommune bestenfalls eine heroische Torheit.

Aber Marx war nicht nur ein Lehrer und Prophet; er war gerade zu dieser Zeit auch ein aktiver Politiker, der die erste

Internationale zusammenzubringen und zusammenzuhalten hatte; und er war ein leidenschaftlicher Mensch. Politische Berechnung trieb ihn, die Kommune nach Möglichkeit für »seine Partei« in Anspruch zu nehmen. Und menschliche Empörung und leidenschaftlicher Zorn ließen ihn, während in Paris noch die Erschießungskommandos arbeiteten, mit fliegender Feder das donnernde Anklagewerk ›Der Bürgerkrieg in Frankreich‹ aufs Papier werfen, mit dem er die Sache der gemordeten Kommune zu der seinen machte – und die Rächung der Toten zur heiligen Aufgabe jeder künftigen Revolution.

Kein Werk von Marx, nicht einmal das ›Kommunistische Manifest‹, hat eine so ungeheure Wirkung gehabt. Mit vulkanischem Zorn und Prophetenfluch hat er die »Vertilger« der Kommune und ihre »höllischen Taten« an den »Schandpfahl der Geschichte genagelt«. Sein Wort: »Nach Pfingstsonntag 1871 kann es keinen Frieden und keine Waffenruhe mehr geben« – dieses furchtbare Wort hat schneidend durch die Jahrzehnte getönt; und 1917 ist es vollstreckt worden.

Auch Lenin, der zum Rächer der Kommune wurde, konnte von ihr nur eines lernen: wie man es *nicht* machen darf. Sie war, schrieb er 1905, »eine Arbeiterbewegung ..., die damals nicht verstand und nicht vermochte, die Elemente der demokratischen und der sozialistischen Umwälzung auseinanderzuhalten, die die Aufgaben des Kampfes für die Republik und die Aufgaben des Kampfes für den Sozialismus verwechselte, die nicht imstande war, die Aufgaben einer energischen militärischen Offensive gegen Versailles zu lösen, die den Fehler beging, sich nicht der Bank von Frankreich zu bemächtigen und so weiter. Kurzum – ob ihr euch auf die Pariser oder auf irgendeine andere Kommune beruft, eure Antwort wird sein: Das war eine solche Regierung, *wie es unsere nicht sein darf.*«

Aber die Klassenfeinde der Kommune waren auch Lenins Todfeinde, und den Kampf gegen sie zu gewinnen, den die Kommune verloren hatte, wurde das Ziel seines Lebens. Immer wieder kam er auf das Schicksal der Kommune zurück. »Die Sache der Kommune ist nicht tot; bis zum heutigen Tag lebt sie in jedem von uns«, sagte er 1911, und als er im Januar 1918 dem Sowjetkongreß über die zwei Monate und fünfzehn Tage, die seit seiner Machtergreifung vergangen waren, Bericht erstattete, begann er mit der triumphierenden Feststellung, daß dies nun bereits fünf Tage mehr seien als die ganze Lebensdauer der Pariser Kommune von 1871: »Die Pariser Arbeiter, die Schöpfer der ersten Kommune, die die Keimform der Sowjetmacht darstellt, fielen nach zwei Monaten und zehn Tagen unter den Kugeln der Gegenrevolution ... Wir befinden uns in weit günstigeren Umständen.«

Die Kommune war zwar nicht die Keimform der Sowjetmacht, aber ihr Kampf war das Vorbild und ihr furchtbares Schicksal nach der Niederlage das warnende Beispiel. »Blickt auf die Pariser Kommunarden und ihr wißt, was euch bevorsteht, wenn wir besiegt werden!« rief Lenin der Roten Armee in den düstersten Augenblicken zu. Nicht die lebenden – die toten Kommunarden in ihren Massengräbern haben ihm damals siegen geholfen.

Die Pariser Kommune gehört heute nicht mehr dem Land und dem Kulturkreis, die sie hervorbrachten. Ihr Mythos hat sich von ihrer Geschichte getrennt. Geschichtlich gehörte die Kommune zu Frankreich, und ihre Gedanken werden heute langsam in der ganzen bürgerlichen Welt nachvollzogen. Aber der Fluch, den diese bürgerliche Welt mit der Ausrottung der Kommune auf sich gezogen hat, ist damit nicht getilgt. Die Geister der Erschlagenen kämpfen weiter – immer noch, auch heute noch. In den Revolutionen des 20. Jahrhunderts sind sie allgegenwärtig.

Der Vertrag von Versailles

> Hätten die Deutschen den Vertrag nicht unterschrieben, wäre aller Wahrscheinlichkeit nach der Zweite Weltkrieg verhindert worden.

Der Vertrag von Versailles gehört der Geschichte an. Die Umstände, die ihn hervorbrachten, werden nie wiederkehren. Die zornigen Polemiken, die leidenschaftlichen Anklagen und Gegenanklagen, die ihm folgten, klingen dünn und weither, ein fernes Gezeter. Ein anderer Welttag ist angebrochen, und wenn wir heute zurückblickend ins Auge fassen, was eigentlich in Versailles geschah, sollten wir es mit der inneren Ruhe des Unbeteiligten tun können, der nicht rechten und richten, sondern nur herausfinden will, wo der Fehler steckte.

Daß irgendwo in dem Vertrag ein Fehler steckte, darf man heute wohl als unbestritten voraussetzen. Was immer sonst man über ihn sagen mag, er war jedenfalls kein Erfolg. Er leistete nicht, was ein Friedensvertrag leisten soll: Er brachte keine Beruhigung, legte keinen festen Grund, schuf keinen haltbaren Rahmen für die internationale Politik.

Von den Großmächten seiner Zeit war Rußland nicht an ihm beteiligt; Deutschland unterzeichnete den Vertrag nur unter vorgehaltener Pistole; Amerika zog sich alsbald von ihm zurück. So blieben England und Frankreich als einzige wirkliche Vertragsträger übrig, und für sie wurde der Vertrag sogleich zum Zankapfel: Frankreich klammerte sich an ihn wie ein Ertrinkender an einen Rettungsring, während England ständig daran herumzubessern und zu ändern suchte.

Kein Wunder daher, daß die Vorkehrungen des Vertrages eine nach der andern hinfällig wurden. Leidenschaftlich attakkiert und halben Herzens verteidigt, stolperte das neue Friedenssystem zehn Jahre lang von Krise zu Krise und von Teilrevision zu Teilrevision; dann zerfiel es.

1930 endete die Rheinland-Besetzung, 1931 wurden die Reparationen gestrichen, 1932 wurde dem Deutschen Reich die militärische Gleichberechtigung zugestanden. Von 1936 an suchten England und Frankreich – vergeblich – eine grundsätzliche Neuregelung ihres Verhältnisses zu Deutschland. 1938 akzeptierten sie, stillschweigend, den Anschluß Österreichs und, ausdrücklich, die Aufteilung der Tschechoslowakei. Ein Jahr später war der Krieg zwischen ihnen und Deutschland wieder ausgebrochen.

Das ist eine trübselige Bilanz. Zugegeben: Kein Friedensvertrag hält ewig, auch die besten nutzen sich mit der Zeit ab. Trotzdem gibt es kaum einen andern, der so schnell hinzusiechen begann, der nach kümmerlichen zwanzig Jahren wieder in genau den Krieg mündete, den er hatte beenden sollen. Zugegeben auch, daß die Alliierten – und die Deutschen – nach 1919 neue politische Fehler gemacht haben. Aber politische Fehler werden immer gemacht werden, und ein gutgezimmerter Friedensvertrag muß darauf eingerichtet sein und ein paar Püffe vertragen können.

In diesem Fall kommt noch etwas anderes hinzu. Viele der schwersten politischen Fehler der zwanziger und dreißiger Jahre ergaben sich aus der Regelung von 1919 mit einer gewissen Unvermeidlichkeit. In einem sehr realen Sinne war das Münchener Abkommen im Versailler Vertrag vorgebildet. Denn dieser Vertrag – oder, genauer, das System der Pariser Vorortverträge als Ganzes, von dem der Versailler ja nur das wichtigste Teilstück war – beruhte auf Prinzipien, die sich schießlich zum Vorteil der Besiegten auswirken mußten. Zugleich enthielt er genug Verstöße gegen diese Prinzipien, um den Besiegten ein Gefühl bitteren Unrechts und den Siegern ein schlechtes Gewissen zu geben. Er trug daher seinen Todeskeim in sich selbst.

Was waren diese Prinzipien? In wenigen Stichworten die folgenden: Selbstbestimmungsrecht der Völker; engstmögliche Identifizierung von Staatsgrenzen und Volksgrenzen; Volkssouveränität und Gleichberechtigung großer und kleiner Nationen; ein Völkerbund als oberste Schiedsinstanz und Friedenswart; und ausdrückliche Ablehnung jeder Gleichgewichtspolitik. Diese Ideen sind immer noch ganz rüstig im Schwange, aber sie klingen heute konventionell und kaum noch aufregend. Damals waren sie neu und revolutionär und hatten auch die ganze Gewalt neuer revolutionärer Ideen. 1914 hätte kein Verantwortlicher sie ernst genommen, weder bei den Alliierten noch bei den Mittelmächten. 1918/19 war es so weit, daß selbst die größten Skeptiker unter den Staatsmännern mindestens ein Lippenbekenntnis zu ihnen ablegen mußten, wenn sie angehört werden wollten.

Das neue politische Evangelium war nicht auf Amerika und Präsident Wilson beschränkt, der sich zu seinem Hauptverkünder und Propheten machte. In der Schlußphase des Ersten Weltkrieges und während der folgenden Pariser Friedenskonferenz beherrschte es auch die öffentliche Meinung Europas. Es war ein Evangelium voller Sprengstoff. Offensichtlich mußte es sich auf Vielvölkerreiche wie das habsburgische und das osmanische zerstörend auswirken, und daher hatte die alliierte Kriegspropaganda es denn auch als willkommene und furchtbare Waffe ergriffen. (Daß es auch das Reich der Romanows zerstören konnte, spielte seit 1917 keine Rolle mehr, und daß es eines Tages die britischen und französischen Weltreiche zerstören würde, sah damals niemand voraus.) Offensichtlich mußte es auch die bestehende Ordnung Europas in die Luft sprengen; denn diese ruhte ja auf einem allgemein anerkannten und sorgfältig gepflegten Gleichgewicht der Kräfte, das sich seinerseits, um funktionieren zu können, auf die Ideen der Monarchie, der imperialen Staaten und des Krieges als der *ultima ratio regum* stützen mußte. Aber gerade diese seine Zerstörungskraft und diese seine Tödlichkeit für das hergebrachte europäische Staatensystem gaben ihm 1918 in Europa seine berauschende Volkstümlichkeit.

Die europäischen Völker waren zwar 1914 überall mit Jubel in den Krieg gezogen, aber sie hatten seine Dauer, seine Schrekken und seine Leiden nicht vorausgesehen. Jetzt gaben sie alle Schuld daran der alten Ordnung, der sie vorher so treu-begeistert angehangen hatten; 1918 war man überall in Europa pazifistisch, demokratisch, nationalistisch und revolutionär. Mit den Revolutionen von 1917 und 1918 hatten die neuen – »Wilsonschen« – Ideen Europa erobert. Kaiser und Könige waren abgetreten, neue Staaten und Verfassungen schossen wie Pilze aus der Erde, die Völker sortierten sich schlecht und recht auseinander, und alle waren eifrig beschäftigt zu verbrennen, was sie gestern angebetet hatten, und sich für Volksstaat und Weltfrieden zu begeistern – gerade so, als ob das nur verschiedene Worte für dieselbe Sache wären. Immerhin, eine gemeinsame Friedensgrundlage war jetzt da. Ein »Wilson-Friede« hätte ein wirklicher Friede werden können, ein Instrument der Eintracht und Versöhnung.

Leider war ein Haken dabei. Ein »Wilson-Friede« würde nicht nur den Unterschied zwischen Siegern und Besiegten verwischt haben (was ja nur gut gewesen wäre, aber nach vier Jahren Krieg und Kriegspropaganda eine psychologische Unmöglichkeit darstellte); er würde auch das Kampfergebnis geradezu auf den Kopf gestellt haben. Der wirkliche Gewinner des Krieges, unter einer solchen Regelung, wäre Deutschland gewesen.

Deutschland war nämlich ein »Reich«, ein übernationales Imperium, nur ganz am Rande, kaum mehr als dem Namen nach; in Wirklichkeit war es ein Nationalstaat, und ein inkompletter Nationalstaat obendrein. Ein »Wilson-Friede« hätte Deutschland zwar nicht weniger als der Versailler Vertrag genötigt, Elsaß-Lothringen an Frankreich und Preußisch-Polen an Polen abzutreten; aber dafür hätte er die deutschen Gebiete und Bevölkerungen aus der habsburgischen Konkursmasse Deutschland zugeschlagen; und, wichtiger noch, er hätte Deutschland automatisch zur Vormacht des neuen Europa gemacht.

Deutschland hatte unter dem neuen System unvergleichlich mehr zu gewinnen als zu verlieren. Das Hohenzollernreich war nur einer unter mehreren fast gleich starken europäischen Staaten gewesen; die deutsche Nation aber war und konnte in aller Unschuld nichts anderes sein als die bei weitem menschenreichste und stärkste in einem Europa der Nationen. Ein »Wilson-Europa« wäre, machtpolitisch betrachtet, ein deutsches Europa geworden.

Rückblickend kann man vielleicht argumentieren, daß das ja nicht notwendigerweise der Übel größtes gewesen wäre. Das Europa von Versailles wurde in zwanzig Jahren schließlich doch (wenn auch nur vorübergehend) ein deutsches Europa, und die Deutschen von 1919 waren nicht die Nazis von 1938. Sie waren frischgebackene Demokraten wie jedermann, überdies in ihrem Kraftbewußtsein ein bißchen gedämpft durch die Niederlage im Westen. Hätte man sie damals als die unumgängliche Vor- und Ordnungsmacht des neuen Europa der Nationen akzeptiert, das ihnen so auf den Leib geschnitten war – wohl möglich, daß sie ihrem Schöpfer gedankt, ihre Geschichte umgeschrieben und sich, wie ihre Großväter unter Bismarck, als saturierte Macht betrachtet und benommen hätten. Möglich, daß man von Hitler nie etwas gehört, daß es keinen Zweiten Weltkrieg gegeben hätte und heute kein sowjetisches Imperium in Osteuropa gäbe ...

Aber es ist müßig, dieser freundlichen Vision nachzuhängen. Die Alliierten hatten den Krieg nicht geführt, um am Ende Deutschland noch mächtiger zu machen. Das mindeste, was sie vom Frieden verlangten, war, daß er ihnen in Zukunft Sicherheit vor Deutschland gebe. Ihr Problem war, wie solche Sicherheit sich kombinieren ließ mit einem »Wilson-Frieden« für das übrige Europa, der ja die alten automatischen Gleichgewichts-Vorkehrungen gegen die Übermacht irgendeines einzelnen Staats auf dem Kontinent ausräumte. Ein schreckliches, wahrscheinlich ein unlösbares Problem. Es fiel hauptsächlich, mit erdrückendem Gewicht, auf Frankreich.

Zwanzig Millionen Deutsche zuviel?

Die Situation Frankreichs war 1919 tief tragisch – wie tragisch, das wurde erst in der Folge klar. Als einzige der kriegführenden Großmächte hatte Frankreich vom ersten bis fast zum letzten Kriegsmonat in unmittelbarer Lebensgefahr geschwebt – es hatte die ganze Zeit sozusagen mit der feindlichen Klinge im Körper gekämpft, und es war nur mit einer übermenschlichen Anstrengung durchgekommen, die seine Lebenskräfte erschöpft hatte und die unwiederholbar war. Jetzt war Frankreich siegreich, aber gleichzeitig stand fest, daß es auf die Dauer viel schwächer war als sein besiegter Feind. Zum Siege hatte es, gleichzeitig oder nacheinander, der Hilfe Rußlands, Englands und Amerikas bedurft.

Und dieses Frankreich war nun zugleich auf die Wilsonschen Ideen festgelegt – festgelegt nicht nur durch Versprechungen an Alliierte und durch Maßnahmen der Kriegspolitik, sondern man möchte fast sagen: durch sein eigenes Wesen. Solange das Frankreich der dritten Republik sich selbst treu bleiben wollte, war es ihm schlechterdings unmöglich, sich der großen Flutwelle des demokratischen Nationalismus und republikanischen Radikalismus in Europa entgegenzustemmen – diesem Nachhall der Großen Französischen Revolution, dieser allgemeinen Nachahmung Frankreichs, deren realpolitisches Resultat doch peinlicherweise nur sein konnte, Frankreichs furchtbaren Nachbarn noch stärker zu machen. Wie leicht es doch ist, Clemenceaus Stoßseufzer zu verstehen: »Der Fehler der Deutschen ist, daß es zwanzig Millionen zuviel von ihnen gibt.«

Frankreich starrte 1919 vom Gipfel des Sieges hinunter in einen Abgrund voller Gefahren. Worauf sollte es in Zukunft seine Sicherheit vor Deutschland gründen, in einem Europa, in dem es keine anderen wirklichen Großmächte, keine starken Verbündeten mehr gab? Das alte Gleichgewicht der Kräfte war dahin. Massenaustreibung und Massenausrottung waren Vokabeln, die es im französischen, ja auch im europäischen politischen Wörterbuch von 1919 nicht gab. Was blieb übrig?

Eine Radikallösung wäre freilich schon damals die Politik gewesen, die später, unter wechselnden Umständen und mit wechselndem Erfolg, von Briand verfolgt wurde, dann von Laval, dann von Schuman und schließlich von de Gaulle – die Politik der Vereinigung mit den Deutschen. »If you can't beat 'em, join 'em«, wie es im amerikanischen Sprichwort heißt. Nicht, daß nicht selbst Clemenceau gelegentlich daran gedacht hätte. In einer Senatsrede im Oktober 1919 erwähnte er, daß er den Italienern mit Bezug auf die Jugoslawen oft geraten habe: »Tut euch mit ihnen zusammen, statt sie zu euren Feinden zu machen.« Plötzlich fügte er hinzu: »Fast würde ich dasselbe von uns und den Deutschen sagen.« – »Aber«, fuhr er fort, »ich will den Deutschen nicht nachlaufen – es ist mir offen gestanden nicht danach zumute. Sehen Sie, Einheit liegt nicht in diplomatischen Protokollen; sie liegt in den Herzen der Menschen.«

Es ist zu verstehen, daß Einheit mit den Deutschen 1919 nicht in den Herzen der Franzosen lag – obwohl sie, wie die Zukunft zeigen sollte, durchaus in der Logik ihrer Situation lag. Aber wenn nicht Einheit, was dann?

Die erste Antwort, die die französische Politik bereitstellte, war: die Rheingrenze. Das hätte bedeutet, die Deutschen zu teilen und sich mit einem Teil von ihnen – einem nicht allzu großen Teil – zu vereinigen. Es hätte Frankreich eine bessere strategische Grenze gegeben, die übrigens auch Belgien umschlossen hätte. Auf dem Papier, und auf der Landkarte, wären das Gebiet und die Bevölkerung Frankreichs und Deutschlands annähernd ausgeglichen worden. Würde es auch die innere Stärke Frankreichs und Deutschlands ausgeglichen haben? Hätten die Franzosen, im nationalistischen 20. Jahrhundert, die Rheinländer so assimilieren können, wie es ihnen in anderen, andersgesinnten Zeiten mit den Elsässern gelungen war? Wäre das Rheinland wirklich ein Kraftzuwachs für Frankreich geworden und nicht im Gegenteil eine neue Belastung?

Diese unangenehmen Fragen brauchten nie beantwortet zu werden. Denn zweifelsohne hätte eine französische Annexion des deutschen Rheinlands zum Zwecke der Herstellung eines Machtgleichgewichts dem Wilson-Kodex direkt ins Gesicht geschlagen; und das war, in der Atmosphäre von 1919, ein unüberwindliches Hindernis. Die Engländer und Amerikaner sagten eisern Nein, und die Franzosen selbst wagten nicht, die

Sache diplomatisch durchzufechten. Sie sahen sich einem Tabu gegenüber, und sie ließen sich abspeisen. So mächtig sind Ideen.

Die Rheingrenze war 1919 ein Anachronismus. Es ist schwer, sich vorzustellen, daß sie Frankreich die ersehnte Sicherheit hätte geben können. Aber sie hätte ihm vielleicht ein momentanes *Gefühl* der Sicherheit und Genugtuung gegeben und ihm dadurch ermöglicht, mit dem Rest Deutschlands einen sachlichen Frieden zu schließen. Wie die Dinge jedoch lagen, gab es eine Art von Nervenkrise; Emotion und Leidenschaft ergriffen das Steuer, und das ganze Klima der Friedenskonferenz nahm eine Wendung zum Schlimmen. Erst nach der Rheingrenzenkrise, also im April 1919, begann sich bei den Pariser Konferenzteilnehmern »das Gefühl einer unabwendbaren Katastrophe« auszubreiten (Keynes), »das Wort ›Tragödie‹ war in aller Munde« (Jacques Bainville), und der Vertrag mit Deutschland nahm allmählich einen Charakter an, der ein Mitglied der britischen Delegation (Harold Nicolson) »am Leben verzagen« ließ.

Die Franzosen sahen jetzt nur noch einen verzweifelten Ausweg aus ihrem Dilemma: Deutschland so schwach und krank zu machen wie möglich und auf so lange Zeit wie möglich. Den Engländern und Amerikanern war nicht wohl zumute bei dem Gedanken, daß sie ja bisher eigentlich im Effekt als Anwälte des Feindes gehandelt hatten, und die Ausdrücke »sentimental« und »prodeutsch« wurden Schreckensworte für sie. Nachdem sie in Sachen Rheingrenze bis zur Selbstverleugnung gerecht gewesen waren, sahen sie es nun als ihr Recht und ihre Pflicht an, in allem andern doppelt streng zu sein. »Gerechtigkeit nicht nur für die Schuldigen, sondern auch für ihre Opfer«, hieß jetzt die Parole. Aus diesen konvergierenden Gefühlsströmungen resultierte schließlich ein Dokument, das sich, selbst heute noch, in vielen Teilen wie ein Strafurteil liest.

Jedoch: Wen man als Verbrecher behandelt, der wird leicht einer – und das gilt für Nationen ebenso wie für den einzelnen; während die Pose des Richters sich im internationalen Verkehr nie lange aufrechterhalten läßt. München war in Versailles vorgebildet, nicht nur dem Inhalt nach – der ja nichts weiter war als eine verspätete Anwendung der Wilsonschen Prinzipien auf Deutschland und eine resignierte Anerkennung der Vormachtstellung, die diese Prinzipien Deutschland verliehen hatten –, sondern auch in seiner Eigenschaft als Drama und grimmiges Moralitätenspiel, in seiner Gegenüberstellung von blutrünstiger Gewalttätigkeit bei den Deutschen und gequälter Verlegenheit bei ihren ehemaligen Richtern.

Eine Nation zu verurteilen ist eines. Ein anderes ist es, wenn eine Nation ihr eigenes Urteil unterschreibt. Wir haben gesehen, wie der Vertrag von Versailles zustande kam. Wir haben noch zu sehen, wie es kam, daß er angenommen wurde.

Die Deutschen waren nicht Teilnehmer der Pariser Friedenskonferenz gewesen. Sie bekamen den fertigen Vertragsentwurf vorgelegt, mit einer Dreiwochenfrist für schriftliche »Bemerkungen«. Diese ihre Bemerkungen bewirkten dann einige Korrekturen in Einzelheiten, ließen aber im ganzen den Vertrag, wie er war. Ihr Angebot, alles anzunehmen bis auf die sogenannte Kriegsschuldklausel und die Auslieferung des Kaisers und der Generäle als Kriegsverbrecher (die übrigens später ohnehin unterblieb) – also alles außer ihrer Selbstächtung –, wurde verworfen; und schließlich wurde ihnen ein Fünf-Tage-Ultimatum gestellt, den Vertrag zu unterzeichnen, wie er vorlag – oder einer Wiederaufnahme der Feindseligkeiten entgegenzusehen.

Dieses Ultimatum war nicht frei von Bluff. Die alliierten Heere befanden sich im Juni 1919 in einem vorgerückten Stadium der Demobilisierung. Die alliierten Völker erwarteten den Frieden nicht nur; sie sahen es als selbstverständlich an, daß jetzt Friede war. Die politischen Folgen einer plötzlichen Remobilisierung, einer Wiederaufnahme des Krieges, wären unberechenbar und alarmierend gewesen; keine Regierung konnte sie in Wirklichkeit ruhig ins Auge fassen. Warum nahmen die Deutschen dann also das Ultimatum an?

Über diese Frage wird in der ganzen überreichlichen Versailles-Literatur auf merkwürdige Art hinweggegangen. Deutsche und Alliierte scheinen es in seltener Übereinstimmung am bequemsten gefunden zu haben, ein für allemal zu unterstellen, daß die Deutschen, weil sie ja im Herbst 1918 geschlagen worden waren, im Sommer 1919 keine Wahl mehr hatten. Aber natürlich hatten sie eine Wahl. Sie konnten unterschreiben, oder sie konnten ihre Unterschrift verweigern. Falls sie ihre Unterschrift verweigerten und die Alliierten daraufhin wirklich den Marsch ins Innere Deutschlands antraten, hatten die Deutschen sogar noch eine zweite Wahl: Sie konnten versuchen zu kämpfen, oder sie konnten sich passiv besetzen lassen – und ihre Unterschrift immer noch verweigern.

Sie verfügten zu dieser Zeit über eine Freiwilligenarmee von etwa vierhunderttausend Mann, die seit Januar neu entstanden war, linkssozialistische und kommunistische Aufstände in Berlin und Bayern niedergeschlagen hatte und sowohl Kriegserfahrung wie gute Kampfmoral besaß. Für einen symbolischen oder hinhaltenden Widerstand war sie allemal stark genug. Aber auch wenn man auf bewaffneten Widerstand verzichtet hätte oder wenn aller Widerstand gebrochen worden wäre, wäre eine neue Situation geschaffen gewesen. Die Alliierten hätten sich mit der direkten Verantwortung für ein besetztes Deutschland belastet gefunden und wären gleichzeitig direkt mit dem Bolschewismus konfrontiert worden, und zwar im Baltikum, wo zur selben Zeit deutsche Truppen unter alliierter Regie kämpften. An dem Tage, an dem das alliierte Ultimatum auslief – am 22. Juni 1919 –, eroberten deutsche Truppen unter einem britischen General Riga für die lettische Regierung im Kampf gegen die russischen Bolschewiki.

Ein Geburtsfehler der Republik

Von unserem gegenwärtigen geschichtlichen Aussichtspunkt können wir erkennen, daß eine deutsche Zurückweisung des alliierten Ultimatums aller Wahrscheinlichkeit nach den Zweiten Weltkrieg verhindert hätte, und zwar dadurch, daß die Situation von 1945 bereits 1919 eingetreten wäre – aber mit dem Unterschied, daß Deutschland unzerstört und ungeteilt unter alliierte Besatzung und Verantwortung gefallen wäre, daß die Konfrontierung der Westmächte mit den Bolschewisten nicht mitten in Deutschland und Europa, sondern an der russischen Grenze erfolgt wäre, und schließlich, daß die Bolschewisten damals noch nicht die Regierung einer siegreichen Großmacht waren, sondern nur eine Seite in einem russischen Bürgerkrieg, den sie noch verlieren konnten. Es ist nicht zuviel gesagt, daß unter solchen Umständen die Weltgeschichte mit Sicherheit eine ganz andere und möglicherweise eine glücklichere Wendung genommen hätte. Dasselbe gilt, wenn man aus den Erfahrungen der zweiten Nachkriegszeit Schlüsse ziehen darf, für die deutsche Geschichte. Die Alliierten hätten früher oder später keine andere Wahl gehabt, als selber wieder eine demokratische deutsche Regierung einzusetzen; und die Bedingungen, unter denen sie, irgendwann in den zwanziger Jahren, dieser Regierung die Souveränität zurückgegeben und die Besatzung beendet hätten, wären schwerlich dieselben gewesen wie die des Ultimatums vom Juni 1919. Dafür wäre inzwischen zuviel Neues geschehen.

Dies alles ist zugegebenermaßen die Weisheit dessen, der vom Rathause kommt. Die Deutschen von 1919 konnten nicht wissen, was eine Zurückweisung des alliierten Ultimatums alles nach sich ziehen würde. Und doch war ihre erste, richtige Reaktion, die Unterschrift zu verweigern – komme, was da wolle. Im Mai 1919 hatte die Weimarer Nationalversammlung ihre größte Stunde – oder sagen wir präziser und vorsichtiger: einige Augenblicke, die ihre größte Stunde hätten einleiten können. Alle Parteien, von den Deutschnationalen bis zu den unabhängigen Sozialdemokraten, entschieden sich wie ein Mann für die Ablehnung der Friedensbedingungen. Die nationale Einigkeit, gebrochen durch Niederlage, Revolution und Bürgerkrieg, schien im Begriff, sich unter demokratischen Vorzeichen und parlamentarischer Führung wiederherzustellen. Ein paar Wochen lang hatte die deutsche Demokratie Hoffnung, ein Inbegriff für deutschen Patriotismus zu werden.

Die Chance wurde versäumt, und die deutsche Demokratie wurde statt dessen ein Inbegriff für Ehrlosigkeit und Selbstaufgabe im eigenen Land, für Doppelzüngigkeit und Betrug im Ausland – eine Katastrophe, deren Nachwirkungen die Weimarer Republik nie verwunden hat. Die Entschlossenheit vom Mai zerbröckelte unter dem Druck des Juni-Ultimatums und der Aussicht auf neuen Krieg. Die führenden Politiker zerstritten sich. Die Regierung demissionierte. Der Reichspräsident, Friedrich Ebert, war im Begriff, dasselbe zu tun; er wurde mit Mühe davon abgehalten. Unentschiedenheit, Debatten und Gewissenskämpfe bis zur letzten Stunde des auslaufenden Ultimatums; für einen flüchtigen Augenblick gab es sogar Staatsstreichpläne der Widerstandspartei unter Politikern und Generälen (denn die Reichswehrführung war ebenso zerstritten wie die Nationalversammlung). Inzwischen wartete die Pariser Konferenz mit wachsender Nervosität auf die Entscheidung über Krieg oder Frieden, die sie den Besiegten zugespielt hatte. Zum Schluß sackte aller Widerstand in Weimar zusammen, und es fand sich eine Regierung, die ihre Unterschrift unter den Vertrag setzte.

Was waren die Gründe, die schließlich den Ausschlag gaben? Gewiß nicht innere Überzeugung und Zustimmung. Es gab niemanden, der den Friedensvertrag als gerecht, ehrlich annehmbar oder auch nur wirklich ausführbar angesehen hätte. Einige der Gründe, die für die Unterzeichnung ins Feld geführt wurden, waren schwache Ausreden – die Notwendigkeit, »das Schlimmste« zu verhüten, die Gefahr eines kommunistischen oder separatistischen Putsches im Fall von Feindseligkeiten oder Besetzung. Ernster war die natürliche Scheu vor erneutem Krieg – dieselbe Scheu, die in den alliierten Ländern spürbar geworden wäre, hätten die Deutschen das Ultimatum zurückgewiesen; aber sie waren ihr als erste ausgesetzt.

Entscheidend waren zwei Argumente. Das eine, auf Ersuchen des Reichspräsidenten formuliert von General Groener namens der Heeresleitung, war die rein militärische Rechnung: Verweigerung der Unterschrift bedeutet erneuten Krieg; ein Krieg kann jetzt nicht gewonnen werden; daher darf er nicht geführt, daher muß unterschrieben werden. Das andere Argument wurde von dem Reichsfinanzminister Erzberger wie folgt formuliert: »Wer von uns würde seine Unterschrift verweigern, wenn man ihn an Händen und Füßen fesselt, ihm einen Revolver auf die Brust setzt und in dieser Lage von ihm verlangt zu unterschreiben, daß er binnen achtundvierzig Stunden auf den Mond fliegt? Unter Zwang gibt es keine Unehrlichkeit.«

Diese beiden entscheidenden Argumente hatten eine wichtige Kehrseite. Las man sie sozusagen in Spiegelschrift, so besagten sie erstens, daß die Deutschen ihre erzwungene Unterschrift nicht als wirklich gültig betrachteten, und zweitens, daß sie sich das Recht vorbehielten, den Krieg wiederaufzunehmen, sobald er gewonnen werden konnte. Daß diese beiden inneren Vorbehalte nicht dauernd verborgen bleiben konnten und daß sie Deutschlands Beziehungen zu den Siegermächten viel tiefer vergiften mußten, als es eine offene und ehrenhafte Verweigerung der Unterschrift getan hätte, wurde übersehen. Ebenso wurde übersehen, daß die Unterschrift – gleichgültig mit welchen inneren Vorbehalten sie geleistet wurde – die Nation spalten und die Republik diskreditieren mußte.

Der scheidende Reichskanzler, Philipp Scheidemann, hatte eine pathetische, aber richtige Voraussage gemacht: »Die Hand, die diesen Vertrag unterzeichnet, muß verdorren.« Genau dies trat ein. Die Weimarer Republik begann zu verdorren von dem Augenblick an, in dem sie Deutschlands Selbstächtung unterzeichnet hatte. Trotz einer Teilerholung in der zweiten Hälfte der zwanziger Jahre blieb sie von diesem Augenblick an ihr ganzes kurzes Leben lang ein politischer Todeskandidat: die

Verkörperung feiger Selbsterniedrigung für das eigene Volk, doppelbödiger Ausweichpolitik und Falschheit für die Alliierten. Weder der wiedererwachende deutsche Patriotismus noch die erwachende alliierte Reue nützten der Weimarer Republik. Beide wirkten sich, in tragischer Konvergenz, in den dreißiger Jahren zum Nutzen Hitlers aus.

Versailles gehört heute der Geschichte an. Was läßt sich aus diesem Kapitel Vergangenheit lernen? Für unsere unmittelbare Situation sehr wenig. Das heutige Europa ist von dem Europa des Jahres 1919 bis zur Unkenntlichkeit verschieden. Solange Osteuropa unter russischer und Westeuropa unter amerikanischer Vorherrschaft steht, stellt sich das Problem, das Versailles nicht zu lösen vermochte, überhaupt nicht – das Problem nämlich, wie man verhindern kann, daß ein nach dem Nationalitätenprinzip organisiertes Europa von seiner größten Nation beherrscht wird. Selbst im Falle eines russischen und amerikanischen Rückzugs aus Europa (des »disengagement«) würde es sich nicht noch einmal in der Form von 1919 stellen, und zwar weil Frankreich und Deutschland sich heute nicht mehr als unausweichliche Feinde betrachten. Der Gedanke ist nicht mehr utopisch, daß sie in einem solchen Falle Europa gemeinsam führen, ja sogar ihm eine Art Einheit verleihen könnten.

Ganz abgesehen von der Revolution, die sich seit 1919 im Verhältnis zwischen Frankreich und Deutschland vollzogen hat, ist der europäische Nationalismus heute nicht mehr mit dem der damaligen Zeit zu vergleichen. Das Wilson-Evangelium, so mächtig es in Asien und Afrika nachwirkt, ist in Europa etwas welk geworden. Mögen die neuen Prinzipien, nach denen der alte Kontinent sich eines Tages zu reorganisieren versuchen wird – wenn er die Chance dazu bekommt –, auch noch ziemlich verpuppt und schwer erkennbar sein, eines ist heute schon sicher: die Prinzipien von 1918/19 werden es nicht mehr sein.

Eine allgemeine Lehre, die die Geschichte des Versailler Vertrages uns erteilt – allen von uns, Engländern, Amerikanern, Franzosen und Deutschen –, ist Einkehr und Bescheidenheit; fast möchte man das altmodisch-große Wort »Demut« gebrauchen. Es ist kein stolzes Kapitel Geschichte; keiner der Beteiligten, auf beiden Seiten, geht mit Ruhm daraus hervor. Alle hatten ihre Entschuldigungen, aber alle versagten – sei es aus Mangel an Weisheit, sei es aus Mangel an Mut. Alliierte Torheit und deutsche Schwäche verbanden sich, um einen schlechten, einen vergifteten Frieden hervorzubringen.

Ein letzter Gedanke, mehr spekulativer Natur, aber dafür vielleicht um so interessanter: An Torheit und Schwäche fehlte es nicht, aber würden selbst Weisheit und Mut in der Situation und Atmosphäre von 1919 einen guten, dauerhaften Frieden zustande gebracht haben? Man darf es bezweifeln. Vielleicht unternahm die Pariser Friedenskonferenz von 1919 von vornherein etwas Unmögliches. Vielleicht war die Zeit, da Friedenskongresse den ganzen Aufruhr und Wirrwarr allgemeiner Kriege mit einem Schlag stillen konnten, 1919 schon unwiederbringlich vergangen. Heute scheint sie noch tiefer in die Vergangenheit entrückt zu sein.

Feierliche Friedenskongresse und allumfassende Friedensverträge sind kein ewiges Geschichtsphänomen. Weder die antike noch die mittelalterliche Geschichte weiß von ihnen; ebensowenig die moderne Geschichte Asiens und Amerikas. Sie gehören einer bestimmten europäischen Geschichts- und Gesellschaftsepoche an – einer Epoche, die im 17. Jahrhundert begann und im frühen 20. vielleicht schon zu Ende ging.

Es war die Epoche einer international gleichgegliederten und gleichgesinnten, auf Selbsterhaltung bedachten aristokratischen Gesellschaft – einer politischen Zivilisation, die nicht mehr die unsere ist. Solche Friedensvertragswerke passen nicht in eine Zeit permanenter Revolution, sinnverwirrenden Wandels und metaphysischer Unsicherheit. Sie passen vielleicht auch nicht in eine Zeit der Demokratie. Der Vertrag von Versailles war nicht nur der schlechteste der großen Friedensschlüsse; er war vielleicht der letzte. Dem Zweiten Weltkrieg ist jedenfalls keiner mehr gefolgt – und doch dauert der Friede in Europa nun schon länger als nach dem Ersten; wohl darum, weil er, Wilson zum Trotz, wieder auf einem echten Machtgleichgewicht beruht.

Die Hitler-Wähler wollten nicht zurück zum Kaiserreich und zur Klassenherrschaft, und das wollte auch Hitler nicht.

Wenn wir verstehen wollen, wie Hitler 1933 zur Macht gelangen konnte, dann müssen wir bis 1918/19 zurückgehen. Es stimmt zwar, daß Hitlers Ernennung zum Reichskanzler am 30. Januar 1933 schließlich durch eine Palastintrige herbeigeführt wurde, und es stimmt sogar, daß der Ausgang dieser Palastintrige fast bis zum letzten Moment zweifelhaft erschien; aber es wäre sehr oberflächlich, in dem Intrigenspiel der letzten Wochen und Monate vor dem 30. Januar die ganze Erklärung suchen zu wollen. Wir müssen sofort weiterfragen: Wie konnte es denn so weit kommen? Wo waren denn in der Krise von 1932/33 Verfassung, Reichstag, Parteien? Wie konnte es kommen, daß sie so gar keine Rolle mehr spielten? Denn die demokratische Republik war bereits gestorben. Es ging nur noch um ihre Nachfolge. Woran ist sie gestorben? War sie überhaupt je lebensfähig gewesen? Das sind die Fragen, die zu stellen sind, wenn wir verstehen wollen, was Hitlers Machtergreifung möglich machte.

Hier stößt man schon ganz am Anfang auf einen grundlegenden Unterschied zwischen der Weimarer Republik und der Bundesrepublik, der fest im Auge behalten werden muß, wenn wir uns die Frage vorlegen, ob es ein neuer Hitler mit der Bundesrepublik so leicht haben würde, wie es Hitler mit der Weimarer Republik hatte. Man hat die Weimarer Republik eine Republik ohne Republikaner genannt. Das ist eine Übertreibung. Es gab schon Republikaner; aber es gab sie nur auf der gemäßigten Linken. Die radikale, kommunistische Linke wollte eine ganz andere Republik. Und, was schwerer wog, die gesamte Rechte, sogar die gemäßigte Rechte, wollte im Grunde immer noch die Monarchie. Das aber beraubte die Weimarer Republik von Anfang an der Möglichkeit eines normalen Regierungswechsels, der doch erst das wahre Leben einer parlamentarischen Republik ausmacht.

Die Weimarer Republik stand seit ihrer Gründung sozusagen auf einem Bein. Die Bundesrepublik aber steht solide auf zwei kräftigen Beinen. Sie hat nicht nur eine demokratische Linke

– die hatte die Weimarer Republik auch –, sondern sie hat auch, was die Weimarer Republik nie hatte, eine demokratische Rechte. In der Bundesrepublik können sich SPD und CDU ohne die geringste Gefahr für die freiheitliche Grundordnung jederzeit in der Regierung ablösen. In der Weimarer Republik geriet die Republik sofort ins Wackeln, wenn die damalige Rechte – Deutschnationale, Rechtsliberale und rechtes Zentrum – einmal die Weimarer Koalition aus SPD, Linksliberalen und linkem Zentrum ablöste.

Die republikanischen Parteien der linken Mitte mußten noch mit einem weiteren Handicap leben: Die von ihnen getragene Regierung hatte im Juni 1919 den Friedensvertrag von Versailles unterzeichnet, und sie hatten für die Unterzeichnung gestimmt, wenn auch höchst widerwillig, sozusagen mit der Pistole auf der Brust, unter dem Druck eines Ultimatums, das Wiederaufnahme der Feindseligkeiten androhte, wenn der Friedensvertrag nicht vorbehaltlos unterzeichnet werde. Der Friedensvertrag war von großer Härte. Er wurde von allen Parteien von rechts bis links innerlich abgelehnt und als unerfüllbar betrachtet, auch von den linken Mittelparteien, die schließlich blutenden Herzens für die Unterschrift gestimmt hatten. Immerhin, das hatten sie getan. Sie trieben sogar ein paar Jahre lang, von 1920 bis 1922, Erfüllungspolitik, wenn auch nur, um die Unerfüllbarkeit des Vertrages, insbesondere der zwangsweise übernommenen riesigen Reparationsverpflichtungen, zu beweisen. Aber das genügte, um sie in den Augen ihrer Gegner, vor allem ihrer mächtigen rechten Gegner, endgültig zu Vaterlandsverrätern zu stempeln.

Erst der »Dolchstoß«, dann das »November-Verbrechen« und nun noch die Erfüllungspolitik: das war zuviel. Die politischen Morde an den Erfüllungspolitikern Erzberger und Rathenau – zwei der größten politischen Talente des damaligen Deutschland – fanden in weiten Kreisen der bürgerlichen Rechten heimlichen oder nicht einmal so heimlichen Beifall. Und nicht übersehen wollen wir auch, daß schon damals Hitler eine bedeutende und bedrohliche Rolle zu spielen begann; wenn auch zunächst nur als bayerischer Regionalpolitiker. Immerhin reichte es für ihn im November 1923 zu einem Putschversuch, der sich zwar nur in München abspielte, aber der in einem Marsch auf Berlin gipfeln sollte; eine Nacht lang bezeichnete sich Hitler schon damals als Reichskanzler.

All diese politische Zerrissenheit hatte als Hintergrund eine

Inflation, die in den fünf Jahren von 1919 bis 1923 den Geldwert vollkommen vernichtete, alle Geldvermögen und Ersparnisse annullierte und zum Schluß sogar die Löhne und Gehälter binnen Stunden ihrer Kaufkraft beraubte. Die Inflation hatte drei Quellen: Die erste war der verlorene Krieg, der nicht mit Steuern, sondern mit Anleihen finanziert worden war. Die zweite waren die Reparationsverpflichtungen unter dem Versailler Vertrag; Deutschland sollte zu seinen eigenen nun auch die Kriegskosten seiner siegreichen Gegner tragen, was nur ging, indem man die Notenpresse in Bewegung setzte und ungedecktes Geld druckte. Den Rest aber gab der deutschen Währung der Ruhrkrieg von 1923. Frankreich besetzte als produktives Pfand für seine Reparationsforderungen das Ruhrgebiet. Deutschland antwortete mit Produktionseinstellung im besetzten Gebiet, und die wurde wiederum mit ungedecktem Geld aus der Notenpresse finanziert – mit dem Ergebnis völliger Geldwertvernichtung. Im Herbst 1923 gab es in Deutschland keine wirkliche Geldwirtschaft mehr, und es ist kein Wunder, daß aus dem wirtschaftlichen Chaos auch ein politisches wurde: separatistische Bewegungen in Bayern und im Rheinland, Volksfront-Regierungen in Sachsen und Thüringen, kommunistischer Putsch in Hamburg, Hitler-Putsch in München. Das Reich war in vollem Zerfall.

Seine Rettung verdankte es einem bedeutenden Staatsmann: Gustav Stresemann, der in einer nur hunderttägigen Reichskanzlerschaft den Ruhrkrieg abbrach, die Notenpresse stillegte, eine neue Währung einführte, die Putsche und separatistischen Bewegungen niederschlug und alles in allem die Vorbedingungen für die Erholung und scheinbare Konsolidierung der Republik in der zweiten Hälfte der zwanziger Jahre schuf. Stresemann war es auch, der, nunmehr als Außenminister, 1924 eine erträgliche vorläufige Reparationsregelung und in den folgenden Jahren eine gewisse Aussöhnung mit den Siegermächten zustande brachte.

Die trügerischen Jahre

Die Jahre von 1924 bis 1929, später als »goldene zwanziger Jahre« gerühmt, kann man die Stresemann-Zeit nennen – so, wie die heute ebenfalls gern »golden« genannten fünfziger Jahre eine Adenauer-Zeit waren. Wie später in den Fünzigern fielen

Krieg und Niederlage in die Vergangenheit zurück, vom Dolchstoß war nicht mehr soviel die Rede, auch die Wunde des Versailler Diktats, obwohl nicht völlig geheilt, schmerzte weniger. Das Losungswort hieß jetzt: Wiederaufbau. Man reiste wieder ins Ausland; der internationale Handel kam in Gang, ebenso der internationale Sportverkehr.

Das vielleicht entscheidende Ereignis dieser Jahre war die Wahl des Generalfeldmarschalls von Hindenburg zum Reichspräsidenten im April 1925. Es war ein zweischneidiges Ereignis. Die Wahl des kaiserlichen Feldmarschalls zum Präsidenten der Republik wurde von den Republikanern zunächst durchaus als Schlag empfunden, dann erschien sie ein paar Jahre lang als ein Segen für die Republik, um sich schließlich sieben Jahre später doch noch als Katastrophe herauszustellen.

Seine inneren Kriegsschulden war Deutschland durch den Währungsschnitt von 1923 losgeworden – auf sehr brutale Weise. Der Mittelstand, die Beamten, Angestellten und Freiberufler, die gespart hatten, verloren ihr Vermögen. Immerhin: es gab wieder richtiges Geld; man konnte von vorn anfangen, und man tat es. Was Deutschland nicht los war, waren seine Reparationsschulden. Die wurden fürs erste so geregelt, daß Deutschland ohne Festsetzung einer Gesamtsumme jährlich Abschlagszahlungen leistete, die es bis auf weiteres aus amerikanischen Krediten bestritt. Die amerikanischen Kredite waren sogar höher als die deutschen Reparationszahlungen, so daß noch etwas für den Wiederaufbau übrigblieb. Eine Art Kreislauf: Deutschland zahlte Reparationen an England und Frankreich, England und Frankreich zahlten Kriegsschulden an Amerika, und Amerika pumpte Kredite nach Deutschland.

Solange dieser Kreislauf funktionierte, konnte man damit überall ganz vergnügt leben. Noch 1929 lebte man bis in den Herbst hinein ganz unbesorgt in dieser scheinbar gefestigten Ordnung. Dann kam der Schwarze Freitag, der 24. Oktober 1929, an dem die New Yorker Börse zusammenkrachte, und plötzlich brach der ganze Kreislauf zusammen. Amerika pumpte nicht mehr, im Gegenteil, es zog Gelder ab, und damit geriet in Deutschland alles ins Wanken, nicht nur die Wirtschaft, sondern fast sofort auch die politische Erholung und Befriedung. Es war alles doch nur Schein gewesen. Zu allem Unglück war auch Stresemann Anfang Oktober 1929 gestorben; mit ihm hatte die Republik ihren einzigen wirklichen Staatsmann verloren, den einzigen, der sie vielleicht hätte durch die neue Wirtschaftskrise von 1930 lotsen können, wie er sie durch die von 1923 gelotst hatte. Stresemann fehlte im Winter 1929/30 furchtbar.

Die Regierung Brüning, die im März 1930 von Hindenburg berufen wurde und die im Reichstag über keine Mehrheit verfügte, führte bereits aus der parlamentarischen, demokratischen Republik hinaus und sollte es auch tun, wie gleich zu zeigen sein wird. Diese Regierung bekam es im September 1930 mit einem plötzlich von Millionen Wählern bis an die Schwelle der Macht getragenen Hitler zu tun. 1930, nicht erst 1933, war das Jahr, das die ganze deutsche politische Szene bis zur Unkenntlichkeit veränderte. Arthur Rosenberg, der Historiker der Weimarer Republik, bezeichnet es als ihr Todesjahr. Meiner Meinung nach mit Recht, obwohl gerade Hitlers unerwarteter Wahlerfolg der Republik dann noch eineinhalb Jahre lang eine Art Scheinleben bescherte.

Dabei muß man sich klarmachen, daß die Weimarer Verfassung das Staatswesen ganz anders konstruierte als das Bonner Grundgesetz. Sie war im Grunde eine Präsidialverfassung: Nicht der Reichstag wählte den Kanzler wie heute der Bundestag, sondern der Präsident ernannte ihn. Und dann gab es den Artikel 48 der Verfassung, der dem Reichspräsidenten, kurz gesagt, diktatorische Vollmachten einräumte. Der Präsident konnte den Notstand ausrufen, und wenn er das tat, konnte er praktisch machen, was er wollte. Ein Verfassungsgericht, das hätte nachprüfen können, ob ein Notstand wirklich vorlag, gab es damals nicht. Man hat witzig und treffend gesagt, daß die Weimarer Republik eigentlich zwei Verfassungen hatte: eine parlamentarisch-demokratische für gutes Wetter und eine diktatorische für schlechtes Wetter.

Schon in den turbulenten ersten fünf Jahren der Republik hatte der damalige sozialdemokratische Präsident Friedrich Ebert sehr häufig mit dem Artikel 48 regiert. In den guten Jahren von 1924 bis 1929 war der Artikel dann nicht oder kaum angewandt worden. Aber jetzt, 1930, holte ihn Hindenburg wieder aus der Schublade. Er ernannte einen bis dahin ziemlich unbekannten Zentrumsabgeordneten namens Heinrich Brüning zum Reichskanzler, obwohl der keine Mehrheit im Reichstag besaß; dafür gab er ihm die Zusicherung, die Maßnahmen, die er als Kanzler für nötig hielt, mittels des Artikels 48 als Notverordnung in Kraft zu setzen, und, wenn der Reichstag sie nicht billigte, das Parlament aufzulösen. Brüning wurde so der erste Präsidialkanzler. Er stützte sich ausschließlich auf das Vertrauen und die Macht des Reichspräsidenten.

Das war nach der Konstruktion der Weimarer Verfassung nicht illegal, obwohl es sie einigermaßen strapazierte. Und wenn es wirklich nur als Notlösung für eine Übergangszeit gedacht gewesen wäre, bis es im Reichstag wieder eine regierungsfähige Mehrheit gab, hätte man es sogar legitim nennen können. Es steckte aber mehr dahinter, wie wir heute aus Brünings eigenen Memoiren wissen, nämlich ein Plan, die Verfassung zu ändern, den Reichstag gänzlich zu entmachten und zu so etwas wie der Bismarck-Verfassung zurückzukehren, also zu einem autoritären Staat, dessen Regierung ohne parlamentarische Kontrolle von oben eingesetzt war; letzten Endes wohl, was nie klar ausgesprochen, vielleicht nicht einmal klar durchdacht wurde, von einem wiedereingesetzten Monarchen.

Schon kurz nach Ostern 1929 hatte der Plan in einer merkwürdigen Unterredung Gestalt angenommen, die zwischen Brüning und dem Chef des Ministeramtes im Reichswehrministerium, General von Schleicher, in dessen Wohnung am Matthäi-Kirchplatz in Berlin stattfand. Damals hatte der General dem Abgeordneten der katholischen Zentrumspartei eröffnet, daß der einundachtzigjährige Reichspräsident vor seinem Tode das Parlament im gegebenen Augenblick für eine Zeit nach Hause schicken und in dieser Zeit mit Hilfe des Artikels 48 »die Sache in Ordnung bringen« wolle. Er, Brüning, sei als der Reichskanzler der beabsichtigten Verfassungsreform – man könnte auch von einem Staatsstreich sprechen – ins Auge gefaßt.

Die wirkliche Macht Schleichers lag in seiner engen Beziehung zum Hause Hindenburg, wo er aus- und einging. Zudem pflegte er viele Bekanntschaften in der politischen und halbpolitischen Rechten, die jetzt Morgenluft witterte und ihres vorübergehenden Flirts mit der Republik schnell müde geworden war. Mit der Republik, das war 1930 das vorherrschende Gefühl in diesen Kreisen, ging es nun wohl doch zu Ende, etwas Neues oder auch Altes lag in der Luft. Und Schleicher schien der Mann, den Übergang geschickt zu fingern.

Fürs erste hatte er jetzt einmal Brüning gefunden. Brüning war Schleichers Kandidat, der auch Hindenburgs Wohlgefallen gefunden hatte, und in den Monaten April bis Juni 1930 regierte er forsch und schneidig ganz in Schleichers Sinne, fuhr mit dem Reichstag Schlitten und löste ihn im Juli auf. Von der Neuwahl im September mag er sich eine rechte Mehrheit erhofft haben; wenn er sie nicht bekam, konnte er ja den Reichstag wieder auflösen, und dann war es vielleicht schon Zeit für die geplante Verfassungsreform. Alles schien auf dem besten Wege – bis die Reichstagswahl plötzlich Hitler auf die Szene brachte.

Das war nicht eingeplant. Die Reichstagswahl vom September 1930 war Hitlers erster, fast schon entscheidender Schritt zur Macht. Das Ergebnis überraschte selbst die Nazis. Sie hatten mit einer Verdoppelung, allenfalls mit einer Verdreifachung ihrer Stimmenzahl gerechnet, also mit sechs bis acht Prozent. Sie bekamen achtzehn – sechs Millionen Wählerstimmen und hundertsieben Mandate. Sie waren jetzt die zweitstärkste Partei im Reichstag. Das war ein Erdrutsch.

Ein krankes, aber kräftiges Land

Man muß es zugeben: Der deutsche Wähler war an dem rasanten Aufstieg Hitlers in den Jahren 1930 bis 1933 nicht unbeteiligt. Man kann nicht sagen, wie es oft geschehen ist, daß Hitler sozusagen über den Kopf des Volkes durch eine Intrige der Rechten an die Macht gebracht worden wäre. Hitler sammelte in diesen Jahren eine Massengefolgschaft, und diese Massengefolgschaft war in den politischen Geschäften der nächsten drei Jahre sein wirkliches Kapital. Woher sie kam, was die Hitler-Wähler bewegte: das ist im einzelnen schwer zu ergründen, noch schwerer heute als damals.

Der Hauptgrund war natürlich einfach wirtschaftliche Verzweiflung. Viele Existenzen waren 1930 zusammengebrochen. Eine steigende Millionenzahl wurde arbeitslos, und Arbeitslosigkeit bedeutete seinerzeit in den meisten Fällen nacktes Elend. Und keine der hergebrachten politischen Kräfte, weder die alte parlamentarische Regierung noch die neue Präsidialregierung Brüning, wußte etwas dagegen zu tun. Hier nun war ein Mann, eine Partei, die versprachen, die Not zu wenden. Wie sie es tun würden, das sagten auch sie nicht. Immerhin, sie waren die einzigen, die es sich offenbar zutrauten. Ein Plakat bei einer späteren Wahl trug die Aufschrift: »Hitler, unsere letzte Hoffnung«. Für viele, wahrscheinlich die meisten Hitler-Wähler war er das tatsächlich.

Es ist aber vielleicht doch zu menschenfreundlich, den Massenzulauf zu Hitler nur aus wirtschaftlicher Not zu erklären. In der politischen Krise von 1930 brachen auch all die alten Wunden aus den Anfangsjahren der Republik wieder auf: der Dolchstoß, das November-Verbrechen, das Versailler Diktat. Hitler versprach nicht nur, wieder Arbeit zu schaffen, er versprach auch, Deutschland wieder groß und mächtig zu machen. Und auch damit traf er einen Nerv. Deutschland war 1930 ein krankes, aber sehr kräftiges Land, und auch dieses heimliche Kraftbewußtsein sprach Hitler erfolgreich an. In den Massen, die ihm zuliefen, lebte nicht nur Verzweiflung, sondern zugleich auch ein wilder Aufbruchswille, der Wunsch, die Ärmel aufzukrempeln und dreinzuschlagen.

Und dann gab es noch ein Drittes, Subtileres: Die Republik, das fühlte jeder, war passé. Sie hatte sich selbst im Frühjahr 1930 aufgegeben, und was jetzt wieder zur Macht drängte, sie halb schon wieder ergriffen hatte, das waren die Kräfte des Alten, die Überlebenden des Kaiserreichs. Aber Hitler verkörperte nicht das Alte. Er verkörperte etwas Neues, nicht einfach dasselbe wie die alten Rechtsparteien, sondern eine neue, noch unbestimmte Synthese von rechts und links, eine »Volksgemeinschaft«, was immer das nun im einzelnen bedeuten mochte. Die Hitler-Wahl war auch ein Protest gegen Brüning, gegen Hindenburg und vor allem gegen die adligen Offiziere und die konservative Beamten-Elite, die glaubten, ihre Zeit sei wieder gekommen. Die Hitler-Wähler wollten nicht zurück zum Kaiserreich und zur Klassenherrschaft, und das wollte auch Hitler nicht. Er war nicht demokratisch, natürlich nicht, aber er war populistisch, und das spürten natürlich auch die alten Rechten, die verschanzt hinter der Autorität Hindenburgs eine Restauration anstrebten, und es war ihnen unheimlich.

Sie mußten sich jetzt neu orientieren und die unerwartete Volksbewegung irgendwie in ihre Pläne einbauen. Was nicht leicht war. Zum Teil war ihnen die nationalsozialistische Massenbewegung gar nicht unsympathisch. Das Patriotische und Nationale, der neue »Wehrwille«, die Lust am Marschieren: das war ja alles ganz willkommen. Aber das Revolutionäre und vage Sozialistische am Nationalsozialismus, übrigens auch der Antisemitismus und dann das Plebejische, ganz schlicht Rabaukenhafte: das war auch wieder abstoßend und gefährlich. Immerhin, als Gegengewicht gegen die Kommunisten, die ja ebenfalls bedrohlich stärker wurden, würde man die Nationalsozialisten irgendwie gebrauchen können. Alle, von Hindenburg über Brüning bis Schleicher, luden jetzt Hitler zu sich ein, sahen ihn sich an und konferierten mit ihm. Das Resultat war nicht ermutigend. Hitler war stur. Er forderte immer die ganze Macht. Übrigens konnte er nicht zuhören, sondern erschöpfte seine Gastgeber mit langen Reden und benahm sich überhaupt unmöglich. Einstweilen war mit ihm nichts anzufangen. Aber zur wirklichen Unterdrückung, die 1930 vielleicht gerade noch möglich gewesen wäre, konnte man sich auch nicht entschließen. Man verlegte sich aufs Abwarten.

Und das fiel auch relativ leicht; denn Brüning fand jetzt unerwartet neuen Beistand von links. Den Sozialdemokraten war der Hitler-Schreck gehörig in die Glieder gefahren. Für sie war jetzt Brüning mit seinen präsidentiellen Notverordnungen und seinem hochfahrend-autoritären Regime das kleinere Übel geworden, und sie beschlossen, ihn zu tolerieren. Die Sozialdemokraten, obwohl reduziert, waren immer noch die stärkste Partei, und mit ihrer Unterstützung hatte Brüning plötzlich eine Mehrheit im Reichstag. Er hätte, wäre er dazu gewillt gewesen, jetzt eine ganz normale Koalitionsregierung bilden und ganz normal parlamentarisch regieren können; aber das wollte er nicht, vor allem sollte er es nicht. Sein Auftrag war ja, den Übergang zu einem autoritären neuen Staat herbeizuführen, und diesem Auftrag fühlte er sich verpflichtet. Die Tolerierung durch die Sozialdemokraten ließ er sich gerade eben gefallen, behandelte sie aber im übrigen hochmütig und abweisend und regierte weiter mit den Notverordnungen des Präsidenten, die inhaltlich eine strenge und immer strengere Sparpolitik verfolgten, wobei die Arbeitslosenzahl dauernd anstieg und die Wählerzahl für die Nazis auch, wie sich bei verschiedenen Abstimmungen in den Ländern zeigte.

Brüning genießt heute im deutschen Geschichtsbewußtsein den Ruf eines redlichen und fähigen, wenn auch trockenen und glücklosen Kanzlers und des letzten Verteidigers der Republik. Das war er eben nicht. Er war in Wahrheit zum ersten Liquidator der Republik bestellt worden, und wenn er auch nicht dazu kam, diesen Auftrag auszuführen, gewöhnte er doch durch sein Notverordnungsregime den Deutschen den Gedanken an eine verfassungsmäßige parlamentarische Regierung allmählich ab. Er war ein Übergangskanzler, und sein Regime hatte dank der Tolerierung durch eine Mehrheit im Reichstag noch eine parlamentarische oder halbparlamentarische Oberfläche, war aber im Kern bereits ein Präsidialregime, das seine Legitimation nicht mehr von unten, sondern von oben bezog. Das zeigte sich sehr deutlich bei seinem Sturz.

Brüning wurde nicht vom Reichstag gestürzt. Dort hatte er bis zum letzten Augenblick seine Mehrheit, wenn sie ihn auch nur »tolerierte«. Er wurde vom Präsidenten entlassen, und zwar sehr schroff und willkürlich, weil Hindenburg nicht mehr mit ihm zufrieden war und Schleicher sich inzwischen zu einer schärferen Gangart mit einem neuen, dafür passenderen Kanzler entschlossen hatte. Das war Franz von Papen, ein Mann, der bis dahin, obwohl Abgeordneter der Zentrumspartei im preußischen Landtag, in der deutschen Politik so gut wie keine Rolle gespielt hatte und den meisten Deutschen vollkommen unbekannt war. Dieser Außenseiter, der auch in seiner Partei als rechter Flügelmann isoliert war, wurde am 1. Juni 1932 von Hindenburg auf Vorschlag Schleichers, der zum Reichswehrminister avancierte, zum Kanzler ernannt, bildete ein »Kabinett der Barone«, proklamierte »eine völlig neue Art der Staatsführung« und löste zunächst einmal wieder den Reichstag auf, ohne eine Abstimmung über irgendeine Maßnahme abzuwarten.

»Eine völlig neue Art der Staatsführung«: so ganz unzutreffend war diese programmatische Erklärung Papens nicht. Ein neuer Stil war es sicher. Unter Brüning waren die demokratisch-verfassungsmäßigen Regierungsformen zwar ausgehöhlt, aber noch äußerlich gewahrt worden. Der Reichstag hatte noch regelmäßig getagt. In den sechs Monaten der Papen-Regierung vom 1. Juni bis 2. Dezember 1932 gab es zwei Reichstagswahlen, aber nur eine einzige Reichstagssitzung, in der das neugewählte Parlament Papen mit überwältigender Mehrheit das Mißtrauen aussprach, aber daraufhin sofort wieder aufgelöst wurde, ohne daß der Kanzler etwa zurückgetreten wäre, wie er es nach der Verfassung gemußt hätte. Der »Zauderer« Brüning hatte die Verfassung noch formal respektiert. Papen behandelte sie von Anfang an als nicht mehr vorhanden. Er ging mit Volldampf auf den reaktionären Staatsstreich los, den Schleicher schon im Frühjahr 1929 mit Brüning geplant hatte, und er gab einen Vorgeschmack davon mit seinem Preußen-Schlag am 20. Juli 1932. An diesem Tag ließ er die amtierende preußische Regierung einfach absetzen und die Minister durch Militär aus ihren Ministerien vertreiben; sich selbst machte er zum Reichskommissar für Preußen.

Und Hitler? Den gedachte Papen von Anfang an »einzukaufen«, »einzurahmen« und zu »engagieren«. Alles Ausdrücke, die er bezeugtermaßen in bezug auf Hitler gebraucht hat – vor wie auch noch nach dem 30. Januar 1933. Für Papen war Hitler der kleine Mann und Karrierist, aus der Perspektive des reichen großen Herrn gesehen. Hitler selbst sollte unter Papen durchaus etwas werden, eine Art Propagandaminister, allenfalls sogar Vizekanzler, um mit seinen demagogischen Talenten der neualten aristokratischen Regierung die Massen zuzuführen. Aber politisch wollte Papen ihm das Wasser abgraben; die Macht der Nationalsozialisten und ihrer Bewegung sollte gebrochen werden, und zwar sehr einfach zugleich mit der Abschaffung der Demokratie. Diese Macht beruhte ja in Papens Augen einfach auf der riesigen Zahl von Wählerstimmen und Reichstagssitzen, die Hitler zu gewinnen wußte, und wenn es keinen Reichstag mehr gab oder nur noch einen ganz ohnmächtigen, dann kam es auf Wählerstimmen und Reichstagssitze nicht mehr an. Hitler konnte dann froh sein, wenn man ihn »engagierte« und ihn immer noch eine persönliche Rolle spielen ließ.

So dachte Papen, und er konnte sich dabei auf Hindenburg verlassen, der eine wirkliche Abneigung gegen Hitler hatte und mehrfach versicherte, daß er den »böhmischen Gefreiten«, wie er ihn merkwürdigerweise nannte, niemals zum Reichskanzler mit präsidentiellen Vollmachten ernennen würde. Nach der Wahl vom 31. Juli 1932, bei der Hitler 37 Prozent der Wählerstimmen und 230 Mandate gewann, bot Papen ihm die Vizekanzlerschaft an; aber der Führer der nunmehr stärksten Partei lehnte ab und forderte die Kanzlerschaft, worauf Hindenburg ihn zwar empfing, aber regelrecht abkanzelte, ohne ihm auch nur einen Stuhl anzubieten. Von nun an war Hitler Papen eine Weile spinnefeind, und dieser fand, daß er erst einmal noch ein bißchen kleiner gemacht, sozusagen weichgeklopft werden mußte. Daß es schließlich Papen sein würde, der Hitler zum Kanzler machte, war im Herbst 1932 noch keineswegs vorauszusehen.

Zunächst schien Papens Rechnung, Hitler weichzuklopfen, sogar aufzugehen. Die Reichstagswahl vom 6. November 1932 war ein Rückschlag für die Nationalsozialisten. Sie blieben zwar die stärkste Partei, verloren aber zwei Millionen Stimmen und 34 Mandate. Die NSDAP geriet in eine Krise; sie war durch die ständigen Wahlkämpfe hochverschuldet – daß sie damals schon vom Großkapital finanziert wurde, ist eine Legende –, und in ihr kriselte es. Es gab Stimmen, die fanden, es sei nun an der Zeit, ein bißchen kürzer zu treten und sich die Angebote zur Regierungsbeteiligung doch vielleicht etwas näher anzusehen.

Wer sich diesen Stimmen gegenüber hellhörig zeigte, das war Schleicher. Er faßte den Gedanken, die Nationalsozialisten zu spalten, und zwar nicht Hitler, wohl aber seinen internen Kritiker Gregor Straßer, einen linken Nationalsozialisten, als Minister in die Regierung zu holen. Hitler selbst blieb stur, und am stursten war Papen. Er hielt jetzt die Zeit für gekommen, den großen Staatsstreich endgültig durchzuführen, den Reichstag aufzulösen, diesmal ohne Wiederwahltermin, die Verfassung zu suspendieren, zunächst eine Weile ohne Verfassung zu regieren und dann eine neue, streng autoritäre Verfassung zu oktroyieren. Wenn es Widerstand geben sollte, sei es von den inzwischen ebenfalls sehr stark gewordenen Kommunisten, sei es von ihnen und den Nationalsozialisten zusammen, sollte die Reichswehr ihn unterdrücken. Aber die Reichswehr, das war Schleicher, und Schleicher spielte nicht mehr mit. Im Gegenteil, er erstrebte schon seit mehreren Wochen, schon seit Oktober, vielleicht schon seit September, den Sturz Papens.

Wie das? Er hatte sich doch den unbekannten Papen selbst als Kanzler ausgesucht, und der Staatsstreich, den Papen jetzt vorhatte, entsprach schließlich genau Schleichers alten Plänen, für die ursprünglich Brüning hatte als Instrument dienen sollen. Warum wandte er sich jetzt plötzlich gegen Papen? An dieser Stelle wird die deutsche Geschichte, die schon in der ganzen Zeit von 1930 bis 1932 weitgehend Personalgeschichte gewesen war, endgültig zum Roman. Was sich im Dezember 1932 und Januar 1933 abspielte, dreht sich, so seltsam es klingt, fast ausschließlich um die Privatbeziehungen dreier Männer: Schleichers, Papens und Hindenburgs, mit Hitler als Nutznießer. Es war im Grunde ein Eifersuchtsdrama, Politik wurde Vordergrund und Vorwand.

Gewiß, es dürfte zutreffen, daß Schleichers politische Vorstellungen sich zwischen 1929 und 1932 ein bißchen gewandelt hatten. Er hatte sich in diesen Jahren einen *brain trust*, eine »Denkfabrik« zugelegt, eine Gruppe brillanter junger politischer Journalisten, die die damals vielgelesene Zeitschrift ›Die Tat‹ herausgaben und die ihm ein paar große Rosinen in den Kopf gesetzt hatten. Nach Meinung des ›Tat‹-Kreises, die dann auch Schleichers Meinung wurde, war es mit einer bloßen Restauration, einem wiederhergestellten Kaiserreich ohne Kaiser, nicht mehr getan. Man brauchte eine breitere Herrschaftsgrundlage, eine Art sozialen Ständestaat, ein Bündnis von Reichswehr, Gewerkschaften und dem »gesunden«, vage sozialistischen Teil der nationalsozialistischen Bewegung. Theoretisch sehr schön, praktisch ziemlich weltfremd. Aber Schleicher traute sich zu, etwas daraus zu machen. Mit dem bloßen Staatsstreich von rechts war ihm nicht mehr gedient; doch das war das wenigste.

Viel schlimmer war, daß Papen ihm in den ersten drei oder vier Monaten seiner Kanzlerschaft bei Hindenburg den Rang abgelaufen hatte. Schleicher war nicht mehr Hindenburgs »lieber junger Freund« und unbedingter Vertrauensmann; das war jetzt Papen. Es klingt absurd und beinahe kitschig, aber es ist eine Tatsache: Der uralte Präsident hatte sich auf seine alten Tage in Papen vernarrt, in diesem ebenso eleganten wie schneidigen Aristokraten, spät im Leben, sozusagen sein Männlichkeitsideal gefunden. Kein Wunder, daß Schleicher seinerseits sehr schnell Papens negative Eigenschaften entdeckte: politischen Dilettantismus, Leichtfertigkeit, Unsolidität, Oberflächlichkeit und Eitelkeit. »Fränzchen hat sich entdeckt«, spottete er schon im September unter Vertrauten, und er begann nach einem Nachfolger Ausschau zu halten. Aber es fand sich so recht keiner mehr, und allmählich dämmerte es Schleicher, daß er diesmal wohl selbst der Nachfolger werden müsse.

Reichswehr und Gewerkschaften

Die Ablösung geschah unter dramatischen Umständen. Am 1. Dezember 1932 wurden Papen und Schleicher gemeinsam von Hindenburg zu einer Unterredung empfangen, in der entschieden werden sollte, wie es nun weiterzugehen habe. Papen trug seine Staatsstreichpläne vor, Schleicher mauerte. Er bezweifelte, daß die Reichswehr im Ernstfall einen Bürgerkrieg gegen »rechts« und »links« bestehen, ließ auch durchblicken, daß es vielleicht noch andere Wege geben könnte. Er hatte in diesen Tagen losen Kontakt mit Gregor Straßer aufgenommen und hoffte auf eine Spaltung der NSDAP. Am Ende aber entschied Hindenburg für Papen. Schleicher sagte kein offenes Nein, nur beim Hinausgehen meinte er zu Papen ominös: »Mönchlein, Mönchlein, du gehst einen schweren Gang.« Er hatte noch einen Pfeil im Köcher.

Am nächsten Vormittag war Kabinettssitzung. Schleicher

hatte einen Stabsoffizier bestellt, der den Ministern Angst machen sollte. Er verlas ein militärisches Gutachten über die Aussichten der Reichswehr in einem möglichen Bürgerkrieg, das ein katastrophales, wohl übertrieben katastrophales Bild entrollte: Generalstreik, Zusammenbruch der Ernährung, womöglich polnische und französische Einmischung. Der erwünschte Effekt blieb nicht aus. Alle Minister bis auf zwei versagten Papen die Gefolgschaft. Am Nachmittag ging daraufhin der Kanzler zu Hindenburg und erklärte seinen Rücktritt, der ihm gewährt wurde – wie es heißt, unter Tränen. Später schickte ihm der Reichspräsident sein Bild mit der Inschrift: »Ich hatt' einen Kameraden«. Übrigens riß der private Kontakt zwischen beiden auch weiterhin nicht ab.

Am Nachmittag des selben 2. Dezember empfing Hindenburg Schleicher und ernannte ihn zum Reichskanzler: höchst ungnädig und widerwillig. »Dann müssen wir eben Herrn von Schleicher sein Heil versuchen lassen«, hatte er zu Papen gesagt. Es klang wie: »Soll er die Suppe auslöffeln, die er sich eingebrockt hat«. Und so wurde es auch. Schleicher blieb nur knapp zwei Monate lang Reichskanzler, und in diesen zwei Monaten erlebte er Enttäuschung über Enttäuschung.

Der Reichstag war über Weihnachten vertagt, aber spätestens am 31. Januar mußte er wieder zusammentreten und Schleicher mit einem Mißtrauensvotum rechnen, und er hatte eben nicht wie Papen Hindenburgs Vollmacht, das Parlament aufzulösen, geschweige denn, die Verfassung zu suspendieren. Eine Hoffnung, politisch zu überleben, konnte er nur dann haben, wenn ihm in der kurzen Zeit von nicht ganz zwei Monaten ungeheure Kunststücke gelangen: Die Gewerkschaften zum Eintritt in seine Regierung zu überreden und damit, durch Gewerkschaftseinfluß, wie Brüning die Tolerierung der SPD zu gewinnen. Und: Die NSDAP zu spalten, um sich mit einem Teil der Partei unter Gregor Straßer zu verbünden. Beides mißlang, mißlang zudem so schnell und gründlich, daß man sich nachträglich nur wundern kann, wie ein erfahrener Politiker je hatte auf ein Gelingen rechnen können. Gregor Straßer versagte völlig. Statt den Kampf gegen Hitler aufzunehmen, verzichtete er beim ersten Stirnrunzeln seines Führers auf alle Parteiämter und zog sich ins Privatleben zurück, was übrigens nicht verhinderte, daß er später, bei der Generalabrechnung am 30. Juni 1934, ebenso wie Schleicher ermordert wurde. Die Gewerkschaften blieben spröde. Sie hörten sich Schleichers Vorschläge an, berieten sich ein paar Tage und lehnten sie dann ab. Genau besehen, bestand für sie auch wenig Grund, sich mit einem General zu verbünden, der schon 1919 bei der Gründung der Freikorps seine Hand im Spiele und der in den letzten Jahren einen trüben Ruf als Drahtzieher bei allen möglichen antirepublikanischen Machenschaften und Staatsstreichplänen erworben hatte.

Ende Januar war Schleicher so weit, wie Papen zwei Monate vorher gewesen war. Er meldete sich bei Hindenburg an und erbat die Vollmacht zur erneuten Auflösung des Reichstages. Das geschah am Sonnabend, dem 28. Januar 1933. Der Sohn des damaligen Staatssekretärs im Reichspräsidialamt, Otto Meißner, hat die Kernsätze des sich daraufhin entspinnenden Gespräches (wohl auf Grund von Mitteilungen oder Aufzeichnungen seines Vaters) wörtlich überliefert. Danach sagte Schleicher: »Von jetzt ab müssen wir ohne Parlament regieren. Ich werde Unruhen mit Waffengewalt unterdrücken.« Hindenburgs Antwort: »Lieber junger Freund« – die alte Anrede –, »Sie schlagen mir da etwas vor, was Sie mir vor zwei Monaten selber noch als unmöglich hingestellt haben. Deshalb mußte Papen zurücktreten. Dabei wollte er nur das, was Sie jetzt von mir wollen. Seinen Plan, den Sie damals für undurchführbar hielten, wollen Sie jetzt durchführen, und das mit meiner Hilfe, mit meiner Autorität und mit meiner Verantwortung.«

Das klingt echt. Man hört den Vorwurf heraus, die Kränkung, auch eine gewisse Genugtuung darüber, daß der Mann, der damals den geliebten Papen gestürzt hatte, nun selbst mit seinem Latein am Ende war. Hindenburg verweigerte Schleicher die erbetenen Vollmachten, und der Kanzler trat zurück. Noch am selben Abend berief Hindenburg Papen zu sich und beauftragte ihn, eine neue Regierung zu bilden.

Papen war in den zwei Monaten der glücklosen Schleicher-Regierung nicht müßig gewesen. Er hatte Schleichers Dolchstoß vom 1. und 2. Dezember nicht verziehen. Er sann auf Rache. Er wußte, daß er nach wie vor Hindenburgs Traumkanzler war; aber er hatte in der Dezemberkrise auch erfahren, daß er sich bei seinen Staatsstreichplänen auf die Reichswehr, mit oder ohne Schleicher, nicht verlassen konnte. Er mußte eine neue Karte ausspielen; und dabei verfiel er auf Hitler. Man könnte auch sagen: Er fiel auf Hitler zurück. Er hatte ihn ja immer »einkaufen« oder »engagieren« wollen, war im August sogar bereit gewesen, ihn zum Vizekanzler zu machen. Jetzt fragte sich der gestürzte Papen: Kam es denn wirklich so sehr darauf an, wer nominell Kanzler und wer Vizekanzler war? Entscheidend war doch, wer das Ohr des Präsidenten hatte. Wenn Hitler durchaus den Reichskanzlertitel wollte, warum eigentlich nicht? Der wirkliche Kanzler würde doch immer er selbst mit seinem direkten Draht zu Hindenburg bleiben, besonders wenn Hitler von seiner, Papens, alter Ministermannschaft eingerahmt wurde. Dazu allerdings mußte er sich bereitfinden und auch dazu, daß er als Kanzler nichts ohne Zustimmung des Vizekanzlers unternehmen und nur gemeinsam mit ihm beim Reichspräsidenten Vortrag halten dürfe. Vizekanzler müsse natürlich er selbst, Papen, sein. Wenn Hitler auf diese Bedingungen einging, könne eigentlich nichts schiefgehen. Papen beschloß zu sondieren.

Am 4. Januar 1933 traf er sich mit ihm bei einem adligen Kölner Bankier, der zugleich ein Nazi-Sympathisant war. Angenehme Überraschung: Hitler erwies sich als aufgeschlossen. Reichskanzler freilich wollt er unbedingt werden; aber im übrigen durfte Papens Ministermannschaft bleiben, wie sie war, nur zwei Ministerien verlangte Hitler für seine Leute, darunter allerdings das Innenressort. Und was Papens Vorrecht als Vizekanzler anbetraf – bitte sehr, alles akzeptiert. Im Grunde genommen war Papens Bündnis mit Hitler am 4. Januar schon perfekt. Daß jeder dabei den anderen am Ende hereinlegen wollte und sich in diesem Spiel als der Stärkere fühlte, verstand sich von selbst.

Schwierigkeiten machte unerwarteterweise nur noch Hindenburg, der mit Hitler nun einmal nichts im Sinn hatte. Er wollte im Grunde seinen Papen wieder haben und keinesfalls Hitler die Generalvollmacht zum Verfassungsbruch geben, die er Papen am 1. Dezember zugestanden hatte. Überhaupt waren dem alten Herren nachträglich doch Bedenken wegen seiner damaligen Bereitschaft gekommen. Hatte er nicht einen Eid auf die Verfassung geschworen, würde er nicht bald vor seinem ewigen Richter stehen? Wenn schon ein Reichskanzler Hitler, dann ein normaler legaler Kanzler mit einer Mehrheit im Reichtstag! Papen mußte sich also zu seinem Abkommen mit Hitler noch etwas Neues einfallen lassen, und daran ließ es sein flinker Geist auch nicht fehlen. Um der neuen Regierung fürs erste einen parlamentarischen Anstrich zu geben, mußten zu den Nationalsozialisten als Koalitionspartner noch die Deutschnationalen kommen. Das war an sich nicht allzu schwierig; denn sie waren Papens einzige Anhänger im Reichstag; er stand ihnen längst näher als der eigenen Partei. Aber um für die neue Koalition zu einer Mehrheit zu kommen, brauchte man eine Neuwahl, und die wollten die Deutschnationalen nicht. Im Grunde wollten sie auch Papen nicht; denn er hatte ja immer noch seine Staatsstreichpläne im Hinterkopf. Aber was tat man nicht, um dem alten Hindenburg die Kröte Hitler schmackhaft zu machen!

Kurz, es gab viel Hin und Her und viele Verwirrungen, auch noch am Sonntag, dem 29. Januar, und sogar noch am Montagmorgen, als das neue Kabinett Hitler/Papen vom Reichspräsidenten zur Vereidigung bestellt war. Man stritt sich immer noch über die Neuwahl. Der Vereidigungstermin war schon überschritten, und das neue Kabinett kam schließlich ohne Einigung über die Wahlfrage zustande – nur dadurch, daß der Staatssekretär Meißner schließlich den Streitenden erklärte: Der Herr Reichspräsident sei nicht gewohnt zu warten.

Im Grunde war an diesem 30. Januar 1933 tatsächlich noch nicht alles entschieden. Es gab viele Politiker und politische Kommentatoren, die der neuen, sozusagen doppelköpfigen Regierung eine ebenso kurze Dauer vorhersagten wie den beiden vorangegangenen. Für Hitler war seine Ernennung zum Reichskanzler auch nicht die wirkliche Machtergreifung, sondern nur der erste Schritt dazu. Noch schien Papen unter den gegebenen Umständen mindestens ebenso mächtig wie er, und die beiden Männer wollten im Positiven gewiß nicht dasselbe: Papen eine konservative Restauration, Hitler seine absolute Alleinherrschaft. Aber im Negativen verfolgten beide zunächst das gleiche Ziel: die endgültige und vollständige Außerkraftsetzung der demokratisch-parlamentarischen Verfassung und »eine völlig neue Art der Staatsführung«. Und dabei zeigte sich, daß Hitler nicht nur die stärkeren Karten hielt, sondern auch, daß er der weitaus stärkere Politiker war als das Leichtgewicht Papen.

Vier Wochen lang nach dem 30. Januar änderte sich scheinbar noch nichts. Der Reichstag wurde wieder einmal aufgelöst, wie man es schon gewohnt war. Es gab den üblichen rüden Wahlkampf, die üblichen Schlägereien und Messerstechereien zwischen Nationalsozialisten und Kommunisten, die üblichen Massenaufmärsche, die üblichen wilden Hitler-Reden; im übrigen ging das Leben weiter wie gewohnt. Der Tag, der Deutschland wirklich erschütterte und veränderte, war nicht der 30. Januar, sondern der 28. Februar, der Tag nach dem Reichstagsbrand. An diesem Tag begann mit Massenverhaftungen der staatliche Terror; und an diesem Tag unterzeichnete Hindenburg die »Verordnung zum Schutze von Volk und Staat«, die zur wirklichen Magna Charta des Dritten Reiches wurde. Mit ihr wurden alle Grundrechte aufgehoben und der Weg zur Willkürherrschaft Hitlers freigegeben. Mit ihr entschied sich auch schlagartig der am 30. Januar noch offengebliebene Machtkampf zwischen Hitler und Papen. Sie markierte Papens endgültiges politisches Versagen.

Die Szene ist überliefert. Am Vormittag dieses Tages erschienen, ganz wie im Hitler-Papen-Pakt vorgesehen, Kanzler und Vizekanzler gemeinsam beim Reichspräsidenten. Hitler brachte die unterschriftsreife Verordnung mit, die seine ungeheuerlichen Vollmachten und damit übrigens auch ganz nebenbei die tatsächliche Entmachtung des Reichspräsidenten zugunsten des Reichskanzlers enthielt. Er überschüttete Hindenburg mit einem gewaltigen Wortschwall über die tödliche Gefahr, in der Volk und Reich angeblich schwebten, und über die drastischen Maßnahmen, die notwendig seien, um sie zu bannen. Hindenburg zögerte mit seiner Unterschrift. Er begriff nicht gleich alles, er blickte auf Papen, fragend. Und Papen nickte.

Daraufhin unterschrieb Hindenburg. Was er da unterschrieb, das waren viele Blanko-Todesurteile. Auch, am Ende, das des Deutschen Reiches.

Zum Septemberkrieg von 1939

> Im Winter 1939/40 hätte eine deutsche Militärregierung wahrscheinlich sogar Hitlers Großdeutschland in den Grenzen von 1938 bewahren können.

Der Krieg, den Hitler am 1. September 1939 gegen Polen begann, war nicht der Zweite Weltkrieg. Dieser begann erst im Dezember 1941 mit Amerikas Kriegseintritt. Der deutsch-polnische Krieg war, trotz Englands und Frankreichs widerwilliger Kriegserklärung an Deutschland vom 3. September, noch nicht einmal ein europäischer Krieg. Der begann allenfalls am 10. Mai 1940 mit Hitlers Eröffnung der Feindseligkeiten im Westen und Churchills Ernennung zum britischen Premier. Und schließlich war Hitlers Krieg gegen Polen, obwohl aus freien Stücken begonnen, nicht einmal der Krieg, den er eigentlich gewünscht, gewollt und geplant hatte. Das war ein Krieg gegen Rußland gewesen, in dem Polen ursprünglich Verbündeter, nicht Feind hatte sein sollen. Diese drei Thesen sollen hier kurz erörtert werden.

Zum Zweiten Weltkrieg war der deutsch-polnische Krieg von 1939 nur ein Vorspiel, nicht anders als der italienisch-abessinische Krieg von 1935, der Spanische Bürgerkrieg von 1936 oder der japanisch-chinesische Krieg von 1937. Der Zweite Weltkrieg war ja keine plötzliche Explosion wie der Erste. 1914 explodierte innerhalb weniger Tage das europäische Staaten- und Bündnissystem. 1941 schlugen verschiedene, schon längere oder kürzere Zeit in Asien, Afrika und Europa teils lodernde, teils glimmende Schwelbrände schließlich in eine einzige Feuersbrunst zusammen.

Überhaupt tut man unrecht, den Zweiten Weltkrieg, wie es oft geschieht, als eine Fortsetzung oder Wiederholung des Ersten zu betrachte. Das ist nur aus einer einseitig deutschen Perspektive möglich. Der Erste Weltkrieg von 1914 bis 1918 war ganz wesentlich ein europäischer Krieg, der den Namen Weltkrieg nur deshalb verdiente, weil Europa 1914 noch weltbeherrschender Mittelpunkt war und ein europäischer Krieg daher noch große Teile der Erde automatisch miterfaßte. Der Zweite Weltkrieg von 1941 bis 1945 war dagegen ein wirklicher Weltkrieg, mit gleichwichtigen Kriegsschauplätzen in Europa, Asien und Afrika – und den vielleicht allerwichtigsten im Atlantik und Pazifik.

Im Mittelpunkt des Ersten Weltkriegs stand Deutschland, das einen europäischen Zweifrontenkrieg führte und verlor, ohne selbst jemals Kriegsschauplatz zu werden. Im Mittelpunkt des Zweiten Weltkriegs stand Amerika, das einen globalen Zweifrontenkrieg führte und gewann, ebenfalls ohne selbst jemals Kriegsschauplatz zu werden. (Daß auch Rußland ein Gewinner des Zweiten Weltkriegs wurde oder blieb und sich nicht, wie etwa England, nach 1945 in ein amerikanisches Weltsystem einfügen mußte, entschied sich erst in dem Kalten Krieg, der dem Zweiten Weltkrieg folgte.) Interessant ist dabei, daß nur die Siegermacht Amerika, mit England im Gefolge, von 1941 bis 1945 einen wirklichen Weltkrieg führte, mit dem Globus als Kriegsschauplatz, während von den drei Verlierermächten Japan nur einen asiatisch-pazifischen, Italien nur einen mittelmeerisch-afrikanischen und Deutschland nur einen europäisch-atlantischen Krieg führte; allerdings mußte Deutschland dabei den italienischen Südkrieg eine Weile abstützen und mittragen.

Wie auch immer, auf den Zweiten Weltkrieg liefen die Dinge erst im Laufe des Jahres 1941 zu, und vollständig wurde er erst, wie gesagt, im Dezember jenes Jahres. Im September 1939 war der Zweite Weltkrieg noch durchaus unvorhersehbar. Zwei der Hauptbeteiligten, Amerika und Japan, hatten mit dem deutsch-polnischen Septemberkrieg von 1939 überhaupt nichts zu tun, Rußland stand auf der deutschen Seite, Italien hielt sich nach einem vergeblichen Brems- und Vermittlungsversuch abseits, und nur England und Frankreich erklärten Deutschland wegen seines Angriffs auf Polen am 3. September den Krieg. Aber auch diese Kriegserklärung war zunächst nur ein diplomatischer Akt. Kriegshandlungen blieben von westlicher Seite aus; militärisch fand zwischen England/Frankreich und Deutschland 1939 noch kein Krieg statt.

Kann man angesichts der englisch-französischen Kriegserklärung den September 1939 als den Beginn eines europäischen Krieges betrachten? Es gibt ein hervorragendes Buch eines ungarisch-amerikanischen Professors, John Lukacs, ›The Last European War‹, das diese These aufstellt und auf brillante Weise plausibel macht (auf deutsch ist es unter dem irreführenden Titel ›Die Entmachtung Europas‹ 1978 in Stuttgart erschienen und viel zu wenig beachtet worden). Lukacs, der ebenfalls den Beginn des Zweiten Weltkrieges erst auf den Dezember 1941 datiert, faßt Hitlers Feldzüge gegen Polen im September 1939, gegen Dänemark und Norwegen im April 1940, gegen Frankreich, Holland, Belgien und Luxemburg im Mai und Juni 1940, gegen Jugoslawien und Griechenland im April 1941 und gegen Rußland seit Juni 1941 sowie Italiens Kriegseintritt vom Juni 1940 und Englands durchgehenden Widerstand gegen die Achsenmächte als einen zusammenhängenden Krieg auf, der im September 1939 begann und im Dezember 1941 in den Zweiten Weltkrieg mündete – eben den »letzten europäischen Krieg«, einen Krieg, den Hitler fast gewann. Lukacs weiß das mit glänzender Erzähl- und Argumentierkunst einleuchtend zu machen, und mindestens insofern ist ihm beizupflichten, als alles, was vor Dezember 1941 geschah, eben noch nicht der Zweite Weltkrieg war, sondern ihn höchstens vorbereitete. Aber kann man es deswegen als einen einheitlichen geschichtlichen Vorgang, einen »europäischen Krieg« – den letzten oder nicht – zusammenfassen? Das scheint doch recht zweifelhaft.

Ließ sich im September 1939 schon voraussehen, was 1940 und 1941 geschehen würde? War es gar schon vorausgeplant? Oder war es wenigstens in den Septemberereignissen von 1939 als unentrinnbare Folgewirkung angelegt? Keine dieser Fragen wird sich so leicht bejahen lassen. Die europäischen Neutralen in Skandinavien, in den Niederlanden und auf dem Balkan waren alle im September 1939 noch ängstlich und hoffnungsvoll bemüht, sich aus dem Krieg herauszuhalten, auch Italien war das noch im Herbst 1939, von Rußland ganz zu schweigen, das ja bis zum letzten Augenblick glaubte, sich mit Hitler arrangiert zu haben.

Und Hitler selbst? Wußte er 1939 schon, was er 1940 und 1941 alles unternehmen würde? Kaum. Was er immer vorhatte, war ein Angriff auf Rußland, aber der wurde ja im Spätherbst 1939 erst einmal auf unbestimmte Zeit vertagt, und der endgültige Entschluß dazu fiel erst am 18. Dezember 1940. Norwegen/Dänemark 1940 und Jugoslawien/Griechenland 1941 waren Improvisationen, das eine in Reaktion auf englische Pläne, das andere auf italienische Niederlagen. Auch nach Nordafrika ging Hitler nur, um die Italiener herauszuhauen, die dort 1940 ihren eigenen, sehr unbedachten Krieg angefangen hatten.

Die Besetzung Hollands, Belgiens und Luxemburgs war für Hitler kein Selbstzweck, sondern ein aus strategischen Gründen in Kauf genommenes Nebenprodukt des Frankreichfeldzuges. Es gab – anders als etwa in den napoleonischen Kriegen – 1939 weder eine große europäische Koalition gegen Hitler noch einen vorgefaßten Hitlerschen Plan zur militärischen Eroberung und politischen Umgestaltung Europas.

Man kann die einzelnen, unzusammenhängenden und weit auseinanderliegenden, immer von großen Pausen unterbrochenen Hitlerschen Feldzüge der Jahre 1940 und 1941 nur mit einiger Gewaltsamkeit einen einheitlichen Vorgang, einen europäischen Krieg nennen. Ganz gewiß aber kann man nicht sagen, daß dieser europäische Krieg schon am 1. September 1939 Wirklichkeit wurde. Wirklichkeit wurde an diesem Tag nur ein deutsch-polnischer Krieg, in den Rußland am 17. September, als er entschieden war, auf deutscher Seite und mit deutscher Billigung absahnend eingriff – ähnlich wie später, im Juni 1940, Italien in den deutsch-französischen Krieg. Außer den Deutschen, den Polen und – ein wenig, im letzten Augenblick – den Russen kämpfte im September 1939 niemand.

Insbesondere auch nicht die Franzosen und Engländer. Sie kamen Polen nicht »mit allem, was in ihren Kräften stand, zu Hilfe«, wie es in der englischen Garantieerklärung für Polen vom 30. März versprochen worden war. Sie erklärten Krieg und standen dann Gewehr bei Fuß, obwohl sie während des ganzen Monats September, solange fast die gesamte deutsche Wehrmacht in Polen kämpfte, an der Westfront eine überwältigende Überlegenheit besaßen. Auch während der folgenden sieben Monate geschah im Westen militärisch nichts. Es herrschte vielmehr sofort nach der Kriegserklärung wieder ein unerklärter Waffenstillstand, der erst im Mai 1940 gebrochen wurde, und dann nicht etwa von den Alliierten, sondern von Hitler.

Man kann die englische und französische Kriegserklärung vom 3. September nur in einem ganz formalen, völkerrechtlich-diplomatischen Sinne als den Beginn des Krieges zwischen den beiden Westmächten und Deutschland ansehen. In Wahrheit war das halbe Jahr zwischen Kriegserklärung und wirklichem Kriegsbeginn, von England und Frankreich aus gesehen, weniger die Anfangsphase des Krieges als vielmehr die Endphase des »Appeasement«, das ihm vorausging.

»Appeasement«, die Konzeption des damaligen englischen Premierministers Chamberlain, mit dessen Namen der Begriff für immer verbunden bleiben wird, ist später als bloßes schwächliches Nachgeben vor Hitlers Forderungen und Drohungen verdammt worden. Aber so einfach war es nicht. »Appeasement« war eine durchaus eigenständige, durchdachte politische Konzeption, die von Chamberlain der Hitlerschen entgegengesetzt wurde, teils um sie zu testen, teils um sie abzufangen oder abzubiegen. Chamberlains Ziel war, wie der Name »Appeasement« sagt, »Befriedigung« oder »Befriedung«. Deutschland sollte befriedigt, Europa dadurch befriedet werden. Das Mittel dazu war eine Reihe von bedingten Angeboten. Chamberlains England – und in seinem Gefolge auch Frankreich – boten an, Hitler zur Verwirklichung derjenigen seiner Ansprüche zu verhelfen, die sich nach nationalpolitischen Prinzipien rechtfertigen ließen, also zum Anschluß Österreichs, des Sudetengebiets und auch Danzigs an das Deutsche Reich – unter drei Bedingungen: daß er dabei stets in enger Abstimmung mit England und Frankreich verfuhr; daß er keine militärische Gewalt anwandte; und daß er sich damit begnügte. Mit der Erfüllung der beiden ersten Bedingungen hatte es von Anfang an gehapert. Aber im März 1939, mit dem Marsch nach Prag, hatte Hitler auch der dritten, entscheidenden, eklatant zuwidergehandelt und den Verdacht bestätigt, daß er in Wirklichkeit nicht nationalpolitische, sondern imperialistische Ziele verfolgte.

Wenn man von einem Umschwung der englisch-französischen Politik gegenüber Hitlers Deutschland sprechen kann, dann liegt er eher im März als im September 1939. Mindestens brachte der März 1939 in London und Paris einen Stimmungsumschwung. Aber wirklich aufgegeben wurde die Appeasementpolitik noch nicht – ein ganzes Jahr lang noch nicht. Was sich im März änderte, waren nur ihre Mittel; und was sich im September änderte, war ihr Adressat. Bis März war Appeasement hauptsächlich mit Angeboten betrieben worden (einmal, in der Sudetenkrise vom September 1938, allerdings schon mit einer Mischung von Angeboten und Drohungen); nach März 1939 wurden Drohungen ihr Hauptmittel. Und bis September 1939 war der Adressat der Appeasementpolitik Hitler; von September 1939 an waren es die deutsche Generalität und die deutsche konservative Opposition. Beide Veränderungen hingen zusammen.

Immer schon hatte es in England und Frankreich eine politische Schule gegeben, die mit dem Ziel der Appeasementpolitik zwar übereinstimmte, aber die angewandten Mittel für falsch hielt. Wenn man Hitler friedlich stimmen wollte, so argumentierte diese Schule, dann brauchte es nicht sanfte, sondern harte Methoden; man durfte ihm nicht nur Belohnungen für Mäßigung anbieten, sondern mußte ihn überzeugen, daß Maßlosigkeit Krieg bedeutete. Und bemerkenswerterweise hatte diese Schule ihre Vertreter nicht nur in England und Frankreich, sondern auch und gerade unter den Sendboten der deutschen konservativ-militärischen Opposition, die im Sommer 1938 und wiederum im Sommer 1939 in London auftauchten und England zu einer harten Haltung gegenüber Hitler ermahnten: Nur ein drohender Kriegsausbruch, so ihr Argument, würde den deutschen Opponenten Hitlers einen glaubwürdigen Anlaß zu einem militärischen Staatsstreich und Sturz des Diktators geben. 1939 konnten sie überdies darauf hinweisen, daß im September 1938 ein solcher Staatsstreich schon vorbereitet gewesen sei; nur Chamberlains Nachgeben in München habe alles verdorben.

Die Engländer hörten das gewiß mit einiger Skepsis. Die Detailgeschichte der Tage, die der Kriegserklärung unmittelbar vorausgingen, spricht dafür, daß sie, trotz Prag, einen letzten Appeasementversuch immer noch vorgezogen hätten, wenn Hitler sich mit Danzig begnügt und seinen Krieg gegen Polen wenigstens lange genug aufgeschoben hätte, um eine Konferenz nach Münchner Muster möglich zu machen. Aber das tat er eben nicht, und sein Krieg gegen Polen zwang Chamberlain, die letzte, verzweifelte Karte des Appeasement zu spielen: eine Kriegserklärung – die aber keine Kriegführung eröffnen, sondern nur der deutschen Generalität das Stichwort zum Staatsstreich geben sollte. Chamberlain machte dieses Ziel ganz deutlich in seiner Rede vom 12. Oktober, in der er Friedensverhandlungen mit Hitler ablehnte, aber sie – trotz allem, was in Polen im September geschehen war – ausdrücklich anbot »mit einer deutschen Regierung, deren Wort man trauen kann«.

Tatsächlich fanden im Winter 1939/40 an verschiedenen Orten und auf verschiedenen Ebenen Friedenssondierungen zwischen Vertretern der Westmächte und deutschen Oppositionellen statt, und militärische Staatsstreichgedanken wurden im Spätherbst 1939 sogar von den beiden höchsten deutschen Heeresgeneralen, Brauchitsch und Halder (nicht nur, wie ein Jahr vorher, von einzelnen Armeeführern wie Witzleben), erwogen.

Aber bekanntlich wurde nichts daraus. Die deutsche militärische Opposition enttäuschte die Engländer im Winter 1939/40; und daraus erklärt sich, nebenbei gesagt, daß die Engländer 1943, als die Lage sowieso vollkommen anders geworden war, mit der deutschen Opposition, die sich in jenem Jahr über Stockholm noch einmal meldete, nichts mehr zu schaffen haben wollten. Der 20. Juli 1944 kam viereinhalb Jahre zu spät. Die Zeit dafür wäre im Winter 1939/40 gewesen. Damals hätte ein erfolgreicher Staatsstreich der deutschen Wehrmacht den Krieg mit Sicherheit beendet, ehe er im Westen richtig angefangen hatte, und eine konservative Militärregierung in Berlin hätte wahrscheinlich sogar Hitlers Großdeutschland in den Grenzen von 1938 unangefochten bewahren können. Denn von dem *Ziel* der Appeasementpolitik hatte sich England eben auch durch die Kriegserklärung noch nicht getrennt. Das tat es erst mit Churchills Ernennung zum Premierminister am 10. Mai 1940 – demselben 10. Mai, an dem Hitler seinen Frankreichfeldzug eröffnete. Der 10. Mai 1940, nicht der 2. September 1939, ist, historisch gesehen, für Frankreich und England das wirkliche Datum des Kriegsbeginns.

Polen und Hitler Hand in Hand

Was dagegen am 1. September 1939 wirklich begann, war »nur« ein Krieg zwischen Deutschland und Polen; aber auch dieser Krieg gibt Rätsel auf. Deutschland und Polen waren ja von 1934 bis 1939 die besten Freunde gewesen; man könnte sogar sagen: Das Polen des Marschalls Piłsudski und seiner Erben war der einzige wirkliche Freund, den Hitlers Deutschland diese ganzen fünf Jahre hindurch in Europa hatte. Anders als Österreich und die Tschechoslowakei hatte sich Polen seit dem Abschluß des Nichtangriffspaktes mit Deutschland im Januar 1934 von Hitler nie bedroht gefühlt; die Beziehungen waren ausgesprochen herzlich, und mehrmals hatten Deutschland und Polen Hand in Hand gearbeitet – zum Beispiel in Danzig, wo Polen eine nationalsozialistische Regierung nicht nur duldete, sondern geradezu begünstigte, und noch 1938 in der Zerstückelung der Tschechoslowakei, bei der auch Polen ein Stück Beute davontrug. Warum also plötzlich Krieg?

Äußerlich ging es bekanntlich um Danzig, dessen offiziellen Anschluß an Deutschland Hitler verlangte und Polen verweigerte. Aber der deutsch-polnische Krieg war kein »Krieg um Danzig«, wie man schon daraus ersehen kann, daß Hitler den Krieg gegen Polen von Anfang an als Vernichtungskrieg anlegte. »Ich werde Polen ohne Warnung zerschmettern, so daß nicht eine Spur von Polen nachher zu finden ist«, eröffnete er schon am 11. August, drei Wochen vor seinem Angriff, dem Völkerbundskommissar für Danzig, Carl J. Burckhardt, der es aufgeschrieben hat. Wenn es ihm nur um den Stadtstaat gegangen wäre, hätte er ihn jederzeit mühelos im Handstreich nehmen können. Das wäre zwar das Ende der deutsch-polnischen Freundschaft gewesen. Die Polen hätten laut protestiert – aber schwerlich von sich aus wegen Danzig einen aussichtslosen Krieg mit dem so furchtbar überlegenen Deutschland begonnen. Im übrigen war ja Danzig 1939 – anders als etwa Österreich und das Sudetenland 1938 – auch ohne formellen Anschluß praktisch längst eine Dependance des nationalsozialistischen Deutschland geworden. Es wurde mit Polens voller Billigung von einem nationalsozialistischen Senat nach Hitlers Weisungen regiert; sogar die »Reichskristallnacht« hatte 1938 in Danzig ebenso wie im Reich stattgefunden, wie man bei Günter Grass nachlesen kann.

Und noch etwas: Danzig gehörte nicht Polen, und Polen konnte es nicht einfach an Deutschland »abtreten«. Danzig war eine Freie Stadt unter Völkerbundsmandat, und wenn Polen sich mit Deutschland über seinen Anschluß an das Deutsche Reich geeinigt hätte, wäre das ein gemeinsamer deutsch-polnischer Schlag gegen den Völkerbund gewesen, der Polen seiner letzten westlichen Sympathien beraubt und es vollständig von Deutschlands gutem Willen abhängig gemacht hätte. Auch das muß man bedenken, wenn man verstehen will, warum Polen sich Hitlers Forderung nach Danzig so hartnäckig entzog.

Aber Danzig war nur vordergründig der Gegenstand der deutsch-polnischen Verhandlungen, die im Winter 1938/39 geführt und Ende März abgebrochen wurden. Viel gefährlicher für Polen als Hitlers Anspruch auf Danzig waren die »Angebote«, die er im Austausch dafür machte: ein fünfundzwanzigjähriger Pakt, gemeinsame Politik in der »Judenfrage« und vor allem »Zusammenarbeit gegenüber Rußland im Rahmen des Antikominternpakts«, ja sogar »eine gemeinsame Politik in der Ukraine« – also praktisch ein Angriffsbündnis gegen Rußland, bei dem Polen Aufmarschgebiet und Mitkämpfer werden sollte, ähnlich wie es später Rumänien wurde. Das hätte für Polen den

Verzicht auf seine selbständige Existenz zwischen Deutschland und Rußland bedeutet, und dazu war es nicht bereit. »Zwei Dinge gibt es, die für Polen unmöglich sind«, erklärte Oberst Beck, der polnische Außenminister, im April bei seinen Bündnisverhandlungen in London, »nämlich, sich in seiner Politik in die Abhängigkeit sei es von Berlin, sei es von Moskau zu begeben.«

Ganz konsequent verweigerte Polen denn auch nicht nur das deutsche Bündnis gegen Rußland, das ihm Hitler im Winter 1938/39 hatte aufdrängen wollen, sondern ebenso das russische Bündnis gegen Deutschland, das ihm England und Frankreich – von ihrem Standpunkt aus verständlicherweise – im Sommer 1939 aufzudrängen suchten. Polen wollte weder die deutsche Wehrmacht noch die Rote Armee im Lande haben, auch nicht als Verbündete. Fast könnte man sagen: dann schon lieber als Feinde; gegen die konnte man sich wenigstens wehren. Ein stolzer Standpunkt; vielfach hat man – in England und Frankreich kaum weniger als in Deutschland und Rußland – hinzugesetzt: und ein unvernünftiger. Aber Würde ist der polnischen Haltung nicht abzusprechen; und kann man eine Haltung, die vom Selbsterhaltungstrieb bestimmt ist, eigentlich unvernünftig nennen? Möglicherweise war Polen 1939 in einer Lage, in der es nur zwischen verschiedenen Todesarten wählen konnte. Darf man es tadeln, wenn es die schmerzhafteste, aber ehrenvollste wählte?

Auch für Hitler war der entscheidende Punkt, an dem er die Verhandlungen mit Polen Ende März 1939 scheitern ließ, nicht der Dissens über Danzig, sondern die polnische Bündnisverweigerung. Was Hitler immer wollte, und zwar unbedingt noch zu seinen Lebzeiten und bei vollen Kräften, sein Lebensziel, auf das sein ganzes Sinnen und Trachten gerichtet war, das war der Eroberungs- und »Lebensraum«-Krieg gegen Rußland. Aber zwischen Deutschland und Rußland lag nun einmal Polen. Um an Rußland heranzukommen, mußte Hitler also Polen haben – »so oder so«: entweder, am liebsten, als abhängigen Bundesgenossen und Hilfsvolk; oder, wenn das nicht ging, als erobertes und besetztes Land. Oder sogar – das wurde schließlich das Ergebnis – als ein mit Rußland geteiltes Land. Eine vierte Teilung Polens mit Rußland war sicher für Hitler die schlechteste der annehmbaren drei Möglichkeiten; aber immer noch annehmbar: Auch sie gab ihm schließlich das Entscheidende, worauf es ihm ankam, nämlich eine direkte deutsch-russische Militärgrenze.

Die erste Möglichkeit wurde von Hitler im Winter 1938/39

anvisiert. Sie scheiterte an Polens Weigerung. Möglichkeit Nummer zwei war seit April in Aussicht genommen, aber noch nicht zum festen Beschluß gediehen. Der Entschluß, auf Möglichkeit Nummer drei, die Teilung Polens mit Rußland, zurückzufallen, wurde erst im August gefaßt, und dann allerdings sofort, mit äußerster Ungeduld, ins Werk gesetzt.

Die große Pause zwischen März und August, in der Hitler zwar seine Kriegsvorbereitungen vorantrieb und den Nervenkrieg am Kochen hielt, aber sowohl diplomatisch wie militärisch vollkommen passiv blieb – es gab in dieser Zeit keinerlei deutsche Verhandlungen mit Polen mehr, aber auch keine mit den Westmächten oder mit Rußland –, erklärt sich aus der englischen Garantie für Polen vom 30. März und aus den englisch-französisch-russischen Bündnisverhandlungen, die den ganzen Sommer füllten, ohne zu einem Abschluß zu führen. Wie schon ausgeführt, scheiterten sie an der Weigerung Polens, ein russisches Bündnis zu akzeptieren und die Rote Armee als Verbündeten in Polen einmarschieren zu lassen; einer Weigerung, der sich die Westmächte – England willig, Frankreich weniger willig – fügten, während Rußland ohne ein Einmarschrecht in Polen vor dem Bündnis zurückscheute. Im eigenen Land wollte es den Krieg nicht haben.

Es ist oft gesagt worden, daß in diesen Verhandlungen die letzte Friedenshoffnung lag und daß erst ihr Scheitern – an dem Polen die Hauptschuld trug – Hitler den Entschluß zum Krieg ermöglichte. Das ist Spekulation. Wie Hitler gehandelt hätte, wenn das westlich-russische Bündnis über Polens Kopf hinweg im Sommer 1939 zustande gekommen wäre, weiß keiner. Wahrscheinlich wußte er es im Sommer 1939 selbst noch nicht. Vielleicht hätte er sich durch die große Koalition für den Augenblick abschrecken lassen, den Krieg aufgeschoben und sich für diese Mäßigung mit Danzig belohnen lassen (ein Ziel, das den englischen Appeasern immer noch vorschwebte) – alles in der Hoffnung, daß ohne einen Krieg das west-östliche Bündnis an seinen inneren Widersprüchen und Spannungen bald zerbrechen würde. Vielleicht aber hätte er darauf gebaut, daß es das auch in einem Krieg tun würde (dessen Lasten ja nach Lage der Dinge ziemlich ungleich verteilt gewesen wären), und hätte den Krieg trotzdem gewagt, so wie er 1941 den Angriff auf Rußland trotz des unentschiedenen Krieges mit England und des drohenden Krieges mit Amerika wagte. Man kann es nicht wissen. Jedenfalls faßte Hitler bis Anfang August keine unwiderruflichen Entschlüsse. Die faßte er erst, als ganz deutlich wurde, daß die Bündnisverhandlungen zwischen London, Paris und Moskau zum Scheitern verurteilt waren. Daraufhin entschied sich Hitler; und zwar entschied er sich jetzt für die oben skizzierte Möglichkeit Nummer drei – Krieg gegen Polen im Bündnis mit Rußland und Aufteilung Polens zwischen Deutschland und Rußland. Mit dem russischen Bündnis mochte er gleichzeitig hoffen, die Westmächte immer noch von der Erfüllung ihrer Bündnispflichten gegen Polen abzuschrecken. Wenn nicht, dann mußte eben dem großen, immer geplanten Ostkrieg gegen Rußland erst noch ein Westkrieg vorgeschaltet werden.

Die Initiative zu dem deutsch-russischen Pakt vom 23. August ging von Hitler aus, aber Stalin ließ sich darauf mit einer eilfertigen Bereitwilligkeit ein, die von seiner mißtrauischen Reserve bei den westlichen Bündnisverhandlungen auffallend absticht. Zweifellos hat er damit Hitler den Kriegsentschluß erleichtert. Man wird ihm aber zugutehalten müssen, daß er Hitlers Kriegswillen – und zwar nicht nur, was Polen, sondern auch was Rußland betraf – als grundsätzlich ohnehin feststehend voraussetzte und daß er darin nicht irrte. Worauf es ihm ankam, war, diesen Kriegswillen von Rußland abzulenken; für ihn ein legitimes Ziel. Die Frage war, ob er es eher im Bündnis mit dem Westen oder im Bündnis mit Hitler erreichen konnte. Im Bündnis mit dem Westen mußte er damit rechnen, Hitler alsbald als Feind an der russischen Grenze zu haben. Im Bündnis mit Hitler: als Partner an einer Grenze, die immerhin mitten durch Polen lief. Das sprach für das Bündnis mit Hitler. Darüber hinaus dürfte Stalin darauf spekuliert haben, daß die Westmächte ja ohnehin ein Bündnis mit Polen hatten und ihre Bündnispflicht auch ohne zusätzliches Bündnis mit Rußland schandenhalber erfüllen mußten. Dadurch gewann er mindestens Zeit; vielleicht vermied er den Krieg überhaupt, wenn er sich nämlich im Westen lange hinzog und Deutschlands Kräfte erschöpfte. Mit dem ersten spekulierte er richtig, mit dem zweiten falsch.

Zweifellos war der Septemberkrieg von 1939 unter anderem auch eine Tragödie der Irrungen. Westliche Fehlkalkulationen, polnische Selbstüberschätzung und russischer Zynismus haben alle dazu beigetragen, ihn zu ermöglichen. Aber wirklich *gewollt* hat diesen Krieg nur einer: Hitler. Am 11. August 1939 ließ er in dem Gespräch mit Carl J. Burckhardt, aus dem wir schon zitiert haben, ein paar Sätze fallen, mit denen er ausnahmsweise seine wirklichen Gedanken enthüllte: »Alles, was ich unternehme, ist gegen Rußland gerichtet; wenn der Westen zu dumm und zu blind ist, um dies zu begreifen, werde ich gezwungen sein, mich mit den Russen zu verständigen, den Westen zu schlagen, um dann nach seiner Niederlage mich mit meinen versammelten Kräften gegen die Sowjetunion zu wenden.« Obwohl Polen in diesem Ausspruch nicht einmal mehr erwähnt ist, enthält er den Schlüssel zu dem Krieg, den Hitler am 1. September 1939 begann.

Politische Anmerkungen

Politik und Vernunft

> Geschichte ist die geronnene Politik von gestern, Politik die noch fließende Geschichte von morgen.

Ist Politik normalerweise vernünftig? Sind Politik und Vernunft Begriffe, die zusammengehören? Ich will nicht verschweigen, daß ich der Meinung bin, daß dem so ist. Aber es ist keine unumstrittene Auffassung. Es gibt auch den genau umgekehrten Standpunkt: daß Politik ein Gebiet sei, auf dem gerade das Irrationale das eigentlich Bestimmende und Ausschlaggebende sei, also der *Wille,* insbesondere der Wille zur Macht und die Dämonie der Macht, der persönliche oder kollektive Ehrgeiz, das Prestigedenken, der Massenwahn und das Tabu, aber dann auch solche Dinge wie die Volksseele und der Volksgeist, der Mythos, das organisch Gewachsene, die Tradition: alles, nur nicht die nüchterne, kalte, platte, seichte, langweilige Vernunft.

Gerade in Deutschland ist diese zweite Auffassung, nennen wir sie einmal die irrationalistische Auffassung der Politik, lange vorherrschend gewesen. Und zwar nicht nur in der Nazizeit, in der sie freilich ihren Höhepunkt erreichte. Carl Schmitt, der einzige bedeutende politische Denker, der den Nationalsozialismus gefördert hat, erklärte je zum Grundprinzip alles politischen Denkens und Handelns das Freund-Feind-Schema, also so ungefähr das Irrationalste, Emotionalste, was es im menschlichen Leben gibt. Ich fürchte, er verwechselte Politik und Krieg – obwohl der Krieg ja in gewissem Sinne gerade der Zusammenbruch der Politik ist.

Aber Carl Schmitt konnte damit an eine lange und ehrwürdige Tradition anknüpfen. Das politische Denken der Romantik, der Historismus, Nietzsche, Jacob Burckhardt, Max Weber, Spengler – alle waren sich darin einig, daß politisches Wollen und Handeln unvermeidlich aus tiefen irrationalen Wurzeln erwachse – und erwachsen *müsse,* wenn es wirkliche Kraft, Durchsetzungs- und Durchschlagskraft, Sieghaftigkeit, Unüberwindlichkeit gewinnen wolle. Das ganze deutsche politisch-historische Denken des 19. und erst recht des 20. Jahrhunderts bis 1945 sah mit einer gewissen Verachtung auf die Vernunft in der Politik herab – auf das nüchterne Interessenkalkül, die vorsichtige Machtabschätzung, den Kompromiß, die Anpassung, den Ausgleich, auf all den politischen Rationalismus, der sich in dem Wort ausdrückt: »Politik ist die Kunst des Möglichen.« Für das deutsche politische Denken der letzten hundertfünfzig Jahre war Politik vielmehr so etwas wie kollektive Selbstverwirklichung und Selbstentfaltung – ohne Rücksicht auf Verluste, wie man hinzufügen könnte. Es ist natürlich kein Zufall, daß am Ende dieser hundertfünfzig Jahre des deutschen politischen Irrationalismus das Jahr 1945 stand. Die Katastrophe war in dieser Art politischen Denkens genauso im voraus angelegt wie ein tödlicher Verkehrsunfall im Leben eines Autofahrers, der Autofahren nicht als eine Kunst der Anpassung und Einordnung, sondern eben als Selbstverwirklichung und Selbstentfaltung betreibt: der nicht heil ankommen, sondern sich als König der Straße und Herr über Raum und Zeit fühlen will.

Aber ich will es mir nicht so leichtmachen, diese Art von politischem Irrationalismus, diese vitalistische, dämonische, tragische Geschichtsauffassung, die gleichzeitig eine Auffassung von der Politik ist (Geschichte und Politik ist ja dasselbe, nur in verschiedenen Aggregatzuständen: Geschichte ist die geronnene Politik von gestern, Politik die noch fließende Geschichte von morgen), einfach durch die deutsche Katastrophe von 1945 als widerlegt zu erklären. Seine geistreichsten Vertreter, Nietzsche zum Beispiel, waren ja durchaus bereit, Tragödie und Katastrophe hinzunehmen und sozusagen im voraus in ihre politische Philosophie einzubauen. Sie postulierten den *amor fati,* die liebende Bejahung des eigenen Schicksals, auch des tragischen Schicksals. Geschichte – und also Politik – *war* für sie geradezu Tragödie, war es vielleicht immer und notwendigerweise, und der tragische Held, der heroisch untergeht, war ein verlockenderes Leitbild als der vorsichtige Rechner, der ruhmlos überlebt.

Darüber läßt sich schwer diskutieren. Ich will auch nicht fragen, was Politik sein *sollte,* sondern erst einmal, was Politik normalerweise *ist.* Ist sie dämonisches Gebiet, tragisches Welttheater, oder ist sie ein Gebiet nüchterner Vernunft, berechnender Anpassung und vorsichtiger Einordnung?

Offensichtlich ist sie beides, aber mir scheint, aus objektiven Gründen, das Vernunftprinzip in der Politik das herrschende, das eigentliche zu sein. Und zwar deswegen, weil wir im allgemeinen beobachten können, daß die Rolle der Vernunft mit der Größe der Verantwortung wächst.

Ich will das kurz erklären: Der einzelne Mensch ist kein besonders vernünftiges Wesen. Er *hat* Vernunft, aber er hat auch vieles andere – Triebe, Launen, Zu- und Abneigungen, Ideale, Gewissen –, und das alles beherrscht ihn in seinem Privatleben weit mehr und bestimmt seine kleinen und großen Lebensentscheidungen weit häufiger als die Vernunft. Das ist auch ganz in Ordnung. Der bloße Vernunftmensch, der vorsichtig und berechnend für seine Selbsterhaltung und seinen Vorteil lebt und für sonst nichts, ist keine besonders sympathische Erscheinung.

Aber schon der Mensch, der eine Familie gründet, »wird vernünftig«. Kein Wunder, er übernimmt Verantwortung. Er muß an den Ehegatten und die Kinder denken. Er kann es sich nicht mehr leisten, einfach seinen Trieben und Launen nachzugehen oder seinen Zu- und Abneigungen oder selbst, in jeder Lage, seinen Idealen und seinem Gewissen. Wenn er es doch tut, wirkt das durchaus nicht mehr so unbedingt sympathisch – aber in den allermeisten Fällen tut er es erst gar nicht. Es ist da ein gewisser psychologischer Automatismus am Werke. Verantwortung stärkt die Vernunft.

Und zwar um so mehr, je größere Gebiete sie umspannt. Der Bauer auf seinem Hof, der Handwerksmeister in seinem Betrieb, der Geschäftsmann, der Unternehmer, der Manager eines Großbetriebs, der Beamte, der Bankier – sie alle handeln in ihrem Berufs- und Geschäftsleben eisern vernünftig. Sie kommen gar nicht mehr auf den Gedanken, anders zu handeln. Als Privatleute mögen sie Exzentriker sein oder Idealisten, im Beruf und Geschäft tun sie, ohne auch nur einen Augenblick zu schwanken, was Beruf und Geschäft verlangen – sie handeln sachlich, nüchtern, logisch, abwägend, *vernünftig*. Fehler machen sie natürlich trotzdem – die menschliche Vernunft ist nicht unfehlbar. Aber daß sie absichtlich widervernünftig handeln sollten, um tragische Selbstverwirklichung zu suchen – *im Geschäft?* Das wird niemand erwarten.

Das größte verantwortliche Geschäft ist nun aber unzweifelhaft die Politik, also das Besorgen der Staatsgeschäfte. Der Politiker und Staatsmann trägt Verantwortung nicht mehr, wie der Familienvater, für ein halbes Dutzend Menschen oder, wie der Geschäftsmann, für ein paar Hundert oder ein paar Tausend, deren Existenz an seinem Betrieb hängt, sondern für ein Staatsvolk von Millionen. Der Vernunftzwang ist also hier, und erst hier, auf seinem Höhepunkt. Man spricht oder sprach ja auch von *raison d'Etat* – Staatsvernunft –, die alles politische Handeln bestimmen müsse. Große Staatsmänner und Staatsdenker haben diese Staatsvernunft ja sogar ganz bewußt höher gestellt als Moral, Humanität und Gewissen. Nun, darüber läßt sich streiten. Aber unstreitig steht sie unermeßlich höher als bloße Leidenschaft, Willkür, Wunschziele, Freund- und Feindgefühle!

Die Politik, die Staatsgeschäfte: das ist, einfach nach ihrer Position in der Skala menschlicher Verantworlichkeiten, das ganz ureigene Gebiet der Vernunft, also des nüchternen Tatsachensinns und Interessenkalküls, des vorsichtigen Abwägens, der umsichtigen Berechnung aller Aspekte und Folgen einer Entscheidung, der kalten Unterdrückung vorgefaßter Wünsche und spontaner Gefühle. (Besonders Entrüstungsgefühle sind äußerst gefährlich!) Und nur eine Politik, die sich mit härtester Selbstdisziplin den Forderungen der Vernunft beugt – in der Zielsetzung wie in der Wahl der Mittel –, ist auf Dauer erfolgreich.

Es kommt noch etwas anderes hinzu, was Politik zum eigentlichen Gebiet der Vernunft macht. Das oberste Vernunftgebot heißt Selbsterhaltung. Selbsterhaltung ist auch für den Einzelmenschen wichtig genug; aber es läßt sich durchaus vertreten, daß sie für ihn nicht das Höchste und Letzte ist. Für den Staat aber ist sie es – unbedingt. Der Mensch ist kurzlebig, und die zweite Hälfte seines Lebens – oder das letzte Viertel – ist gewöhnlich eher traurig. Dafür hat er Nachkommen. Ein Staat hat keine Nachkommen; dafür kann er sehr langlebig sein – wenn er vernünftig ist. Und er braucht nicht zu altern. Für den Staat ist daher Selbsterhaltung tatsächlich das Höchste und Letzte, ja das Ein und Alles. Ein Staat kann sich nicht für seine Nachkommen opfern – oder für sein Seelenheil oder für irgendein Ideal, wie der Einzelmensch. Für den Einzelmenschen kann es sinnvolle Unvernunft geben; für den Staat nicht. Der einzelne kann sich sinnvoll opfern. Ein Staat, der durch Unvernunft geopfert wird, ist sinnlos geopfert – in jedem Fall. Das höchste Vernunftgebot, Selbsterhaltung, ist auch das höchste politische Gebot. Politische Vernunft, Staatsvernunft, ist in diesem Sinne die reinste Vernunft – die Vernunft schlechthin.

Aber im menschlichen Leben – und auch Politik ist ja menschliches Leben – ist bekanntlich nichts vollkommen; die Schlange ist immer nahe beim Baum der Erkenntnis. Die Politik ist nicht nur das Gebiet der höchsten Verantwortung und daher der höchsten und härtesten Vernunft. Sie ist auch – wir alle wissen es – ein Gebiet der äußersten Leidenschaften, ein Gebiet der Begeisterung und des Verbrechens: dämonisches Gebiet. Das hat zwei Gründe – merkwürdig entgegengesetzte Gründe.

Der eine Grund liegt darin, daß Politik mit Macht zu tun hat – dem stärksten Rauschgift, das es gibt. Wer Politik treiben will, muß Macht haben. Macht aber korrumpiert; oft schon der Weg zur Macht, fast immer ihr unbeschränkter Besitz. Dafür bedarf es keiner Beispiele.

Die Demokratie glaubt nun, gegen die Korruption der Macht ein Gegenmittel gefunden zu haben: Sie verleiht nur beschränkte und kontrollierte Macht, und sie verleiht sie nur auf Abruf. Statt der Könige und Cäsaren kennt sie, wenigstens im Prinzip, sozusagen nur rechenschaftspflichtige hohe Angestellte, Manager und Geschäftsführer. So hofft sie, die Macht gebändigt und die Verantwortung gestärkt zu haben. Aber ganz abgesehen davon, daß das nicht immer gelingt und daß sehr starke Politiker manchmal auch unter demokratischen Regierungsformen fast diktatorische Macht ansammeln: Auch die Demokratie ist gegen dämonische Unvernunft im politischen Bereich nicht gefeit. Ihre Bedrohung heißt nicht Cäsarenwahn, sondern Massenwahn.

Die Verführbarkeit der Masse ist so sprichwörtlich wie die Verführung durch die Macht. Und sie ist erschreckenderweise um so größer, je mehr das individuelle Leben verödet, je standardisierter, vorgefertigter und vorgeschriebener es wird. Der gelangweilte, genormte Massenmensch des technischen Zeitalters sucht leicht in der Politik den Rausch, die Ausschweifung, den Nervenkitzel – auch die hohe Begeisterung und den Überschwang, die wunderbare Erhebung über das Ich, die er im Einzelleben nicht mehr findet. Aber gerade ins Einzelleben gehört das alles. In die Politik gehört es nicht.

Vielleicht ist es kein Zufall, daß der Irrationalismus in Politik und politischer Philosophie zugleich mit der Technisierung und Industrialisierung des Lebens aufkam. Vielleicht kann die Politik erst wieder vernünftig werden, wenn das Leben des einzelnen wieder interessant wird.

Politik ist also das Gebiet der Vernunft wie der Dämonen. Worauf es ankommt, ist, den Akzent richtig zu setzen: die Vernunft in der Politik zu bejahen, der Widervernunft ins Auge zu sehen, um ihr Schranken zu setzen. Der Fehler, den die deutsche politische Philosophie der letzten hundertfünfzig Jahre gemacht hat, lag nicht darin, das unheimliche Wirken des

Irrationalen und Dämonischen in der Politik zu erkennen. Der Fehler war, sich dafür zu *begeistern* und die politische Vernunft zu verachten. Reste dieser falschen Wertsetzung schleppen wir alle noch mit uns herum – nicht nur aus der Nazizeit. Halten wir sie streng unter Denkkontrolle. Der Preis für politische Unvernunft – die durchaus nicht immer niedrig und unedel zu sein braucht – ist in letzter Zeit furchtbar in die Höhe gegangen. Er kann heute nichts Geringeres sein als der Volkstod.

> Den Deutschen liegt an einem stabilen Staat mehr als an der Demokratie, die sie nur so lange schätzen werden, wie sie ihnen einen stabilen Staat beschert.

Es ist fast eine allgemeine Erfahrung, daß die Verfassungswirklichkeit im Leben der Staaten hinter dem Verfassungsanspruch zurückbleibt. Verfassungen, besonders wenn sie im Rausch einer siegreichen Revolution entstehen, versprechen oft so etwas wie einen politischen Himmel auf Erden – Freiheit, Gleichheit, Brüderlichkeit; mit dem Volk, durch das Volk, für das Volk. Im politischen Alltagsleben kommt es dann doch immer wieder auf den Goethe-Vers hinaus:

Übermacht, ihr könnt es spüren,
Ist nicht aus der Welt zu bannen.

Auch erheben fast alle Verfassungen einen gewissen Anspruch auf Endgültigkeit, es liegt in ihnen ein ausgesprochenes oder unausgesprochenes »Ein für allemal«; und auch diesen Anspruch können sie selten oder nie wahrmachen. Wieder mit Goethe zu sprechen,

sie rücken sacht von Ort zu Ort.
Vernunft wird Unsinn, Wohltat Plage.

Selbst wo Verfassungen nicht so oft ausgewechselt werden wie etwa in Frankreich, ändert sich die Verfassungswirklichkeit ständig – auch ohne irgendeine Änderung am Verfassungswortlaut. Institutionen sterben ab, andere gewinnen eine Macht, die ihnen von der Verfassung nicht zugedacht war. So haben wir heute das Paradox, daß die überlebenden europäischen Monarchien – in England, Skandinavien und den Benelux-Ländern – durch eine ständige stille Erosion der Kronrechte eigentlich besonders gut funktionierende Republiken geworden sind, während Republiken wie die Vereinigten Staaten, Frankreich oder auch die Sowjetunion durch eine immer stärkere Machtkonzentration beim Präsidenten oder beim Parteichef ausgesprochen monarchische Züge tragen. Gar nicht zu reden von solchen

Verfassungen – die es auch gibt –, die von vornherein nur dazu gemacht sind, die wirklichen Machtverhältnisse im Staate, also die Verfassungswirklichkeit, zu verschleiern.

Wenn wir mit alledem vor Augen auf das Grundgesetz der Bundesrepublik Deutschland blicken, können wir nur staunen. Denn hier haben wir den seltenen, vielleicht sogar einmaligen Fall, daß die Verfassungswirklichkeit den Verfassungsanspruch auf eine 1949 ungeahnte Weise *übertrifft.* Der Anspruch, mit dem das Grundgesetz ins Leben trat, war der allerbescheidenste; fast könnte man sagen: Es schämte sich seiner bloßen Existenz. Seine Verfasser vermieden absichtlich, es eine Verfassung zu nennen; eine Weile war der trockene Titel »Organisationsstatut« im Gespräch; die Bezeichnung »Grundgesetz«, die schließlich als Kompromiß herauskam, sollte auf jeden Fall andeuten, daß man nicht den Ehrgeiz hatte, eine wirkliche Verfassung zu machen. Keine Rede von einem Anspruch auf Endgültigkeit; ausdrücklich nur für eine Übergangszeit sollte das Grundgesetz als Notbehelf herhalten; einer seiner Väter, der spätere erste Bundespräsident Theodor Heuss, hatte sogar vorgeschlagen, daß das Grundgesetz nach zehn Jahren automatisch wieder außer Kraft treten sollte.

Inzwischen denkt niemand mehr daran, es abzuschaffen. Das ist ein Stabilitätsrekord, der sich sehen lassen kann; bei der ungeheuren Beschleunigung, der historische Vorgänge in unserem Jahrhundert unterliegen, schon fast eine Ausnahme an Dauerhaftigkeit. Daß es bei uns das Hitler-Reich nur auf zwölf und die Weimarer Republik auf vierzehn Jahre brachte, weiß jeder, ebenso daß die DDR ihre Verfassung von 1949 bereits nach neunzehn Jahren, 1968, durch eine zweite, sehr verschiedene ersetzt hat. Aber nicht jedem ist so gegenwärtig, daß sich die vorangegangenen deutschen Verfassungen ebenfalls an Lebenskraft mit dem Grundgesetz nicht messen können.

Als die Bismarcksche Verfassung fünfundzwanzig Jahre alt war, hatten die Parteien, die an ihre Stelle eine ganz andere Verfassung mit parlamentarisch verantwortlicher Reichsregierung setzen wollten, schon seit Jahren im Reichstag eine Dauermehrheit. Gewiß, bis es dann endgültig soweit war, dauerte es noch einmal dreiundzwanzig Jahre, aber brüchig war die Bismarck-Verfassung spätestens seit dem Abgang ihres Schöpfers gewesen, wenn nicht von Anfang an, und Arthur Rosenbergs berühmter Buchtitel: ›Die Entstehung der deutschen Republik 1871–1918‹ hatte seinen guten Sinn. Und wie war es vor Bismarck? Der wiederhergestellte Deutsche Bund von 1851 hatte nur fünfzehn Jahre existiert, und der ursprüngliche von 1815 war nach dreiunddreißig Jahren ständig anschwellender, grollender und knurrender Kritik und Ablehnung in einer Revolution aufgeflogen. Fast seine ganze Lebensdauer hatte ihn der Spottvers begleitet: »O Bund, du Hund, du bist nicht gesund.«

Es gibt keine entsprechende Verfassungsfeindlichkeit in der Bundesrepublik, im Gegenteil, das Ansehen des Grundgesetzes ist in den Jahren seiner bisherigen Gültigkeit ständig gewachsen und hat heute einen Höhepunkt erreicht. Als es im Mai 1949 verkündet wurde, präsentierten es nicht nur seine Urheber mit einer gewissen verschämten Bescheidenheit. Auch bei den Empfängern, den deutschen Bürgern, erweckte es keine Begeisterung. Man empfand es kaum als ein Ereignis; die Deutschen hatten seinerzeit andere Sorgen. Sie nahmen das Grundgesetz hin, wie sie damals alles hinnahmen, ohne sich um die Einzelheiten viel zu kümmern. Auch in den Glanzjahren der Adenauerschen Kanzlerdemokratie, die dann folgten, faszinierte, wie eh und je, mehr der große Mann als der neugeschaffene demokratische Rechtsstaat.

Auf den wurde man eigentlich in weiten Kreisen erst aufmerksam, als der große Mann, der ihn so lange verkörpert (und sozusagen verdeckt) hatte, anfing, ein wenig überheblich mit ihm umzuspringen: Da merkte man plötzlich, was man am Grundgesetz hatte – bei dem peinlichen Hin und Her um die Bundespräsidentschaft 1959 etwa oder bei der Spiegelaffäre 1962. Und die Jahre, in denen der Ruhm des Grundgesetzes richtig zu strahlen anfing, waren dann gerade die unruhigen späten sechziger, die Jahre der Apo, der Studentenrevolte und der NPD. Das ist etwas sehr Merkwürdiges, worüber man sich bei weitem nicht genug gewundert hat: Gerade die Jahre der Unruhe stärkten die Verfassung. Alle klammerten sich plötzlich an sie und nahmen sie für sich in Anspruch, die Rebellen mit ihrem »langen Marsch durch die Institutionen« nicht weniger als die Verteidiger von *law and order;* selbst die NPD wurde nicht müde, zu betonen, sie »stehe fest auf dem Boden des Grundgesetzes«. 1972 hat dann das Grundgesetz auch seine erste große Probe bestanden: Es hat verhindert, daß aus der *politischen* Krise, die sich aus der politischen Pattsituation im Bundestag ergab, eine *Staats*krise wurde. Und heute sind wir so weit, daß alle Parteien – und sogar große Teile der Linken und Rechten außerhalb der Parteien – sich das Grundgesetz geradezu wie einen Orden anstecken. Jede behauptet, die eigentliche Verfassungspartei zu sein, und sucht der andern diesen Ehrentitel streitig zu machen.

Mitunter nimmt das schon groteske Formen an. Aber im ganzen muß man es doch wohl als erfreulich betrachten – erfreulicher jedenfalls als die Weimarer Zustände, als Rechte und Linke in verachtungsvoller Feindschaft gegen das »System« wetteiferten und selbst die schrumpfende Mitte schließlich die Verfassung nicht mehr ernsthaft verteidigte, sondern mit Heinrich Mann eine »Diktatur der Vernunft« forderte oder mit Heinrich Brüning bei einem Präsidialregime Zuflucht suchte und sogar mit einer monarchischen Restauration liebäugelte. Jedenfalls spricht es für das Grundgesetz, daß es heute den politischen Kämpfen, innerhalb und außerhalb des Parlaments, an denen es nicht fehlt und nie fehlen wird, den festen, allseits respektierten Rahmen liefert, auf den sich jeder beruft, an dem keiner rütteln lassen will. Dazu ist eine Verfassung schließlich da.

Vor ein paar Jahren konnte ein Publizist, Gert Kalow, schreiben: »Nicht Deutschland, das es als einheitliches politisches Gebilde zur Zeit nicht gibt, das Grundgesetz ist unsere politische Heimat.« So weit wird vielleicht nicht jeder gehen, aber daß ein solcher Satz überhaupt geschrieben werden konnte, ist ein Novum in der deutschen Geschichte. Unvorstellbar, daß irgend jemand etwas Ähnliches von der Weimarer, aber auch von der Bismarckschen Verfassung oder der des Deutschen Bundes hätte schreiben können. Es ist schon so: Das Grundgesetz, das keine Verfassung sein wollte, ist die erste wirkliche und wirksame Verfassung geworden, die die Deutschen je gehabt haben – die erste, die fast keiner beseitigt sehen will, auf die alle sich berufen, die unangefochten und reibungslos funktioniert und sich gerade in politischen Krisenzeiten als unantastbares Staatsfundament bewährt hat. Und das, obwohl an seiner Wiege keine Revolution, sondern eine Niederlage stand, obwohl keine verfassungsgebende Nationalversammlung, sondern ein ziemlich zufällig zusammengesetzter »Parlamentarischer Rat« von nur fünfundsechzig Landtagsabgeordneten es verfaßt und beschlossen hat, obwohl es nie vom Volk formell ratifiziert worden ist und obwohl seine Inkraftsetzung unvermeidbar, ob gewollt oder nicht, die Teilung Deutschlands bedeutete. Das ist ein erstaunlicher, ursprünglich gänzlich unerwarteter geschichtlicher Vorgang, fast ein deutsches Wunder.

Der Verfassungstag soll jetzt in der Bundesrepublik alljährlich als Nationalfeiertag gefeiert werden – auch ein Unikum, daß der einst fast unbeachtete Tag einer Verfassungsproklamation erst so spät zum Feiertag sozusagen heranreift. Nun, was lange währt, wird gut. Die Verfassung zu feiern, die uns in der Bundesrepublik verbindet, ist besser, als einen gescheiterten Aufstand in der DDR, und auch dagegen ist nichts zu sagen, daß man mit dem Verfassungsfeiertag gewartet hat, bis sich der Erfolg des Grundgesetzes als Verfassung wirklich herausgestellt hat. Feiern wir diesen Erfolg also allemal. Aber wichtiger als ihn zu feiern, ist, ihn zu verstehen, und daran fehlt noch viel.

Auch wir haben hier bisher eigentlich nicht mehr getan, als festzustellen, daß das Grundgesetz ein Erfolg geworden ist, daß seine heutige Verfassungswirklichkeit und Verfassungwirksamkeit über seinen ursprünglichen, äußerst bescheidenen Verfassungsanspruch weit hinausgeht. Aber woher kommt das? Liegt es an der besonderen Vorzüglichkeit der sozusagen verfassungstechnischen Eigenschaften des Grundgesetzes? Ist es zum Beispiel eine so sehr viel bessere Verfassung als die Weimarer, die zu ihrer Zeit als »die freieste Verfassung der Welt« gerühmt wurde und mit der die Deutschen so gar nichts anzufangen wußten?

Oder haben die Deutschen selbst sich geändert? Sind sie – von denen man früher gern sagte, daß sie eingefleischte Untertanen seien und daß ihnen die Demokratie immer wesensfremd bleiben würde – sind die Deutschen, beinahe hätte ich gesagt: über Nacht jetzt Demokraten geworden? Und wäre bei den Deutschen der zweiten Jahrhunderthälfte, anders als bei denen der ersten, auch eine Verfassung wie die von Weimar möglicherweise ein Erfolg geworden?

Oder ist Bonn *deswegen* nicht Weimar und das Grundgesetz *deswegen* erfolgreicher als die Weimarer Verfassung, weil die äußeren Umstände anders liegen – zum Beispiel weil zugleich mit dem Grundgesetz das Wirtschaftswunder kam oder weil die heutige Bundesrepublik, anders als das Weimarer Deutschland, durch Nato und EG fest mit anderen, älteren und solideren Demokratien verbunden ist? Oder ist es die verschiedene Entstehungsgeschichte des Grundgesetzes und der Weimarer Verfassung, die den entscheidenden Unterschied macht? Sollte vielleicht – schockierend zu denken – der Erfolg des Grundgesetzes gar damit zusammenhängen, daß es die Verfassung nicht des ganzen Deutschland ist, das eine Großmacht war, sondern nur des Teildeutschlands »Bundesrepublik«, das eine Mittelmacht ist?

Ich will gleich hier sagen, daß meiner Meinung nach alle diese Umstände zum Erfolg des Grundgesetzes beigetragen haben und daß man sie, wenn man seinen Erfolg analysieren will, nicht künstlich auseinanderreißen darf. Jede Erfolgsgeschichte ist – ich komme anscheinend von den Goethe-Zitaten nicht los – eine Geschichte, die davon handelt, »wie sich Verdienst und Glück verketten«.

Verdienst ist den Verfassern des Grundgesetzes gewiß nicht abzusprechen. Das Grundgesetz ist meiner Meinung nach wirklich in vieler Hinsicht eine bessere Verfassung als die Weimarer. Aber das Grundgesetz hatte auch Glück gehabt – in den Voraussetzungen seiner Entstehung sowohl wie in den Begleitumständen seiner Ingangsetzung. Und beides gehört zur Verfassungswirklichkeit. Verfassungswirklichkeit sind nicht nur die Wirklichkeiten, die eine Verfassung *schafft,* sondern auch die, in die sie eingebettet ist und von denen sie sozusagen eingefärbt wird. Dieselbe Verfassung wirkt sich anders aus, je nachdem, ob sie einer Großmacht als Staatsgrundlage dient oder einer bescheidenen Mittelmacht, ob einem armen oder einem reichen Land, ob einem isolierten, von Feinden umgebenen Staat oder einem in feste Bündnisse eingeflochtenen. Auch die gesellschaftlichen Strukturen, die eine Verfassung vorfindet, auch die psychologischen Voraussetzungen, auf die sie trifft, verändern die Verfassungswirklichkeit.

Der beste Anzug, vom besten Schneider aus dem besten Stoff gemacht, ist zu nichts gut, wenn er dem, der ihn tragen soll, nicht paßt. Auch eine Verfassung muß »passen« – das ist sogar die erste und vielleicht wichtigste Bedingung ihres Erfolges. Natürlich muß sie außerdem gut gearbeitet, strapazierfähig und elastisch sein, wenn sie sich bewähren soll. Das Grundgesetz hat, gerade in den letzten Jahren verstärkter innenpolitischer Spannungen und Krisen, gezeigt, daß es das alles ist.

Aber fast noch wichtiger war vielleicht, daß es von vornherein auf die Lage und die Aufgaben *des* Staates, dem es zu dienen hatte, zugeschnitten war – und das teilweise sogar gegen den Willen seiner unmittelbaren Verfasser, die ja nur sehr zögernd, halb widerwillig, unter sanftem Zwang der Besatzungsmächte, daran gingen, einem Teil-Deutschland eine Verfassung zu geben, deren Umrisse – Demokratie, Föderalismus, Grundrechte – ihnen von vornherein vorgeschrieben waren. Sie taten nicht, was sie eigentlich wollten, sondern was die Umstände ihnen gestatteten – oder geboten. Vielleicht war gerade das ein Segen. Nicht ganz freiwillig arbeiteten sie nach Maß.

Ich sagte vorhin, das Grundgesetz habe Glück gehabt, nicht nur in den Begleitumständen seiner Ingangsetzung, sondern auch in den Voraussetzungen seiner Entstehung. Wie? höre ich sagen: ein besiegtes, zerstörtes und ruiniertes Land, viergeteilt unter Fremdherrschaft, moralisch und physisch verwüstet, eine hungernde und frierende Bevölkerung, Millionen unbehauster Flüchtlinge und Vertriebener, jeder nur mit dem nackten Überleben beschäftigt, ein Volk, aus dem jeder Gedanke an politisches Engagement herausgeprügelt worden war – das sollen glückliche Voraussetzungen für die Entstehung einer demokratischen Verfassung gewesen sein? Nun, keiner wird behaupten, daß die Deutschen 1948/49 glücklich waren. Sie waren so unglücklich, wie man nur sein kann. Aber gerade das tiefste Unglück kann für einen Neubeginn die glücklichste Voraussetzung sein.

Ein Vergleich mit der Entstehungsgeschichte der Weimarer Verfassung ist hier lehrreich. Es ist oft gesagt worden, daß beide Male die Demokratie in Deutschland das Kind der Niederlage war, und oberflächlich betrachtet stimmt das natürlich. Aber wie himmelweit verschieden sind die historischen und psychologischen Tatbestände, die sich hinter einer solchen oberflächlichen Generalisierung verbergen! 1918/19 fielen Niederlage und Staatsumsturz, Friedensvertrag und Verfassung zeitlich fast zusammen, und damit fielen sie auch für das Bewußtsein zusammen. Die schwarz-weiß-rote Monarchie verklärte sich nachträglich zu einem Inbegriff der Macht und der Herrlichkeit, die schwarz-rot-goldene Republik erschien untrennbar von Unterwerfung und Demütigung. Nutzlos zu erklären, daß Weimar nur ausbaden mußte, was Potsdam angerichtet hatte: Das begriff bestenfalls der Verstand, das Gefühl blieb taub dafür.

Von 1945 bis 1949 lagen reichlich drei Jahre zwischen dem demokratischen Neuanfang und der nationalsozialistischen Niederlage – und was für einer Niederlage, und was für Jahre! Diesmal war kein Raum für eine Dolchstoßlegende. Hitlers Deutschland hatte bis fünf Minuten nach zwölf gekämpft, die Niederlage war total, und ihre Folgen, die jeder drei Jahre lang am eigenen Leib erfuhr, waren fürchterlich. Welches System

Schutt und Asche, Hunger und Elend zu verantworten hatte, darüber blieb kein Zweifel möglich, und seiner nachträglichen Verklärung war gründlich vorgebaut, als 1948/49 der demokratische Neubeginn gemacht wurde. Dieser Neubeginn war nicht, wie dreißig Jahre zuvor, von einem Absturzerlebnis begleitet. Im Gegenteil, nachdem man drei Jahre lang hilflos in einem Abgrund gelegen hatte, fing man jetzt an, aus ihm wieder herauszuklettern: Die neue Währung, die neue Verfassung, der neue Staat waren die ersten Schritte nach oben, und jeder fühlte es. Die Weimarer Verfassung war bei ihrer Entstehung von einer Stimmung nationaler Verzweiflung umgeben gewesen, das Bonner Grundgesetz von einer Atmosphäre neuer Hoffnung. Ein Riesenunterschied für ihre Erfolgsaussichten!

Allerdings, alles erklärt er nicht. Verdienst und Glück müssen sich eben verketten, und es wird Zeit, etwas über die verfassungstechnischen Qualitäten des Grundgesetzes zu sagen, ohne welche die politischen Krisen der letzten Jahre nicht so glänzend bewältigt worden wären und ohne die auch die glücklicheren Umstände seiner Geburt es schwerlich vor dem Schicksal der Weimarer Verfassung bewahrt hätten. Auch hier hilft ein Vergleich der beiden Verfassungen, die entscheidenden Vorteile des Grundgesetzes zu verdeutlichen. Er ist um so mehr angebracht, als es an einem feineren Verständnis der Machart des Grundgesetzes und seiner charakteristischen Eigenart noch sehr fehlt; auf die Frage, wodurch sich eigentlich die Bonner Demokratie von der Weimarer unterscheidet, haben die meisten Leute nur ein Achselzucken. Für sie ist Demokratie Demokratie. Aber die Unterschiede sind gewaltig.

Der einfachste und grundlegendste Unterschied ist wohl dieser: Die Weimarer Verfassungsarchitekten waren Optimisten, die Väter des Grundgesetzes eher Pessimisten. In Weimar sagte man sozusagen mit Bismarck: »Setzen wir Deutschland in den Sattel, reiten wird es schon können.« In Bonn stand man unter dem frischen Eindruck dessen, was dabei herauskommen kann. Die Weimarer Verfassung zeigt in ihren wesentlichen Einrichtungen – Volksbegehren und Volksentscheid, Volkswahl des Reichspräsidenten, leichte Auflösbarkeit des Reichstags – ein fast unbegrenztes Vertrauen in die demokratische Vernunft und staatsbürgerliche Verantwortung des Wählers. Das Bonner Grundgesetz ist eher von Mißtrauen geprägt, seine Verfasser waren gebrannte Kinder: Sie hatten erlebt, wie verführbar und schwankend in seinen Stimmungen der Wähler sein kann, wie leicht eine Demokratie gerade durch zu schrankenlose Demokratie sich selbst zugrunde richten kann, und sie wollten es nicht noch einmal erleben. Die Weimarer Verfassung setzte ein Volk von unbeirrbaren Demokraten und musterhaften Staatsbürgern voraus. Das Bonner Grundgesetz will eine demokratische Verfassung sein, die auch unter fehlbaren und verführbaren, unvollkommenen Menschen funktionieren kann, es will die Demokratie auch vor sich selber schützen. Dabei ergeben sich natürlich Gefahren und Widersprüche. Trotzdem ist es wahrscheinlich der realistischere Ansatz.

Ein zweiter Unterschied ist dieser: In Weimar suchte man eine gewisse Kontinuität zu wahren. Man ging von der Bismarckschen Verfassung aus. An der Struktur des Reiches änderte man nichts, sogar die größte Schwäche der Bismarckschen Verfassung, der Dualismus zwischen Reich und Preußen, blieb unangetastet. Die einzelnen Staatsorgane bedurften zwar jetzt alle demokratischer Legitimation durch Wahlen, aber im Wesen blieben sie die alten. An der Stelle des Kaisers zum Beispiel stand ein Reichspräsident, der eine Art Wahlkaiser war, mit gewaltigen Machtbefugnissen selbst in normalen Zeiten – er konnte jederzeit den Reichskanzler ernennen und entlassen und den Reichstag auflösen – und mit diktatorischen Vollmachten im Notstand, dessen Eintritt er selbst verfügte. Politiker des Kaiserreichs fanden sich in der Weimarer Republik schnell wieder zurecht.

Das Bonner Grundgesetz dagegen bedeutet einen radikalen, bewußten und absichtlichen Kontinuitätsbruch. Seine Verfasser haben an keine vorangehende deutsche Tradition und Verfassung angeknüpft, auch nicht an die Weimarer. Im Gegenteil: Wenn *ein* Vorsatz ihr Werk durchgehend beherrscht und in immer neuen Einzelheiten zum Vorschein kommt, dann der: durch Schaden klug zu werden. Manchmal hat man den Eindruck, sie hätten frühere deutsche Verfassungen – gerade auch die von Weimar – geradezu daraufhin durchgesehen, was man alles anders machen muß. Man darf nicht vergessen: Alle diese Männer und Frauen hatten den Untergang der Weimarer Republik erlebt; er war ihr prägendes politisches Erlebnis, ihre unvergeßlich traumatische Erfahrung, und so etwas nicht noch einmal zuzulassen, war ihr fester Vorsatz. Ihr Ehrgeiz war nicht, mit den Männern von Weimar darin zu wetteifern, wer die »freiste Verfassung der Welt« schaffen könnte; was sie vielmehr schaffen wollten, war eine demokratische Republik, die nicht so leicht wie die Weimarer aus den Angeln zu heben war, sozusagen eine demokratische Festung. Wenn es sich in einer Festung etwas beengter lebt als in einer offenen Stadt, wenn um der Stabilität des Staates willen gewisse demokratische Freiheiten eingeschränkt und dem Volkswillen institutionelle Korsettstangen eingezogen werden mußten, dann waren sie bereit, das in Kauf zu nehmen. Der Erfolg hat ihnen bisher recht gegeben.

Sind die Wähler entmündigt?

Für die Lehren, die das Grundgesetz aus dem Scheitern der Weimarer Republik gezogen hat, ließen sich Beispiele in Menge anführen. Ich will mich auf die drei wichtigsten beschränken: die Stabilisierung der Regierung; die Entmachtung des Staatsoberhaupts; und – das problematischste – die Mediatisierung des Wählers.

Die Weimarer Republik hat in den vierzehn Jahren ihres Bestehens dreizehn Reichskanzler verbraucht. Die Kurzlebigkeit der Regierungen war eine der fundamentalen Schwächen dieser Republik – wie übrigens auch der dritten und vierten französischen und der heutigen italienischen; sie gab keiner Regierung genug Zeit, großangelegte politische Konzeptionen zu entwikkeln und durchzuführen, was zu einem Autoritätsverfall führte, der dem Präsidialregime und letztlich der Diktatur vorarbeitete: Die Wählermassen suchten den Halt, den sie an der Regierung nicht mehr fanden, anderswo, zunächst beim Präsidenten, schließlich beim »starken Mann«, der sich über Verfassung und Demokratie hinwegsetzte. Das Bonner Grundgesetz macht es sehr schwer, einen einmal gewählten Bundeskanzler zu stürzen: Der Bundespräsident kann es überhaupt nicht, der Bundestag nur, indem er einen anderen Kanzler wählt.

Dieses berühmte »konstruktive Mißtrauensvotum«, das im Falle Barzel gegen Brandt überhaupt erstmals (und vergeblich) versucht worden ist, stellt keineswegs die einzige Erschwerung des Kanzlersturzes dar, die ins Grundgesetz eingebaut wurde. Mindestens ebenso wichtig sind die vielen Hindernisse, die das Grundgesetz einer vorzeitigen Auflösung des Bundestages in den Weg legt: Denn eine neue Bundestagswahl bedeutet ja auch eine neue Kanzlerwahl, und die will das Grundgesetz eben nicht so leicht machen. Nicht jede Schwankung in der Wählerstimmung soll sofort auf Parlament und Regierung durchschlagen. Die Oppositionspolitiker, die beim Rücktritt Brandts sofort nach einer Neuwahl riefen, zeigten wenig Verfassungsverständnis. Genau die ständigen Neuwahlen, die den Weimarer Reichstag zum Schluß zum Gespött machten, will das Grundgesetz ja verhindern, und bisher hat es damit auch Erfolg gehabt: Von den bis dahin sieben Bonner Bundestagen ist nur einer vorzeitig aufgelöst worden; von den acht (oder, wenn man den ersten Hitlerschen noch mitzählt, neun) Reichstagen der Weimarer Republik hat keiner das normale Ende seiner Legislaturperiode erlebt.

Die Stabilisierung der Regierungen (und die damit zusammenhängende Erschwerung von Neuwahlen außer der Reihe) ist von Anfang an populär gewesen. Von der Entmachtung des Bundespräsidenten kann man das nicht so unbedingt sagen. Natürlich lag auch ihr die Weimarer Erfahrung zugrunde: Es war ja nicht erst Hitler, sondern schon Hindenburg, der in den letzten drei Weimarer Jahren durch sein Präsidialregime die Verfassung »legal« ausgehöhlt und praktisch außer Kraft gesetzt hatte; daß einer solchen Möglichkeit in Zukunft vorgebeugt werden mußte, fand weithin Verständnis. Aber daß das Grundgesetz den Bundespräsidenten so radikal zur bloßen Repräsentationsfigur und zum ersten Staatsnotar herabstufte, ging anfangs doch vielen zu weit. Kritik kam von zwei Seiten: Den einen ging es gegen altverwurzelte monarchistische Instinkte (die wohl erst in den sechziger Jahren, in der zweiten Generation der Bundesbürger, endgültig abgestorben sind); andere wünschten sich ein personelles Gegengewicht gegen Adenauers patriarchalischen Regierungsstil.

Adenauer selbst glaubte einen Augenblick, als er damit spielte, sich zum Staatsoberhaupt wählen zu lassen, die kärglich zugemessenen politischen Befugnisse des Präsidenten ausweiten zu können, auch Lübke und Scheel haben derartiges anklingen lassen, und eine Volkswahl des Bundespräsidenten durch Grundgesetzänderung ist immer wieder einmal im Gespräch gewesen. Aber allmählich ist es still darum geworden, und merkwürdigerweise sind in der Praxis – also in der Verfassungswirklichkeit – die wenigen politischen Befugnisse des Bundespräsidenten eher noch geschrumpft. Zum Beispiel hätten nach dem Wortlaut des Grundgesetzes Lübke und Heinemann beim Rücktritt Erhards und Brandts auch einen anderen Kanzlerkandidaten vorschlagen können als den jeweils von der stärksten Fraktion nominierten; aber es ist ihnen nicht in den Sinn gekommen, und heute liegt praktisch nicht mehr nur das Wahlrecht, sondern auch schon das Vorschlagsrecht für den Kanzler bei der Bundestagsmehrheit. Ein Bundespräsident, der sich weigern wollte, *den* Kanzlerkandidaten vorzuschlagen, den die Bundestagsmehrheit wählen will, würde nun bereits eine Verfassungkrise heraufbeschwören. Man hat sich, mehr als zu erwarten war, an den Bundespräsidenten als reine Repräsentativfigur gewöhnt; Unbehagen kommt höchstens noch auf, wenn bei seiner Nominierung zuviel personal- und koalitionspolitisches Kulissenspiel durchscheint.

Viel stärkere, immer wieder einmal aufflammende Kritik hat die grundgesetzliche Mediatisierung des Wählers gefunden, die dritte der tiefgreifenden Folgerungen, die vom Grundgesetz aus der Tragödie von Weimar gezogen wurde. Und hier liegt ja nun tatsächlich ein Problem, für das es eine theoretisch perfekte, hieb- und stichfeste Lösung nicht gibt. Da ist zunächst einmal die peinliche Wahrheit der Ausgangslage. Gewiß hat zum Untergang der Weimarer Demokratie die Instabilität der Regierungen, die übermäßige Häufigkeit der Wahlen, die allzu starke Machtposition des Reichspräsidenten und ihr Mißbrauch beigetragen. Aber nicht zu leugnen ist, daß schließlich der deutsche Wähler selbst der Weimarer Republik den Todesstreich versetzt hat. Auch wenn Hitlers Nationalsozialisten in freien Wahlen nie die absolute Mehrheit erreicht haben: Im letzten Jahr der Republik waren sie die bei weitem stärkste Partei, und zusammen mit den Kommunisten konnten sie seit Juli 1932 jede verfassungskonforme, auf eine parlamentarische Mehrheit gestützte Regierung verhindern. Es ist nicht daran vorbeizukommen: Spätestens 1932 stimmte eine Wählermehrheit, so oder so, für den Sturz der demokratischen Republik.

Der Wähler ist der demokratische Souverän. Die Wählermehrheit entscheidet: Das ist die Quintessenz jeder demokratischen Verfassung. Wie aber, wenn die Wählermehrheit gegen die Demokratie entscheidet? Ist es dann die Pflicht der Demokratie, im Namen der Demokratie Selbstmord zu begehen? Umgekehrt: Begeht nicht eine Demokratie auch dann Selbstmord, wenn sie – im Namen der Demokratie – die Entscheidung der Wählermehrheit mißachtet? Gehört es zum Wesen demokratischer Freiheit, daß sie auch sich selbst zur Disposition des Wählers stellen muß? Oder darf sie sagen: Keine Freiheit für die Feinde der Freiheit? Aber läuft sie dann nicht die Gefahr, die Thomas Mann im Amerika der McCarthyschen

Hexenjagden klassisch so formuliert hat: »Die Freiheit stirbt an ihrer Verteidigung«?

Unlösbares Dilemma! Jede Antwort ist unbefriedigend. Festzustellen aber ist, daß die Weimarer Verfassung und das Bonner Grundgesetz entgegengesetzte Antworten gegeben haben beziehungsweise geben. Weimar war bereit, sich dem Wählerwillen unbedingt unterzuordnen – bis zur Selbstpreisgabe. Bonn ist es nicht. Das Grundgesetz – schon das ursprüngliche Grundgesetz von 1949, nicht etwa erst die später eingebaute Notstandsverfassung – proklamiert eindeutig das Prinzip: Keine Freiheit für die Feinde der Freiheit! Die Artikel 18 und 21 sind in dieser Hinsicht eisenhart. Artikel 18 bestimmt, daß die Grundrechte verwirkt, wer sie »zum Kampfe gegen die freiheitliche demokratische Grundordnung mißbraucht«. Das gilt für Einzelpersonen (hinsichtlich der Lehrfreiheit, des Brief-, Post- und Telefongeheimnisses, des Eigentums oder des Asylrechts) wie für Vereine oder Organisationen (hinsichtlich der Presse-, Versammlungs- und Vereinigungsfreiheit). Artikel 21 erlaubt das Verbot verfassungsfeindlicher Parteien. Freilich muß jedesmal das Bundesverfassungsgericht bemüht werden, was administrativer Leichtfertigkeit und Willkür beim Gebrauch dieser furchtbaren Waffe vorbeugen soll.

In der Verfassungswirklichkeit ist das freilich nicht so heiß gegessen worden, wie die Verfassungsväter es gewollt haben. Der Artikel 18 ist bisher nie angewandt worden. Der Artikel 21 hat zwar zweimal in den fünfziger Jahren zu Parteiverboten geführt – gegenüber der Sozialistischen Reichspartei und, weitaus umstrittener, gegenüber der KPD. Aber heute gibt es wieder eine NPD und eine DKP, und sie werden geduldet, ebenso wie die neue, maoistische KPD. Man kann sagen, es hat sich die Gewohnheit herausgebildet, von den Artikeln 18 und 21 keinen Gebrauch mehr zu machen, ohne daß diese Gewohnheit schon geradezu verfassungsänderndes Gewohnheitsrecht geworden wäre. Das Schwert bleibt in der Scheide, aber das Schwert ist noch da.

Immerhin: Die Praxis ist milder, sozusagen gutmütiger geworden, als es der Verfassungstext ursprünglich vorsah, und darauf lohnt es sich ausdrücklich hinzuweisen, weil oft das Gegenteil behauptet wird. Es gibt eine Legende, wonach ein grenzenlos liberales und tolerantes Grundgesetz im Laufe der Jahre allmählich immer mehr ins Autoritäre umgebogen und uminterpretiert worden wäre. Das stimmt einfach nicht. Auch stimmt nicht, daß die Artikel 18 und 21 ursprünglich nur nach rechts gezielt hätten, auf einen neuen Nationalsozialismus, und seither sinnwidrig nur nach links angewandt würden, auf die Kommunisten aller Spielarten. Diese Artikel zielten von Anfang an nicht nur ihrem Wortlaut, sondern auch ihrer Absicht nach gleichmäßig nach rechts und links – schließlich war die Kommunistenfurcht 1949 mindestens ebenso lebendig wie die Erinnerung an den Hitler-Schrecken –, und wenn man sie heute öfter im Zusammenhang mit Kommunisten als mit Neonazis in Erinnerung ruft, dann einfach deshalb, weil die Kommunisten sich inzwischen im politischen Leben der Bundesrepublik stärker bemerkbar machen als die Neonazis. Das kann sich natürlich auch wieder ändern. Und eine *sehr* große Rolle spielen ja beide nicht, was vielleicht auch der Hauptgrund dafür ist, daß beide sich heute einer Duldung erfreuen, die über die ursprüngliche Absicht des Grundgesetzes deutlich hinausgeht.

Daß diese Duldung politisch möglich geworden ist, daß man sie sich sozusagen leisten kann, das hängt nun freilich auch wieder mit dem Grundgesetz zusammen. Das Grundgesetz hat nicht nur auf die einstweilen, gottlob, theoretische Frage, ob eine Demokratie sich selbst zur Disposition der Wähler stellen muß – oder darf –, die umgekehrte Antwort erteilt wie die Weimarer Verfassung. Es hat vor allem nach der hausbackenen Weisheit gehandelt: Man darf es gar nicht erst so weit kommen lassen. Das Mißtrauen der gebrannten Kinder, das die Väter des Grundgesetzes, im Gegensatz zu denen der Weimarer Verfassung, beseelte, gilt auch – und nicht zuletzt – der Weisheit, der staatsbürgerlichen Verantwortung und der demokratischen Standfestigkeit des deutschen Wählers.

Der Staat sind die Parteien

Die Weimarer Verfassung liest sich wie eine Aufforderung an den Wähler, sich recht viel einfallen zu lassen und sich politisch jederzeit so recht auszutoben. Vom Grundgesetz kann man das nicht sagen. Es geizt mit der Macht, die es dem Wähler zubilligt, und es trifft viele Vorkehrungen, um ein zu schnelles und leichtes Durchschlagen des schwankenden Wählerwillens auf die Staatsführung zu verhindern. Der Wähler *soll* es nicht zu leicht haben, er soll sich überlegen müssen, was er tut: Das ist die Absicht, die der ganzen Staatskonstruktion des Grundgesetzes zugrunde liegt. Man hat von einer Mediatisierung des Wählers gesprochen, und man hat das Grundgesetz deswegen manchmal geradezu als im Grunde undemokratisch kritisiert.

Nun, undemokratisch ist es nicht. Der Satz: »Alle Staatsgewalt geht vom Volke aus« ist nicht nur Verfassungsanspruch, sondern Verfassungswirklichkeit. Es gibt nichts in der Bundesrepublik, keine Institution, kein Staatsorgan, kein Gesetz und keine Verordnung, nichts, das nicht irgendwie in letzter Instanz auf einen Wählerwillen und eine Wählerentscheidung zurückgeführt werden kann. Aber freilich, der Wählerwille und die Wählerentscheidung sind so vielfältig kanalisiert und gefiltert, daß sie sich in ihren schließlichen Produkten manchmal selbst nicht mehr wiedererkennen – das ist es, was man am Grundgesetz oft bitter kritisiert. Es ist aber Absicht; die Absicht, Demokratie mit Stabilität zu vereinen – wobei dahinter die aus der Weimarer Erfahrung genährte Überzeugung steht, daß den Deutschen im Grunde an einem stabilen Staat mehr liegt als an der Demokratie und daß sie die Demokratie nur so lange schätzen und bewahren werden, wie sie ihnen auch einen stabilen Staat beschert.

Das bedeutet zunächst einmal den Verzicht auf jede *direkte*, plebiszitäre Demokratie. Kein Volksbegehren, kein Volksentscheid, keine Volkswahl des Bundespräsidenten – alles im bewußten Gegensatz zu Weimar. Von ein paar Ausnahmen wie der Neuordnung von Ländergrenzen abgesehen, geht der Wählerwille in jedem Fall zunächst einmal durch den Grobfilter der gewählten Parlamente: Bundestag, Landtage und Gemeindevertretungen. Man hat das politische System der Bundesrepublik zwar oft als parlamentarische Demokratie bezeichnet, doch eine im strengen Sinne parlamentarische Demokratie wie England, wo nicht der Wähler, aber das Unterhaus allmächtig ist, ist die Bundesrepublik nun auch wieder nicht. Hinter den Grobfilter der Parlamente hat das Grundgesetz noch viele Feinfilter gesetzt.

Zunächst einmal die *Vielzahl* der Parlamente, den Föderalismus. Keineswegs kann man sagen, daß Bundestag und Bundesregierung die Bundesrepublik ganz und gar beherrschen. Viele wichtige Gesetzgebungsgebiete und bei weitem der größte Teil der Verwaltung – Kulturpolitik, Schulwesen, Gerichtswesen, Polizei – sind Ländersache, in die der Bund wenig oder nichts hineinzureden hat. Und auch in der Bundesgesetzgebung selbst mischen die Länder noch einmal mit: durch den Bundesrat –

was sich sehr hinderlich auswirken kann, wenn Bundestag und Bundesrat politisch verschiedene Mehrheiten haben.

Sodann ist die Gesetzgebung an die verfassungsmäßige Ordnung gebunden, und darüber wacht das Bundesverfassungsgericht – eine sehr mächtige Institution, die keine frühere deutsche Verfassung kannte. Die meisten Regierungen, die die Bundesrepublik bisher gehabt hat, haben das Bundesverfassungsgericht mehr gefürchtet als die Opposition im Parlament, und das mit Grund. Dem Bundesverfassungsgericht hat das Grundgesetz eine sehr wirksame Waffe in die Hand gegeben in der Gestalt der Grundrechte, die, wiederum anders als in Weimar, nicht nur Programm künftiger Gesetzgebung, sondern unmittelbar geltendes Recht sind und nur mit verfassungsändernden Mehrheiten – zum Teil sogar überhaupt nicht – abgeändert oder eingeschränkt werden können. Das setzt der Macht der gesetzgebenden Körperschaften oft peinlich enge Schranken.

Und schließlich gibt es, zwar nicht im Grundgesetz, aber in der Verfassungswirklichkeit, das Wahlgesetz mit seiner Fünf-Prozent-Klausel, die nicht nur Parteienzersplitterung verhindert, sondern auch das Aufkommen neuer Parteien außerordentlich erschwert.

Kurz, schon der normale politische Alltagsbetrieb ist vom Grundgesetz ganz bewußt so eingerichtet, daß eine neue antidemokratische Grundwelle, wie sie in der Weimarer Republik um 1930 aufkam, es diesmal sehr schwer hätte, bis ins Zentrum der Staatsmacht durchzuschlagen, ehe sie wieder verebbte. Man hat sozusagen einen äußerst komplizierten Parcours aufgebaut, der freilich nicht nur revolutionären und verfassungsfeindlichen Volksbewegungen das Leben schwermacht, sondern auch durchaus verfassungskonformen Bestrebungen nach Reform und Veränderung. Wenn man sich den hochkomplizierten, verschlungenen und verschachtelten Staatsbau und Gesetzgebungsapparat ansieht, den das Grundgesetz aufgerichtet hat, dann könnte man sich manchmal fragen, ob sich darin ein konstruktives politisches Leben überhaupt entfalten kann, ob nicht alles Streben nach Fortschritt, Erneuerung und Veränderung irgendwo in diesem Labyrinth von Institutionen verenden muß. Aber auch hier – und gerade hier – ist die Verfassungswirklichkeit viel besser, als die geschriebene Verfassung vermuten läßt. In der Praxis hat sich das politische Leben unter dem Grundgesetz als ganz übersichtlich, beweglich und produktiv herausgestellt, und zwar deswegen, weil durch alle verschlungenen Gänge des Staatswesens dasselbe Element fließt, das schließlich in aller Vielfalt doch wieder Einheit herstellt: die Parteien.

Das Grundgesetz ist, glaube ich, die erste Verfassung der Welt, die von den Parteien überhaupt Notiz nimmt und ihnen einen verfassungsmäßigen Platz anweist. Dieser Platz nimmt sich allerdings im Verfassungstext viel bescheidener aus als in der Verfassungswirklichkeit. Nach dem Text des Artikels 21 »wirken die Parteien bei der politischen Willensbildung des Volkes mit«. In Wirklichkeit sind sie die wesentlichen Träger und Gestalter dieser politischen Willensbildung und zugleich die Träger des Staats, und zwar in allen seinen Gliederungen und Einrichtungen: In Bundestag und Bundesregierung, in Landtagen und Landesregierungen, sogar im Bundesverfassungsgericht mit seinem »schwarzen« und seinem »roten« Senat, aber auch in den öffentlichen Verwaltungen und mehr und mehr in den außerstaatlichen Körperschaften des öffentlichen Rechts – überall treffen wir die Parteien wieder.

In ihrer Verfassungwirklichkeit ist die Bundesrepublik ein Parteienstaat. Ohne die Parteien würde sie keinen Tag funktionieren können, so aber funktioniert sie ausgezeichnet. Durch die Parteien – und heute schon praktisch fast nur durch sie – fließen Wünsche, Ideen, Stimmungen und Verstimmungen, Forderungen und Proteste von unten nach oben; und ebenso durch die Parteien – und wiederum nur durch sie – fließt Staatspolitik von oben nach unten, in Form von Gesetzen, Verordnungen, administrativen Maßnahmen, erklärenden oder anfeuernden Reden oder werbenden Fernsehauftritten. Die Parteien sind das große, unentbehrliche Bindeglied zwischen Volk und Staat; von ihrem Zustand hängt ab, ob die Verbindung von Demokratie und Stabilität, die das Grundgesetz erstrebt, gelingt oder nicht.

Fast das Wichtigste, das man verstehen muß, wenn man unsere Verfassungswirklichkeit verstehen will, ist, daß diese Doppelrolle der Parteien etwas ganz Neues ist. Sie sind nicht mehr nur, wie früher, »Volksvertreter«, denen eine parteiunabhängige Staatsspitze und Staatsverwaltung gegenübersteht. Sie können nicht mehr drauflos kritisieren und räsonieren in der Gewißheit, daß andere schon dafür sorgen werden, daß der Staat keinen Schaden nimmt. Sie haben selbst dafür zu sorgen, daß der Staat keinen Schaden nimmt – wenn sie es nicht tun, tut es kein anderer. In gewissem Sinne *sind* sie der Staat. Aber zugleich bleiben sie Dauerkonkurrenten um die Wählergunst, darauf angewiesen, Wählermehrheiten hinter sich zu bringen und Regierungsaufträge zu erhalten. Das bewahrt sie – einstweilen wenigstens – davor, undemokratische politische Aristokratien zu werden wie die Parteien, die in Einparteienstaaten das politische Leben konkurrenzlos monopolisieren.

Aber unverkennbar haben die zwei oder drei oder zweieinhalb Parteien, aus denen in der Bundesrepublik bisher Regierungen gebildet wurden, mit diesen ein für allemal regierenden Monopolparteien ebensoviel oder sogar mehr gemein als mit den beliebig zahlreichen Parteien vergangener deutscher »Volksvertretungen«: Im Gegensatz zu diesen sind sie die Staatsträger, verantwortlich dafür, dem Bund und den Ländern ihre Kanzler, Minister und Beamten zu stellen; und sie müssen diese hohe Verantwortung mit ihrem demokratischen Auftrag vereinen, Wählermeinung nach oben zu kanalisieren.

Der deutsche Wähler hat diese neue Rolle der Parteien instinktiv begriffen. Das ist sein größter Beitrag zum Erfolg der zweiten deutschen Republik. Daß er sie begriffen hat, wurde vor allem dadurch bewiesen, daß er die Zahl der Parteien – im ersten Bundestag gab es noch neun – radikal reduziert hat. Kein »mehrheitsbildendes Wahlrecht« hat das zuwege gebracht, sondern die Erkenntnis des Wählers, daß er unter dem Grundgesetz nicht mehr einfach einen Vertreter seiner persönlichen Interessen oder weltanschaulichen Vorlieben wählt, sondern eine Regierung.

Ob auch die Parteien selber ihre neue Rolle schon ganz begriffen haben, ist weniger leicht zu beantworten. *Dafür* spricht, daß alle im Bundestag vertretenen Parteien von der alten Klassen- oder Weltanschauungspartei weg zur Volkspartei streben. Das ist systemgerecht. Solange die Parteien nur dazu da waren, einer parteifremden Regierung gegenüber Volksmeinungen zu artikulieren, hatte es Sinn und Verstand, daß jede Klasse und jede Weltanschauung ihre eigene Partei formte. Aber eine Partei, die selbst den Staat regieren will, muß in sich alle Klassen und Weltanschauungen irgendwie integrieren und sie zu einem Ausgleich bringen können, wenn die eine und die andere Partei auch dabei Schwerpunkt und Akzent verschieden setzen mag. *Gegen* die Annahme, daß die Parteien in ihre neue Rolle schon voll hineingewachsen wären, spricht ihre neuerdings wieder verstärkte »Polarisierung« und die immer wieder einmal bei der jeweiligen Opposition durchbrechende Neigung, Obstruktion zu üben. Darin liegt nämlich die Gefahr, daß der Kampfeifer der Parteien den Staat unregierbar macht. Schon das herkömmliche Wort »Opposition« suggeriert eine falsche, im Grunde anachronistische Haltung; man sollte vielleicht besser von Regierung und Reserveregierung sprechen – in der englischen Einrichtung des »Schattenkabinetts« deutet sich das schon an.

Es ist nämlich nicht die Aufgabe der jeweiligen Minderheitspartei, der Mehrheitspartei ständig Knüppel zwischen die Beine zu werfen und zu allem, was die Regierung tut, automatisch nein zu sagen. Ihre Aufgabe ist, sich zur Ablösung jederzeit bereitzuhalten – und sich natürlich als nächste Regierung zu empfehlen. Am besten empfiehlt sie sich durch eigene Leistungen. Der Föderalismus gibt dazu die beste Gelegenheit, weil er sozusagen für Trostpreise sorgt: Selbst wenn eine Partei in Bonn lange Zeit, wie man so sagt, auf den harten Bänken der Opposition sitzen muß, wird es immer die eine oder andere Landeshauptstadt geben, wo sie auf weichen Ministersesseln sitzt. Das ist ein ausgezeichnetes Vorbeugemittel gegen Verbitterung und Staatsverdrossenheit.

Wiedervereinigung durch die Länder?

Es ist nicht der einzige Vorzug des Föderalismus. Die sehr betonte Eigenständigkeit der Länder entsprang ja nicht ganz dem eigenen Wollen der Grundgesetzväter. Der Föderalismus ist ihnen von den Besatzungsmächten durch die Schaffung der Länder sozusagen vorgezeichnet und bei der Abfassung des Grundgesetzes mehr oder weniger aufgenötigt worden, und mindestens in Norddeutschland, wo den Menschen immer noch die Erinnerung an die alte zentralistische Verwaltung Preußens mit ihrer Sparsamkeit und Effizienz in den Knochen sitzt, ist er nie so recht populär geworden.

Auch ist es ja richtig, daß einigen deutschen Ländern immer noch der Zufallsursprung aus ehemaligen Besatzungszonengrenzen anhaftet, daß es Zeit wäre, die vom Grundgesetz ausdrücklich vorgesehene Flurbereinigung und Neugliederung endlich durchzuführen, und daß ganz allgemein die Zersplitterung etwa im Schulwesen oder bei der Kriminalpolizei zu ärgerlichen Unbequemlichkeiten und Unzulänglichkeiten führen kann. Aber gerade diese letztgenannte Gefahr hat in der Verfassungswirklichkeit Einrichtungen hervorgebracht, die vielleicht noch eine große Zukunft haben könnten – nicht nur für die Bundesrepublik, sondern für Deutschland als Ganzes.

Ich denke an die ständigen Konferenzen der Länderminister, die Kultus-, Innen- und Finanzministerkonferenz, Einrichtungen, die vom Grundgesetz nicht vorgesehen sind, die sich aber als unentbehrlich erwiesen haben und heute aus der deutschen Verfassungswirklichkeit nicht mehr wegzudenken sind. Unentbehrlich waren sie, weil nur so eine gewisse Einheitlichkeit und Koordinierung auf all den vielen Gebieten zu erzielen war, die das Grundgesetz aus der Bundeskompetenz ausklammert und den Ländern zur selbständigen Regelung überläßt. Der Bund kann in diese Dinge nicht hineinregieren; und wenn sie sich nicht hoffnungslos auseinanderentwickeln sollten, mußten die Länder selbst die Sache in die Hand nehmen und sich auf freiwilliger Basis über gewisse gemeinsame Regelungen von Fall zu Fall einigen. So ist gewissermaßen neben der Bundesrepublik ganz im Stillen auf demselben Gebiet so etwas wie ein informeller Bund deutscher Länder entstanden – ein loser Staatenbund neben dem straffen Bundesstaat, ein Länderverein, der keine Gewalt über seine Mitglieder hat, aber doch ein Auseinanderleben verhindert. Und wer denkt, wenn er solche Begriffe hört, nicht unwillkürlich an die deutsche Teilung und die Möglichkeiten ihrer künftigen Überwindung?

Ich will hier nicht, zu böser guter Letzt, die ganze schmerzliche Problematik aufrollen, die sich um die Begriffe »Wiedervereinigung« und »Wiedervereinigungsgebot« rankt. Wenn man mit dem Bundesverfassungsgericht der Präambel des Grundgesetzes nicht nur rhetorische, sondern juristisch bindende Bedeutung beimißt, dann klafft hier ohne Zweifel der tiefste – der einzige wirklich tiefe – Widerspruch zwischen Verfassungsanspruch und Verfassungswirklichkeit. Und zwar ist es – bitteres Paradox – gerade die außerordentliche Bescheidenheit ihres Verfassungsanspruchs, die den Vätern des Grundgesetzes hier einen Streich gespielt hat. Sie wollten ja gar keine Verfassung schmieden, nichts Dauerhaftes und Festgefügtes, nur ein Übergangsstatut, nur eine Behelfsregelung für den Tag und für die Stunde. Sie wollten keine westdeutsche Staatsgründung, die unvermeidlich eine ostdeutsche nach sich ziehen mußte. Daher all die beschwörenden Worte der Grundgesetz-Präambel von der Übergangszeit, vom Mithandeln für die, denen mitzuwirken versagt war, von der Aufforderung an das gesamte deutsche Volk, in freier Selbstbestimmung die Einheit und Freiheit Deutschlands zu vollenden. Als Willens- und Absichtserklärung ist das alles von verzweifelter Aufrichtigkeit. Aber was immer der Wille und die Absicht der Grundgesetzverfasser war: Was sie *nicht* wollten und *nicht* beabsichtigten, genau das haben sie getan, und sie haben es nur zu gut, nur zu gründlich getan.

Das Grundgesetz ist viel besser, viel dauerhafter geraten, als seine Autoren es haben wollten, und natürlich war mit seiner Inkraftsetzung der westdeutsche Staat ins Leben getreten, dessen Gründer sie nicht sein wollten, dessen Abschaffung sich aber keiner seiner Bürger mehr vorstellen, geschweige denn wünschen kann. Ebenso natürlich mußten »jene Deutschen, denen mitzuwirken versagt war«, daraufhin andere Wege gehen, und dadurch hat sich wohl oder übel ihr eigener, sehr verschiedener Staat entwickelt. Wenn die Grundgesetz-Präambel ein Wiedervereinigungsgebot enthielt, dann ist dieses jedenfalls unerfüllt geblieben und mit dem Zeitablauf immer unerfüllbarer geworden. Daß man beide deutsche Staaten so, wie sie sind und geworden sind, heute nicht mehr zu einem Staat zusammenfügen kann, ohne den einen oder den anderen oder beide zu zerstören – gibt es noch jemanden, der das nicht sieht? Anders gefragt: Hat irgend jemand eine Vorstellung, wie auch bei günstigster politischer Lage und beiderseitigem guten Willen – der heute nicht existiert – eine staatliche Vereinigung von Bundesrepublik und DDR zu einem Gesamtstaat konkret aussehen könnte? Man scheitert schon beim bloßen Versuch eines Gedankenentwurfs.

Aber wenn man nicht an die Bundesrepublik denkt, sondern an die Konferenzen der Ministerpräsidenten der Länder und ihrer Minister, also an die informelle konföderationsähnliche Zusammenarbeit der westdeutschen Länder, dann beginnt sich so etwas wie ein schwaches Licht am Ende des Tunnels zu zeigen. Eine deutsche Konföderation – das war ja einmal, lang ist's freilich her, der Vorschlag der DDR. Allerdings dachte sie dabei wohl an einen Zwei-Länder-Bund mit der Bundesrepublik, und daraus hätte schwerlich viel Gescheites werden können, nicht nur wegen der verschiedenen Gesellschaftsordnung der beiden Staaten, sondern vor allem wegen ihrer verschiedenen Größe. Aber Länder wie Nordrhein-Westfalen und die DDR sind ungefähr gleichgroß, die anderen Länder sind sogar kleiner als die DDR; keiner brauchte sich vor einem andern zu fürchten, und da keiner einem andern etwas aufzwingen könnte – warum sollte es nicht eines Tages möglich sein, praktische Dinge in einem solchen Kreise zu regeln? Die staatliche Eigenexistenz von Bundesrepublik und DDR und ihre quasi-diplomatischen Beziehungen blieben davon unberührt – ähnlich wie einst die Souveränität Preußens und Österreichs von der Existenz des Frankfurter Deutschen Bundes unberührt blieben.

Bis Entwicklungen dieser Art in den Bereich des Möglichen rücken können, müßten die internationalen Rahmenbedingungen gewiß viel weiter sein, als sie heute sind. Aber wenn es überhaupt noch Möglichkeiten gesamtdeutscher Sonderbeziehungen gibt, die man mit einiger Großzügigkeit auf den Begriff »Wiedervereinigung« bringen könnte, dann muß man sie wohl eher auf Länder- als auf Bundesebene suchen. Inzwischen täten wir gut daran, die Präambel zum Grundgesetz nicht wichtiger zu nehmen als das Grundgesetz selbst. Seiner nüchternen Solidität verdanken wir einen Staat, den es zu erhalten und zu pflegen lohnt, auch wenn er nicht das ganze Deutschland ist.

> Das Los der Bundesrepublik ist so übel nicht. Man könnte sogar sagen, daß sie in mancher Hinsicht besser dran ist, als es das Deutsche Reich war.

Der wirklich entscheidende Einschnitt und Umbruch, den das Jahr 1945 in der deutschen Geschichte bewirkt hat, ist nicht so sehr innenpolitisch als außenpolitisch; wenn das Wort nicht verpönt wäre, könnte man sagen: geopolitisch. Innenpolitisch gibt es zwischen dem Deutschen Reich und der Bundesrepublik durchaus Kontinuität. In der Bundesrepublik sind einfach die demokratischen und liberalen Ideen zur vollen Entfaltung gekommen, die es im Ansatz durchaus schon im Kaiserreich gab und die in der Weimarer Republik bereits einmal auf etwas andere Art verwirklicht waren. Ein alter Bundesbürger, der im Kaiserreich geboren und in der Weimarer Republik aufgewachsen ist, findet sich in der Bundesrepublik innenpolitisch ohne weiteres zurecht. Aber außenpolitisch hat er von Grund auf umlernen müssen, und dieser Prozeß des Umlernens und Umdenkens ist immer noch im Gange.

Zweierlei hat sich verändert. Das eine weiß jeder: Deutschland ist geteilt. Das andere dringt nur allmählich ins Bewußtsein, aber es ist vielleicht die größere Veränderung, die den politischen Charakter der Deutschen noch tiefer umgeformt hat und immer noch weiter umformt: Die beiden Staaten, aus denen Deutschland heute besteht, leben in einem ganz anderen politischen Umfeld und haben zu diesem Umfeld ganz andere Beziehungen als das Deutsche Reich. Sie haben sich außenpolitisch völlig neu orientieren müssen. Diese Neuorientierung ist immer noch nicht ganz abgeschlossen.

Das Deutsche Reich Bismarcks war ein Reich der Mitte, und es war eine Großmacht. Die Bundesrepublik ist keine Großmacht mehr. Das sieht jeder, aber sie ist außerdem kein Reich der Mitte mehr, sondern ein Grenz- und Randstaat, die äußerste vorgeschobene Grenzmark eines neuen westlichen Staatensystems, in das sie fest eingefügt und in dem Amerika maßgebend ist. Umgekehrt ist der andere deutsche Staat, die DDR, die äußerste vorgeschobene Grenzmark eines neuen östlichen Staatensystems, in dem die Sowjetunion das Sagen hat. Es ist übrigens diese feste Anbindung der beiden deutschen Staaten an zwei Supermächte und ihre Bündnissysteme, die ihre Wiedervereinigung oder Neuvereinigung für die absehbare Zukunft unmöglich macht – weit mehr als ihre innen- und gesellschaftspolitischen Unterschiede. Über die wäre in einer anderen Weltlage vielleicht hinwegzukommen. Aber diese andere Weltlage ist nicht in Sicht, und die Deutschen haben nicht einmal ein Interesse daran, sie herbeizuführen. Für alle vorhersehbare Zukunft müssen sie sich in ihrer neuen Lage, geteilt zwischen zwei Weltmächten, so gut es geht einrichten. Das gilt für die DDR, und es gilt ebenso für die Bundesrepublik, die dabei ja das bessere Los gezogen hat.

Das Los der Bundesrepublik ist nämlich so übel nicht. Man könnte sogar sagen, daß sie in mancher Beziehung besser dran ist, als es das Deutsche Reich war. In der Bundesrepublik leben mehr als drei Viertel der Einwohner des untergegangenen Reichs, aber sie leben nur auf ungefähr der halben Fläche, und ihre Ostgrenze, hinter der das übrige Viertel der ehemaligen Reichsdeutschen lebt, ist eine unbehagliche, ja eine blutende Grenze, an der es immer wieder tragische Zwischenfälle gibt; potentiell eine feindliche Grenze. Aber damit sind wir auch schon bei der anderen Seite der Medaille. Das Deutsche Reich hatte in Friedenszeiten keine blutende Grenze; aber potentiell feindliche Grenzen, Militärgrenzen, hatte es nicht nur auf einer Seite, sondern rundherum. Es wurde, wie ein amerikanischer Historiker festgestellt hat, eingekreist geboren, umgeben von fünf Großmächten. Es war stärker als jede einzelne von ihnen, aber natürlich schwächer als die Koalition, die sie miteinander eingehen konnten; und gerade weil es stärker war als jede einzelne von ihnen, neigten sie natürlich dazu, schon aus Sicherheitsgründen, solche Koalitionen gegen das Reich zu bilden.

Bismarck hat diese Neigung mit ungeheurer Mühe und Kunstfertigkeit zwanzig Jahre lang eingedämmt. Aber bald nach seinem Abgang kam das französisch-russische Bündnis zustande, ein Jahrzehnt später bildete sich die englisch-französisch-russische Dreier-Entente, und im Ersten Weltkrieg schloß sich auch Italien der feindlichen Kombination an. Feinde ringsum! Woran natürlich die deutsche Politik ihren Anteil hatte. Aber auch die war aus der geopolitischen Lage des Deutschen Reichs nur allzuleicht zu erklären. Schließlich war es die stärkste der europäischen Großmächte jener Zeit, und was lag näher als die Versuchung, diese Stärke zu nutzen, um bei sich bietender Gelegenheit den Ausbruch und Durchbruch zu wagen und den Ring, der sich um Deutschland zusammenschloß, zu sprengen! Was die anderen natürlich merkten, weshalb sie, schon aus purem Selbsterhaltungstrieb, den Ring nur immer fester schlossen. Der Krieg von 1914 war dem Deutschen Reich durch Geographie und Machtverhältnisse sozusagen in die Wiege gelegt; auch die Niederlage von 1918. Vom Zweiten Weltkrieg, der mehr als der erste ein reiner deutscher Angriffs- und Eroberungskrieg war, wollen wir in diesem Zusammenhang erst gar nicht reden.

Von allen diesen Gefahren und Versuchungen des Deutschen Reiches ist die Bundesrepublik frei. Sie hat im Westen, Norden und Süden keine potentiellen Feinde mehr, nur Verbündete. Sie lebt, seit es sie gibt, angelehnt an mächtige Freunde, in einem westeuropäischen und atlantischen Verbund und Bündnis, in dem es sich sehr gut leben läßt – nicht nur materiell, aber das Materielle wollen wir auch nicht vergessen. Schließlich war es keine Selbstverständlichkeit, daß es den Deutschen in der Bundesrepublik so bald nach einem so schrecklichen Krieg und einem so fürchterlichen Zusammenbruch besser gehen würde als je zuvor, und noch weniger war es eine Selbstverständlichkeit, daß die siegreichen Amerikaner ihren Teil des besiegten Deutschlands mit Care-Paketen durchfüttern und mit Hilfe des Marshallplans wieder auf die Beine stellen würden.

Der Preis der Teilung

Natürlich taten sie das nicht aus reiner Menschenfreundlichkeit. Keine Großmacht handelt aus reiner Menschenfreundlichkeit, sondern aus politischem Kalkül. Aber gerade dieses politische Kalkül der Amerikaner war für die besiegten Deutschen äußerst günstig und traf sich mit ihren damals heißesten Wünschen. Als sich die Amerikaner in den Jahren 1947 und 1948 entschlossen, in Umkehrung ihrer Kriegspolitik in Westeuropa gegen die Sowjetunion einen Damm zu errichten, dessen unentbehrliches Schlußstück die Westzonen des besiegten und besetzten Deutschland bilden mußten, da wurden die Gebete vieler Deutscher erhört. Nur so konnte aus einem besiegten und besetzten Land in knappen zehn Jahren wieder ein gleichberechtigtes werden.

Dies alles freilich um den Preis der Teilung, und zwar einer sehr ungleichen Teilung. Gewiß, auch aus der sowjetischen Besatzungszone wurde 1949 wieder ein deutscher Staat, auch die DDR erhielt 1955 im Warschauer Pakt den Status eines gleichberechtigten Verbündeten zugebilligt, der im selben Jahr der Bundesrepublik in der Nato zuteil wurde, und auch der DDR wurde das, was das Deutsche Reich ihren nunmehrigen Verbündeten im Kriege angetan hatte, allmählich sozusagen verziehen. Auch die DDR lebt heute nicht eingekreist, sondern angelehnt an Verbündete und mit einer mächtigen Schutzmacht im Rücken, auch die DDR hat nur *eine* Militärgrenze. Äußerlich sieht alles spiegelbildlich aus, innerlich gibt es zwei gewaltige Unterschiede: Der eine betrifft den materiellen Wohlstand. Der Bundesrepublik ist von ihren Siegermächten, die dann Bundesgenossen wurden, nach einer kurzen Zeit des Schwankens volle wirtschaftliche Entscheidungsfreiheit gewährt worden; sie erhielt in ihrer Entstehungszeit sogar amerikanische Aufbauhilfe, und sie wurde bald eines der reichsten Länder der Welt. Die DDR wurde noch Jahre über die Staatsgründung hinaus zu Reparationszwecken regelrecht ausgeplündert, ihr Osthandel wickelt sich heute noch zu sehr ungleichen, für sie ungünstigen Zahlungsbedingungen ab, und sie lebt im Vergleich zur Bundesrepublik immer noch in dürftigen Verhältnissen, ohne Aussicht, daß sich daran etwas Wesentliches ändern wird; und dies trotz einer achtunggebietenden Arbeits- und Aufbauleistung ihrer Bevölkerung, die sich mit der der Bundesrepublik durchaus messen kann.

Wichtiger noch als das materielle Gefälle zwischen Bundesrepublik und DDR ist allerdings etwas anderes: Die Bundesrepublik wird von der riesengroßen Mehrheit ihrer Bevölkerung innerlich akzeptiert, die DDR nicht. Aus der Bundesrepublik gibt es praktisch keine Republikflucht. Die DDR verlor in den ersten zwölf Jahren ihrer Existenz, bis sie ihre Grenze zumauerte, alljährlich Hunderttausende ihrer Bewohner durch Abwanderung. Und noch heute, bei streng geschlossener Grenze, schlagen sich jedes Jahr viele auf abenteuerliche Weise nach Westen durch. Dieser »Zug nach dem Westen« ist ein Grundzug der neuen deutschen Geschichte.

Er setzte schon in der Schlußphase des Krieges ein, und er hat nach dem Kriege nicht aufgehört, bis heute nicht. Schon im Winter 1945 flohen die Menschen vor den vorrückenden russischen Armeen in großen Trecks nach Westen; vor den einrükkenden Amerikanern, Briten und Franzosen gab es keine entsprechende Fluchtbewegung nach Osten. Nach 1945 hielt diese Ost-West-Wanderung fast unvermindert an, auch nach 1949 und nach 1955. Und daß die Bereitschaft immer noch weiterbesteht, beweist die DDR durch die umständlichen und kostspieligen Sperranlagen, die sie dagegen für nötig hält.

Dieser neudeutsche Ost-West-Drang ist kein geographisches Phänomen, sondern ein politisches. Sachsen und Thüringer, Brandenburger und Mecklenburger lieben ihre Heimat nicht weniger als Bayern und Schwaben, Niedersachsen und Rheinländer. Wenn sie sie trotzdem massenhaft verlassen haben und oft noch zu verlassen wünschen, dann einfach darum, weil sie nicht Kommunisten sein wollen. Stalin hat einmal gesagt: »Der Kommunismus paßt den Deutschen wie der Sattel der Kuh.« Das ist ein wahres Wort, das seine Wahrheit immer noch erweist. Die Deutschen, in Ost und West, wollen keine Kommunisten sein oder werden müssen. Das ist es, was die Bundesrepublikaner – nicht nur die Regierung, sondern gerade auch das Volk – im tiefsten Grund immer noch fest beim amerikanischen Bündnis hält, trotz aller Enttäuschungen, allen Ärgers, die sich gerade in diesem Bündnis aufgestaut haben. Und das ist es, was das Volk der DDR – nicht freilich die Regierung – immer noch zu einem unwilligen Verbündeten der Sowjets macht, der sich mit seinem Los höchstens im Wege der Resignation abgefunden hat und innerlich unzufrieden bleibt. Gerade das wiederum bindet die Regierung der DDR um so fester an ihre sowjetische Schutzmacht, ohne die sie sich wahrscheinlich auf Dauer nicht halten könnte. Schlechte Aussichten für eine Wiedervereinigung.

Gute Aussichten für eine Wiedervereinigung hat es, nachdem die Teilung einmal vollzogen war und sich in so vielfacher Hinsicht bewährt hatte – auch für die Mehrheit der Deutschen bewährt hatte –, eigentlich nie mehr gegeben. Immerhin gab es einmal, 1952, noch unter Stalin, ein russisches Wiedervereinigungsangebot, und es blieb unter seinen Nachfolgern noch zwei Jahre lang, bis 1955, auf dem Tisch. Es war wahrscheinlich sogar ehrlich gemeint, denn es entsprach, wie die Dinge damals lagen, durchaus den Interessen der Sowjetunion.

Sein Zweck war, die Einbeziehung der Bundesrepublik in die Nato zu verhindern; statt dessen sollte ein wiedervereinigtes Deutschland einen neutralen Puffer zwischen den amerikanischen und sowjetischen Bündnissystemen in Europa bilden. Das hätte, wie man im Rückblick mit einiger Sicherheit sagen kann, die Nato zu einem schwächlichen, auf die Dauer wahrscheinlich nicht lebensfähigen Gebilde gemacht und die Amerikaner früher oder später zum Rückzug auf die westliche Hemisphäre genötigt. Gerade darum war es für die Amerikaner von vornherein unannehmbar, und aus einem anderen Grunde war es das auch für die Engländer und Franzosen und die kleineren europäischen Nachbarstaaten der Bundesrepublik: Sie konnten sich, nach den Erfahrungen des Zweiten Weltkriegs, ein wiedervereinigtes Deutschland nicht wünschen.

Das Interessante ist nun aber, daß auch die Bürger der Bundesrepublik, vor die Wahl zwischen Westbündnis und Wiedervereinigung gestellt, in ihrer Mehrheit das Westbündnis vorzogen. Zum Teil gewiß aus reinen Sicherheitserwägungen: Ohne den amerikanischen Schutzschild fürchteten sie, Neutralität hin, Neutralität her, eines Tages vom russischen Bären verschlungen zu werden. Zum Teil aber auch, weil sie sich gerade vom Westbündnis eine spätere und bessere Wiedervereinigung versprachen. Man darf nicht vergessen, daß die frühen fünfziger Jahre die Blütezeit des Kalten Krieges waren: Amerika und Rußland waren Gegner, fast schon Feinde geworden; verstärkt um die wiederbewaffnete Bundesrepublik würden, so die weitverbreitete Hoffnung, Amerika und seine Verbündeten über die deutsche Einheit und die Ostgrenzen des wiedervereinigten Deutschlands eines Tages mit Rußland, wie Adenauer damals gern sagte, »vernünftig reden können«. Man hoffte, die Wiedervereinigung im Bunde mit Amerika den Russen abtrotzen zu können, statt sie ihnen durch Verzicht auf das amerikanische Bündnis abkaufen zu müssen.

Diese Hoffnung wurde dann in der Berlin-Krise der Jahre 1958 bis 1961 bitter enttäuscht. Sie begann für die Deutschen mit einem Schock, setzte sich fort in einer Enttäuschung und führte zum Umdenken mit der Verarbeitung dieser Enttäuschung. Der Schock lag darin, daß es die Sowjets und nicht die Westmächte waren, die 1958 in Deutschland die Offensive ergriffen. Adenauer hatte immer von einer Position der Stärke gesprochen, die der Westen nach dem Beitritt der Bundesrepublik zur Nato gegenüber der Sowjetunion erlangen würde. Statt dessen waren es nun plötzlich die Sowjets, die sich offenbar in einer Position der Stärke fühlten, aus der heraus sie Forderungen an die Westmächte stellen zu können glaubten –

Forderungen, die in der Form des Chruschtschow-Ultimatums vom November 1958 auf einen westlichen Rückzug aus Berlin hinausliefen.

Europa ist kein Krisenherd

Dem Schock folgte Enttäuschung – Enttäuschung über die durchaus nicht besonders harte und feste, sondern eher verlegene und belästigte, von Anfang an kompromißsuchende Haltung der Westmächte, die schließlich nach jahrelangem diplomatischen Poker zur Lösung der Krise durch den Berliner Mauerbau führte. Diese Lösung wurde bei den westlichen Alliierten mit Erleichterung aufgenommen: Sie bedeutete ja immerhin ein Ablassen der Sowjets von ihrer ursprünglichen Forderung nach Abzug der Westmächte aus Berlin. In Deutschland wurde sie dagegen als harte Niederlage empfunden. Denn hier bedeutete sie nicht nur das Ende der Fluchtschleuse Berlin, sondern den Rückzug des Westbündnisses auf eine rein defensive Deutschland-Politik, ja, die endgültige Akzeptierung und Legitimierung der Teilung Deutschlands – und nun auch Berlins.

Es ist fast schon vergessen, daß in den letzten Regierungsjahren Adenauers das deutsch-amerikanische Verhältnis tief gestört war: Damals waren es die Deutschen, die sich im Stich gelassen und ihre Interessen vernachlässigt fanden, die Amerikaner, die Frieden und Entspannung als vorrangig betrachteten. Es liegt Ironie darin, daß der später in Amerika so beklagte Wandel der deutschen Haltung in dem nachträglichen und allmählich einsetzenden Verständnis der Deutschen für die amerikanische Haltung in der Berlin-Krise seinen Ausgangspunkt hat. Denn nach und nach, als der erste Ingrimm verflogen war, erhob sich auch in Deutschland die Frage: »Was hätten die Amerikaner denn tun sollen?« Sie hätten ja gerade Berlin ohne atomare Eskalation oder Eskalationsdrohung kaum verteidigen können. Und das brachte vielen Deutschen erstmals zum Bewußtsein, was ein Atomkrieg auf deutschem Boden bedeutet hätte – oder bedeuten würde. Dieses Bewußtsein hat sich in den letzten Jahren vielfach bis zur panischen Angst gesteigert, bei der das klare Denken manchmal zu kurz kommt. Aber zunächst hatte es die sehr vernünftige Folge, die sich allmählich in dem allgemein akzeptierten Satz niederschlug: Von deutschem Boden darf kein neuer Krieg ausgehen!

Dieser Satz wurde nach dem innenpolitischen Machtwechsel von 1969 in praktische Politik umgesetzt. Auf ihm beruhen die Ostverträge der frühen siebziger Jahre, also die Verträge von Moskau und Warschau, mit denen die Nachkriegsgrenzen, auch die Grenzen zwischen der Bundesrepublik und der DDR, zwischen der DDR und Polen für unantastbar erklärt wurden; das Viermächte-Abkommen über Berlin, in dem die Freiheit Westberlins für die Dauer der Anwesenheit seiner westlichen Schutzmächte auch durch die Sowjetunion vertraglich abgesichert wurde; und schließlich der Grundlagenvertrag zwischen Bundesrepublik und DDR, durch den die beiden deutschen Staaten sich gegenseitig faktisch anerkannten.

Die Ostverträge, durch die die Bundesrepublik de facto Frieden mit ihren östlichen Nachbarn geschlossen hat, bedeuten den Verzicht auf viele frühere Hoffnungen und Träume; für viele einen immer noch schmerzlichen Verzicht. Man wird auch zugeben müssen, daß nicht alle Hoffnungen, die mit den Verträgen selbst verbunden waren, sich erfüllt haben. Insbesondere von der Anerkennung der DDR erhofften sich viele einen »Wandel durch Annäherung«. Den hat es nicht gegeben. Die DDR bleibt, was sie war, und das Verhältnis der beiden deutschen Staaten bleibt vorsichtig, mißtrauisch und frostig. Das ist leicht zu erklären; denn wie die Dinge nun einmal liegen, hat die DDR die Freundschaft der Bundesrepublik beinah noch mehr zu fürchten als ihre Feindschaft. Gegen Feindschaft sichert sie das Bündnis mit der mächtigen Sowjetunion. Gegen die innere Aufweichung, die sich aus einer allzu innigen Freundschaft ergeben könnte – eben den »Wandel durch Annäherung« –, kann sie kein Bündnis schützen; sie muß sich dagegen durch eine eigene Politik spröder Abgrenzung vorsehen.

Wer sich von der Anerkennung der DDR doch noch, auf einem Umweg, eine Art Wiedervereinigung erhofft hatte – oder soviel Wandel durch Annäherung, daß er eine förmliche Wiedervereinigung ersetzt und gewissermaßen überflüssig gemacht hätte: der ist enttäuscht worden. Der Frieden, den die Bundesrepublik mit dem Osten gemacht hat, bleibt ein Status-quo-Frieden, der die Dinge läßt, wie sie sind. Er bleibt trotzdem segensreich, ja unentbehrlich, einfach weil er ein Frieden ist. Er hat vielen Deutschen erhebliche menschliche Erleichterungen beschert: Es gibt wieder einen lebhaften Besuchs- und Reiseverkehr in West-Ost-Richtung, auch einen gewissen begrenzten Familienverkehr in Ost-West-Richtung, dazu einen unbehinderten Transitverkehr zwischen der Bundesrepublik und Westberlin. Der innerdeutsche Handel blüht.

Viel wichtiger noch ist aber, daß seit den Ostverträgen das Element der gegenseitigen Bedrohung aus dem Verhältnis der beteiligten Staaten, gerade auch der deutschen Staaten, verschwunden ist. Deutschland ist kein internationaler Konfliktstoff und Krisenherd mehr, und die Gefahr, daß von deutschem Boden – etwa von Berlin – ein neuer Krieg ausgehen könnte, eine Gefahr, die in den fünfziger und sechziger Jahren manchmal akut war oder schien, beunruhigt niemanden mehr. Ja, es ist, seit die Bundesrepublik mit dem Osten ihren Frieden gemacht hat, sogar möglich geworden, das Prinzip des Gewaltverzichts, das den deutschen Ostverträgen zugrunde liegt, vertraglich auf ganz Europa auszudehnen: in der Charta von Helsinki, die von 35 Nationen, darunter den Vereinigten Staaten und der Sowjetunion, unterschrieben worden ist und die man ohne Verzerrung eine Art europäische Friedensregelung – oder Ersatz-Friedensregelung – nennen kann.

Gewiß, Friedensverträge, das lehrt bittere historische Erfahrung, sind noch keine Friedensgarantie. Aber es ist auffallend, daß seit der Regelung der deutschen Frage durch die Deutschen selbst Europa die krisenfreieste Großregion der Welt geworden ist. Während es im Nahen und Mittleren Osten, in Südostasien, in Afrika, in Mittel- und Südamerika von Staatsstreichen und Revolutionen, ungelösten Konflikten und kriegerischen Zusammenstößen nur so wimmelt, herrscht in Europa tiefer Frieden, und kein Kriegsgrund ist abzusehen. Und dies gilt, obwohl oder gerade weil Europa durch die beiden großen Bündnissysteme geteilt ist. Ja, man könnte sich heute vorstellen, was vor Jahren noch unvorstellbar war: daß selbst in dem unglücklichen Fall, daß die beiden Supermächte eines Tages in einen der vielen außereuropäischen Kriege direkt verwickelt werden sollten, sie aus ihrem lokalen Zusammenstoß keinen Weltkrieg machen, sondern Europa als Friedenszone aussparen könnten – wie sie es ja bei ihren Stellvertreterkriegen schon heute tun.

Allerdings bleibt Europa – und damit auch das geteilte Deutschland – von diesen fortdauernden und in den letzten Jahren wieder auflebenden Supermachtkonflikten in der außereuropäischen Welt nicht unberührt, und daraus ergeben sich die Probleme, mit denen es die Bundesrepublik heute in ihrer Außenpolitik hauptsächlich zu tun hat.

Die deutschen Ostverträge fielen in eine Zeit, in der die beiden Supermächte ihr Verhältnis zu entspannen suchten. Das machte es den Deutschen verhältnismäßig leicht, Westbündnis und Ostpolitik unter einen Hut zu bringen. Ja, man kann sagen, daß die neue deutsche Ostpolitik damals auch die beste Westpolitik war, die die Deutschen machen konnten. Sie paßten sich damit der herrschenden Strömung der amerikanischen Politik an, die darauf aus war, Spannungen mit der anderen Supermacht abzubauen, und sie konnten so fast die ganzen siebziger Jahre hindurch mit Amerika im Gleichschritt marschieren.

Das ist inzwischen nicht mehr im gleichen Maße der Fall. Zwar besteht zwischen Amerika und Rußland in Europa auch heute noch kein akuter Konfliktstoff; auch heute ist es den Amerikanern wahrscheinlich im Stillen nicht unwillkommen, daß die Deutschen von den Amerikanern keine deutsche Wiedervereinigung mehr erwarten, die sie ohne Weltkrieg nicht herbeiführen können, und daß es keine Berlin-Krisen mehr gibt. Aber die beiden Supermächte konkurrieren und rivalisieren ja nicht nur in Europa. Sie befinden sich, auch nachdem der Kalte Krieg hier beigelegt ist, in einem ständigen globalen Positionskampf, dem die Gärung in der sogenannten Dritten Welt reichliches Material liefert.

In den siebziger Jahren, nach dem Debakel in Vietnam, waren die Amerikaner dieses Positionskampfes ein paar Jahre lang müde geworden, sie hatten den europäischen Frieden fälschlich für einen Weltfrieden genommen, sie hatten, derb gesagt, ein bißchen geschlafen; und infolgedessen hatten die Russen widerstandslos ein paar Positionen gewonnen: Südjemen, Angola, Äthiopien, schließlich Afghanistan. Durch den Einmarsch in Afghanistan wurden die Amerikaner wachgerüttelt, und seitdem befinden sie sich wieder in der Stimmung eines Kalten Krieges. Die Russen, die sie in der Kennedy- und Kissinger-Zeit schon fast als Partner – »Sicherheitspartner« – betrachtet hatten, sind für sie wieder Gegner, fast schon wieder Feinde geworden, gegen die sie nicht nur gewaltig aufrüsten, sondern auf die sie auch durch Handelssanktionen Druck ausüben möchten. Und in beidem verlangen sie, daß die Verbündeten mitmachen, ob es ihnen nun in den Kram paßt oder nicht.

Es paßt ihnen aber oft gar nicht in den Kram, und daraus ergeben sich die heutigen Spannungen im westlichen Bündnis. Die europäischen Verbündeten der USA sehen nicht ein, warum sie jede plötzliche Kehrtwendung der amerikanischen Politik wie eine Kompanie Soldaten mitmachen müssen. Das bedeutet nicht, daß sie die Absicht hätten, aus dem westlichen Bündnissystem auszubrechen; am wenigsten die Bundesrepublik, für die dieses Bündnissystem immer noch die unentbehrliche Existenz- und Sicherheitsgrundlage bildet und auf jede absehbare Zukunft weiter bilden wird. Zwar gibt es ein paar Leute, die im Privatgespräch die Meinung äußern, das Bündnis sei gegen eine Gefahr gerichtet, die es gar nicht mehr gäbe. Aus Moskau sind ja seit langer Zeit keine Drohungen gegen uns mehr gekommen, sagen sie; die Russen wollen nichts mehr von der Bundesrepublik. Das stimmt mit Sicherheit eben nur unter den obwaltenden Bedingungen, das heißt, solange das westliche Bündnis existiert und solange ein Krieg der Sowjetunion gegen die Bundesrepublik für sie auch Krieg gegen Amerika bedeuten würde.

Nein, die Bundesrepublik kann und wird dem amerikanischen Bündnis auf keinen Fall untreu werden. Werden es dann vielleicht die Amerikaner tun, wenn sie sich über die Unbotmäßigkeit der Verbündeten gar zu sehr ärgern? Der amerikanische Botschafter in Bonn hat ein paarmal gesagt, wenn die amerikanischen Truppen in der Bundesrepublik nicht mehr willkommen wären, dann könnten sie ja abziehen. Aber erstens stimmt es nicht, daß die amerikanischen Truppen bei der Mehrheit der Deutschen in der Bundesrepublik nicht mehr willkommen sind; und zweitens sind die Amerikaner nicht um unserer schönen Augen willen hier. Sie würden es sich dreimal überlegen, ihre Truppen aus der Bundesrepublik abzuziehen, selbst wenn einmal ein böser Tag kommen sollte, an dem sie dort bei den meisten unbeliebt würden. Denn damit müßten sie ihre ganze, in Jahrzehnten mühsam aufgebaute militärische Position in Europa preisgeben – die sicherste und zugleich friedlichste Position, die sie in der Welt haben – und das Risiko eingehen, daß der sowjetische Einfluß sich bis zum Atlantik ausdehnen würde. So töricht sind die Amerikaner nicht.

Nein, das Nato-Bündnis ist nicht gefährdet, und das ist gut so. Schließlich hat es sich jetzt ein Menschenalter lang als Sicherheitsgrundlage für Westeuropa und als Friedensgarantie für ganz Europa bewährt. Aber gerade weil das so ist, brauchen wir nicht bei jedem deutsch-amerikanischen oder europäisch-amerikanischen Hauskrach nervös zu werden und nicht jede Schwenkung der amerikanischen Außenpolitik bedingungslos mitzumachen. Vergessen wir eines nicht: Die Nato ist kein Superstaat; sie ist nicht einmal ein globales Schutz- und Trutzbündnis, sondern ein regionales Defensivbündnis, nicht mehr und nicht weniger. Das hat uns gerade Amerika in der letzten Berlin-Krise einprägsam beigebracht. Afghanistan geht uns als Nato-Verbündete nichts an – denn es liegt außerhalb des Bündnisbereichs –, und selbst Polen geht uns in dieser Eigenschaft nichts an, denn jede Einmischung dort wäre nicht mehr Verteidigung, sondern Angriff. Wir halten zum Bündnis, denn es ist unser stärkster und letzter Notanker; aber wir wollen auch den Frieden mit dem Osten, solange der Osten uns in Frieden läßt – was er ja nun schon seit mehr als zehn Jahren tut. Beides verträgt sich nicht nur; auf längere Sicht gesehen ergänzt und bedingt es sich. Auf jeden Fall ist es die politische Richtlinie, die sich aus der Grenzlage der Bundesrepublik zwingend ergibt.

Ist die bürgerliche Revolution zu Ende?

> Der Faschismus war nichts anderes als die wortwörtliche, wie hypnotisierte Erfüllung der Marxschen Prophetie.

Das Wort Revolution hat in unseren Tagen einen nicht immer bewußtgewordenen Bedeutungswandel durchgemacht. Man wendet es auf Vorgänge an, bei denen es früher niemandem im Traum eingefallen wäre, von einer Revolution zu sprechen. Man spricht von der industriellen Revolution, neuerdings von der zweiten industriellen Revolution, von der sexuellen Revolution, von revolutionären Auto- oder Flugzeugmodellen. Sogar den Ausdruck »Revolution der Mode« habe ich schon gelesen.

Ganz so diffus meine ich es nicht, wenn ich die Frage aufwerfe, ob die bürgerliche Revolution eigentlich schon zu Ende ist. Ich spreche von den großen gesellschaftlichen Erschütterungen und Umgestaltungen, nach denen man historische Epochen rechnet, aber ich gebrauche den Begriff andererseits auch nicht so eng und exakt, wie man das noch in meiner Jugend tat. Damals zum Beispiel nannte man das, was sich in Deutschland in der Luther-Zeit abspielte, noch keine Revolution, man nannte es Reformation und Bauernkrieg. Als dieselbe Bewegung dann nach Holland wanderte, hieß sie »Abfall der Niederlande«; als sie England ergriff und unter Cromwell in der Diktatur der Heiligen gipfelte, sprachen ihre Feinde von *the great rebellion,* der großen Rebellion, und ihre Anhänger, ein Jahrhundert später, erklärten ihre Unabhängigkeit und proklamierten im selben Zuge die Menschenrechte. Daß sie damit eine amerikanische Revolution vollzogen, das haben sie erst in unserer Zeit sehr nachträglich entdeckt.

Die ersten, die ihre Revolution wirklich eine Revolution nannten, waren die Franzosen von 1789. Und seitdem bekam das Wort Revolution den engen, genau umschriebenen Sinn, den es bis weit ins 20. Jahrhundert behalten hat. Eine Revolution, das war eine gewaltsame, plötzliche, quasi militärische Aktion begeisterter Massen; das waren Barrikadenkämpfe, Sturm auf öffentliche Gebäude, Absetzung, Verjagung oder Gefangennahme von Königen oder Regierungen. Ein kurzer, scharf umgrenzter, explosiver Vorgang, ein Donnerschlag, der auf einmal alles veränderte oder wenigstens verändern sollte.

Karl Marx erkannte als erster, daß sich dieser Revolutionsbegriff an Äußerlichkeiten festgehakt hatte und daß es sich bei den großen revolutionären Tagen um Episoden handelte; allenfalls um dramatische Höhepunkte, Aktschlüsse, aber nicht um die Revolution selbst. Marx faßte alle die großen Vorgänge, die ich eben aufgezählt habe, vom deutschen Bauernkrieg bis zur Großen Französischen Revolution und darüber hinaus zu einem gewaltigen historischen Prozeß zusammen, den er »die bürgerliche Revolution« nannte. Sie hatte, von Land zu Land wandernd und mit großen Pausen des Atemholens, mehr als drei Jahrhunderte gebraucht, um sich zu vollenden. Aber nun – so sah es jedenfalls Marx – war sie vollendet, ihr historisches Werk getan. Sie hatte alle hierarchischen Bindungen und Fesseln der mittelalterlichen Welt gesprengt, den Jenseitsglauben ausgehöhlt, den reich gegliederten, aber starren Pyramidenbau der Feudalgesellschaft abgetragen, die Welt entgöttert und säkularisiert und nur noch zwei Klassen übriggelassen: die Besitzenden und die Nichtbesitzenden, die Bourgeoisie und das Proletariat.

Die Welt war reif zum letzten Gefecht, die bürgerliche Revolution vorüber. Was nun auf der Tagesordnung der Geschichte stand, war die »proletarische Revolution«. Das Bürgertum – bis gestern selbst jahrhundertelang die revolutionäre Klasse – war nun zum Verteidiger der bestehenden Ordnung geworden und damit des Abgelebten und Abschaffungsreifen, der Kapitalist in die Schuhe des Feudalherrn geschlüpft. Es war der Drache geworden, der auf seinem Besitz ausruhte, es hatte der Welt nichts mehr zu bieten. Die Bourgeoisie stand dem Menschheitsfortschritt jetzt so verständnis- und ideenlos im Wege wie die Aristokratie von 1789, und eine ganz andere Revolution war nun an der Tagesordnung, eben die proletarische, deren Methode die Expropriation der Expropriateure und deren Ziel der Sprung aus dem Reich der Notwendigkeit in das Reich der Freiheit war, die klassenlose Gesellschaft, das Absterben des Staates.

Ehe ich diesen Gedanken von Marx kritisiere, möchte ich nicht verfehlen, ihm meine Reverenz zu erweisen. Er ist ein Königsgedanke, eine historische Vision von beinah unheimlicher Hellsichtigkeit und Plausibilität, und es ist kein Wunder und kein Zufall, daß er fast ein Jahrhundert lang die Geister mit einer gewissen Unwiderstehlichkeit gepackt und gebannt hat, und zwar die Geister von Freund und Feind, denn nicht nur die Kommunisten haben ihren Marx gierig aufgesogen, auch die

Bürger der Generationen nach 1870 haben wie unter einem Zauberbann die Rolle, die wenig rühmliche Rolle, die er ihnen zugeteilt hatte, angenommen.

Der bürgerliche Faschismus war ja nichts anderes als die wortwörtliche, wie hypnotisierte Erfüllung der Marxschen Prophetie, der Versuch der Bourgeoisie, ganz und gar zu vergessen, daß sie jemals eine revolutionäre Klasse gewesen war, und der Versuch, die hierarchische Ordnung, die sie in drei Jahrhunderten revolutionärer Arbeit zerstört hatte, irgendwie wiederherzustellen. Ein Versuch mit untauglichen Mitteln allerdings. Ein Führer oder Duce war eben doch nur ein schlechter Ersatz für einen Kaiser oder König von Gottes Gnaden. Eine Ideologie hatte eben nicht die Kraft einer Religion, eine Partei nicht dieselbe Herrschaft über die Gemüter wie eine Kirche. Und der Gauleiter als neuer Feudalherr: das war eine lächerliche Imitation – der »Bürger als Edelmann«. Immerhin, daran ist nichts abzustreiten, das Bürgertum der faschistischen Epoche benahm sich strikt marxistisch.

Der negative Teil der Marxschen Prophetie, das Ende der bürgerlichen Revolution und die Selbstverwandlung der Bourgeoisie in eine reaktionäre Klasse, schien wortwörtlich in Erfüllung gegangen zu sein. Mit dem positiven Teil stand es problematischer. Die proletarische Revolution fand ja bekanntlich nicht dort statt, wo Marx sie vorausgesagt hatte, in den vollendet kapitalistischen Ländern, sondern in Rußland, also in einem vor- oder frühkapitalistischen Land, das seine bürgerliche Revolution noch gar nicht durchgemacht hatte, und ihr Ergebnis dort war ja auch – weiß Gott – nicht einmal in Ansätzen und Andeutungen das Absterben des Staates und die klassenlose Gesellschaft, sondern eher das Gegenteil. Man kann vor der Leistung Stalins, dem Aufbau einer sozialistischen Weltmacht in einem Lande, und zwar einem rückständigen Lande, allen Respekt haben. Aber die Verwirklichung der Marxschen Zukunftsvision war sie nicht und ist sie auch nach Stalin nicht geworden. Die Marxisten haben immer ihre liebe Not damit gehabt, das wegzudisputieren. Auch ist ihre Hoffnung, daß der Sozialismus russischer Prägung schließlich doch noch in den hochkapitalistischen Ländern des Westens Schule machen würde, immer schwächer geworden. Heute ist sie beinah tot; selbst das »beinah« kann man streichen.

Das Beispiel oder Vorbild der Sowjetunion wirkt auch auf die westlichen Linken heute eher abschreckend als ansteckend.

Denn wenn es einmal authentische Arbeiteraufstände eigenen Ursprungs in den letzten Jahrzehnten gegeben hat, dann seltsamerweise in einigen sozialistischen Ländern, in der DDR, in Ungarn, in Polen, nicht etwa im Westen. Nun gut, das mögen lokale Episoden gewesen sein, die nicht viel beweisen. Auch daß die Arbeiterklasse im Westen heute vielfach einen verbürgerlichten konservativen Eindruck macht, beweist vielleicht auf lange Sicht nicht viel. Erstens gibt es Ausnahmen: Italien zum Beispiel oder Spanien; und zweitens kann es sich ändern, wenn es einmal wieder eine ernsthafte Wirtschaftskrise geben sollte, gegen die die kapitalistische Marktwirtschaft ja ihrer Konstitution nach immer anfällig bleibt. Mit solchen Beobachtungen lassen sich in der Diskussion Punkte sammeln. Aber eine langfristige Geschichtsdeutung und -vordeutung wie die Marxsche läßt sich damit allein nicht aus den Angeln heben.

Es ist etwas ganz anderes, was diese Marxsche Grundthese nach jahrzehntelanger Herrschaft neuerdings in Frage stellt, und das ist, kurz und erschreckend gesagt, das unbezweifelbare Wiederaufleben der bürgerlichen Revolution. Seit etwa Mitte der sechziger Jahre befinden wir uns ja im Westen ganz deutlich in einer revolutionären Phase. Grundfesten der gesellschaftlichen Ordnung sind ins Wanken gekommen, und der restaurative, sozusagen erschrocken um Respektabilität bemühte Konservatismus der Bourgeoisie, der ihren Faschismus nach 1945 abgelöst hatte, ist überall in die Defensive gedrängt. Aber das Auffallende und Unerwartete: die Kräfte, die ihn bedrängen, sind keine Proletarier, es sind – gerade wenn wir eine ehrliche marxistische Klassenanalyse betreiben wollen – ganz unverkennbar bürgerliche Kräfte. Vor allem natürlich die Studenten, also die Kronprinzen des bürgerlichen Establishments, aber auch die Intellektuellen, die Wissenschaftler und Künstler und nicht zuletzt die Frauen, und zwar die Bürgersfrauen, die grünen Witwen der modernen Vorortsiedlungen.

Es ist gar kein Zweifel, die jetzt junge Generation der westlichen Bourgeoisie empfindet sich wieder als revolutionär. Weit mehr – es hilft nichts, dieser Wahrheit auszuweichen – weit mehr als die Arbeiterjugend. Wenn es heute im Westen ansatzweise oder auch schon ausgereift eine Revolution gibt, dann ist es keine proletarische, sondern wieder oder immer noch die bürgerliche. Über den Inhalt, das Ziel dieser westlichen Revolution, die in Amerika, in Frankreich, in England, in der Bundesrepublik rumort, dürfen wir uns durch den verbalen Neomarxismus, den fast rührenden Versuch, die tatsächlichen eigenen Bestrebungen irgendwie mit dem vorgegebenen marxistischen Geschichtsschema in Einklang zu bringen, nicht täuschen lassen. Denn es geht den jungen Revolutionären der bürgerlichen Welt in Wahrheit nicht um die Expropriation der Expropriateure. Wenn man ihnen plötzlich die Wirtschaft Amerikas oder meinetwegen der Bundesrepublik in die Hand drückte und sagte, bitte, nun schmeißt ihr den Laden, sie würden in die größte Verlegenheit kommen. Aus dem, was sie bei Marx gelesen haben, beziehen sie vielleicht ihre Entrüstungsenergie, aber ihre wirklichen Ziele beziehen sie aus ganz anderen Quellen.

Die Revolution findet nicht in den Fabriken statt, sondern in den Schulen und Universitäten, in der Justiz und vor allem in den Familien. Das Pathos dieser gegenwärtigen Jugendrevolution des Westens ist emanzipatorisch, individualistisch und freiheitlich. Das heißt aber: es ist bürgerlich. Denn wenn die von Marx entdeckte und historisch sozusagen isolierte bürgerliche Revolution vom deutschen Bauernkrieg bis zur Pariser Kommune einen gemeinsamen Grundzug hat, dann ist es ihr Freiheitspathos, die Auflehnung des Individuums gegen gesellschaftliche Autoritäten und Zwänge, die nicht mehr als gottgewollt, sondern als willkürlich empfunden werden, die Ablehnung jeder nicht selbstgewählten Bindung, bis zu den Bindungen äußerlichster Konvention. Es ist kein Zufall, daß die Jungen von heute wieder Bärte tragen wie die Achtundvierziger, daß die Frauen wieder Brüste und Beine zeigen wie die *incroyables* und *merveilleuses* des Directoire, daß bürgerlich korrekte Kleidung wieder so verpönt ist wie in der Zeit der Sansculotten. Äußerlichkeiten, gewiß, aber die Äußerlichkeiten drücken innere Antriebe aus.

Kurz gesagt, ich habe den Verdacht, daß Marx die bürgerliche Revolution vorzeitig totgesagt hat, daß er sich von einem Zwischenstadium, einem Wellental dieser Revolution hat täuschen lassen. Ein Vorgang, der sich über Jahrhunderte erstreckt, hat ja sein Auf und Ab. Der große Aufstand gegen die Allmacht der Kirche, mit dem die bürgerliche Revolution vor nun mehr als vierhundert Jahren begann, produzierte zunächst keine volle Säkularisierung, nur eine Gegenkirche. Der Aufstand gegen den Feudalstaat schuf gerade in Marxens Zeit keine volle Demokratie, nur einen neuen Klassenstaat, eine Art Industriefeudalismus. Und doch war das niemals das Ende der bürgerlichen Revolution. Die ursprünglichen Antriebe haben sich immer wieder neu belebt. Die Säkularisierung geht immer noch weiter, ebenso die Demokratisierung, und nach Kirche und Staat erfaßt gerade jetzt, wenn nicht alles täuscht, die Revolution ein neues Gebiet: Sitte und Familie. Es ist immer noch erkennbar dieselbe Revolution, dieselbe bürgerliche Revolution. Vielleicht gibt es gar keine andere.

> Alles, was vor hundert Jahren links war, ist heute rechts. Was damals rechts war, ist jetzt links.

Rechts und links politisch zu definieren, habe ich längst aufgegeben. Es ist ja nicht zu übersehen, daß Rechte und Linke ihren politischen Standort in diesem Jahrhundert vertauscht haben, in Europa jedenfalls. Alles, was vor hundert Jahren links war – Republik, Demokratie, Gewaltenteilung, Menschenrechte, Toleranz, Pressefreiheit, Gewerbefreiheit, Freihandel –, ist heute rechts. Was damals rechts war – Autokratie, Autorität, Disziplin, Zensur, Staatswirtschaft, geschlossene Grenzen –, ist jetzt links. Manche Leute haben denn auch versucht, die Etiketten »rechts« und »links« entsprechend umzukleben, aber das ist nicht gelungen. Kommunisten sind immer noch links, Konservative rechts – auch wenn die Konservativen von heute die Liberalen von gestern sind und die Kommunisten die neuen Zaren stellen. Und irgendwo stimmt das ja auch.

> Du bist am Ende – was du bist.
> Setz dir Perücken auf von Millionen Locken,
> Setz deinen Fuß auf ellenhohe Socken –
> Du bleibst doch immer, was du bist.

Linke bleiben erkennbar Linke, Rechte Rechte, auch wenn sie ihren politischen Standort vertauschen – und auch wenn sie unter sich aufs wildeste streiten, wozu übrigens die Linken mehr neigen als die Rechten.

Lange Zeit habe ich geglaubt, links und rechts wenn schon nicht politisch, so doch populär-philosophisch unterscheiden zu können: links gleich optimistisch, rechts gleich pessimistisch. In wie vielen Unterhaltungen habe ich nicht doziert: »Der linke Glaubensartikel lautet: Der Mensch ist gut. Rechts ist, wer statt dessen an die Erbsünde glaubt – oder sagen wir: an die menschliche Unvollkommenheit. Links ist, von Veränderung eher Verbesserung zu erwarten, rechts: eher Verschlechterung. Links ist der Fortschritt, von rechts tönt es: Das alte Wahre, halt es fest!«

Klingt immer noch einleuchtend, nicht wahr? Aber neuerdings scheint auch diese Unterscheidung nicht mehr zu stimmen. Links ist heute nicht mehr nur rot, sondern ebensooft grün: Zivilisationspessimismus, Fortschrittsangst, »Zurück zur Natur« – auch das ist heute links, nicht etwa rechts. Die Leute, die gegen Atomkraftwerke, gegen neue Autobahnen und neue Flugplätze – also gegen den technischen Fortschritt – demonstrieren, sind deutlich ganz überwiegend linke Leute, und bei der linken Intelligenz ist heute ein Menschenbild Mode, so schwarz in schwarz gemalt, daß die schwärzeste Erbsündenlehre dagegen wie der ruchloseste Optimismus wirkt: der Mensch nicht nur ein Mangelwesen, sondern eine Fehlkonstruktion, die Menschheit der Hautkrebs des Erdballs, auf dem besten Wege, nicht nur sich, sondern alles Leben zugrunde zu richten. Überall unter Linken hört man heute nicht mehr, wie noch gestern, ein einstimmiges »Vorwärts!«, sondern ebenso laut, fast schon lauter, ein verzweifeltes: »Zurück! Zurück! Um Gottes willen zurück!« Das hätte man früher Reaktion genannt. Aber es sind immer noch erkennbar dieselben Linken, die heute »Zurück!« rufen.

Was definiert sie dann aber als Linke – und die Rechten als Rechte? Ist es einfach ein Temperamentsunterschied? Sind links die Typen, die sich gern entrüsten – und rechts die geborenen Phlegmatiker? Aufs Ganze gesehen, möchte es manchmal so scheinen; aber im Einzelfall bricht auch diese Unterscheidung zusammen.

Versuchen wir es deshalb jetzt einmal mit einem ganz anderen Ansatzpunkt: Woher kommen denn eigentlich die Bezeichnungen »rechts« und »links«? Ich habe oft gelesen – einer schreibt's wohl vom andern ab –, sie kämen daher, daß in der französischen Kammer zur Zeit Louis Philippes die Republikaner links vom Präsidenten gesessen hätten und die Monarchisten rechts, aber das hat mich nie überzeugt. Wer interessierte sich schon für die Sitzordnung in der französischen Kammer des Bürgerkönigtums? Weit eher, sollte man denken, hätten sich die Revolutionsparlamente von 1789/94 auch außerhalb Frankreichs dem allgemeinen Bewußtsein einprägen können, aber dort gab es kein rechts und links, sondern ein oben und unten, den »Berg« und die »Ebene« oder, polemisch, den »Sumpf«; es sind nicht diese Begriffe, die sich eingebürgert haben.

Ich kann es nicht beweisen, aber ich glaube, wenn heute links und rechts Bezeichnungen sind, die auf der ganzen Welt jeder versteht, obwohl sie keiner definieren kann, dann rührt das nicht von irgendwelchen Zufälligkeiten parlamentarischer Sitzordnungen in einem einzelnen Land und einer einzelnen, relativ uninteressanten Epoche her, sondern es muß elementare Gründe haben, und solche Gründe liegen ja eigentlich auf der Hand, genauer: auf den Händen.

Der Mensch hat bekanntlich zwei Hände, eine rechte und eine linke, und diese zwei Hände sind verschieden: Die rechte ist die Arbeitshand, man braucht sie zum Schreiben, zum Essen, zum Zufassen, auch zum Schlagen, kurz zu allem, was Aktivität, Kraft und Geschicklichkeit erfordert. Sie ist die Hand für die Praxis. Die linke ist sozusagen nur eine theoretische Hand, weniger beschäftigt und weniger geschickt, und wenn man sie verliert, ist es das kleinere Unglück. Aber ganz überflüssig ist sie auch nicht; zur Not kann und muß sie die rechte ablösen oder ersetzen, und vor allem braucht man sie, immer und immer wieder, zum Gegenhalt.

Wenn man sich das vergegenwärtigt, wird dann nicht auf einmal alles klar? Zum Beispiel, daß die Rechte in fast allen Ländern öfter und länger regiert als die Linke? Daß die eigentliche Heimat der Linken die Opposition ist und ihre (nützliche) Funktion der Widerspruch? Auch das eigentümlich Erfolglose – »Linkische« –, das aller linken Politik erfahrungsgemäß anhaftet, erklärt sich plötzlich. Sogar an Helmut Schelskys »Die Arbeit tun die anderen« könnte man denken, den Titel seiner berühmten Polemik gegen die linke Intelligenzija. Die praktische Arbeit tut ja wirklich normalerweise die rechte Hand.

Nur darf man natürlich nicht vergessen, daß es auch Linkshänder gibt.

Biographische Skizzen

Helden und Heldenverehrung

> Wir haben unsere frühere Hilflosigkeit gegenüber der Natur für eine neue Hilflosigkeit gegenüber der Geschichte eingetauscht.

In einem Gespräch über sein Buch ›Preußens Friedrich und die Deutschen‹, eine sehr kritische Neubetrachtung Friedrichs des Großen und seiner Nachwirkung in der deutschen Geschichtslegende, habe ich Rudolf Augstein vorgeworfen, daß er durch seine berechtigte Kritik an der historischen Nachwirkung des Königs die Figur selbst meiner Meinung nach manchmal zu Unrecht herabsetze. »Schließlich«, sagte ich ungefähr, »war Friedrich ein sehr großer Mann, vom gleichen Rang etwa wie Napoleon oder Bismarck oder Lenin.«

»Das war er eben nicht«, antwortete Augstein. »Napoleon und Bismarck und Lenin haben die Geschichte vorwärtsgetrieben und Friedrich nicht. Sie waren bewußte Vollstrecker des jeweils geschichtlichen Fälligen, sie haben Überholtes beseitigt und Neues, Vorwärtsweisendes geschaffen. Friedrich hat seinen Staat vergrößert, aber das ist auch alles.« So dem Sinne nach Augstein.

Wir haben die Kontroverse damals nicht vertiefen können. Ich glaube aber, daß wir einen sehr interessanten Punkt berührt hatten, über den mehr zu sagen ist. Worin liegt die Größe großer geschichtlicher Persönlichkeiten? Wirklich nur in ihrer historischen Wirkung? Und woran messen wir diese Wirkung?

›Helden und Heldenverehrung‹ – das ist bekanntlich der Titel eines kleinen Buches von Carlyle, der ja auch eine berühmte Biographie Friedrichs des Großen geschrieben hat. Es klingt nach tiefstem 19. Jahrhundert, romantisch, vorwissenschaftlich. »Männer machen die Geschichte«, hieß es damals. Heute würde das wohl keiner mehr sagen.

Unser Geschichtsbewußtsein hat sich vollkommen geändert. Wir glauben heute überhaupt nicht mehr, daß Geschichte *gemacht* wird. Geschichte *geschieht*. Sie ist in unserer heutigen Vorstellung die Bewegung gewaltiger, unpersönlicher gesellschaftlicher Kräfte, die wir, obwohl sie durch Menschen wirken und sich in menschlichem Wollen und Tun ausdrücken, im Grunde sowenig beeinflussen können wie Naturkräfte. Statt dessen versuchen wir die Gesetzlichkeiten hinter ihrem Wirken zu erkennen, so wie die Naturwissenschaften – mit sensationellem und unheimlichem Erfolg – die Naturgesetze zu erkennen und zu entziffern suchen. Die Geschichtsforschung ist, bewußt oder unbewußt, heute dabei, sich den Naturwissenschaften anzunähern; man könnte sagen, daß sie versucht, aus einer humanistischen zu einer exakten Wissenschaft zu werden.

Das wäre zweifellos ein ungeheurer menschlicher Fortschritt; wenn er gelänge, würde der Mensch so zum Herren seiner eigenen Geschichte werden, wie er sich heute zum Herren der außermenschlichen Natur macht. Allerdings gäbe es dann keine »großen Männer«, keine geschichtlichen Helden mehr. Größe, Heldentum würde nicht mehr gebraucht. Auch würde sich das Verhältnis von Geschichtsforschern und geschichtlich Handelnden vollkommen umkehren. Der Geschichtsforscher wäre nicht mehr, wie heute, der nachträgliche Chronist, allenfalls der nachträgliche Kritiker der Religionsstifter, Revolutionsführer, Eroberer, Staatsgründer, Staatenlenker, der geschichtlichen Täter: Er selbst würde der eigentliche Täter werden, seine erkennende Vorarbeit stellte die wirkliche geschichtliche Tat dar, und der Mann, der dann das Erkannte anwendete und das als jeweils möglich und notwendig exakt Vorausberechnete durchsetzte, wäre nur noch ausführendes Organ, Verwirklichungsgehilfe, ein Techniker der Tat, beinahe eine Art Befehlsempfänger.

Tatsächlich hat es in unserem Jahrhundert ein großes lehrreiches Beispiel für so ein umgedrehtes Verhältnis von Denker und Täter gegeben, und zwar zwischen Marx und Lenin. Aber gerade dieses Beispiel zeigt, daß wir von wirklicher Kenntnis geschichtlicher Gesetzlichkeit noch weit entfernt sind.

Von all den Geschichtsforschern und -denkern, die bisher versucht haben, den inneren Gesetzmäßigkeiten der Geschichte auf die Spur zu kommen, hat Marx zweifellos die interessantesten, fundiertesten und einleuchtendsten Hypothesen entwikkelt; und die Marxisten, durchaus ernstzunehmende Leute, glauben ja heute noch, im dialektischen Materialismus bereits eine wissenschaftlich zuverlässige Anleitung zum geschichtlichen Handeln zu besitzen. Auch Lenin glaubte es; und tatsächlich hat er, mit dieser Anleitung als Richtlinie, eine der gewaltigsten geschichtlichen Taten des Jahrhunderts vollbracht – nur daß diese Tat sich dann doch als etwas gänzlich anderes erwiesen hat, als sie nach der Marxschen Vorausberechnung hätte sein sollen. Kurz gesagt: Lenin glaubte, die Initialzündung zur

Weltrevolution zu liefern – und schuf statt dessen, sozusagen aus Versehen, die Sowjetunion. Aber gerade dies macht ihn nach meinem Empfinden im ganz altmodischen Sinne zum »großen Mann«, zur geschichtlich schöpferischen Figur, zum Helden. Hätte alles geklappt, wäre es genauso gekommen, wie es nach dem Marxschen Schema hätte kommen müssen – was bliebe dann eigentlich noch so Besonderes an Lenins Tat? Der wahre Täter wäre dann Marx.

Gerade in den Ländern, in denen der Marxsche dialektische Materialismus Staatsdoktrin ist, in denen man also an die Erkennbarkeit der Geschichtsgesetze glaubt und den Schlüssel zum historisch richtigen Handeln zu besitzen meint, ist eine Heldenverehrung zu beobachten, die die des romantischen europäischen 19. Jahrhunderts völlig in den Schatten stellt. Ich bin weit davon entfernt, mich darüber lustig zu machen. Lenin und Mao, auf seine schreckliche Art auch Stalin, waren Giganten. Alle drei haben Ungeheures gewagt und geleistet. Sie verdienen die höchste Bewunderung und Verehrung ihrer Anhänger und den höchsten Respekt auch ihrer Gegner. Nur: Wie verträgt sich der »Personenkult« oder die Heldenverehrung mit einer Geschichtsauffassung, die ihnen eigentlich keine größere Rolle zubilligen dürfte als diejenige korrekter und sorgfältiger Techniker und Exekutanten? Wir im agnostischen Westen – und damit komme ich auf meine kleine Meinungsverschiedenheit mit Augstein zurück – sind in einer paradoxen Lage. Wir glauben nicht an die Unfehlbarkeit des dialektischen Materialismus oder irgendeiner anderen Geschichtstheorie, wir glauben allerdings auch nicht mehr, wie unsere Urgroßväter, an die Fähigkeit großer Männer, Geschichte nach ihrem Willen zu »machen«. Wir sind gebrannte Kinder, und nicht erst durch Hitler.

Unser heutiges Geschichtsbewußtsein ist bestimmt durch anonyme, ungesteuerte Entwicklungen, die die Welt vor unseren Augen – man könnte beinahe sagen: Tag für Tag – verändern, ohne daß man sagen könnte, nach welchen Gesetzen sie verlaufen, was sie in Gang setzt und wohin sie uns tragen. Das plötzliche, wie selbstverständliche Verschwinden tausendjähriger Monarchien; das unerklärte Schwachwerden der Religionen; die Auflösung traditioneller Tabus; die rasante Verwissenschaftlichung und Technisierung der Welt; das plötzliche Fragwürdigwerden seit undenklichen Zeiten bestehender Einrichtungen wie Ehe und Familie; die ungeheure Beschleunigung von gesellschaftlichen Veränderungen, die früher Jahrhunderte brauchten und sich jetzt innerhalb eines einzigen Menschenalters vollziehen – was verursacht das alles, was ist da am Werke? Kein menschlicher Einzelwille, auch kein erkennbares geschichtliches Gesetz, das sich in Formeln fassen ließe, sei es die dialektisch-materialistische oder irgendeine andere. Wir fühlen uns heute der Geschichte so hilflos ausgeliefert wie früher der Natur. Man könnte geradezu sagen: Wir haben unsere frühere Hilflosigkeit gegenüber der Natur für eine neue Hilflosigkeit gegenüber der Geschichte eingetauscht. Wir spüren Urgewalten; amorphe geschichtliche Kollektivkräfte, vor denen der größte Mann zum Zwerg wird.

Und wenn diese Zwerge – die doch das größte sind, was unter Menschen vorkommt – dann doch immer noch wagen, es mit diesen Urgewalten aufzunehmen, Großes zu wollen, überhaupt etwas zu *wollen, ihren* Willen und *ihre* Vernunft in die Waagschale zu werfen, wenn sie das Unbeherrschbare beherrschen, das Ungestaltbare gestalten wollen, dann mischt sich in unsere Bewunderung etwas wie Mitleid, und unsere Heldenverehrung bekommt einen ironischen, einen beinahe zärtlich-ironischen Zug. Wir sehen heute, viel deutlicher als früher, wie winzig im Verhältnis zum historischen Gesamtgeschehen die größte Leistung des größten Mannes ist; wieviel Versagen selbst in den Erfolg gemischt ist; wie unvermeidlich die größten Taten ihr Ziel verfehlen – so wie kraftvoll abgeschossene Pfeile, die unterwegs der Sturm von der Seite packt. Und doch können wir nicht umhin, die Kraft zu bewundern, mit der die Sehne gespannt, die Schärfe, mit der das Ziel ins Auge genommen wird, den zähen Mut, mit dem der Schütze das Unmögliche immer wieder probiert.

Was wir, scheint mir, an den großen Männern, den geschichtlichen Helden, heute bewundern, das ist eben nicht mehr, daß sie die Geschichte gemeistert, Geschichte »gemacht«, die Geschichte mit eigener Hand vorangetrieben haben: Das hat am Ende keiner. Wir staunen vielmehr, daß sie, dank einer rührend-heroischen Anstrengung, überhaupt eine Spur in der Geschichte hinterlassen haben, die winzige Spur menschlicher Größe im unmenschlich Übergroßen. Wir bewundern sie um so mehr, je weniger sie sich über die Vergeblichkeit, die letztliche Nichtigkeit ihres Tuns täuschten.

Damit aber zurück zu Augstein und Friedrich, zu Friedrich und Napoleon und Bismarck und Lenin. Wenn man sie am Lauf der Geschichte mißt, sind sie *alle* nur Zwischenfälle. Lenin hat etwas anderes erreicht, als er wollte. Bismarcks Werk hat seinen Schöpfer gerade zwei Jahrzehnte überlebt. Napoleon ist schlicht gescheitert. So betrachtet, sind sie alle schon heute fast aus der Geschichte wegzudenken; und in tausend Jahren wird es für den Zustand der Menschheit, falls es sie dann noch gibt, überhaupt keinen Unterschied mehr machen, ob sie einst waren oder nicht.

Aber wenn man nahe auf sie zugeht, um an ihnen zu studieren, was das Maximale ist, das Menschen allenfalls leisten können; wenn man sie gewissermaßen wie Athleten betrachtet, die zum Weltrekordsprung ansetzen – dem immer noch winzigen Weltrekordsprung, der eben Menschen möglich ist; wenn man vergleicht, was sie wagten, womit sie es aufnahmen, wie sie im Unglück durchhielten, wie sie das Glück zwangen und was sie sich selbst abzwangen – dann sehe ich, ich kann mir nicht helfen, keinen Rangunterschied zwischen Friedrich und den anderen Helden. Oder wenn doch einen Unterschied, dann einen, der zu Friedrichs Gunsten spricht – der ihn mindestens unserem heutigen Heldenbegriff näherrückt: nämlich daß er sich in allem höchsten Wagnis, in aller äußersten Anspannung weniger ernst nahm, als die anderen es taten. Er war groß, obwohl – oder vielleicht gerade weil – er sich darüber klar war, wie klein er war.

»Wenn ich nicht von der Vorsehung spreche«, schrieb er einmal, »so geschieht es, weil meine Rechte, meine Streitigkeiten, meine Person und der ganze Staat mir als zu geringfügige Gegenstände erscheinen, um für die Vorsehung wichtig zu sein; der nichtige und kindische Menschenhader ist nicht würdig, sie zu beschäftigen, und ich denke, daß sie keine Wunder tun würde, damit sich Schlesien lieber in der Hand der Preußen als in der Österreichs, der Araber oder Sarmaten befinde; also mißbrauche ich nicht einen so heiligen Namen bei einem so weihelosen Gegenstand.« Ich finde das hinreißend. Diese Unerschrockenheit im Blick auf das eigene Nichts, diese Fähigkeit zu handeln – und groß zu handeln –, ohne zu glauben! Wenn durch nichts anderes, so hat er damit den Namenszusatz verdient, den ihm zwei Jahrhunderte zugebilligt haben und den er mit Recht immer noch führt: Friedrich *der Große*.

Wladimir I. Lenin: Realpolitiker der Revolution

> Lenins Sieg hat die Revolution entzaubert. Er hat zweierlei bewiesen: daß die Revolution siegen kann und daß auch ihr Sieg nichts ändert.

Vielleicht ist es mehr als ein Zufall, daß die beiden großen Realpolitiker der neueren Geschichte, Bismarck und Lenin, eine Vorliebe für dasselbe Musikstück hatten: Beethovens Sonate in f-Moll, op. 57, die sogenannte Apassionata. Beide haben sich auch in interessantester Weise über die Wirkung geäußert, die diese Musik auf sie persönlich ausübte: »Das ist wie das Ringen und Schluchzen eines ganzen Menschenlebens«, sagte Bismarck und dann, scheinbar widerspruchsvoll: »Wenn ich diese Musik oft hörte, würde ich immer sehr tapfer sein.« Lenin war noch ausführlicher und noch widerspruchsvoller: »Eine wunderbare, nicht mehr menschliche Musik«, sagte er. »Aber allzuoft kann ich diese Musik nicht hören. Sie wirkt auf die Nerven. Man möchte den Menschen den Kopf streicheln, die in einer schmutzigen Hölle leben und trotzdem solche Schönheiten schaffen können. Aber man darf niemandem den Kopf streicheln, die Hand würde einem sonst abgebissen. Schlagen muß man auf die Köpfe, unbarmherzig schlagen, obwohl es doch unser Ziel ist, jede Vergewaltigung des Menschen abzuschaffen. Unser Amt ist höllisch schwer.«

Interessant, daß beide offenbar gleich empfänglich für Beethovens tragische Botschaft waren, doch fast genau umgekehrt darauf reagierten. Bismarck konnte sie nicht oft genug hören, weil sie ihn hart machte, Lenin wollte sie lieber nicht zu oft hören, weil sie ihn weich machte, während er doch auch hart sein wollte und mußte. Was sich hier blitzartig offenbart, ist der Unterschied zwischen dem reinen Realpolitiker und dem Realpolitiker, der zugleich ein Revolutionär ist. Für den einen ist das »Ringen und Schluchzen eines ganzen Menschenlebens«, das Schauspiel heroisch vergeblichen Aufbäumens und großartig verzweifelten Untergangs, das tragische Weltbild des Beethovens der Apassionata, eine Selbstbestätigung: So ist die Welt, so schrecklich, so unrettbar und zugleich so wundervoll. Nicht oft genug kann er in das Medusenauge blicken. Es macht ihn tapfer. Den andern zerreißt es. Er hält es nicht oft aus. Er will doch die Welt verändern. Die Welt soll freundlich werden, menschlich, eine Welt ohne Gewalt. Und doch muß auch er, gerade um dieses Zieles willen, Gewalt üben, Köpfe einschlagen, wo er Köpfe streicheln möchte. Auch der Realpolitiker der Revolution steht eben unter dem Gesetz des Tragischen, und auch er entgeht nicht seiner Faszination. Realpolitik und Tragödie, ihre enge Beziehung, ja ihre Identität – es mag sonderbar anmuten, sie gerade an Lenin demonstrieren zu wollen.

Auf den ersten Blick scheint ja die Geschichte Lenins das Gegenteil einer Tragödie zu sein, nämlich eine *success story*. Die Revolution, die Lenin vorbereitet und vollzogen hat, war siegreich. Der Staat, den er gründete, hat allen Stürmen getrotzt und ist heute mächtiger denn je. Lenin ist in der kommunistischen Welt gefeiert und geehrt worden wie kaum ein Mensch vorher. Man wird an die Vergöttlichung Cäsars und Augustus' im kaiserlichen Rom erinnert. Triumph im Leben, Nachruhm nach dem Tode – wieviel mehr kann ein Mensch verlangen? Und doch war Lenin eine tragische Figur. Eine tragische Figur im Leben, einem aufgeopferten Leben, das in Verzweiflung endete, und eine tragische Figur auch im Nachleben, in der geschichtlichen Wirkung, die so ganz anders ist als das, was er erstrebte. Seine Tragödie ist keine Tragödie des Scheiterns, sie ist eine Tragödie des Gelingens; das macht sie nur noch größer.

Lenin gelang, was keinem vor ihm gelungen war: der Totalsieg einer Revolution. Revolution, das war in aller historischen Erfahrung das, was nie gelang, was immer traurig endete. Nach jeder Revolution hätte man sagen können, was Goethe, weltmännisch kühl, nach der Großen Französischen Revolution feststellte: »Übermacht, Ihr könnt es spüren, ist nicht aus der Welt zu bannen. Mir gefällt zu konversieren mit Gescheiten, mit Tyrannen.« Ohne Lenin wäre das wohl auch in Rußland 1917 wie schon 1905 das Endergebnis gewesen. Aber mit Lenin kam es anders. Er war es, der zum erstenmal die Revolution zu der Übermacht werden ließ, die nicht aus der Welt zu bannen ist, der erste, der der Revolution den längeren Atem einhauchte, als ihn die Tradition zu haben pflegt. Durch ihn wurde zum erstenmal ein großes Reich, seine herrschende Klasse, sein Staatsgefüge, sein Wirtschafts- und Gesellschaftssystem mitsamt seiner ganzen Mythologie und Ideologie total eingeebnet, seine Träger getötet oder in alle Welt zerstreut, zum erstenmal Tabula rasa geschaffen, auf der dann – allerdings nicht von Lenin, sondern von Stalin – ein völlig neuer Bau errichtet werden konnte.

Ihm gelang das, weil er als erster aller Revolutionäre zugleich ein Realpolitiker war, ein Realpolitiker mit einem Tatsachensinn, der dem eines Bismarck oder Napoleon nicht nachstand. Man muß sich klarmachen, wie außerordentlich, ja, wie beinahe unmöglich diese Kombination ist. Zum Revolutionär wird man doch, weil man die Welt, so wie sie ist, nicht erträgt, weil man das ganz Andere will, und zwar sofort will, jetzt und hier. Der Realpolitiker aber ist der Mann, der die Welt nimmt, wie sie ist und mit den Gegebenheiten arbeitet, die er vorfindet, zum Vorteil des Staats und der Partei, der er angehört. Die beiden Einstellungen sind fast unvereinbar, und das erklärt vielleicht, daß alle Revolutionen vor der Leninschen am Ende gescheitert sind, daß sie immer wieder bis heute zahllose Märtyrer und Revolutionsheilige hervorgebracht haben, aber keine Sieger. Ohne Bereitschaft zur Realpolitik gibt es eben keinen Sieg.

Che Guevara schrieb ein paar Jahre vor seinem Tode und seinem Scheitern: »Es sei mir gestattet zu sagen, auch auf die Gefahr hin, lächerlich zu erscheinen, daß der wahre Revolutionär von starken Gefühlen der Hochherzigkeit geleitet wird.« Dagegen Lenin: »Wenn man sich nicht anpassen kann, wenn man nicht bereit ist, mit dem Bauch durch den Dreck zu kriechen, dann ist man kein Revolutionär, sondern ein Schwätzer.« Er war, weiß Gott, dazu bereit. Von der Parteispaltung 1903 in London und dem rücksichtslosen Bruch mit politischen Freunden, von seinem jahrelangen Katz- und Mausspiel mit der zaristischen Geheimpolizei, seinem Paktieren mit dem kaiserlichen Deutschland, seiner notgedrungenen Anerkennung des Brest-Litowsker Gewaltfriedens bis zu seinem pragmatischen Zurückstecken nach dem Sieg im russischen Bürgerkrieg und dem Ausbleiben der Weltrevolution, seinem vorläufigen Verzicht auf Sozialismus, seinem Ausweichen in den Staatskapitalismus: lauter Selbstverleugnungen, lauter Anpassungen des Realpolitikers, der immer bereit ist, nach dem Satz zu verfahren: zwei Schritte vorwärts, ein Schritt zurück.

Selbstverleugnung auf andere Art war auch seine Bereitschaft zum Terror, seine erbarmungslos sachliche Härte im Bürgerkrieg und nach dem Bürgerkrieg bei der Unterdrückung des Kronstädter Matrosenaufstandes, der Rebellion seiner eigenen, ursprünglich treuesten Anhänger. Denn Lenin war kein geborener Terrorist, er fand nicht wie Stalin kalte Genugtuung oder gar wie Hitler sadistische Befriedigung im Köpfeeinschlagen. Er war ein hochzivilisierter, empfindsamer Mann; aber er nahm auf seine Empfindungen keine Rücksicht, sowenig wie er seinen Zielen erlaubte, seine Methoden zu beeinflussen. Er tat das Notwendige. Immer das Ziel einer besseren Welt vor Augen, war er bereit, die schlechte Welt, in der er zu wirken hatte, zu nehmen, wie sie war und wie sie genommen werden mußte, wenn man etwas in ihr ausrichten wollte. Er wollte das Gute, und um es zu erreichen, war er bereit, das Böse zu tun – wenn man will: das Böse mit seinen eigenen Waffen zu bekämpfen; jedenfalls sich anzupassen, sich dem Bösen anzupassen. So siegte er. Aber so brachte er den Sieg um seinen Sinn.

Lenins Tragödie ist dreifach. Fast ihr geringster Teil ist das Selbstopfer, die asketische Unterdrückung und Kasteiung der eigenen Persönlichkeit, zu der beispielsweise Trotzki nie fähig war. Lenin war, im Gegensatz zu Trotzki, völlig uneitel, aber auch, ebenfalls im Gegensatz zu ihm, fast unpersönlich. Die vollständige Sachlichkeit Lenins, seine absolute, fast mechanische Unterordnung unter das Gesetz der jeweiligen Notwendigkeit, wobei seine eigene Persönlichkeit, sein Wünschen und Fühlen hinter seinem immer sachbedingten Handeln oft kaum mehr wahrnehmbar sind, haben etwas Bewundernswertes; aber dabei ist Kälte spürbar. Bemerkenswerterweise hat er bis heute keinen überzeugenden Biographen gefunden. Auch seinen größten Verehrern ist es nicht gelungen, die Art von persönlicher Liebe und Begeisterung für ihn zu erwecken, die andere, weit weniger erfolgreiche Revolutionshelden – Rosa Luxemburg etwa oder Che Guevara – auf der ganzen Welt immer noch jederzeit mühelos entfachen. Dieser Übermensch ist für die Nachwelt zugleich fast eine Unperson geworden. Es war leichter, ihn zum Gott als ihn menschlich interessant zu machen.

Lenin selbst hätte das wahrscheinlich achselzuckend hingenommen, uneitel, wie er war. Sein Nachruhm war ihm, wie auch sein Ruhm zu Lebzeiten, gleichgültig. Nicht gleichgültig war ihm jedoch sein Ziel. Die Einsicht, daß er gerade im Sieg, ja gerade durch den Sieg dieses Ziel verfehlt hatte, machte seine letzten Lebensjahre zu Jahren der Verzweiflung. Dies ist die zweite und tiefere Tragödie Lenins. Das Schauspiel des sterbenden Lenin von 1922 und 1923, der an seinem Werk verzweifelt und mit letzter, ständig nachlassender, schließlich versagender Kraft noch einmal – vergeblich – alles zu ändern und umzustoßen sucht, ist schrecklich. Lenin in Gorki, seinem Krankensitz und Sterbeort, ist eine noch erschütterndere Figur als Napoleon auf St. Helena oder Bismarck in Friedrichsruh. Diese hatten immerhin den bitteren Trost der Niederlage. Sie waren für das, was sie mit ansehen mußten und nicht mehr ändern konnten, nicht mehr verantwortlich. Lenin aber mußte die Trostlosigkeit des Sieges, die Hilflosigkeit des Siegers erleben. Er hatte alles erreicht, was er erreichen wollte und konnte. Er konnte wie Gott am siebenten Schöpfungstag auf seine Schöpfung blicken – und siehe, alles war sehr schlecht: eine wuchernde Bürokratie, das Wiederaufkommen der Händler, Kapitalismus, die beginnende Schreckensherrschaft Stalins, eine entmutigte und ratlose Partei, kein Ausweg, kein Erbe. »In welchen Sumpf wir geraten sind«, stöhnte der Sterbende auf.

Nun, diesen Sumpf immerhin hat Stalin auf seine rücksichtslose Art trockengelegt und darauf den imponierenden Machtbau der Sowjetunion errichtet, dem Lenins Mumie im Kreml-Mausoleum seither als Staatsgott dient. Aber gerade das ist der dritte und vielleicht der gravierendste Aspekt der Tragödie des Realpolitikers Lenin. Er wollte die Weltrevolution, aber er schuf eine neue Weltmacht. Er wollte das Absterben des Staats, der Herrschaft des Menschen über den Menschen; sein Werk jedoch ist ein starker Staat, vielleicht der stärkste aller Staaten, das härteste Herrschaftsgebäude unseres Jahrhunderts geworden. Der Revolutionär, der die Revolution mit den Mitteln der Realpolitik zum Siege führte, ist am Ende das Opfer der Realpolitik geworden.

Realpolitik ist eine Politik, die in ihren Methoden die Unverbesserlichkeit der Welt akzeptiert. Ihre immanente Tragik heißt Vergeblichkeit. Die Revolution aber verspricht den Sprung aus dem Reich der Notwendigkeit in das Reich der Freiheit. Der Revolutionär, der zum Realpolitiker wird, also um des Sieges willen sich unter das Gesetz der Notwendigkeit beugt, wird diesem Versprechen untreu. Er opfert die strahlende Verheißung der banalen Realität. Die siegreich verwirklichte Revolution, das hat Lenin gerade durch seinen Sieg bewiesen, ist Menschenwerk wie alles andere, unvollkommen, mit Blut und Schmutz behaftet wie alles Menschliche. Wenn alles vorbei und getan ist, ist man geneigt zu fragen: Na und?

Aus diesem Grund ist der Sieg des revolutionären Realpolitikers Lenin tragischer als das Scheitern revolutionärer Idealisten wie Rosa Luxemburg oder Che Guevara. Gewiß gehört Lenin in die Reihe der großen Vollbringer, der Napoleon und Bismarck, aber eben damit gehört er auch zu den Virtuosen der Vergeblichkeit, von denen die Geschichte voll ist. Sein Sieg hat die Revolution entzaubert. Er hat zweierlei bewiesen: daß die Revolution siegen kann – und daß auch ihr Sieg nichts ändert. Seine Schöpfung ist die Sowjetunion, ein großartiges Machtgebilde, aber nicht großartiger als viele andere, die gekommen und gegangen sind; unter seinen Fundamenten liegt jedoch eine Menschheitshoffnung begraben.

Mao Tse-tung: der ewige Revolutionär

> Große Männer mögen ein öffentliches Unglück sein, aber große Völker überleben ihre großen Männer.

»Männer machen die Geschichte« – der Satz Heinrich von Treitschkes steht bei den heutigen Historikern in geringem Ansehen. Und doch gibt es kaum ein Jahrhundert, das überzeugendere Belege für ihn geliefert hat als das unsere. Lenin, Hitler, Stalin: Wäre die Geschichte wirklich ebenso verlaufen, wenn es diese Männer nie gegeben hätte? Sie alle aber werden an Geschichtswirksamkeit übertroffen von Mao Tse-tung, dessen Leben, Denken und Handeln fast fünfzig Jahre lang die Geschichte Chinas beherrscht hat.

An Energie und Tatkraft, an Kühnheit und Originalität, freilich auch an Egozentrik und Eigensinn, ja Starrsinn, stellt Mao alle anderen Giganten des 20. Jahrhunderts in den Schatten. Sein ungeheuerlicher Versuch, das größte und älteste Reich und Volk der Erde nach seiner persönlichen Vision von Grund auf umzuformen – ist er gelungen, konnte er gelingen? Neben dem Wort von den Männern, die die Geschichte machen, ruft Maos Leben und Wirken auch ein altchinesisches Sprichwort ins Gedächtnis, welches lautet: »Ein großer Mann ist ein öffentliches Unglück.«

Vor fünfunddreißig Jahren wäre dieses Wort noch niemandem in den Sinn gekommen. Bis 1950 ist die Geschichte Maos eine blendende Erfolgsstory – für Mao selbst wie für China. An ihrem Anfang, 1927, ist Mao ein unbekannter, zweitrangiger Funktionär einer geschlagenen und verfolgten Partei und China ein zerrissenes, gequältes, halbkoloniales, hungerndes und blutendes Land. An ihrem Ende ist Mao der unbestrittene Alleinherrscher Chinas, und China nach Jahrzehnten zum erstenmal wieder eine geeinte, selbständige Großmacht.

Dazwischen liegt, was heute schon eine Legende geworden ist: Maos höchstpersönliche Konzeption des revolutionären Volkskriegs: die Errichtung seiner bäuerlichen Räterepubliken in den Tiefen des chinesischen Hinterlands; ihre erfolgreiche Verteidigung gegen vier Vernichtungsfeldzüge des regierenden Marschalls Tschiang Kai-schek; nach der Niederlage im fünften der sagenhafte Lange Marsch durch die ganze Länge und Breite des Riesenlandes, das Abschütteln der Verfolger und die Wiederbegründung und Konsolidierung eines neuen kommunistischen Keimstaats im äußersten Nordwesten Chinas; dann das Zweckbündnis mit dem Bürgerkriegsgegner Tschiang gegen den Nationalfeind Japan; die kämpfende Ausbreitung Mao-Chinas hinter den Linien der japanischen Invasionsarmeen; und nach der japanischen Kapitulation die Wiederaufnahme des Bürgerkrieges, der Sieg über Tschiang und der triumphale Marsch der Roten Armee von Nord nach Süd bis zur Eroberung des ganzen Landes; schließlich, am 1. Oktober 1949, die Begründung der Volksrepublik China in der alten Kaiserstadt Peking, mit Mao unbestritten an der Spitze von Staat und Partei.

Das ist ein gewaltiges Stück Geschichte, und Mao ist sein strahlender Held. Der revolutionäre Denker, der Organisator unerschöpflicher Bauernheere, der Kämpfer und Kriegsherr, der Erfinder und Meister ganz neuer Strategien, die seither überall in der Welt Schule gemacht haben – dieser Mao ist bei Lebzeiten zum Mythos geworden, und was er damals geleistet hat, kann niemals mehr aus dem Gedächtnis gestrichen werden.

Aber dann beginnt ein neues Geschichtskapitel, in dem Mao eine andere Rolle zu spielen hat: Er ist nicht mehr Revolutionär und Krieger, sondern Herrscher und Staatsmann. Er steht nun an der Spitze eines riesigen, uralten Kulturvolks mit mehrtausendjährigen Traditionen, und es gilt, dieses Volk aus einer langen Periode des Niedergangs und der blutigen Zerrissenheit herauszuführen zu fester staatlicher Form, innerem Frieden und selbstgewisser Einigkeit. Er ist der verantwortliche Staatslenker einer werdenden Großmacht, und er muß sie durch die gefährliche Periode steuern, in der sie den bestehenden Großmächten Rußland und Amerika schon unheimlich und bedrohlich ist, ohne ihnen bereits voll gewachsen zu sein.

Der Herrscher und Staatsmann Mao aber ist eine weit problematischere Figur als der Revolutionär und Krieger Mao, und die Geschichte seines letzten Vierteljahrhunderts ist eher eine Geschichte großer Irrtümer und Fehlschläge, verschlimmert durch die gewaltige persönliche Energie, die weiterhin in ihnen wirksam ist.

Fast ist man an Hitler erinnert: Wie stände Hitler in der Geschichte da, wenn er 1938 gestorben wäre! Wie Mao, wenn er 1950 gestorben wäre! Nun, Mao hat das Land, das er – wie Hitler nach einem rasanten, ans Wunder grenzenden Aufstieg aus dem Nichts – total beherrscht hat, nicht in die Katastrophe geführt. Es steht sogar heute äußerlich stärker da als vor fünfunddreißig Jahren.

Aber zur Ruhe gekommen ist China unter Mao nicht. Die Einigkeit und Stabilität, die er ihm mit seinem Sieg im Bürgerkrieg verschafft zu haben schien, hat er in den fünfziger, sechziger und siebziger Jahren bewußt immer wieder zerstört.

Das halbe Jahrhundert chinesischer Geschichte, das Mao »gemacht« hat, weist seinen Höhepunkt unverkennbar im Jahre 1949 auf. Bis dahin zeigt seine Kurve trotz wilder Fieberzacken ständig nach oben; danach sieht man nur noch furchtbare Kämpfe und Krisen.

Das beginnt mit der Rache der Sieger, den Jahren der Abrechnung und der »Anti-Kampagnen«, denen Hunderttausende, vielleicht Millionen von Menschenopfern gebracht werden. Die verheerenden Folgen zeigen sich im Fehlschlag des plötzlichen Liberalisierungsversuchs: der »Tausend-Blumen«-Parole, die schleunigst wieder abgeblasen werden muß, weil zu viele Leute von der plötzlich gewährten Rede- und Meinungsfreiheit »gefährlichen« Gebrauch machten. Dann folgt der »Große Sprung nach vorn«, der mit einem Beinbruch endet: Der hektische Versuch, massenhafte Kleinindustrien direkt auf eine sozialisierte Landwirtschaft aufzupfropfen, macht alle schon erzielten Wiederaufbauerfolge zunichte und wirft China für Jahre in den Hunger zurück. Wirtschaftskrise wird zur politischen Krise: Bruch mit der Sowjetunion, Bruch auch mit der chinesischen kommunistischen Partei.

Anfang der sechziger Jahre ist Mao von der Partei vorübergehend fast entmachtet. Aber er läßt sich nicht entmachten, lieber zerstört er die Partei und damit sein eigenes, jahrelanges Herrschaftsinstrument. Das geschieht 1966 und 1967 in der »Großen proletarischen Kulturrevolution«. Als sie ins Chaos führt, läßt Mao die gewalttätige Massenbewegung der »Roten Garden«, die er selbst entfesselt hat, von der Armee gewaltsam niederschlagen, und für einige Jahre wird nun die Armee sein neues Herrschaftsinstrument – eine durchpolitisierte Allzweckarmee, die die Partei ins zweite Glied verweist.

Aber wieder kommt es zum Konflikt, und wieder zögert Mao nicht, auch sein neues Herrschaftsinstrument zu enthaupten. Sein »engster Kampfgefährte« und proklamierter Nachfolger, Armeechef Lin Piao, wendet sich gegen ihn und büßt seine Unbotmäßigkeit mit dem Tode wie vorher die Großen der Partei um den Staatschef Liu Schao-tschi.

So bleibt Mao fast bis zum letzten Tag Chinas Alleinherrscher, unstürzbar, unangreifbar, umgeben vom Weihrauch eines Personenkults, der alles unter Hitler und Stalin Erlebte in den Schatten stellt, ein Staatsgott bei Lebzeiten – der den Staat, dessen persönlicher Gott er ist, selbst immer wieder bis zur Unkenntlichkeit revolutioniert und zerstört hat.

Das China, das Mao hinterließ, war nicht mehr der Parteistaat der fünfziger und nicht mehr der Militärstaat der späten sechziger Jahre. Es wurde zum Schluß zusammengehalten nur von der Person Maos und ständig unterminiert von der permanenten Revolution, die er selbst immer von neuem anheizte. In seinen allerletzten Lebensjahren hat der Vulkan schon wieder zu arbeiten begonnen, ein neuer Ausbruch hat sich angekündigt mit der drohenden Kampagne gegen Chinas älteste Tradition, die Religion und Philosophie des Konfuzianismus.

Daß Mao ein Vakuum hinterließ, ist der stärkste Vorwurf, den die Geschichte gegen ihn erheben wird. 1949 schien es, als habe der Sieg der chinesischen Kommunisten den langen und schmerzlichen Prozeß der chinesischen Revolution, der ja lange vor Mao, im Jahre 1911, eingesetzt hatte, endlich abgeschlossen. Auch für viele nichtkommunistische Chinesen hatten die Kommunisten durch ihren eindeutigen Sieg bewiesen, daß sie das hatten, was die Chinesen »das Mandat des Himmels« nennen – die Berufung und die Kraft, nach Zeiten der Kämpfe und Wirren neue Ordnung zu stiften.

Dieses »Mandat des Himmels« hatte in Chinas jahrtausendelanger Geschichte noch jeden Dynastiewechsel vor dem Volk gerechtfertigt. Aber gerade diese Hoffnung hat Mao enttäuscht. Auch als Sieger und Herrscher wurde er kein Ordnungsstifter, sondern ist der Revolutionär geblieben, der er vorher war. Der Revolutionär Mao ist dem Staatsgründer und Herrscher Mao immer wieder in die Quere gekommen.

Der Vergleich mit Lenin ist hier lehrreich. Mao war kein chinesischer Lenin. Der Parteigründer Lenin hatte die erste aller kommunistischen Parteien von Anfang an nicht nur als Revolutionsinstrument konzipiert und konstruiert. Gerade als Herrschaftsinstrument hat sie sich nach ihm wie unter ihm bewährt – zur Enttäuschung freilich der ewigen Revolutionäre, die von der Revolution nicht neue Herrschaft und neue Ordnung, sondern die Abschaffung aller Herrschaft und Ordnung verlangen.

Als ein solcher ewiger Revolutionär aber steht Mao vor der Geschichte da. Er ist der schon existierenden Partei als einfaches Mitglied beigetreten, ist in ihr aufgestiegen und hat sie später benutzt und zu seinem Revolutionsinstrument umgemodelt. Als Herrschaftsinstrument hat sie ihn nie interessiert. Sein Verhältnis zur Partei war immer gespannt; schon sein Entschluß, die Revolution auf die Bauern statt auf die Proletarier und auf Dauerkrieg statt auf Staatsstreich zu gründen, war eine Ketzerei, und es ist immer wieder behauptet worden, daß er in den zwanziger Jahren sogar eine Weile aus der Partei ausgeschlossen war. Wie dem auch sei, sein tiefes Zerwürfnis mit der Partei in späteren Zeiten, nach dem Fehlschlag des »Großen Sprungs«, ist allgemein bekannt.

Bei diesem wiederholten Zerwürfnis ging es um viel Tieferes als um bloße Methodenfragen. Die Russen haben bekanntlich immer wieder bestritten, daß Mao überhaupt ein echter Kommunist sei, und so wie sie den Kommunismus definieren und handhaben, sind sie damit durchaus im Recht. Ebenso hatte Mao von seinem Standpunkt aus recht, wenn er den Russen und seinen orthodoxen chinesischen Parteigegnern den Vorwurf ins Gesicht schleuderte, sie »gingen den Weg des Kapitalismus«. Denn natürlich ist der Sozialismus Leninscher Prägung bei allen Unterschieden zur westlichen Marktwirtschaft auch eine Art von Kapitalismus. Denn er beruht auf Kapitalbildung, Wirtschaftsorganisation, Produktionsplanung oben und Arbeitsdisziplin unten.

Mao schwebte etwas ganz anderes vor: ein Wirtschaftssystem mit absoluter Gleichheit und Austauschbarkeit, eine Massengesellschaft ohne Spezialisierung und Hierarchie, in der jeder zugleich Bauer und Arbeiter, Manager und Soldat sein konnte – oder mußte. Er übertrug gewissermaßen seine militärisch so erfolgreiche Volkskriegsidee auf die Organisation einer Friedenswirtschaft – wo sie freilich, beim »Großen Sprung«, katastrophal versagte.

Maos Sozialutopie hat jedoch auf Revolutionäre in aller Welt anfeuernder und begeisternder gewirkt als Lenins realistischer und erfolgreicher Staatskapitalismus, und das, obwohl sie noch weit gewaltsamere Unterdrückung menschlicher Urtriebe und weit asketischere Beschneidung menschlicher Urbedürfnisse erfordert. Die unausrottbare Hoffnung, den Menschen vollkommen zu machen, indem sie ihn von seinen eigenen Trieben und Bedürfnissen befreit, ist ja die Wurzel aller Revolution, und Gewalt und Askese hat noch keinen Revolutionär abgeschreckt.

Mao war wohl der größte aller modernen Revolutionäre und

blieb es auch als Herrscher und Staatslenker. Für diese revolutionäre Größe Maos hat China einen hohen Preis gezahlt: in Blut, in immer wieder neugeschaffener Unordnung und nicht zuletzt in dem heillosen Zerwürfnis mit der Sowjetunion.

Immerhin, zum offenen Krieg hat dieses Zerwürfnis bisher nicht geführt, und auch die Rückschläge der Mao-Periode haben nicht verhindert, daß China an ihrem Ende stärker dastand als an ihrem Anfang. Trotz der riesigen Blutverluste ist China das menschenreichste Volk der Erde geblieben. Innenpolitische Unordnung hat nicht außenpolitischen Machtzuwachs verhindert, und alle Fehlplanungen haben den Wirtschaftsfortschritt nicht aufgehalten.

Große Männer mögen ein öffentliches Unglück sein, aber große Völker überleben ihre großen Männer. Die Männer machen zwar die Geschichte; aber die Geschichte ist nur das Vergängliche.

Winston S. Churchill: vom Krieger aus Leidenschaft zum Friedenspolitiker

Wenn das Original nicht noch einmal zur Stelle gewesen wäre, hätte die Imitation triumphiert.

Für meine Generation war Churchill noch ein ständiger Begleiter unseres Lebens, ständig in den Schlagzeilen, immer gegenwärtig und stets hochinteressant und umstritten – geliebt, gehaßt, bewundert oder gefürchtet wie kaum ein anderer Politiker jener Zeit. Kalt ließ er keinen; es war unmöglich, von Winston Leonard Spencer Churchill nicht gefesselt zu sein. Doch ist es heute schwer geworden, jüngeren Deutschen von Churchill zu erzählen, ihnen seine eigentümliche Größe und seine Faszinationskraft verständlich zu machen, ja auch nur, sie für ihn zu interessieren.

Und das nicht etwa, wie man vielleicht noch vor vierzig Jahren hätte denken können, weil er in zwei Weltkriegen ein Feind des Deutschen Reiches war und es im zweiten zusammen mit Roosevelt und Stalin vernichtet hat. Mit dem Deutschen Reich der beiden Weltkriege haben ja die meisten heutigen Deutschen nichts mehr im Sinn, patriotische Vorbehalte gegen seine großen Gegenspieler haben nur wenige – im Gegenteil: Wenn junge Deutsche von heute sich überhaupt die Mühe machen, den Zweiten Weltkrieg zu studieren und in Gedanken nachzuerleben, dann sind viele mit dem Herzen durchaus auf der alliierten Seite. Ich kann mich darüber nicht beklagen, denn ich war ja selber damals auf der englischen Seite, die deutsche hatte mir Hitler verekelt, und ich kann nur froh sein, mich darin nachträglich wieder in Übereinstimmung mit meinen deutschen Landsleuten zu finden, obwohl es natürlich zuweilen sonderbar anmutet.

Obwohl also der Würdigung Churchills in Deutschland patriotisches Vorurteil kaum mehr im Wege steht, habe ich, wenn ich von ihm rede, ein deutliches Gefühl, daß mir eigentlich keiner zuhören will. Andere große Männer des Jahrhunderts sind immer noch in aller Munde: Lenin und Trotzki, auch Mao und Ho Tschi-minh, ja selbst an Hitler herrscht neuerdings wieder lebhaftes Interesse, und ich würde mich nicht wundern, wenn es demnächst sogar eine Mussolini-Welle geben würde – aber Churchill?

Churchill ist merkwürdig ferngerückt, fast unverständlich geworden. Es ist, als gehörte er gar nicht zu unserem Jahrhundert, sondern zu fernen heroischen Epochen mit ganz anderen Idealen und Maßstäben. Er war ein Aristokrat und ein Imperialist – beides heute Schimpfworte. Vor allem war er ein Kriegsheld, und Krieg ist ja – wenigstens für uns hier, im Schatten der Atombombe – tabu geworden. Von Krieg und Kriegshelden wollen wir gar nichts mehr hören. Sie gehen uns nichts mehr an. »Churchill geht uns nichts mehr an« – das ist das Gegengefühl, der Widerstand, den ich deutlich spüre, wenn ich von Churchill reden will, und mit dem ich versuchen muß, fertig zu werden.

Wie stelle ich das an? Ich könnte ausweichen und sagen: Ihr irrt euch, Churchill war ganz anders. Damit würde ich nicht lügen. Es gibt tatsächlich auch einen anderen Churchill als den der Heldenlegende, er war viel mehr als nur ein Politiker und ein Kriegsheld. Er war zum Beispiel Schriftsteller, Träger des Nobelpreises für Literatur, und er hat ihn wahrhaftig nicht für nichts bekommen. Churchill war sogar ein großer Schriftsteller, und das nicht nur so wie Bismarck und de Gaulle, denen einfach alles, was sie ganz ohne literarischen Ehrgeiz für die Akten schrieben, unvermeidlich und sozusagen aus Versehen zu großer Prosa geriet – nein: Churchill war neben dem Politiker ein ehrgeiziger, professioneller Schriftsteller, er hinterließ ein riesiges literarisches Œuvre, an Umfang nicht geringer als etwa das seines genauen Altersgenossen Thomas Mann.

Wie Thomas Mann schrieb Churchill einen vollkommen unverwechselbaren und unnachahmlichen Stil, einen von den Klassikern seiner Sprache geschulten Hochstil, und wie Thomas Mann glich Churchills Sprachorchester den instrumentalen Riesenapparaten jener Zeit – dem Orchester Gustav Mahlers etwa oder Richard Strauss' oder, um in Churchills England zu bleiben, Edward Elgars. Er ging mit Worten um wie ein Komponist mit Instrumenten, sie standen ihm alle zur Verfügung, von der Posaune bis zur Piccoloflöte, vom Triangel bis zur Orgel; und wie wußte er auf seinem Riesenorchester zu spielen! Wie ein Komponist arbeitete er auch in der Bewältigung großer Stoffmassen; er war ein Meister der großen Form, er wußte das Komplizierte durchsichtig zu machen, das Abstrakte plastisch und greifbar, und alles und jedes, was er anpackte, spannend.

Man lese einmal seine Darstellungen der beiden Weltkriege, besonders die des Ersten. Ihr Umfang wirkt abschreckend; vier beziehungsweise sechs dicke Bände. Aber wenn man einmal zu lesen anfängt, kann man nicht mehr aufhören. Auch die vierbändige Biographie seines Ahnherrn, des ersten Herzogs von Marlborough, ist wunderbares Lesefutter, ein monumentales Zeitgemälde des Hochbarock, in leuchtenden Rubensfarben gemalt, und auch seine ebenfalls vierbändige Geschichte der englischsprechenden Völker ist ein Lesevergnügen, obwohl es eine sehr subjektive Geschichte ist, die wissenschaftlichen Ansprüchen nicht genügt und auch gar nicht genügen will. Sie liest sich eher, als hätte Churchill mit ihr Goethes Dictum beweisen wollen: »Das Beste an der Geschichte ist der Enthusiasmus, den sie erweckt.«

Ich muß Atem holen. Man kommt bei Churchill immer leicht außer Atem, alles an ihm ist so riesenhaft, noch seine Seitenäste sind wie ganze Bäume. Wenn er gar nichts gewesen wäre als ein Schriftsteller, wäre er immer noch eine der bemerkenswertesten Gestalten der englischen Literaturgeschichte, auch eine der fruchtbarsten. Für jeden Mann, auch für jeden großen Mann, wäre sein literarisches Werk allein ein vollkommen ausreichendes Lebenswerk. Es füllt gut und gern ein oder anderthalb Fächer eines Bücherschranks, und man fragt sich, wo eigentlich der Mann, selbst in einem langen Leben, die Zeit hernahm, das alles hervorzubringen, vor allem aber, wo er dann noch die Zeit für alles andere hernahm.

Denn er war ja in erster Linie nicht Schriftsteller, sondern Politiker. Er saß fünfundfünfzig Jahre im englischen Parlament, und er war ein fleißiger Parlamentarier – und, ich komme um das Wort wieder nicht herum, ein großer Parlamentarier. Er war nämlich ein Virtuose des gesprochenen wie des geschriebenen Wortes, und auch hier gilt: Wenn es den Schriftsteller Churchill gar nicht gegeben hätte – und auch alles andere nicht, was Churchill außerdem noch war –, würden allein seine Parlamentsreden ihm einen Platz in der Geschichte sichern, in diesem Fall in der Geschichte der englischen Parlamentsredner, und die ist lang und glänzend und findet in keiner anderen Parlamentsgeschichte ihresgleichen. Hier steht Churchill in einer Reihe mit Cromwell und Chatham, Fox und Gladstone, Disraeli und Lloyd George; übrigens ist er der letzte in dieser Reihe parlamentarischer Giganten. Es fällt auf, daß es nach Churchill dieses »Kaliber« von Parlamentariern nicht mehr gegeben hat, auch in England nicht; Nye Bevan vielleicht noch, aber er fällt doch ab. Churchill als ein letzter seiner Art, als ein spät, fast schon zu spät Gekommener, als ein Abschluß einer großen Tradition – das ist ein Leitmotiv bei ihm.

Churchill als Parlamentarier, als bloßer Redner – das ist aber immer noch das Allerwenigste an seiner politischen Laufbahn, davon strebte er ja selbst weg. Er wollte nicht reden, er wollte handeln und wirken; in den Zeiten, in denen er nur reden konnte, fühlte er sich immer frustriert und unglücklich. Die bloße Parlamentarier-Existenz war nichts für ihn, er wollte immer Minister sein – mindestens Minister –, und die meiste Zeit ist er es auch gewesen. Es gibt wenige englische Ministerien, die er nicht irgendwann in seinem Leben geleitet hat, und zwar meistens erfolgreich, in einigen Fällen denkwürdig. 1906, als junger Mann von einunddreißig Jahren, fing er als Handelsminister an, dann wurde er Innenminister, dann Marineminister, später, im Ersten Weltkrieg, Rüstungsminister, nachher in rascher Folge Kriegsminister, Luftfahrtminister, Kolonialminister, Schatzkanzler. Von seinen beiden Perioden als Premierminister will ich hier gar nicht reden, das spare ich mir auf, aber erwähnen will ich doch noch, daß er im Zweiten Weltkrieg, ehe er Premierminister wurde, wieder die Admiralität leitete und nachher fünf Jahre lang neben dem Spitzenamt das Verteidigungsministerium. Ja, ganz zum Schluß, gegen Ende seiner zweiten Amtsperiode als Premierminister, mit fast achtzig Jahren, zog er eine Zeitlang auch noch das Außenamt an sich, kommissarisch, während der Erkrankung seines Außenministers und Kronprinzen Anthony Eden.

Ein Nimmersatt – und ein Allround-Administrator, ein Minister zur beliebigen Verwendung, der für jedes Amt zu gebrauchen war, mit jedem schnell zurechtkam – und dessen Tatendrang keines genügte. Sein Fehler in jeder Regierung war, daß er ständig über seine Ufer trat, in alle Ressorts hineinredete und hineinregierte und sich eigentlich immer wie ein verhinderter Premierminister benahm. Daß ihm das nicht nur Freunde schuf, kann man verstehen. Sein politisches Leben war von Anfang an reich an Rückschlägen – furchtbaren Rückschlägen. Zweimal fiel er so tief, daß jeder glaubte, nun sei es wirklich zu Ende mit ihm. Aber Churchill war nicht nur ein Nimmersatt, er war auch ein politisches Stehaufmännchen.

Kurz, dieser Mann hatte Vitalität für drei, und er war ein Leben lang imstande, vieles auf einmal zu sein und viele Dinge nebeneinander zu tun – und großartig zu tun –, die eigentlich jedes für sich einen ganzen Mann und ein ganzes Leben gefordert hätten. Schriftsteller, Parlamentarier, Redner, Minister – die Liste ist immer noch keineswegs vollständig. Von dem Journalisten Churchill will ich gar nicht weiter reden – nur soviel, daß er seinen ersten Sensationserfolg im Leben als Kriegsberichterstatter errang und später, in den dreißiger Jahren, als er politisch kaltgestellt war, eine wöchentliche Kolumne schrieb, die nicht nur ganz England, sondern die ganze englisch-sprechende Welt in Atem hielt; und auch über sein Maltalent nichts, das er in einer anderen Periode der Kaltstellung, mitten im Ersten Weltkrieg, entdeckte und das ihm bis in späteste Jahrzehnte hinein ein dauernder Lebenstrost blieb. Ein leidenschaftlich betriebenes Hobby, nichts weiter; aber für eine respektable akademische Künstlerexistenz hätte sogar das gereicht.

Eine Seite dieses Vielseitigen muß aber doch noch zur Sprache kommen, weil es die wichtigste ist, mindestens die zentrale. Ich spreche von dem Krieger Churchill. In seinem innersten Wesen nämlich war dieser große Schriftsteller und Redner kein Mann des Wortes, dieser höchst tätige und erfolgreiche Minister kein Mann der Organisation und Verwaltung, der emsige Sonntagsmaler kein Mann des Auges und sogar der leidenschaftliche Politiker kein eigentlicher Mann der Politik. Er war ein Mann des Krieges, ein Krieger.

Ich sage absichtlich: Krieger, und nicht: Soldat. Zwar ist der junge Churchill Kadett und dann Husarenleutnant gewesen, zwar hat er auch im Ersten Weltkrieg ein gutes halbes Jahr als Truppenoffizier in Flandern gedient, aber das eigentlich Soldatische war seine Sache nicht, nicht die Kasernenluft, die Disziplin, das Zeremoniell, das Enge und Strenge, auch nicht das Kalt-Sachliche, Rechnerisch-Fachmännische des Berufsmilitärs. Er war kein Soldat, er war, in allem, was er anfaßte, ein Künstler – aber vor allem andern eben ein Kriegskünstler. Krieg setzte, wie nichts anderes, all seine Energien und Talente frei, mobilisierte seine ganze Vitalität, ließ ihn immer wieder losschnellen wie eine fest zusammengepreßte, plötzlich entriegelte Feder.

Hätte Hitler ohne ihn gesiegt?

Man wird das Phänomen Churchill nie verstehen, wenn man ihn einfach als einen Politiker und Staatsmann betrachtet, dem es schließlich auch zufiel, einen Krieg führen zu müssen – etwa wie Herbert Asquith oder David Lloyd George, Woodrow Wilson oder Franklin D. Roosevelt. Er war kein Politiker, der sich irgendwie auch im Krieg bewähren mußte. Er war ein Krieger, der freilich begriff, daß neun Zehntel der Kriegführung aus Politik besteht. In der Reihe der anderen bedeutenden englischen Premierminister des 20. Jahrhunderts, Asquith, Lloyd George, Baldwin, Chamberlain, Attlee, steht er wie ein Fremdling aus einer anderen Welt. Auch in die Reihe der großen Berufsmilitärs und Meistergenerale seiner Zeit gehört er freilich nicht, der Foch und Ludendorff, Marshall, Montgomery, Schukow oder Manstein. Wenn man ihn richtig placieren will, muß man ganz andere, ältere Namen nennen: Gustav Adolf, Cromwell, Prinz Eugen, Fridericus Rex, Napoleon; auch sein Ahnherr Marlborough gehört dazu, dessen Geistesart in ihm noch einmal durchschlug.

Alle diese Männer waren Strategen, Politiker und Diplomaten in einem, einige von ihnen hatten auch einen unverkennbar künstlerischen Zug. Alle aber kamen nur im Krieg und durch Krieg auf ihre volle Höhe, sie waren, wie Napoleon von sich selbst sagte, »für den Krieg geboren«, sie verstanden den Krieg instinktiv in allen seinen Aspekten – dem strategischen, dem politischen, dem diplomatischen, dem moralisch-psychologischen; und alle liebten auch, auf eine dem normalen Menschen schwer verständliche Weise, die krasse Wirklichkeit des Krieges, den Pulverdampf, die Lebensgefahr, den tödlichen Kampf Mann gegen Mann. Einen Krieg als Ganzes zu übersehen und zu planen wie ein Kunstwerk – und in ihm die Schachzüge, die Feldzüge, die Schlachten – und sich dann womöglich am entscheidenden Punkt selbst wunderwirkend in die Schlacht zu stürzen: darin fanden diese Kriegsgenies eine Selbsterfüllung und ein Glück, dem (für sie) nichts auf Erden gleichkam. Churchill war von dieser Art. Ein letzter, auch darin. Ein spät, zu spät Gekommener, ein Mann aus anderen Zeiten.

Hier sind wir nun allerdings wieder an dem heiklen Punkt. Was geht uns ein solcher Mann noch an – was geht uns Churchill noch an? Wir brauchen keine Kriegsgenies mehr, sie passen nicht mehr in die Landschaft, sie sind für uns keine Helden mehr, im Gegenteil, sie sind, wenn sie unter uns noch einmal verspätet auftauchen, beinahe so etwas wie eine Gemeingefahr. Selbst die großen Krieger vergangener Zeiten verstehen und bewundern zu wollen, ist heute im Atomzeitalter gefährlich, man läßt es besser bleiben, man vergißt besser: das ist die herrschende Meinung.

An all dem ist viel Wahres und Richtiges. Ganz wahr und ganz richtig ist, daß dort, wo Krieg heute Atomkrieg wäre, also ganz gewiß bei uns in Europa, der Krieg keinen Platz mehr hat, einfach nicht mehr stattfinden darf – und daß deswegen auch für den Krieger hier kein Platz mehr ist. Das ist übrigens eine Erkenntnis, zu der auch der sehr alte Churchill am Ende seiner Laufbahn kam und deren Durchsetzung er seine letzte, erlöschende Lebenskraft widmete – ich komme noch darauf.

Wahr ist auch, daß schon vor der Atombombe der Krieg der Industriestaaten entartet war – ebenfalls zum tiefen, angeekelten Mißvergnügen des Kriegers Churchill. Die Völker hatten das schon im Ersten Weltkrieg gemerkt, in den sie noch begeistert und jubelnd gezogen waren. Schon damals dichtete Stefan George nach zwei Jahren der Materialschlachten:

> Der selbst lacht grimm, wenn falsche heldenreden
> Von vormals klingen, der als brei und klumpen
> Den bruder sinken sah, der in der schandbar
> Zerwühlten erde hauste wie geziefer ...
> Der alte gott der schlachten ist nicht mehr.

In den Zweiten Weltkrieg, der dann Churchills größte Zeit wurde, zogen die Völker schon nicht mehr begeistert und jubelnd, sondern widerwillig und bedrückt, in dem durchaus richtigen Gefühl, daß das, was ihnen hier widerfuhr und was sie hilflos auf sich nahmen, im Grunde ein Wahnsinn und ein Anachronismus war.

Wahr ist es: der Krieg, in dem Winston Churchill, der letzte der großen historischen Kriegshelden Europas, noch einmal gebraucht wurde und der ihm zur Rechtfertigung und zum Höhepunkt seines ganzen Lebens wurde, war bereits ein widersinniger, historisch verspäteter Krieg, eine »Gottesdummheit«, um mit Thomas Mann zu sprechen, ein Krieg, der gar nicht mehr hätte passieren dürfen. Aber wahr ist auch, daß in diesem Krieg ein Mann wie Churchill eben noch einmal gebraucht wurde. Und wahr ist, daß damals unendlich viele Menschen, nicht nur in England, tief dankbar waren, daß es einen Mann wie Churchill, daß es diesen Mann Churchill noch einmal gab – am dankbarsten gerade die, die von der Widersinnigkeit und Verworfenheit dieses Krieges am tiefsten durchdrungen waren. Es war ja Hitlers Krieg, nicht Churchills; und ohne einen Churchill, der ihm Widerpart bot, hätte Hitler seinen Krieg womöglich auch noch gewonnen.

Wir müssen das festhalten, es gibt uns zu denken, auch heute noch: Als von Brest bis Brest-Litowsk die Hakenkreuzfahne wehte, als Stalins Rußland Hitler Rohstoffe und Nahrungsmittel lieferte und Roosevelts Amerika in der Reihe der Militärmächte an 19. Stelle, hinter Portugal und knapp vor Bulgarien, rangierte, als auch unter Englands regierenden Konservativen viele bereit waren, sich in das Unvermeidliche zu fügen und sich mit Hitler irgendwie zu arrangieren: Damals, im Jahr 1940, war der einzige, der Hitlers Triumph noch im Wege stand, ein Krieger, ein geborener Krieger, der gerade eine solche Situation als wie für ihn gemacht empfand, eine anachronistische Erscheinung. »Wenn Winston nicht gewesen wäre, kann keiner sagen, was nach Dünkirchen passiert wäre«, schrieb einer, der es wissen mußte, der damalige englische Oberkommandierende und spätere Generalstabschef, Sir Norman Brook. »Solange er da war, kam ein Verhandeln mit Hitler nicht in Frage, und ein Sonderfriede war undenkbar.«

Winston Churchill war auch der Mann, der in den späteren Kriegsphasen, als sich herausstellte, daß die eigentlichen Sieger Amerika und Rußland, nicht England sein würden, ja, daß der Sieg Amerikas und Rußlands für England möglicherweise verhängnisvolle Folgen haben würde, eisern an dem festhielt, was er bei seinem Amtsantritt, in der berühmten »Blut-, Schweiß- und Tränen«-Rede, versprochen hatte: seine einzige Politik sei, Krieg zu führen, und sein einziges Ziel Sieg – Sieg um jeden Preis. Das alles klingt heute seltsam, vielleicht sogar abstoßend, besonders in linken Ohren. Aber es gäbe heute keine Linke, wenn es damals nicht Winston Churchill gegeben hätte. Der Retter aller »linken« Werte, von der bürgerlichen Freiheit bis zur sozialistischen Weltrevolution, wurde damals ein erzkonservativer Alteuropäer, dessen eigene Werte ausgesprochen »rechte« Werte waren. Der Faschismus wurde von einem Mann aufgehalten, der noch wenige Jahre vorher seinen politischen Gegnern selbst fast als Faschist gegolten hatte. Und daß ein Krieg, der schon damals den Völkern als Verbrechen galt, denn auch wirklich an seinen Urhebern als Verbrechen geahndet wurde, das machte ein Mann möglich, der selber ein Krieger von Geblüt und Instinkt war, der letzte verspätete Kriegsheld der europäischen Geschichte. Wenn das Original nicht noch einmal zur Stelle gewesen wäre, hätte die Imitation triumphiert.

Seltsam, wie verschieden das alles aussieht, je nachdem, ob man es vom historischen oder vom biographischen Standpunkt aus sieht. Historisch gesehen, ist die späte und unerwartete Heldenrolle, die Churchill im Zweiten Weltkrieg zufiel, mehr tragisch als triumphal. Dank Churchill hat sich England 1940 Hitler im entscheidenden Augenblick seines fast schon gelungenen Durchbruchs in den Weg geworfen – wie man heute schon sehen kann: gegen sein eigenes, nüchtern kalkuliertes Interesse. Es hat dabei seine physische Existenz ebenso wie seine wirtschaftliche und imperiale Existenzgrundlage aufs Spiel gesetzt. Seine physische Existenz hat es erfolgreich verteidigt; seine Wirtschaft hat es nachhaltig ruiniert und sein Empire verloren.

Dank Churchill ist nicht Deutschland, sondern sind Amerika und Rußland Beherrscher Europas geworden. Dank Churchill spielt der Faschismus keine Weltrolle mehr, sondern Liberalismus und Sozialismus kämpfen in der Weltinnenpolitik um den Vorrang. Dank Churchill ist die Weltgegenrevolution geschlagen und der Weltrevolution in vielen Ländern die Bahn freigemacht worden.

Das meiste davon hat Churchill nicht gewollt, obwohl er es für den schlimmsten Fall sehend in Kauf nahm. Er hat gehofft, die einkalkulierten Gefahren abwenden zu können, hat hart, zäh und einfallsreich darum gerungen, sie abzuwenden, und ist damit gescheitert: Darin liegt seine historische Tragik, und der alte Churchill selbst hat es als Tragödie empfunden. Er war sich bewußt und hat es gelegentlich im Privatgespräch mit bitteren Worten beklagt, daß sein Sieg England nichts genutzt hat. Vielleicht deswegen hat er ausdrücklich verboten, in Westminster Abbey beigesetzt zu werden oder in der St.-Pauls-Kathedrale, neben Nelson und Wellington. Er liegt vielmehr auf einem obskuren englischen Dorffriedhof, nahe bei seinem Vater, einem hochbegabten, aber exzentrischen und erratischen Tory-Politiker, der mit fünfundvierzig Jahren in Umnachtung starb, zerfallen mit seinem Land, seiner Klasse, seiner Partei, mit allen. Churchill, der ihn als Knabe glühend bewundert und ohne Gegenliebe geliebt hatte, fühlte sich diesem Vater offenbar als alter Mann wieder nahe – näher als den offiziellen Nationalhelden. Er fühlte sich nicht als Nationalheld, vielmehr als der Sohn seines Vaters, als ein Verbitterter, im Grunde Gescheiterter, und zwar unverdient Gescheiterter. Der alte Churchill – er wurde uralt, fast einundneunzig Jahre – haderte, schwer zu sagen, mit wem: mit sich selbst, mit seinem Land, mit dem

Schicksal, vielleicht mit Gott, dessen Walten er nicht begriff: »Wir haben jede Prüfung bestanden, mit fliegenden Fahnen – und es hat uns alles nichts genützt.«

Aber wie anders sieht alles aus, wenn man es nicht rückblikkend betrachtet, sondern aus der Gegenwartsperspektive von 1940/45, nicht mit den Augen des Historikers, sondern denen des Biographen – oder auch, warum eigentlich nicht, mit den Augen des Churchill von damals.

Churchill zählte 1940 fünfundsechzig Jahre und war, als der Zweite Weltkrieg ausbrach, ein gescheiterter Politiker. Er hatte zweimal die Partei gewechselt – von den Konservativen zu den Liberalen und zurück – und war seit zehn Jahren mit allen Parteien zerfallen. Seine Landsleute betrachteten ihn, mit durchaus richtigem Instinkt, als einen Mann des Krieges; aber im Ersten Weltkrieg hatte er in ihren Augen versagt, die unglückliche Gallipoli-Unternehmung an der türkischen Küste galt, zu Recht oder Unrecht, als sein Fehler. »Brillant, aber unsolide« war das Etikett, das ihm seitdem anhing. In den dreißiger Jahren galt er einfach als passé, ein Mann von gestern, der die Zeit nicht mehr verstand. Dies waren die Jahre der englischen Appeasementpolitik, gegen die Churchill ständig aufbegehrte und anstürmte – ständig, aber völlig vergeblich, eine Kassandra, die sich mit jeder unheilverkündenden Rede immer unmöglicher machte.

Und dann brach das Unheil herein, England fand sich in dem Kriege, den es so dringlich hatte vermeiden wollen, und dieser Krieg drohte auch noch, kaum ausgebrochen, verlorenzugehen. Der Unheilsprophet hatte recht behalten, und der Kriegsmann wurde gebraucht. In schwerster Bedrängnis – die norwegische Katastrophe war komplett und die französische zeichnete sich ab – drückte man Churchill den Krieg sozusagen in die Hand, den heillos verfahrenen, unglücklich angelegten, fast schon verlorenen Krieg. Viel zu verderben war daran ohnehin nicht mehr. Mochte Churchill also zeigen, was er konnte; mochte er zusehen, was er daraus machte. Nun, er traute sich das Unternehmen zu und war entschlossen, daraus, koste es, was es wolle, den größten Sieg aller Zeiten zu machen. Für ihn war die Katastrophe, die ihm – endlich – seine Chance gab, Erfüllung und Lebenshöhepunkt. Noch in der späteren Beschreibung klingt der innere Jubel nach:

»Ich fühlte eine tiefe Erleichterung. Endlich hatte ich die Macht über das Ganze und konnte befehlen. Ich hatte das Gefühl, mit dem Schicksal zu wandeln. Mein ganzes vergangenes Leben schien mir jetzt nichts mehr als eine Vorbereitung gewesen zu sein – eine Vorbereitung auf diese Stunde und diesen Test. Zehn Jahre in der politischen Wüste hatten mich von allem Parteienhader befreit. Meine Warnungen in den letzten sechs Jahren waren so zahlreich und präzis gewesen und waren nun so schrecklich wahr geworden, daß niemand mir Widerpart halten konnte. Niemand konnte mir vorwerfen, den Krieg gemacht zu haben. Niemand konnte mich tadeln, ihn nicht rechtzeitig vorbereitet zu haben. Ich glaubte, eine ganze Menge davon zu verstehen, und ich war gewiß, ich würde nicht versagen.«

Nein, er versagte nicht – nicht in der ständigen Lebensgefahr und dem fintenreichen Abwehrkampf des furchtbaren Jahres 1940, nicht in dem Schicksalsjahr 1941, als Englands einsamer Krieg zum Weltkrieg wurde, und am allerwenigsten 1942, als es galt, während an den Fronten noch überall die Achsenmächte im Angriff und im Siegen waren, die Siegesstrategie der großen Allianz zu schmieden. Das war nicht so einfach, wie es sich rückblickend vielleicht ansieht. Denn die Allianz Englands, Sowjetrußlands und Amerikas war ja eine höchst ungleiche und unnatürliche Allianz, in der jeder Partner ganz andere Interessen verteidigte und ganz andere Ziele verfolgte. England war darin unzweifelhaft der kleinste und schwächste Partner, und es ist ja am Ende auch unter die Räder gekommen. Vielleicht wäre es besser gefahren, wenn es, wie einst im Spanischen Erbfolgekrieg und in den napoleonischen Kriegen, dafür gesorgt hätte, daß der Sieg seiner übergroßen Verbündeten nicht gar zu vollständig geworden und daß die besiegten Mächte als Faktoren im Weltgleichgewicht irgendwie erhalten geblieben wären. Das aber wollte Churchill nicht. Der Krieger in ihm wollte seinen Sieg – den ganzen, den vollständigen, den totalen Sieg. Aber faszinierend zu beobachten ist es, wie der Staatsmann in ihm zugleich die Gefahren des totalen Sieges für England sah und wie er darum gerungen hat, beides zu haben: den totalen Sieg über den Kriegsgegner – und zugleich den Triumph englischer Klugheit über die rohe Stärke seiner Verbündeten. Er ist damit gescheitert, gewiß. Aber wie nah ist er dem Unmöglichen gekommen!

Die Strategie, die Churchill durchsetzen wollte, war bekanntlich eine Mittelmeer-Strategie, der Stoß in den »weichen Unterbauch der Achse«, mit Stoßrichtung Triest-Wien-Prag und dann weiter bis nach Berlin oder gar bis nach Warschau. Hinter dieser militärisch gewiß anfechtbaren, vor allem auch sehr kostspieligen und äußerst langwierigen Strategie stand eine politische Vision: Derselbe Stoß, der Hitlers Macht bräche, sollte zwischen Deutschland und Rußland einen stählernen Riegel schieben. Am Ende des Krieges sollten die vereinigten Armeen des Vereinigten Königreiches und der Vereinigten Staaten allein auf dem Kontinent stehen und Europa – dem ganzen Europa – sein neues Gesicht geben. Hitler vernichtet, Stalin im Abseits und Roosevelt fest mit Churchill im Gespann, wobei der britische Premierminister die Richtung bestimmte – so sollte es werden. Selbstverständlich hatte weder Roosevelt noch gar Stalin ein Interesse daran, Churchills Südstrategie und ihren politischen Hintergedanken zu unterstützen. Und doch setzte Churchill diese Strategie zunächst einmal durch, und zwar im Sommer 1942, einem Sommer der Niederlagen, während ihm an allen Fronten die Schläge um die Ohren prasselten und zu Hause, im Parlament, der Boden unter den Füßen wankte.

1945 ein Krieg gegen Rußland

Der Churchill von 1942 war nicht mehr der Mann des Schicksals wie der von 1940, der im entscheidenden Moment Hitlers Sieg verhindert hatte; das überkühne Spiel, das er damals begann, ging schließlich verloren, und der Augenblick, in dem er wirklich Weltgeschichte gemacht hatte, war, ohne daß er es wußte, schon vorbei. Aber wer Churchill auf dem Gipfel seiner persönlichen Kraft und Pracht bewundern will, der tut gut daran, auf den Churchill von 1942 zu blicken. In diesem Sommer schien er zwanzig Hände zu haben. Er wehrte Mißtrauensanträge im Parlament ab, plante Feldzüge mit seinen Stabschefs, wurde mit amerikanischen Abgesandten fertig, flog nach Ägypten und setzte Generale ab und ein, reiste nach Washington und bekniete Roosevelt, besuchte Moskau und boxte sich bei Stalin durch. Und am Jahresende hatte er alle, wo er sie haben wollte, und schien die Welt in seiner Faust zu halten.

Es kam dann doch alles anders. Das strategische Instrument, mit dem Churchill Politik machen wollte, ließ ihn im Stich. Die Engländer und Amerikaner in Italien kamen 1943 nur quälend langsam voran, die Russen nach Stalingrad um so schneller; die Amerikaner wurden es müde, sich ihre Kriegsführung von den Engländern vorschreiben zu lassen, und auf der Teheraner

Konferenz, Ende 1943, verbündeten sich Roosevelt und Stalin gegen Churchill und warfen den ganzen Kriegsplan um: An die Stelle der Churchillschen Mittelmeerstrategie trat die Landung in Frankreich und damit an die Stelle einer konservativen Restauration in Europa unter ausschließlich anglo-amerikanischen Auspizien die Teilung Europas zwischen West und Ost, die heute noch vorhält.

Churchill fand sich mit der neuen Strategie ab – widerwillig genug; aber zerstören können hätte er sie nur um den Preis des Sieges, und diesen zu zahlen kam für ihn nicht in Frage. Fand er sich auch mit den politischen Folgen der neuen Strategie ab? Keinen Augenblick. Der Churchill vom Frühjahr und Sommer 1945 war bereit, es auf eine Fortsetzung des Krieges zwischen den bisherigen Allierten ankommen zu lassen – ja, wenn man gewisse Memoranden und Reden aus dieser Zeit liest, gewinnt man den Eindruck, er habe es geradezu darauf angelegt. »In Osteuropa müssen wir noch dafür sorgen, daß die einfachen und ehrenhaften Ziele, für die wir diesen Krieg geführt haben, nicht zuschanden gemacht werden«, erklärte er weniger als eine Woche nach der deutschen Kapitulation, und selbst den deutschen Gefangenen ihre Waffen wieder in die Hand zu geben, hat er mindestens erwogen. Wenn es nach Churchill gegangen wäre, hätten sich Engländer und Amerikaner nicht aus Sachsen, Thüringen und Mecklenburg zurückgezogen und in Potsdam ihre Karten gegenüber dem kriegsgeschwächten Rußland bis aufs letzte ausgereizt – auf die Gefahr hin, daß der Krieg als Krieg zwischen den Verbündeten noch einmal aufgelebt wäre.

Es ging nicht nach Churchill. Im Gegenteil, er wurde abgewählt – im Juli 1945, im Augenblick seines höchsten Triumphs. Man hat das nie so recht verstanden, aber die Erklärung ist vielleicht einfacher, als man denkt. Seine Landsleute trauten ihm ganz einfach zu, daß unter ihm der gegen Deutschland gewonnene Krieg sofort als Krieg gegen Rußland weitergehen würde, und das wollten sie nicht. Wer kann es ihnen verdenken? Für sie war Churchill, gewiß nicht zu Unrecht, der Kriegspremier. Man muß aber auch Churchill Gerechtigkeit widerfahren lassen: Wenn man sich nicht damit abfinden wollte, daß Europa geteilt und Osteuropa russisches Einfluß- und Herrschaftsgebiet bleiben sollte – und nachher wollte das ja jahrelang im Westen niemand –, dann war das einzige Mittel, es zu ändern, ein heißer Krieg, und der einzige Augenblick, einen solchen heißen Krieg zu führen und zu gewinnen, der Sommer

1945, als der Krieg sozusagen noch am Kochen war, alle Mächte noch mobilisiert hatten und alle Verhältnisse noch im Fluß waren. Verglichen mit den Kalten Kriegern der fünfziger Jahre war der Churchill von 1945 der konsequentere und realistischere Staatsmann, auch der ehrlichere.

Viele fanden damals im Gegenteil, er sei eben doch überhaupt kein Staatsmann, sondern nur ein Krieger, und zwar ein unersättlicher Krieger, der vom Krieg einfach nicht genug bekommen konnte. Aber wer ihn so sah, sah ihn zu klein, und es war ihm immerhin noch vergönnt, diese Einschätzung zu widerlegen. Denn es war der Krieger Churchill, der schließlich als erster regierender Staatsmann des Westens zur Beendigung des Kalten Krieges aufrief, im Atompatt den Friedenszwang diagnostizierte und das Signal gab für die Politik der Entspannung, die dann noch zehn Jahre und mehr brauchte, bis sie wirklich in Gang kam. Der späte Churchill war mit seiner Friedenspolitik der Zeit so weit voraus, wie er es zwanzig Jahre früher mit seinem Aufruf zum Widerstand gegen Hitler gewesen war. Denn dieser letzte Kampf Churchills fällt in die Jahre 1953/54 – fast zehn Jahre vor Kennedy, fast zwanzig Jahre vor Kissinger. Und wenn schon der Churchill des Zweiten Weltkrieges uns heute nichts mehr zu sagen haben sollte – dieser ganz späte Churchill, dieser frühe Vorläufer Kennedys und Kissingers, ist aktueller denn je.

Churchill, 1945 nicht wiedergewählt, wurde ja sechs Jahre später, mit fast siebenundsiebzig Jahren, noch einmal Premierminister und blieb es dreieinhalb Jahre lang. Diese seine zweite Regierungszeit wird oft ignoriert. Sie war ein Triumph seiner Zähigkeit, aber ein zweideutiger Triumph. Großartig, gewiß, dieser unbezähmbare Alte, der nie aufgab, der das Unmögliche immer noch einmal möglich machte, das unentrinnbare Schicksal immer noch einmal bezwang. Großartig, aber auch peinlich. Denn der siebenundsiebzigjährige Veteran so ungeheurer, aufreibender Kämpfe war kein jugendlicher Greis wie der fast gleichaltrige Adenauer, der seine Kräfte nicht verbraucht hatte: Er war physisch am Ende, verbraucht, verwittert, ein majestätisches Wrack. Den ersten Schlaganfall hatte er bei seinem zweiten Regierungsantritt bereits hinter sich, unter Ausschluß der Öffentlichkeit. Den zweiten, weit schwereren, der ihn wochenlang lähmte und der Sprache beraubte, erlitt er im Juni 1953, auf dem Höhepunkt seiner letzten politischen Kraftanstrengung. Er überwand auch ihn, und er machte noch anderthalb Jahre weiter. Aber der Körper ließ den Geist mehr und mehr im Stich. Sein letztes groß angefangenes politisches Werk blieb als Torso stehen – ein gewaltiger Torso, an dem andere, Jüngere, neuerdings weiterbauen.

Denn dieser letzte Weltentwurf des späten Churchill enthält fast alle Elemente heutiger Großmachtdiplomatie: Atomfrieden unter dem Dach der Supermächte; europäisches Sicherheitssystem als Ergänzung oder Ersatz der östlichen und westlichen Bündnissysteme; Abrüstung; ständiges Gipfelgespräch der führenden Staatsmänner. Das alles ist uns heute zum täglichen Brot geworden. Aber 1953, als Churchill es zum zweiten Mal in die Weltdebatte warf, war es noch Dynamit. Es war das Jahr, in dem John Foster Dulles gerade die Leitung der amerikanischen Außenpolitik übernommen hatte.

Erschütternd ist, daß damals ein einziger aktiver Staatsmann die Vision der neuen globalen Friedenspolitik hatte – und daß dieser Staatsmann der letzte große Kriegsheld Europas war: Derselbe Mann, der als junger Husarenleutnant 1898 bei Omdurman die letzte Kavallerieattacke der englischen Kriegsgeschichte mitgeritten war, der 1914 die Grand Fleet mobilisierte und 1917 die Massenproduktion der Tanks geleitet, der 1940 im brennenden London Hitler Halt geboten hatte, der noch 1945 am liebsten den gordischen Knoten der alliierten Gegensätze mit dem Schwert zerhauen hätte – dieser Mann war, als nun fast Achtzigjähriger, der erste, der klar sah, daß für die Atommächte das Zeitalter der Kriege zu Ende sein müßte, und der die politischen Konsequenzen daraus wenigstens skizzierte. Ein ungeheurer Bogen, den er da schlug. Denn der Mann, der in seiner letzten politischen Stunde zum Vorreiter der Zukunft wurde, war ja ein Leben lang ein Nachkömmling großer Vergangenheiten gewesen, und was aus ihm noch einmal sprach, war die Stimme dieser Vergangenheiten, die Stimme eines England, eines Europa, das jahrhundertelang die Welt beherrscht hatte – und während er noch sprach, schon im Begriff war abzudanken.

Dieser Abdankung hat er sich immer widersetzt, auch jetzt, als Friedenspolitiker. Den kommenden Frieden sah er verwaltet und den minderen Völkerschaften auferlegt von den traditionellen Großmächten: Amerika, England, dem Commonwealth, Europa, Rußland. Die anderen hatten sich zu fügen. Er war ein Aristokrat und ein Imperialist, und wenn er auch, wie schon sein Vater, bereit war, im Inneren den Ausgleich zwischen Aristokratie und Demokratie zu suchen – im Völkerleben blieb er immer der Aristokrat, immer der Mann einer Hierarchie der Nationen. Der Unterschied zwischen Großmächten und anderen, Kulturstaaten und anderen war ihm auch im 20. Jahrhundert eine Selbstverständlichkeit, und wo er saß, war immer oben – auch das war ihm selbstverständlich. Die europäischen Nationen waren für ihn die vornehmsten und unter ihnen die vornehmste England – dabei blieb er, bis zum Schluß.

Diese Auffassung ist heute unmodern geworden, und man trifft fast auf Unglauben, wenn man bezeugt, daß sie bis zum Ersten Weltkrieg die allgemeine, bis zum Zweiten mindestens noch weitverbreitet war – und das keineswegs nur in Europa und in England. Insofern also erscheint Churchill heute doch als ein Mann der Vergangenheit – auch wenn er vielleicht nach 1945, etwas widerstrebend, zugestimmt hatte, daß man nun Amerika und Rußland, möglicherweise sogar China zum besten Club der Welt zulassen muß. Man will eben heute grundsätzlich nichts mehr davon wissen, daß es unter den Völkern der Erde so etwas wie einen exklusiven Club, eine Aristokratie der Macht, der Leistung und der Gesittung gibt oder geben sollte, und besonders die Europäer schämen sich geradezu, so etwas je geglaubt zu haben. Und das stimmt ja: In den obersten Rang der Macht gehören sie nicht mehr.

Und doch bin ich nicht sicher, ob Churchill wirklich mit dem Teil seiner Anschauungen, der ihn heute unmodern und unzeitgemäß zu machen scheint, so hoffnungslos zur Vergangenheit gehört oder ob er gerade damit seiner Zeit noch voraus ist.

> Übermacht, ihr könnt es spüren,
> Ist nicht aus der Welt zu bannen,

fand Goethe, und mir scheint, wir können es auch heute noch, ja gerade heute wieder spüren – vielleicht um so deutlicher, als die Übermacht nicht mehr unsere eigene ist. Aber ob wir nun noch dazu gehören oder nicht – klar scheint, daß es nach wie vor eine Aristokratie der Macht unter den Völkern gibt und daß es vorteilhaft ist, zu ihr zu gehören. Auch ist ihr Mitgliederkreis vielleicht gar nicht so wechselnd, wie man auf den ersten Blick glauben möchte. Scheinbare Neuankömmlinge entpuppen sich bei näherem Hinsehen oft als Rückkehrer. Die Chinesen zum Beispiel sind so ein Fall, die Araber ebenfalls. Gerade daß sie, nach einer längeren oder kürzeren Schwächeperiode, nun wieder dabei sind, könnte uns auf den Gedanken bringen, daß auch wir vielleicht eines Tages unsere heutige Schwächeperiode überwinden werden. Aber das ist Spekulation.

Ich las einmal in einer englischen Zeitung einen Satz über Churchill, der bei mir haften geblieben ist. »Was immer sein Platz in der Geschichte«, hieß es da, »sein Platz in der Sage ist ihm sicher.« Das scheint mir gut gesagt. Bei seinen Landsleuten ist Churchill schon heute eine Sagengestalt. Und wenn unsere Zivilisation schließlich doch in einer atomaren Katastrophe zugrunde gehen sollte, so daß nichts von ihr übrig bliebe und in irgendeinem fernen Erdenwinkel alles von vorn anfangen müßte, so könnte ich mir vorstellen, daß selbst dort ein dunkles Raunen von einem Mann gehen würde, der in dem großen Vorher, ganz gegen Ende, vor der atomaren Sintflut, noch einmal so etwas wie alle Riesen der Vorzeit in einem war.

Das war der Mann, der immer wiederkehrt,
wenn eine Zeit noch einmal ihren Wert,
da sie sich enden will, zusammenfaßt.
Da hebt noch einer ihre ganze Last
und wirft sie in den Abgrund seiner Brust.

Die vor ihm hatten Leid und Lust;
er aber fühlt nur noch des Lebens Masse
und daß er alles wie *ein* Ding umfasse,
nur Gott bleibt über seinem Willen weit:
da liebt er ihn mit seinem hohen Hasse
für diese Unerreichbarkeit.

(Rainer Maria Rilke, Das Stunden-Buch)

Gustav Stresemann: ein deutscher Realist

> Daß es ohne Stresemann vielleicht kein Erwachen aus dem Alptraum von 1923 gegeben hätte, wollte bald niemand mehr wahrhaben.

Lord d'Abernon, britischer Botschafter im Berlin der zwanziger Jahre, notierte in seinem Tagebuch über Gustav Stresemann: »Der erste Eindruck: er könnte ein Bruder von Winston Churchill sein. Die gleiche Gestalt, Haare – Haut – Augenfarbe. Die gleiche Ähnlichkeit im Temperament und geistigen Habitus. Beide brillant, kühn und wagemutig; in beiden mehr als ein Schuß Tollkühnheit ... Keine Halbtöne; keine verschwommenen Umrisse.« Und bei anderer Gelegenheit: »Fraglos ein großer Mann – und er weiß es auch.«

Dieser große Mann ist heute in Deutschland, trotz mancher Versuche, die Erinnerung an ihn wiederzubeleben, halb vergessen. Dabei war er ohne Zweifel das stärkste politische Talent, das Deutschland zwischen Bismarck und Adenauer hervorgebracht hat. Nimmt man das Geburtsjahr als Maßstab, so ist er damit allerdings nicht ganz korrekt plaziert, denn verwirrenderweise war er zwei Jahre jünger als Adenauer. Erst in das Jahr 1978 fiel sein hundertster Geburtstag; ins nächste allerdings schon sein fünfzigster Todestag. Historisch gesehen steht er trotzdem zwischen Bismarck und Adenauer: Stresemann hatte seine große Zeit nach dem Ersten Weltkrieg; Adenauer, obwohl der Ältere, stand erst nach dem Zweiten auf dem Zenit. Die beiden kannten sich ganz gut und hielten nicht viel voneinander; so ist das manchmal bei großen Männern.

Stresemann und Adenauer erbten beide eine Katastrophe; und beide machten – man möchte sagen: fast im Handumdrehen – aus der Katastrophe so etwas wie ein goldenes Zeitalter, Stresemann »die goldenen zwanziger Jahre«, Adenauer »die fünfziger«, die für viele heute auch schon einen goldenen Schimmer haben. Ein Unterschied spricht dabei eher zugunsten Stresemanns: Er rettete auch die Einheit Deutschlands. Das hat Adenauer nicht vermocht, nicht einmal ernsthaft versucht.

Daß die deutsche Einheit nach dem Ersten Weltkrieg schon einmal gefährdet war, ist dem deutschen Geschichtsbewußtsein entschwunden. Um es wieder ins Gedächtnis zu rufen, müssen wir uns in das Jahr 1923 zurückversetzen. Auch dieses »tolle Jahr« ist heute halb vergessen, aber es war das erregendste von vielen aufregenden Jahren, die Deutschland in der ersten Jahrhunderthälfte durchlebt hat. Im Januar besetzten die Franzosen das Ruhrgebiet, und die Deutschen antworteten mit »passivem Widerstand« – praktisch einem Dauer-Generalstreik im besetzten Gebiet. Die Streikkasse war die Notenpresse, und die Folge davon, daß ständig Geld gedruckt, aber nichts produziert wurde, war die ungeheuerlichste Inflation, die ein Land je erlebt hat. Man maß sie damals am Dollarkurs. Im Januar 1923 war ein Dollar zwanzigtausend Mark wert gewesen; im August kostete er eine Million, im September eine Milliarde, im Oktober eine Billion. Nicht nur alle Geldvermögen und Spareinlagen waren vernichtet; auch Löhne und Gehälter waren im Herbst 1923 wertlos, sobald sie ausgezahlt wurden. Es herrschte das Chaos, und das wirtschaftliche Chaos gebar das politische.

Bayern unter einer Rechtsregierung, Sachsen und Thüringen unter Volksfrontregierungen, das Rheinland unter Separatisten – diese Gebiete schienen im Begriff, sich vom Reich loszulösen. In Hamburg probten die Kommunisten den Aufstand, in Küstrin putschte die »Schwarze Reichswehr«, in München Hitler. Dies war die Lage während der Kanzlerschaft Stresemanns.

Er hatte das Amt nur hundertdrei Tage lang inne, aber in dieser kurzen Zeit rettete er das Reich. Den passiven Widerstand an der Ruhr blies er ab, was angesichts der damaligen Stimmung wahren Todesmut erforderte. Die Notenpresse legte er still; mit einer neuen Währung, der Rentenmark, die er knapp hielt, gab er ehrlicher Arbeit wieder ehrlichen Lohn. Die Putsche schlug er nieder, mit Bayern, Sachsen, Thüringen und den Rheinischen Separatisten wurde er fertig – mit verschiedenen Mitteln, härter gegen links als gegen rechts; und das alles, während die Koalition, auf die er sich stützte, fortwährend auseinanderzufallen drohte und die Reichswehr, mit dem Säbel der Diktatur rasselnd, ihm den Gehorsam aufkündigte. Es war eine Gewaltleistung ohnegleichen, und nach hundertdrei Tagen war Stresemann am Ende. Die SPD kündigte ihm die Gefolgschaft, und er mußte demissionieren. Aber die Hauptarbeit war geschafft: die »goldenen zwanziger Jahre« konnten beginnen (die ersten vier des Jahrzehnts waren alles andere als golden gewesen).

Stresemann ist nie wieder Reichskanzler geworden, aber er blieb für die restlichen sechs Jahre seines kurzen Lebens unter wechselnden Regierungen ständig Außenminister. Erst in diesem Amt prägte sich seine Gestalt den Zeitgenossen ein. Seine Kanzlerschaft war dafür zu kurz gewesen, und der Herbst 1923 wurde überhaupt schnell vergessen – wie ein Alptraum nach dem Erwachen. Daß es ohne Stresemann vielleicht kein Erwachen mehr gegeben hätte, wollte bald niemand mehr wahrhaben. Aber seine Außenpolitik machte ihn ein halbes Dutzend Jahre lang zum berühmtesten Politiker Deutschlands – zum berühmtesten und zum umstrittensten.

Er verfocht eine realistische und erfolgreiche Außenpolitik, aber eine unpopuläre. Das Deutsche Reich wurde unter Stresemann fast so schnell wie später die Bundesrepublik unter Adenauer vom Prügelknaben der Siegermächte zu ihrem geachteten Partner; aus grimmiger wirtschaftlicher Not wurde eine ansehnliche Wiederaufbaukonjunktur, die besetzten Gebiete wurden eins nach dem andern geräumt, bei den regelmäßigen deutschen Verstößen gegen die Entwaffnungsbestimmungen des Versailler Friedensvertrages gewöhnte Stresemann die Kontrollmächte daran, durch die Finger zu sehen, und aus der deutsch-französischen Erbfeindschaft, Anfang der zwanziger Jahre noch in voller Blüte, entstand unter seinen Händen so etwas wie ein deutsch-französischer Flirt. Aber alles das erreichte er durch eine ausgesprochene »Erfüllungs«- und Versöhnungspolitik, und diese nahm man ihm übel.

Die deutsche Rechte, die in der Stresemann-Zeit meistens an der Reichsregierung beteiligt war, und das deutsche Bürgertum, dem Stresemann selbst entstammte, waren damals in einer trotzigen Stimmung. Der verlorene Krieg und die Demütigungen der Nachkriegszeit hatten sie verbittert. Sie wollten den harten Friedensvertrag nicht erfüllen, sondern »die Fesseln von Versailles sprengen«, und die unleugbaren Erfolge der Stresemannschen Erfüllungspolitik machten ihnen keine rechte Freude, eben weil sie eine Erfüllungspolitik war, die jede Trotzgeste aufs peinlichste vermied. So wurde Stresemann inmitten ständiger Erfolge in weiten Kreisen zum bestgehaßten deutschen Politiker. Das schlimme Schlagwort »Stresemann, verwese man« ging überall um, und mehrfach gab es tatsächlich Verschwörungen mit dem Ziel seiner Ermordung.

Was man Stresemann besonders übel nahm, war, daß er eine »linke« Außenpolitik machte, obwohl er als ein Mann der Rechten angetreten war. Stresemann war ein Aufsteiger aus dem patriotischen Kleinbürgertum, einem ausgesprochen rechten Milieu. Sein Vater hatte mit Bier gehandelt und eine Kneipe in einem bescheidenen Viertel Berlins gehabt, wo seine Mutter noch selbst die Buletten briet. Der begabte Sohn durfte studieren, führte einen Doktor-Titel – über das Thema seiner Dissertation, die wirtschaftliche Bedeutung des Flaschenbierhandels, rümpfte man allerdings in »besseren Familien« der Weimarer Republik die Nase – und war ein gebildeter Mann, gebildet nach den Maßstäben seiner Jugendzeit im Kaiserreich. Burschenherrlichkeit und kommentmäßige Manieren, lateinische Zitate, Schwelgen in deutscher klassischer Dichtung und Musik (die damals aufkommende Jazz-Musik war ihm ein Greuel); dazu solide volkswirtschaftliche Kenntnisse. Seine Berufskarriere hatte er als Syndikus von Wirtschaftsverbänden gemacht, im Kriege war er nationalliberaler Abgeordneter, schließlich Fraktionsführer und ein eifriger Annexionist gewesen, und noch im Kapp-Putsch hatte er eine etwas zwielichtige Rolle gespielt. In den Wahlkampf von 1920 ging seine Partei, die Deutsche Volkspartei, Nachfolgerin der alten Nationalliberalen, mit dem Spruch:

> Von roten Ketten macht euch frei
> allein die Deutsche Volkspartei.

Und nun dies! Plötzlich war es Stresemann, der willig die Reparationen zahlte, auf Elsaß-Lothringen verzichtete, Deutschland in den Genfer Völkerbund führte, mit seinem Pariser Kollegen Briand deutsch-französische Versöhnung betrieb, einen Kriegsächtungspakt unterzeichnete, sich für ein Vereinigtes Europa begeisterte und den westlichen Siegern ständig »nach dem Munde redete«. Für die deutsche Rechte war Stresemann ein gesinnungsloser Renegat, den sie aus tiefstem Herzen haßte und verachtete. Stresemann haßte sie nicht ebenso, aber die Verachtung erwiderte er mit Zinsen. Das deutsche Gebet, sagte er einmal, laute: »Unsere tägliche Illusion gib uns heute«.

Ein aufschlußreicher Ausspruch. Stresemann war im Innersten durchaus kein Renegat; er war wahrscheinlich auch nicht, wie seine Verehrer meinten, aus einem nationalistischen Saulus zu einem internationalistischen Paulus geworden.

Er blieb immer Patriot und Nationalist, der bei allem, was er tat und unterließ, das deutsche Interesse verfolgte, was ja keine Schande war. Aber er machte sich eben keine Illusionen und wußte instinktiv das Mögliche vom Unmöglichen zu scheiden.

Vergebliche Trotzgesten, wie sie die damalige deutsche Rechte liebte, waren seine Sache nicht, und für phantastische Ziele, wie sie sich später das Dritte Reich setzte, hätte er nur ein Achselzucken gehabt. Immerhin, Oberschlesien und den »Polnischen Korridor« wollte auch er eines Tages zurückgewinnen – sicher wenn möglich ohne Krieg –, und in fernerer Zukunft hoffte er auch den Anschluß Österreichs ermöglichen zu können. Nur sah er klar und deutlich, daß das alles zunächst nicht auf der Tagesordnung stand. Auf ihr standen die »Fesseln von Versailles«, und die konnte man nicht einfach sprengen, aber vielleicht allmählich lockern, durch eine kluge Politik der Anpassung. Mit dieser Politik war er nicht unehrlich, höchstens, manchmal, mit den Phrasen, in die er sie kleidete. Versöhnung mit dem Westen wollte er wirklich, auch mit Rußland suchte er keinen Streit. Wozu denn? Soviel hatte er aus dem Ersten Weltkrieg gelernt, daß Feindschaft mit den anderen Großmächten sich für Deutschland nicht auszahlte. Auch war ihm selbstverständlich, daß das besiegte und geschwächte Land, dessen Interessen er wahrnahm, nicht dieselbe Sprache führen konnte wie das mächtige Reich seiner Jugendzeit. Ob die Anpassung an die Realitäten, die er als solche ehrlich vollzog, vielleicht doch allmählich auch auf seine inneren Anschauungen abfärbte, ob aus dem Nationalisten schließlich durch Praxis und Gewohnheit ein halber Internationalist wurde – oder geworden wäre, wenn er länger gelebt hätte: das hätte er wahrscheinlich selbst nicht sagen können.

Auf einem anderen Gebiet hat sich eine solche innere Wandlung deutlicher vollzogen: Aus einem überzeugten Monarchisten wurde Stresemann im Laufe der Jahre zu einem Vernunftrepublikaner. Im Januar 1919 hatte er dem Kaiser ein Ergebenheitstelegramm zum Geburtstag nach Doorn geschickt, und im Februar erklärte er noch öffentlich: »Ich war Monarchist, bin Monarchist, bleibe Monarchist.« Aber schon 1922 brachte er seine Partei dazu, nach der Ermordung Walther Rathenaus für das Republikschutzgesetz zu stimmen. »Der Streit um die Staatsform hat in dieser schweren Not unseres Vaterlandes zu schweigen. Wir sind der Überzeugung, daß der Wiederaufbau Deutschlands nur auf dem Boden der republikanischen Verfassung möglich ist.« 1928 trat er sogar aus dem Kaiserlichen Yachtclub aus, mit der Begründung, ein Minister der Republik könne einer Organisation, die noch immer einen solchen Namen führe, nicht angehören. Dabei mag er in der Theorie sogar die monarchische Staatsform noch immer für die bessere gehalten haben, und eine gewisse sentimentale Anhänglichkeit an die Kaiserzeit bewahrte er zeitlebens. Aber der erbitterte und fruchtlose Streit zwischen Monarchisten und Republikanern, der die Weimarer Jahre füllte und von dem man sich heute kaum mehr eine Vorstellung macht, ließ ihn mit der Zeit immer ungeduldiger werden. Theorien und Sentimentalitäten waren nichts für den Realisten Stresemann.

Damit wurde er eine einsame Figur, denn Realismus war im Weimarer Deutschland viel weniger gefragt als im heutigen. Stresemann stand auf eine schwer definierbare Art zwischen rechts und links. Er führte eine kleine Rechtspartei, und er diente vorwiegend in Regierungen der Rechten; aber die Außenpolitk, die er betrieb, fand Anhänger fast nur bei der demokratischen Linken. Andererseits mißtraute man ihm dort, weil er innenpolitisch schließlich doch immer eher ein Konservativer geblieben war. Seine wirtschafts- und sozialpolitischen Ansichten würde man heute als konservativ, wenn nicht als reaktionär bezeichnen. Freilich legte er auf diese Ansichten zunehmend weniger Wert. Wichtiger wurde ihm, die Republik überhaupt regierbar zu halten, Koalitionen und Kompromisse zu schmieden und damit seiner Außenpolitik eine tragfähige Grundlage zu erhalten. In dieser Arbeit, die neben der außenpolitischen ständig einherging, zerrieb er sich. Man kann sagen, daß sie schließlich seine unmittelbare Todesursache wurde.

Im Sommer 1929 stand Stresemann wieder einmal in heiklen und wichtigen, langwierigen internationalen Verhandlungen. Auf der Haager Konferenz im August ging es um die vermeintliche Endregelung der Reparationsfrage und zugleich um die vorzeitige Freigabe der letzten französisch besetzten Gebiete im Rheinland. Aus diesen Verhandlungen heraus mußte er nach Genf zum Völkerbund eilen, wo Briand einen ersten vagen Plan für ein vereinigtes Europa vorgetragen hatte. Mitten in dieser außenpolitischen Hochspannung brach in Berlin – wieder einmal – eine Regierungskrise aus, verursacht von seiner eigenen Partei. Sie weigerte sich, einer geringfügigen Beitragserhöhung in der Arbeitslosenversicherung zuzustimmen und drohte, deswegen die Koalition zu verlassen. Stresemann mußte zurück nach Berlin, um einen Kompromiß zu finden und die Regierung zu retten.

Später sagten die Beamten, die ihn dort empfingen, er habe schon bei seiner Ankunft ausgesehen wie vom Tode gezeichnet.

Seit zwei oder drei Jahren war er ein kranker Mann; Überarbeitung, Undank und Dauerärger hatten sich ausgewirkt. Für den 2. Oktober war die entscheidende Fraktionssitzung der Deutschen Volkspartei anberaumt. Sie dauerte Stunden um Stunden; Stresemann mußte sie wegen eines Schwächeanfalls verlassen, ehe eine Entscheidung gefallen war. Am Abend erlitt er einen Schlaganfall; der zweite am nächsten Morgen bedeutete das Ende.

Stresemanns plötzlicher Tod wurde damals, im Ausland noch mehr als in Deutschland, als Katastrophe empfunden. Auch später hat man darin vielfach das entscheidende Ereignis gesehen, das der Weimarer Republik den letzten Halt raubte. »Hätte Stresemann weitergelebt«, so konnte man manchmal hören, »hätte Hitler es nie geschafft.« Aber das heißt wahrscheinlich, Stresemanns Möglichkeiten zu überschätzen. Das entscheidende Ereignis, das nicht nur der Weimarer Republik, sondern der ganzen Welt, in der Stresemann gelebt und gelitten hatte, den Halt raubte, trat knapp zwei Wochen nach seinem Tode ein: der Schwarze Freitag an der New Yorker Börse, mit dem die große Weltwirtschaftskrise der dreißiger Jahre ihren Anfang nahm. Die neue und schreckliche Epoche, die damit begann, ließ alle Probleme, Sorgen und Kämpfe der Stresemann-Zeit rasch verblassen; sie schuf ganz andere und schlimmere.

Wahrscheinlich liegt es an diesem totalen Szenenwechsel so kurz nach seinem Tode, daß Stresemann der verdiente Nachruhm vorenthalten blieb. Seine Gestalt gehörte einer kurzen Zwischenperiode an, die bald von den Geröllmassen historischer Erdbeben überdeckt wurde. Aber diese Periode hat er geprägt. Die Deutschen haben mehr Grund, als sie wissen, sein Andenken zu ehren; und sie könnten immer noch manches von ihm lernen.

Konrad Adenauer: der rechte Mann zur rechten Zeit

> Sicher wollte er soviel Einheit wie möglich, aber nur unter der Bedingung, daß sein Deutschland fest mit seinen westlichen Nachbarn verbunden war.

Churchill hat ihn den größten deutschen Staatsmann seit Bismarck genannt. Der SPD-Vorsitzende Kurt Schumacher schalt ihn einmal den Kanzler der Alliierten: Konrad Adenauer. Schumachers Zwischenruf vom November 1949 im Deutschen Bundestag war ein ungerechtes, haßerfülltes Wort, aber man spürt das Körnchen Wahrheit darin, den Zweifel: War Adenauer wirklich ein freier Gestalter deutschen politischen Schicksals wie Bismarck, oder wäre ohne ihn alles ebenso verlaufen? Fuhr er nicht vielleicht nur wie ein Schienenfahrzeug in Gleisen, die die Sieger für ihn gelegt hatten? Darüber wird nachzudenken sein. Und wenn man ihm den Rang eines schöpferischen Staatsmannes zuerkennt – und ich glaube, man muß es –, dann erhebt sich sofort die Frage: War sein Wirken nun eigentlich ein Glück oder ein Unglück für Deutschland? Um diese Frage zu beantworten, ist es vielleicht selbst heute noch zu früh; aber stellen muß man sie.

Eine Feststellung vorab mag zunächst nur wie eine biographische Kuriosität wirken; sie bietet aber vielleicht einen Schlüssel zu den größeren Fragen. Ich meine die simple, aber tief merkwürdige Tatsache, daß Adenauer in der ganzen Zeit seines politisch-historischen Wirkens ein sehr alter Mann war. Daß Staatsmänner in Amt und Würden alt und grau werden, daß gerade die Mächtigsten sich von der Macht nicht trennen können, so daß dann ihr Tod im hohen Alter eine große Lücke reißt, das ist nicht selten. Aber daß einer mit über siebzig Jahren überhaupt erst auf der nationalen Bühne auftritt, seinen Höhepunkt mit achtzig erreicht und noch mit neunzig kräftig mitmischt, dafür findet man in der Geschichte sonst kaum ein Beispiel. Adenauer fing an in dem Alter, in dem Politiker normalerweise aufhören. Er war ein Wundergreis, so wie es Wunderkinder gibt, und so wie Wunderkinder im reifen Alter oft wieder zum Durchschnitt herabsinken, so kann man in Adenauers Leben bis zu seinem siebzigsten Jahr beim besten Willen nicht mehr als ein allerdings achtbares Durchschnittsleben entdecken.

Adenauer war ein Aufsteiger gewesen, hatte sich aus kleinen Verhältnissen ins Großbürgertum hochgearbeitet. Er war sechzehn Jahre lang ein tüchtiger, verdienstvoller Oberbürgermeister von Köln. 1926, in der Weimarer Republik, wäre er beinahe Reichskanzler geworden, aber eben nur beinahe. (Und die meisten Weimarer Reichskanzler waren ja ohnehin nur braver Durchschnitt.) In der Nazizeit hat er nicht mitgemacht, das ehrt ihn. Dann 1945 eine traurig groteske Episode: Die Amerikaner setzten ihn in Köln wieder als Oberbürgermeister ein, und die Engländer, die Köln von den Amerikanern übernahmen, entließen ihn wieder, in höchst verletzenden Formen, die er nie vergessen hat. 1946 dann, mit siebzig Jahren, der Entschluß, Politiker zu werden. Und zugleich mit diesem Entschluß eine wahre Explosion von aufgestauter Energie, Entschlußkraft, Führungswillen, Durchsetzungsvermögen und eine Zielsicherheit, Selbstgewißheit und Unbeirrbarkeit, die ihn in drei Jahren unaufhaltsam an die Spitze trägt und vierzehn Jahre lang dort hält. Ganz abgesehen von allem, was er in diesen Jahren Richtiges oder Falsches getan hat, ist dies eine persönliche politische Kraftleistung, die ihm seit Bismarck in Deutschland keiner vor- oder nachgemacht hat.

Viele Jüngere sind viel früher müde geworden. Hier ist etwas, das nach Erklärung verlangt. Was hat in dem siebzigjährigen Adenauer plötzlich Kräfte und Talente freigelegt, von denen man vorher nichts geahnt hatte? Woher dieser unerwartete, späte Durchbruch zur Größe? Ich glaube, die Antwort steht bei Jacob Burckhardt in dem gewaltigen Essay über die historische Größe, der das fünfte Kapitel seiner »Weltgeschichtlichen Betrachtungen« bildet. Es heißt da: »Die Bestimmung der Größe scheint zu sein, daß sie einen Willen vollzieht, der über das Individuelle hinausgeht und der je nach dem Ausgangspunkt als Wille einer Nation oder Gesamtheit, als Wille eines Zeitalters bezeichnet wird.« Und weiter: »Zeit und Mensch treten in eine große geheimnisvolle Verrechnung«; und schließlich: »Nicht jede Zeit findet ihren großen Mann, und nicht jede große Fähigkeit findet ihre Zeit.« Das ist es. Gewiß müssen in Adenauer immer die Fähigkeiten gesteckt haben, die in dem Siebzigjährigen plötzlich zum Durchbruch kamen, aber sie fanden eben vorher nicht ihre Zeit. Die Umstände, zu denen sie paßten, waren nicht da.

Man hat nachträglich in seiner Amtsführung als Kölner Oberbürgermeister schon manches von seinem späteren Stil als Bundeskanzler entdecken wollen. Mag sein; aber es konnte sich eben damals nur im kleinen auswirken, und auch wenn er 1926 Reichskanzler geworden wäre, hätte er sich wahrscheinlich verschlissen. Es ist schwer, ihn sich im damaligen Berlin unter Hindenburg und neben Stresemann vorzustellen. Erst nach der Katastrophe von 1945 fand dieses Talent seine Stunde. Erst jetzt war eine Zeit da, die gerade auf diesen Mann gewartet zu haben schien, eine Situation, die sozusagen für ihn maßgeschneidert war.

Sogar sein hohes Alter wurde in dieser Situation aus einem Handikap zu einem Vorteil. Und zunächst aus ganz äußeren Gründen. Die Alten hatten plötzlich noch einmal ihre Chance. Sie mußten noch einmal ran, denn die deutsche politische Landschaft war kahlgeschlagen. Die Generation der damals Vierzig- und Fünfzigjährigen, also die Nazigeneration, war verbraucht und kompromittiert, und die Dreißigjährigen lagen auf den Soldatenfriedhöfen oder saßen in den Gefangenenlagern. Aber auch aus viel tieferen, massenpsychologischen Gründen hatte es seine tiefe Richtigkeit, daß Hitlers Erbe in Deutschland nicht an einen Gleichaltrigen oder Jüngeren fiel, sondern an einen Älteren – daß Deutschland also in seiner Geschichte sozusagen noch einmal zurückging, auf die Vor-Hitler-Generation zurückgriff. Denn das saß nach der Hitler-Katastrophe ganz tief im kollektiven deutschen Unterbewußtsein drin: Von dort, wo man 1945 gelandet war, ging es vorwärts nicht weiter. Man mußte erst einmal wieder zurück, zurück hinter die Stelle, wo man auf den Irrweg geraten war, der ins Nichts geführt hatte. Zurück in eine deutsche Vergangenheit, in der man noch festen Boden unter den Füßen gehabt hatte.

Wann das freilich gewesen sei, war gar nicht so leicht zu sagen. Die Weimarer Republik hatte ja auch schon keinen festen Boden gebildet und das Kaiserreich auch schon ein schlimmes Ende genommen; es wäre in keiner Weise wiederherzustellen gewesen. Immerhin, mit dem Kaiserreich verbanden sich noch am ehesten einige der Dinge, zu denen man instinktiv zurückstrebte: Recht, Ordnung, Sitte und Anstand, bürgerliche Freiheit; und ein Mann wie Adenauer, der im Kaiserreich geprägt worden war, ohne es aber geradezu zu verkörpern, ein Mann sozusagen der nie ganz zum Zuge gekommenen bürgerlichen Reserve des Kaiserreichs, einer seiner großen Bürgermeister, verkörperte ziemlich genau das, wonach man zurückstrebte. Er war der Mann der Stunde, und er fühlte es selbst und wußte Gebrauch davon zu machen.

Sehr früh in der Adenauer-Epoche kam das Wort Restauration auf, und es ist haften geblieben, obwohl ja eigentlich kein vergangener deutscher Staat restauriert wurde, weder die Weimarer Republik noch das Kaiserreich. Im Gegenteil, politisch wurde viel Neues geschaffen, neue Länder, neue Parteien, eine neue Verfassung, von Adenauers vollkommen ungewohnter, neuartiger Außenpolitik gar nicht zu reden. Und doch war die Empfindung ganz richtig, daß mit Adenauer und durch ihn ein Stück alte Zeit restauriert wurde: Bürgerzeit, Großväterzeit, etwas vom Deutschland vor 1914; nicht wie es gewesen war, aber wie es hätte sein können und vielleicht hätte sein sollen – und die Erleichterung, ja Erlösung, daß das gelang, das wiedergefundene Heimatgefühl, war zunächst sehr groß.

Auch die Dankbarkeit für den großen Alten, der das mit sicherer, fester und zugleich leichter Hand irgendwie zuwege gebracht hatte, war zunächst ganz echt. Denn auch darin war Adenauer der Mann der Stunde, daß er den Deutschen wieder eine der Vater- oder rüstigen Großvaterfiguren stellte, an denen sie immer gehangen hatten: am alten Kaiser, am alten Bismarck, am alten Hindenburg. Der alte Adenauer, so schien es den meisten in den fünfziger Jahren, war der beste von ihnen allen. Und in einer Hinsicht mindestens war er es wirklich, denn obwohl er, weiß Gott, Patriarch und Autokrat genug war, war er doch zugleich auch ein Übergang zur Demokratie – ein demokratischer Patriarch, ein demokratischer Autokrat. Er gewöhnte die Deutschen an den Gedanken, daß Autorität und Demokratie nicht unvereinbar sind. Er versöhnte sie sozusagen allmählich mit der Demokratie.

Freilich hat er damit sich selbst nach einer gewissen Zeit überflüssig gemacht, und zum Schluß wurde er ein Hemmschuh für sein eigenes innenpolitisches Werk. Um 1960 waren die Deutschen der Kanzler-Demokratie müde, sie wollten jetzt die Demokratie ohne Beiwort, der Alte wurde lästig. Schließlich wurde er von seiner eigenen Partei gestürzt. Und heute erinnert man sich Adenauers vielleicht mehr als des letzten deutschen Autokraten als des Erziehers zur deutschen Demokratie. Das ist er aber tatsächlich gewesen, und man sollte es ihm nicht nehmen wollen.

Viel umstrittener aber noch als Adenauers innenpolitische Wirksamkeit ist seine außenpolitische. An seiner Innenpolitik war eigentlich nur der erste große Entschluß kontrovers, der Entschluß nämlich, 1949 keine Große Koalition zu bilden, sondern alles von Anfang an auf eine klare Scheidung zwischen Regierung und Opposition abzustellen. Das war umstritten. Aber danach ist Adenauers Innenpolitik lange Zeit wie etwas Selbstverständliches hingenommen worden, wenn auch manchmal murrend. Aber seine Außenpolitik hat die ganze Zeit leidenschaftliche Gegner ebenso wie begeisterte Bewunderer gehabt.

Zwei Vorwürfe sind ihm gemacht worden, die sich eigentlich widersprechen. Der eine lautete, daß er mit seiner vorbehaltlosen Entscheidung für den Westen und gegen den Osten der eigentlich Schuldige an der deutschen Spaltung geworden sei. Der andere klang in Schumachers Schmähwort vom »Kanzler der Alliierten« an: daß er nämlich gar keine eigene Politik getrieben, sondern sich lediglich dem Willen der westlichen Siegermächte anbequemt hätte oder ohne Polemik gesagt: daß er gar keine Wahl hatte, sondern nur tat, was er mußte und was jeder andere ebenso hätte tun müssen.

Nun stimmt es ja, daß jenes Deutschland oder Teil-Deutschland, das Adenauer übernahm, ein besetztes und entmündigtes Land unter fremder Oberhoheit war – gegen die Besatzungsmächte ließ sich keine Politik machen, ohne Anpassung ging es nicht. Aber schon das zu erkennen und mit harter Selbstüberwindung zunächst einmal zu akzeptieren war keine Selbstverständlichkeit. Adenauers einziger ernsthafter Gegenspieler, eben Kurt Schumacher, hat sich dazu nie durchringen können.

Die erste Teilung durch Bismarck

Kein Mensch hätte es 1949 für möglich gehalten, daß die Bundesrepublik in weniger als sechs Jahren vom besetzten Feindesland zum einigermaßen gleichberechtigten Verbündeten der Siegermächte avancieren würde, daß von Reparationen und Demontagen schon nach kurzer Zeit keine Rede mehr sein würde, daß man ihr eigene Streitkräfte nicht nur gestatten, sondern geradezu aufdrängen würde. Und wer, um auch das nicht zu vergessen, hätte 1949 eine große Summe darauf gewettet, daß die parlamentarische Demokratie diesmal, anders als nach 1919, in Deutschland wirklich Wurzeln schlagen und zur allgemein akzeptierten, gut funktionierenden Staatsform werden würde? Beides, der äußere und der innere Erfolg, war derjenige Adenauers, daran läßt sich nicht herumdeuteln. Es geschah nicht von selbst, es war das Ziel, das Adenauer sich gesetzt hatte, auf das er mit äußerster Geschicklichkeit, Hartnäckigkeit und Zähigkeit, auch mit Rücksichtslosigkeit hingearbeitet und das er erreicht hat, erreicht freilich um einen hohen Preis. Der innere und äußere Erfolg der Bundesrepublik unter Adenauer kostete die Einheit Deutschlands. Damit sind wir bei der Frage, ob Adenauers Erfolg, von heute aus gesehen, sich als Glück oder Unglück für Deutschland herausgestellt hat.

Stellen wir aber diese Frage noch einen Augenblick zurück, um ganz deutlich die Größe Adenauers herauszuarbeiten, die in jedem Fall bestehen bleibt, ob man ihn nun ein Glück oder ein Unglück für Deutschland nennt. Churchill hat ihn mit Bismarck verglichen. Lachhaft, haben Adenauers Gegner geantwortet, Bismarck hat Deutschland geeinigt, Adenauer hat es gespalten. Aber so einfach ist es nicht. Auch Bismarck hat, wenn man so will, Deutschland bereits gespalten, indem er nämlich die Österreicher hinausdrängte. Er hat ein größeres, aber loseres Deutschland, das er vorfand, den Deutschen Bund, zerstört, um statt dessen ein kleineres, aber festeres Deutschland, das kleindeutsche Reich Preußens, auf die Beine zu stellen.

Adenauer hat etwas Ähnliches getan: Zwar ist das Deutsche Reich Bismarcks nicht von ihm zerstört worden – das hatte Hitler besorgt –, aber er hat die Chance, die zugegebenermaßen umstrittene Chance, es verkleinert doch noch wiederherzustellen, ausgeschlagen, um statt dessen ein noch kleineres, aber vielleicht gesunderes, innerlich und äußerlich besser gesichertes deutsches Staatswesen, die Bundesrepublik Deutschland, auf die Beine zu stellen. Die Härte der ursprünglichen Zielsetzung mit ihrem Teilverzicht und ihrer Entscheidung, wenn man so will, für Qualität gegen Quantität, ist in beiden Fällen die gleiche. Ebenso die Könnerschaft, ja Virtuosität der Durchsetzung des Beschlossenen und die unsentimental-realpolitische Methode.

Hier werden nun vielleicht gerade Adenauers Anhänger und Parteifreunde protestieren. Das stimmt ja alles gar nicht, höre ich sie sagen, Adenauer hat ja gar nicht auf die deutsche Einheit verzichtet, er hat nie aufgehört, sie zu fordern und sie seinen Landsleuten als schließliches Endergebnis seiner Politik zu versprechen; freilich, nur die Einheit in Freiheit, nur ein Gesamt-Deutschland als nach Osten erweiterte Bundesrepublik. Und nur auf dem Umweg der dauerhaften Eingliederung der Bundesrepublik in einen starken Westblock und als Ergebnis überlegener Stärke des Westens, die ihn eines Tages instand setzen sollte, wie es Adenauer nannte, mit den Sowjets vernünftig zu reden.

Wie steht es damit? Daß Adenauer oft so geredet hat, ist unbestreitbar. Daß er auf eine solche Entwicklung ernstlich gehofft hat, ist durchaus möglich. Sie war in den fünfziger Jahren vor dem Atompatt nicht so utopisch, wie sie heute aussieht. Aber wer unterstellt, daß er seine ganze Politik auf diese Hoffnung gegründet, daß er ohne diese Hoffnung eine ganz andere Politik gemacht hätte, tut meiner Meinung nach seinem Realismus unrecht, er verkleinert Adenauer geradezu. Wenn es sich so verhielte, dann wäre Adenauer letzten Endes ein gescheiterter Politiker, er hätte sich ein Ziel gesetzt, das er nicht erreicht hat. Er hätte den falschen Weg eingeschlagen und wäre auf diesem Weg hoffnungslos steckengeblieben. Nein – die Wahrheit ist doch wohl, daß bei Adenauer Wollen und Erreichen durchaus zusammenfielen. Er hat ja schließlich bis 1967 gelebt, also bis zu einer Zeit, als von *Roll back* und Wiedervereinigung in Freiheit durch westliche Stärke längst nicht mehr die Rede war, und er hat sich deswegen keinen Augenblick wie ein tragisch gescheiterter Wiedervereiniger benommen, etwa wie Jakob Kaiser.

Sicher, wenn seine Politik am Ende, sozusagen als Bonus, auch noch die Wiedervereinigung eingebracht hätte, wäre ihm das sehr recht gewesen. Wer ihn einfach zum Rheinbündler oder gar zum rheinischen Separatisten stempeln will, tut ihm schweres Unrecht; das war er auch 1919 nicht gewesen, als er das Rheinland zwar von Preußen trennen, aber keinen Augenblick aus dem Reichsverband hatte lösen wollen. Sicher wollte er soviel deutsche Einheit wie möglich, aber nur unter der Bedingung, daß sein Deutschland – ob es nun bis zur Memel oder bis zur Oder und Neiße oder nur bis zur Elbe und Werra reichte – ein für allemal fest und untrennbar mit seinen westlichen Nachbarn verbunden, in eine westliche Staatengemeinschaft einzementiert war. Nie wieder sollte es der Versuchung der Schaukelpolitik zwischen Ost und West, nie wieder der Gefahr des Zweifrontenkrieges gegen Ost und West ausgesetzt sein. Darin sah er das oberste Gebot deutscher Sicherheit, dem alles andere unterzuordnen war.

Das war schon 1926 der Grund gewesen, der ihn die Reichskanzlerschaft zurückweisen ließ. (Stresemann hat auch nach Kräften dagegen eingewirkt.) Er wollte schon damals eine reine

Westorientierung. Er konnte sich mit Stresemanns »Schaukelpolitik«, der öffentlichen Versöhnung mit Frankreich und der heimlichen militärischen Zusammenarbeit mit Rußland, nicht anfreunden. Aber damals hätte er sich mit seinem Gedanken einer reinen Westpolitik eben nicht durchsetzen können, und nicht zuletzt deswegen verzichtete er lieber auf die Kanzlerschaft. Erst die Katastrophe von 1945 machte eine solche Politik in Deutschland psychologisch annehmbar, ja, jetzt erschien sie vielen Deutschen als die letzte und einzige Rettungschance.

Auch außerpolitisch schlug die Stunde Adenauers erst nach 1945. Er sagte damals, schon 1945, der Osten sei auf unabsehbare Zeit verloren. Später, auf dem Höhepunkt des Kalten Krieges und der amerikanischen Machtentfaltung, mag er zeitweise geglaubt haben, er sei durch westliche Stärke doch noch wiederzugewinnen. Ob das nun möglich erschien oder nicht: Wiedervereinigung um den Preis der Trennung vom Westen, wie sie Stalin 1952 anbot, war für Adenauer indiskutabel. Das hätte in seinen Augen einen neuen, dritten Akt der deutschen Tragödie bedeutet, deren erster und zweiter Aktschluß durch die Jahre 1918 und 1945 markiert war.

Ich habe damals zu Adenauers Gegnern gehört. Mir schien die Wiederherstellung eines ungeteilten Deutschland mit der Hauptstadt Berlin jedes Risiko wert. Nun ja, ich bin Berliner, und Adenauer war Rheinländer. Gefühlsmäßig finde ich es immer noch schwer, mich mit seiner Deutschlandpolitik abzufinden. Ich kann ihr aber die innere Logik und Schlüssigkeit nicht absprechen. Sie hat die geschichtliche Erfahrung der letzten hundert Jahre auf ihrer Seite.

Das Deutsche Reich von 1871 war, das muß man zugeben, keine glückliche Gründung: zentral gelegen, also nach allen Seiten gefährdet, zu klein für eine europäische Hegemonial- und Supermacht, zu groß, um seinen Nachbarn nicht bedrohlich zu erscheinen, ohne festen Halt und Orientierungspunkt in der Außenwelt, auf ständige außenpolitische Improvisation angewiesen. Schon Bismarck litt unter dem ständigen »Alpdruck der Koalitionen«. Das Kaiserreich fühlte sich eingekreist, und sein Versuch, sich durchzuhauen, scheiterte. Die schlimmere Wiederholung unter Hitler scheiterte noch gründlicher.

Lohnte es, um mit Adenauer zu sprechen, zu einer staatlichen Existenzform zurückzukehren, mit der man, beinahe zwangsläufig, zweimal Schiffbruch erlitten hatte, zumal wenn sich in der Weltkonstellation nach 1945 die Chance, ja fast die Notwendigkeit ergab, endlich wenigstens den größeren Teil Deutschlands fest im Westen zu verankern? War das politische Talent der Deutschen nicht vielleicht mit der Bismarckschen Reichsgründung von Anfang an überfordert gewesen? Ernste, schwere, schicksalhafte Fragen. Für Adenauer gab es nur eine Antwort darauf, und diese bestimmt seither die deutsche Geschichte. Das liegt meiner Meinung zugrunde, Adenauer sei immer noch aktuell und es sei immer noch zu früh, zu entscheiden, ob sein Wirken nun eigentlich ein Glück oder ein Unglück für Deutschland gewesen sei.

Stellen wir aber doch einmal diese Frage, oder machen wir uns wenigstens klar, wovon die Antwort abhängt. Es braucht nicht unbedingt ein Unglück für ein Volk zu sein, in zwei Staaten zu leben statt in einem. In mancher Hinsicht haben die Deutschen im letzten Vierteljahrhundert von ihrer Zweistaatlichkeit durchaus Vorteile gehabt, die Westdeutschen freilich erheblich mehr als ihre Landsleute in der DDR. Aber *beide* Staaten haben, jeder in seinem Weltsystem, sehr viel leichter und schneller wieder Vertrauen und Respekt gewonnen, als es einem geeinten, aber isolierten Deutschland nach 1945 möglich gewesen wäre. Beide genießen eine lange Friedensperiode, die Bundesrepublik außerdem einen nie gekannten Wohlstand.

Ein Unglück, und zwar ein vermeidbares Unglück, ist die Feindseligkeit, die zwischen den beiden deutschen Staaten herrscht und die früher eher von der Bundesrepublik gepflegt wurde, neuerdings hauptsächlich von der DDR. Und ein Unglück ist die deutsche Teilung gewiß für Berlin, das seiner natürlichen Hauptstadtfunktion beraubt ist und nun schon lange in einem nie ganz ungefährdeten Wartestand leben muß. Daß die Berliner sich weigerten, ihren Kaiserdamm in Adenauerdamm umtaufen zu lassen, das kann man verstehen.

Aber nicht danach allein bemißt es sich, ob man Adenauers Wirken glückhaft nennen kann oder ob es, wie das der meisten großen Männer, letzten Endes tragisch genannt werden muß. Gerade wenn man von seiner eigenen Zielsetzung ausgeht, wird das Urteil hauptsächlich davon abhängen, ob es wirklich gelungen ist oder gelingt, die Bundesrepublik, seine Schöpfung, so fest und sicher im Westen einzubetten, wie er das wollte. Ob das Opfer der nationalen Einheit die westeuropäische Einheit, für die es gebracht wurde, wirklich möglich gemacht hat, ist auch heute noch unentschieden. Gewiß, wer die gegenwärtigen Beziehungen der Bundesrepublik zu ihren westeuropäischen

Nachbarn mit denen des Deutschen Reichs vergleicht, kann eine große Besserung feststellen. Besonders das Allerschwerste, die Versöhnung der Erbfeinde Deutschland und Frankreich, hat Adenauer noch selbst auf eine kaum für möglich gehaltene Weise vorangebracht. Aber seit Adenauers Tagen hat der deutsch-französische Honigmond schon wieder manchen Alltagsquerelen Platz gemacht. Und ob dieses Jahrhundert noch eine wirkliche westeuropäische Einheit sehen wird, wie er sie erstrebte, das ist nach wie vor eine offene Frage. An der Bundesrepublik liegt es nicht. Es sind die anderen, älteren europäischen Nationen, die nicht so schnell damit bei der Hand sind, ihr nationales Eigendasein in einer größeren Einheit Westeuropa aufgehen zu lassen. Gerade das übereifrige europäische Liebeswerben der Bundesrepublik droht manchmal schon wieder, sie ihren Partnern zu entfremden.

Schließlich die ernsteste aller offenen Fragen. Durch Deutschland verläuft die Grenze zweier ideologischer Weltsysteme und die Frontlinie zweier Militärbündnisse. Einstweilen hält das Atompatt beide in Schach. Solange es andauert, gibt uns der amerikanische Atomschirm Sicherheit, so wie der DDR der russische. Für diese Sicherheit wird man Adenauer danken, denn er war es, der die Sicherheit im Bündnis wählte. Sollte aber das Atompatt eines Tages zusammenbrechen, wird man diese Wahl verwünschen, denn dann würde die Sicherheit, die Adenauer wählte, zur Sicherheit der Vernichtung. So oder so bestimmt er also immer noch unser Schicksal. Es wird noch lange dauern, bis er »der Geschichte angehört«, bis sie ihr Urteil über ihn sprechen kann, das dann vielleicht niemanden mehr interessiert.

Bürgerliche Überlegungen

Über die industrielle Revolution

> Die revolutionäre Klasse ist heute dieselbe, die sie immer gewesen ist: die Klasse der Intellektuellen.

»Ihr Arbeiter werdet einst in eigenen Wagen fahren, auf eigenen Schiffen touristisch die Meere durchkreuzen, in Alpenregionen klettern und schönheitstrunken durch die Gelände des Südens, der Tropen schweifen, auch nördliche Zonen bereisen. Oder ihr saust mit eurem Luftgespann über die Erde im Wettflug mit den Wolken, Winden und Stürmen dahin. Nichts wird euch mangeln, keine irdische Pracht der Erde gibt es, die euer Auge nicht schaut. Was je nur euer Herz ersehnt, was euer Mund erwartungsschauernd in stammelnde Worte gekleidet, da habt ihr das leibhaftige Evangelium des Menschenglücks auf Erden! – Und fragt ihr, wer euch solches bringen wird? Nun, einzig und allein der sozialdemokratische Zukunftsstaat!«

So, im blumigen Stil der Zeit, ein Flugblatt, das die SPD am 1. Mai 1904 in Hannover zirkulieren ließ. Man liest es heute mit Lächeln. Bis auf die eigenen Ozeandampfer ist ja inzwischen alles Wirklichkeit geworden, was damals so märchenhaft klang. Fast jeder Arbeiter, der will, fährt heute ein eigenes Auto, bald jeder kann seine Ferien im Süden, auch in den Tropen oder, wenn ihm der Sinn danach steht, im hohen Norden verbringen, und auch Flugtouristik ist für alle längst selbstverständlich geworden. Die werktätigen Massen der Industrieländer haben heute einen Lebensstandard, von dem 1904 keiner zu träumen wagte und der ein Jahrhundert davor wie blutiger Hohn geklungen hätte.

Aber zweierlei hat sich nicht bewahrheitet: Nicht der sozialistische Zukunftsstaat war nötig, um den Arbeitern ihren hohen Lebensstandard zu geben; im Gegenteil: in sozialistisch gewordenen Industrieländern, etwa der DDR und der Tschechoslowakei, ist der Massenwohlstand entschieden dürftiger als in den kapitalistisch gebliebenen. Was die werktätigen Massen heute an Komfort und Luxus genießen, verdanken sie offensichtlich keiner sozialistischen Revolution, sondern ganz einfach dem Fortgang der industriellen Revolution.

Und zweitens: Das Glück auf Erden hat ihnen leider auch dieser neue Wohlstand nicht beschert. Die Menschen sind so unzufrieden und sorgenvoll wie eh und je, und gerade der immer noch andauernde, immer reißender werdende Fortschritt der industriellen Entwicklung, dem sie doch so vieles verdanken, beginnt manchen von ihnen nachgerade unheimlich zu werden.

Immerhin, materiell geht es den Menschen in den entwickelten Industrieländern heute besser, als es Menschen jemals gegangen ist, und wir tun gut, uns darüber zunächst einmal ein bißchen zu wundern. Denn angefangen hatte die industrielle Revolution doch fürchterlich – mit zwölf- bis vierzehnstündigem Arbeitstag, mit Kinderarbeit, Hungerlöhnen, miserablen Arbeitsbedingungen, miserablen Wohnverhältnissen. Und die klügsten Leute erwarteten vor hundert oder hundertfünfzig Jahren, daß es immer schlimmer werden würde: Man denke an die Verelendungstheorie von Marx und Engels.

Was stimmte nicht an dieser Theorie? Vielleicht schon ihr Ausgangspunkt nicht. Marx und Engels sahen in dem unbestreitbaren Proletarierelend der frühkapitalistischen Zeit etwas von Grund auf Neues, das der Kapitalismus und die industrielle Revolution erst in eine vorher leidlich heile Welt gebracht hatten. Neuere Forschungen aber geben Anlaß zu der Annahme, daß das Elend gar nicht die Frucht des Frühkapitalismus und der beginnenden Industrialisierung war, sondern eher ein Überhang vorkapitalistischer und vorindustrieller Zustände.

Der englische Historiker A. J. P. Taylor schreibt in seiner Geschichte der Habsburger Monarchie: »Entgegen einem allgemeinen Irrglauben wurde die Revolution von 1848 nicht von der industriellen Revolution verursacht, sondern von ihrer Verzögerung. Die Großstädte wuchsen schneller als die Industrien, die Arbeit und Brot gaben; infolgedessen sank ihr Lebensstandard. Industrialisierung – das hat das spätere 19. Jahrhundert gezeigt – ist die Medizin für soziale Mißstände, nicht ihre Ursache. Wien war nie wieder so revolutionär wie *vor* seiner Industrialisierung. In Wien gab es 1848 bereits ein ›Proletariat‹ von landflüchtigen Arbeitssuchenden, aber noch nicht die Kapitalisten, bei denen sie Arbeit fanden: Das war der Ausgangspunkt von 1848.«

Das ist natürlich zunächst nur eine Behauptung, aber sie gibt zu denken. Neuere englische Sozialhistoriker haben ein bißchen genauer in die sozialen Zustände des ländlichen, vorindustriellen England im 18. Jahrhundert hineingeleuchtet, und was sie gefunden haben, legt die Schlußfolgerung nahe, daß die Landflucht und Verstädterung des englischen Proletariats in der Zeit um 1800 sein Elend, das dann Engels so tiefen Eindruck machte, keineswegs geschaffen, sondern nur zum erstenmal sichtbar gemacht hat.

Warum flohen denn die Tagelöhner und die leibeigenen Bauern ohne Land (erst in England, dann auch auf dem Kontinent und heute in den Entwicklungsländern) massenhaft in die neu entstehenden Industriestädte, wo sie ja zunächst, weiß Gott, kein Paradies erwartete? Doch wohl, weil sie das, was sie vorfanden, der Hölle, in der sie vorher lebten, immer noch vorzogen. Auf dem Lande konnte man nämlich im 18. Jahrhundert bei Mißernten buchstäblich verhungern. Es gab im übrigen auch dort schon eine Art quasi-industrieller Heimarbeit, Manufaktur, *cottage industries*, wie noch ein halbes Jahrhundert später in Deutschland bei den schlesischen Webern; verglichen damit war die neuartige Fabrikarbeit in der Stadt, selbst zu den damaligen Bedingungen, trotz allem eine Verbesserung. Ein Beispiel: Die städtischen englischen Proletarier der frühkapitalistischen Periode schliefen zum erstenmal in ihrem Leben in Betten, wenn auch oft zu mehreren in einem; vorher hatten sie mit Selbstverständlichkeit auf dem Fußboden geschlafen. Freilich, das massierte städtische Elend fiel ins Auge; das verstreute ländliche, das ihm voranging, war in idyllischen Landschaften versteckt gewesen.

Eine theoretische Erwägung verstärkt diese sozialgeschichtlichen Beobachtungen. Worin bestand denn im Grunde die industrielle Revolution, was war das Neue an Kapitalbildung und Maschinenarbeit? Keineswegs die »Ausbeutung des Menschen durch den Menschen« – die war so alt wie die ägyptischen Pyramiden –, sondern das Gegenteil: die schüchtern beginnende und später immer weiter, bis ins Abenteuerliche getriebene Steigerung oder sogar Ersetzung menschlicher Arbeitskraft durch Naturkräfte. Beinahe könnte man sagen: Das innerste Wesen der kapitalistisch-industriellen Revolution und ihr letztes Ziel war und ist es, die Ausbeutung des Menschen durch den Menschen überflüssig zu machen und an ihre Stelle die Ausbeutung der außermenschlichen Natur durch den Menschen zu setzen. Das hat freilich auch seine Problematik und seine Gefahren, wie wir heute zu merken beginnen. Aber sie liegen nicht dort, wo Marx und Engels sie zu sehen glaubten, also im Sozialen, in der Verelendung der arbeitenden Massen, die vielmehr – nicht sofort, aber in historisch kurzer Zeit, in einem bis zwei

Jahrhunderten – Nutznießer der kapitalistisch-industriellen Entwicklung wurden. Denn Massenproduktion, wie sie jetzt zum erstenmal möglich wurde, verlangte, wenn sie ökonomisch sinnvoll sein sollte, Massenkonsum; und Massenkonsum erforderte – und schuf – Massenwohlstand. Es dauerte eine Weile – ein Jahrhundert ungefähr –, bis die Kapitalisten das kapiert hatten. Aber dann war kein Halten mehr.

Ein einfaches Beispiel: Ein Schuhmacher-Geselle in vorindustrieller Zeit schaffte, wenn er fleißig und geschickt war, an einem Arbeitstag vielleicht ein Paar Schuhe. Ein Arbeiter in einer Schuhfabrik des 19. Jahrhunderts schaffte, anteilmäßig, ungefähr hundert Paar Schuhe, und heute, in einer hochautomatisierten Fabrik, schafft er vielleicht tausend Paar. (Anders ausgedrückt: Den Mehrwert schafft das Kapital, indem es die Produktivität der Arbeit vervielfacht.) Was soll aber der Fabrikbesitzer mit all den Schuhen anfangen, wenn keiner da ist, der sie ihm abkauft? Und wer soll ihm die Millionen und Abermillionen von Schuhen einer Jahresproduktion abkaufen, wenn nicht die Leute, die früher barfuß gingen, jetzt Schuhe tragen, und Leute, die früher mit einem Paar Schuhe auskamen, jetzt mindestens ein Dutzend im Schrank haben? Wie aber sollen sie sich das leisten, wenn man sie nicht entsprechend entlohnt? Es war der alte Henry Ford, der knurrend erklärte, wenn er seine Autos verkaufen wolle, müsse er eben seinen Arbeitern so hohe Löhne zahlen, daß sie sich Autos leisten könnten. Und es war der alte Bismarck, der 1891, nach seiner Entlassung, in einem Zeitungsinterview ein geradezu prophetisches Wort sprach. »Kapital und Arbeit«, sagte er, »sollten die besten Freunde sein, und sie würden das auch zweifellos sein, wenn nicht jeder Teil vor dem anderen einen kleinen Vorteil voraus haben möchte. Das ist natürlich einfach Menschenart, und wir dürfen nicht hoffen, diese je ändern zu können.«

Das klingt wie gemünzt auf das, was wir heute bei den Tarifverhandlungen zwischen Arbeitgeberverbänden und Gewerkschaften alljährlich erleben. Diese Verhandlungen sind sehr weitgehend Scheinkämpfe. Denn die Unternehmer wissen sehr gut, daß sie die Löhne ständig erhöhen müssen, um immer mehr Erzeugnisse einer immer raffinierter werdenden Technik und einer dadurch ständig zunehmenden Arbeitsproduktivität mit Gewinn verkaufen zu können. Sie würden die Löhne auch erhöhen müssen, wenn es gar keine Gewerkschaften gäbe. Aber bloße Scheinkämpfe sind die Tarifverhandlungen nun auch wieder nicht, weil eben »jeder Teil vor dem anderen einen kleinen Vorteil voraus haben möchte« – der eine ein bißchen mehr Kapitalertrag, der andere ein bißchen mehr Arbeitsertrag als der jeweiligen Produktivitätssteigerung genau entsprechen würde. Aber da die Verhandlungsgegner eben doch, von ihren gemeinsamen Interessen her, nun einmal die besten Freunde sind und dies im Grunde auch wissen, einigen sie sich zum Schluß fast immer, und zwar auf etwas höhere Lohnsteigerungen als eigentlich angemessen wären, wovon die Unternehmer dann einen Teil wieder auf die Preise abwälzen. So entsteht die milde Dauerinflation, unter der die Sparer seufzen. Aber sie ist fast das geringste Problem, die der entwickelte Kapitalismus und das Arbeiterparadies, das er geschaffen hat, mit sich bringen.

Die neuen Sorgen der Arbeiter

»Arbeiterparadies?« Nun ja, verglichen mit den Arbeitern der industriellen Frühzeit geht es den Arbeitern von heute glänzend, und wenn das, was ihnen das SPD-Flugblatt von 1904 versprach, wirklich das Paradies auf Erden wäre, dann hätten sie es heute. Aber natürlich ist es eben doch nicht das Paradies auf Erden; vielleicht gibt es das nie. Auch die autofahrenden und mallorcareisenden Arbeiter von heute haben ihre Beschwerden und ihre Sorgen; größtenteils neue Beschwerden und neue Sorgen. Im wesentlichen drei.

Erstens: »entfremdete Arbeit«. Gewiß, die Arbeitszeit ist kürzer geworden und die Arbeit selbst, im großen gesehen, leichter. Wirklich knochenbrechende Schwerarbeit wird immer seltener, die nimmt immer mehr die Maschine dem Menschen ab. Aber dafür wird ein großer Teil der Arbeit immer stumpfsinniger: immer derselbe Griff am Fließband, immer derselbe Druck auf immer dieselben Knöpfe; und in aller Langeweile der Zwang, ständig höllisch aufpassen zu müssen, daß man nichts falsch macht. Mit Kapitalismus und Sozialismus hat das nichts zu tun; es liegt in der Industrialisierung als solcher. Die Arbeit in einer automatisierten Fabrik ist in kapitalistischen und sozialistischen Ländern genau die gleiche. Nicht, daß er für einen fremden Arbeitgeber arbeitet, »entfremdet« den Arbeiter von seiner Arbeit – das tat früher der Handwerksgeselle oder der Knecht auf dem Bauernhof auch –, sondern daß er nicht mehr »im innern Herzen spüret, was er erschafft mit seiner Hand«.

Der arbeitende Mensch in der modernen Industrie wird mehr und mehr zum Maschinenteil, und dafür gibt es einstweilen keine Abhilfe – nur den Trost, daß die unbefriedigende, seelenlose Arbeit immer weniger, die Arbeitszeit immer kürzer wird. Aber darin liegt gleichzeitig auch eine Drohung. Denn

zweitens: Droht nicht der arbeitende Mensch sogar immer überflüssiger zu werden? »Entfremdete Arbeit« ist ein relativ neues Schlagwort; heute kursiert ein noch neueres: »strukturelle Arbeitslosigkeit«. Arbeitslosigkeit war früher ein vorübergehendes – wenn auch oft jahrelanges – Unglück, verursacht durch Konjunkturschwankungen. Heute sieht es so aus, als würden ganze Berufsgruppen in ganzen Industriezweigen für immer überflüssig werden: Das automatisierte Büro, die automatisierte Fabrik kommen mit immer weniger Arbeitskräften aus. Gehen wir vielleicht einer Zukunft entgegen, in der nur noch »Führungskräfte« und allenfalls ein paar knopfdrückende Maschinenüberwacher gebraucht werden und das Los des Durchschnittsmenschen ewige Arbeitslosigkeit ist – wenn auch versüßt durch eine ewige Arbeitslosenrente? Unleugbar liegt so etwas in der letzten Konsequenz der industriellen Revolution, die ja von Anfang an darauf aus war, Handarbeit durch Maschinenarbeit, Muskelkraft durch gezähmte Naturkräfte zu ersetzen. Neuerdings ersetzt sie nun auch schon Gehirnarbeit durch Rechenmaschinen.

Ein Phänomen der industriellen Frühzeit wird wieder aktuell: die Maschinenstürmer – Handwerker, die Fabriken demolierten, weil sie um ihre Existenz fürchteten. Sie haben bekanntlich unrecht behalten, damals zumindest. Die Maschinen, die alte, handwerkliche Arbeitsplätze vernichteten, schufen neue, industrielle und mehr, als sie vernichteten: Irgend jemand mußte ja die Maschinen herstellen. Irgend jemand muß ja auch die neuen Automaten und Computer herstellen. Aber wie, wenn man eines Tages auch das durch Automaten und Computer machen lassen könnte? Vorläufig haben wir den Trost, daß es so schnell nicht damit gehen wird und daß die voraussehbare Zukunft uns nicht – jedenfalls *noch* nicht – totale und dauernde Massenarbeitslosigkeit bringen wird, sondern (wenn auch unter krisenhaften Schwankungen) immer kürzere Arbeitszeit; und die erscheint den meisten ja wohl als ein Segen. Aber ist sie es wirklich? Denn

drittens: Schon heute, im Zeitalter der Vierzig-Stunden-Woche, haben viele Menschen ein Problem, das sie früher nicht kannten und für das es auch ein neues Schlagwort gibt: das »Freizeitproblem«. Sie haben mehr freie Zeit als je, aber sie wissen sehr oft mit dieser freien Zeit nichts anzufangen. Ihre neuen Spielzeuge – das Auto, das Kino, das Fernsehen – nutzen sich schnell ab. Gewiß, sie können nach Mallorca reisen, doch was sollen sie Jahr für Jahr dort? Die Beschäftigungen aber, mit denen arbeitende Menschen früher ihre damals seltene und kostbare Freizeit verschönten – Familienleben, intime Geselligkeit, Lektüre, kirchliche oder kulturelle Erbauung – sind im Absterben begriffen; warum, ist ungeklärt, möglicherweise hängt es mit einer gewissen inneren Abstumpfung durch mechanische Arbeit zusammen; möglicherweise aber auch einfach mit dem Verschwinden wirklicher Sorge und Existenznot. Schopenhauer bemerkte vor anderthalb Jahrhunderten, daß der Mensch nicht zum Glück geschaffen sei: Entginge er der Not, so verfiele er unrettbar der Langeweile. Und die, fügte er grimmig hinzu, sei oft das schlimmere Übel. Wer etwa die heutige Drogenszene betrachtet, ist manchmal versucht, ihm recht zu geben.

Aber die Drogenszene ist ja nicht identisch mit der Arbeitswelt, es sind im allgemeinen nicht die Arbeiter, die ausflippen, und es sind auch nicht die Arbeiter, die heute gegen Kapitalismus und Industrie Sturm laufen. Im großen und ganzen wissen sie, trotz alter Doktrinen und neuer Beschwerden, die Vorteile, die ihnen Kapitalismus und Industrie beschert haben, durchaus zu schätzen. Nicht sie sind die »Systemveränderer«, im Gegenteil, sie sind heute oft die stärksten Stützen des Systems. Wenn Bürger und Studenten gegen Atomkraftwerke demonstrieren, demonstrieren Arbeiter eher *für* Atomkraftwerke – sie wissen, daß Energieknappheit Arbeitsplätze gefährden würde. Nein, die revolutionäre Klasse ist heute dieselbe, die sie immer gewesen ist: die Klasse der Intellektuellen. Und es sind nur die Dümmeren unter den Intellektuellen (denn auch unter ihnen gibt es natürlich Kluge und Dumme), die heute noch mit dem alten Marxschen Begriffsinstrumentarium arbeiten und sich als Vorhut einer proletarischen Revolution gegen kapitalistische Ausbeuter sehen. Die Klügeren haben durchaus erfaßt, daß Kapital und Arbeit längst auf derselben Seite sind, nämlich auf der Seite der industriellen Revolution, und daß die industrielle Revolution keineswegs in der verschärften Ausbeutung des Menschen durch den Menschen besteht, sondern in der verschärften Ausbeutung der Natur durch den Menschen. Da sie aber gewohnheitsmäßig auf der Seite der Ausgebeuteten gegen die Ausbeuter stehen, sind sie jetzt auf der Seite der Natur – gegen den Menschen, jedenfalls gegen den Menschen der industriellen Revolution.

Dieser Mensch, so sagen sie, hat vergessen, daß er selber ein Teil der Natur ist. Indem er die Natur für seine Zwecke ausbeutet, verpestet er die eigene Umwelt und zerstört die eigenen Existenzbedingungen; er plündert den Planeten und verschwendet unersetzliche Rohstoffe; er schafft sich Waffen für seine eigene Ausrottung; und zugleich vermehrt er sich auf unverantwortliche Weise und bereitet eine weltweite Hungerkatastrophe vor.

Diese Kritik zielt weit genauer auf den Kern der industriellen Revolution als die Marxsche. Auch trifft sie (ebenso wie im 19. Jahrhundert die Marxsche) auffällige Schwachstellen im gegenwärtigen Stadium der industriellen Revolution: Mit der Rohstoffverschwendung kann es, wenn nicht alle Zeichen trügen, so wie bisher auf die Dauer nicht weitergehen, ebensowenig mit der Luft- und der Wasserverseuchung; das Problem der Austragung internationaler Konflikte im Atomzeitalter ist ungelöst; und daß der Planet eine unbegrenzte Vermehrung der Menschheit nicht tragen würde, klingt einleuchtend, obwohl wir die Grenzen seiner Tragfähigkeit nicht wirklich kennen.

Was der neuen Kritik an der industriellen Revolution indessen fehlt, das ist »das Positive«; darin fällt sie hinter die alte Marxsche zurück. Bei Marx sollte am Ende die proletarische Revolution alles in Ordnung bringen. Die neuen Kritiker können nur die unvermeidliche Katastrophe an die Wand malen. Sie wissen nicht zu sagen, wie die Menschheit die industrielle Revolution anhalten oder rückgängig machen und sich gesundschrumpfen soll. Also wird die industrielle Revolution wohl weitergehen; und vielleicht bringt sie gerade im Weitergehen die notwendigen Korrekturen heutiger Fehlentwicklungen mit sich. Denn man sollte nicht vergessen, daß der Mensch ein sehr pfiffiges und erfinderisches Geschöpf ist und daß schon oft neue Erfindungen die schädlichen Nebenwirkungen alter Erfindungen wieder ausgeglichen haben. Auch sollte man nicht vergessen, daß die industrielle Revolution noch sehr jung ist, kaum zweihundert Jahre alt, historisch gesehen noch in ihrer Pubertät. In diesem Alter macht jeder manchmal dumme Streiche, über die er später hinauswächst.

In der Menschheitsgeschichte hat es bisher nur einen einzigen

Vorgang gegeben, der mit dem Abenteuer dieser letzten zweihundert Jahre vergleichbar ist: Das war, vor nun ungefähr neuntausend Jahren, die Einführung von Ackerbau und Viehzucht. Vorher hatte der Mensch jahrtausendelang als Jäger und Sammler gelebt, und die Krisen und Ängste, die er beim Übergang von der einen Lebensweise zur anderen durchzumachen hatte, müssen schrecklich gewesen sein, gewiß nicht weniger schrecklich als unsere jetzigen. Da die Jungsteinzeit noch keine Schrift kannte, sind sie uns nicht im einzelnen überliefert. Aber die biblische Geschichte erinnert sich ihrer immer noch, Jahrtausende später, als Austreibung aus dem Paradies, und das Gebot »Im Schweiße deines Angesichts sollst du dein Brot essen« klingt in ihr noch als schrecklicher Fluch nach.

Auch damals wurden, im Laufe der agrarischen Revolution, die ja viele hundert Jahre gedauert haben muß, sicher entsetzliche Fehler gemacht; auch damals erlebte man sicher plötzlich mit Schrecken Bodenerosion und Wüstenbildung, weil man zu viele Wälder gerodet und zu oft demselben Boden dieselbe Ernte abverlangt hatte; kluge Leute sprachen sicher auch damals von Umweltzerstörung und prophezeiten eine Menschheitskatastrophe. Irgendwie ist sie aber vermieden worden, ohne daß die Menschen die Agrarrevolution rückgängig gemacht hätten und wieder Sammler und Jäger geworden wären.

Damals wie heute hat der Mensch etwas gewagt, das ihm als frevelhafte Ausbeutung und Vergewaltigung der Natur erschienen sein muß. Auch damals hatte er vom Baum der Erkenntnis gegessen und das Gefühl, damit eine unverzeihliche Sünde begangen zu haben. Aber getan war getan, gewagt war gewagt. »Seid fruchtbar und mehret euch« und »Macht euch die Erde untertan« blieben als ewige Richtschnur in Kraft. Und der Mensch kam durch damit. Vielleicht, mit Gottes Hilfe, kommen wir auch diesmal wieder durch.

Unser sinkender Lebensstandard

> Die Massen bedienen die Massen; und wenn sie das nicht mehr wollen, verlieren sie als Bediente, was sie als Diener gewinnen – oder sogar noch mehr.

Nein, ich gehöre nicht zu den Leuten, die lieber im 18. Jahrhundert gelebt hätten. Wenn man mich plötzlich dahin beförderte, würde mir zwar einiges bestimmt besser gefallen – die Architektur, das Mobiliar, die Literatur, Malerei und Musik, auch die Mode, besonders die schönen weißen Perücken und Haarbeutel, mit denen die Männer damals ihre Glatzen so kleidsam bedeckten –, aber vieles würde mir doch fehlen: Wasserklos, Badewannen, Kopfschmerztabletten, Schallplatten, die Möglichkeit schnell an einen anderen Ort zu kommen, wenn ich dort zu tun habe, die Möglichkeit, betäubt zu werden, wenn ich mich operieren lassen muß, Straßenbeleuchtung, Kühlschränke, Zeitungen, Stadtreinigung, Zentralheizung ...

Ich habe durchaus nichts gegen die vielerlei Bequemlichkeiten, Erleichterungen und Annehmlichkeiten, die uns die Technik seither beschert hat und die man unter dem merkwürdigen Begriff »Lebensstandard« zusammenfaßt. Sie sind natürlich nicht das Höchste im Leben, sie bedeuten nicht das Glück – du lieber Gott, nein, das nicht. Aber missen möchte man sie doch nicht, nachdem man sie einmal hat.

Die seelenvolle Poesie der Petroleumlampe und des Kaminfeuers gegen die entseelte Prosa des Lichtschalters und der Zentralheizung auszuspielen, finde ich läppisch. Ich bin ganz und gar für einen hohen »Lebensstandard«, und zwar, um auch das gleich zu sagen, einen hohen Lebensstandard für möglichst viele; wenn es geht, für alle. (Die Leute, die immer auf die »Massen« und die »Massenzivilisation« schimpfen, ohne zu merken, daß sie selbst dazugehören, finde ich noch läppischer als die Petroleumlampen-Enthusiasten.) Und wenn mir jemand sagt, er hätte lieber im 18. Jahrhundert gelebt, frage ich immer gern zurück: als was? Die Vorfahren der meisten Barocksnobs waren nämlich damals leibeigene Bauern, lebten in schlechtbeleuchteten Hütten ein kurzes, unhygienisches Leben und hatten keine Gelegenheit, Mozart zu hören.

Alles dies aber nur, um Mißverständnissen vorzubeugen.

Denn ich behaupte, daß unser Lebensstandard neuerdings auf vielen Gebieten nicht mehr steigt, sondern ganz deutlich sinkt, und zwar, das ist das Komische, durch die Weiterentwicklung derselben Kräfte, denen wir zunächst sein Steigen verdankten: der Technik, der kapitalistischen Marktwirtschaft und des sozialen Fortschritts. Diese Kräfte scheinen sich zu benehmen wie die Jahre, die menschlichen Lebensjahre, über die es ein hübsches kleines Gedicht von Goethe gibt:

Die Jahre sind allerliebste Leut':
Sie brachten gestern, sie bringen heut',
Und so verbringen wir Jüngeren eben
Das allerliebste Schlaraffenleben.
Und dann fällt's den Jahren auf einmal ein,
Nicht mehr wie sonst bequem zu sein;
Wollen nicht mehr schenken, wollen nicht mehr borgen,
Sie nehmen heute, sie nehmen morgen.

Um mit etwas ganz Einfachem und Offensichtlichem anzufagen, muß man sich einmal die Post ansehen – die Briefpost, die Möglichkeit, mit Freunden oder Geschäftspartnern schnell, billig und mühelos schriftliche Mitteilungen zu wechseln. Sicher gehört das zum modernen Lebensstandard, und sicher ist es damit im 19. Jahrhundert und auch noch Anfang des 20. prächtig bergauf gegangen. Ebenso sicher aber geht es damit jetzt schon eine ganze Weile erschreckend bergab, und die Zukunftsaussichten, wenn es so weiter geht, sind finster.

Vor 1914 wurden, jedenfalls in Berlin (ich weiß nicht genau, wie es in anderen Großstädten war), Briefe elfmal am Tag ausgetragen, stündlich; zwischen 1919 und 1939 noch dreimal an Werktagen und sonntags einmal; jetzt noch von Montag bis Sonnabend einmal und sonntags keinmal; demnächst, wie es heißt, auch sonnabends nicht mehr. Aber damit nicht genug. Neuerdings bringt die Post Briefe überhaupt nicht mehr in die Wohnungen, sondern nur noch bis zum Hauseingang, wo die Empfänger sie sich aus »Hausbriefkästen« abholen dürfen.

Wenn es so weitergeht – und warum sollte es nicht so weitergehen? –, wird man vielleicht in fünf oder zehn Jahren seine Briefe bei den Postämtern abholen müssen, und zwar wird das wohl, um Überfüllung und Unordnung zu vermeiden, also in unserem eigenen Interesse, nur noch zu bestimmten Stunden geschehen dürfen, zum Beispiel für Adressaten mit dem Anfangsbuchstaben A morgens um acht und für solche mit dem Anfangsbuchstaben Z abends um sechs; oder, da das vermutlich immer noch zuviel Gedränge vor den Schaltern verursachen würde, besser nur einmal in der Woche, die A' s montags um acht und die Z's freitags um sechs. Und dann vielleicht, weitere zehn Jahre später, nur noch einmal im Monat. In fünfzig Jahren dürfte dann der Briefverkehr gänzlich der Vergangenheit angehören. (Daß die Post inzwischen für ihre immer geringeren Leistungen immer teurer wird, davon wollen wir gar nicht erst reden.)

Man denke nun aber nicht, die Post sei ein ganz regelwidriger Sonderfall. Nehmen wir eine andere moderne Annehmlichkeit, mit der es eine Weile schön aufwärts gegangen war, den Einzelhandel, die Möglichkeit, in Läden einzukaufen. Ich erinnere mich noch an Zeiten, in denen man das jederzeit konnte, wann man wollte, auch abends, auch sonntags. Ich kenne auch Länder, wo es heute noch so ist. In der Bundesrepublik Deutschland konnte man noch in den fünfziger Jahren an jedem Wochentag bis sieben Uhr abends einkaufen. Heute bekanntlich montags bis freitags noch bis halb sieben und sonnabends bis zwei. Außerdem stellen sich mehr und mehr Läden, ganz ähnlich wie die Post, auf »Selbstbedienung« um, was uns als Fortschritt angepriesen wird. Fortschritt für wen?

Auch hier läßt sich, zieht man die Linien weiter, eine Zukunftsperspektive absehen wie bei der Post: ein paar Jahrzehnte lang noch ständig schrumpfende Öffnungszeiten immer stärker automatisierter Warenzapfstellen; dann Einstellung des Einzelhandels und wöchentliche oder monatliche Selbstbedienung (nach Anfangsbuchstaben) in der Zentralmarkthalle.

Ich bitte zu bemerken, daß der Lebensstandard, der auf diesen beiden Gebieten so deutlich sinkt, keineswegs nur der Lebensstandard der Reichen ist, sondern der der arbeitenden Massen. Postkunde ist jeder, Ladenkunde ist jeder. Ich kenne den Einwand: Ja, aber die armen Briefträger! Ja, aber die armen Ladenangestellten! Ich kenne aber auch den Witz: Alle Geschäfte sollten wöchentlich einen ganzen Tag schließen, damit endlich auch einmal die armen Ladenmädchen einkaufen können. Es ist einfach so: Die Massen bedienen die Massen; und wenn sie das nicht mehr wollen, verlieren sie als Bediente, was sie als Diener gewinnen oder sogar noch ein bißchen mehr; und das Ergebnis ist, daß der Lebensstandard der Massen sinkt.

Dies gesagt, wage ich, jetzt auch ein heikleres Thema zu erwähnen: das nahezu völlige Aussterben häuslicher Hilfe. Ich weiß, die »Dienstmädchen« der guten alten Zeit wurden oft schamlos ausgebeutet und schlecht behandelt. Ich bin nicht für Ausbeutung und schlechte Behandlung, ich bin dagegen. Aber ich bin auch im Fall der Hausfrauen dagegen, die heute von unserer Gesellschaft so ausgebeutet und so schlecht behandelt werden wie noch nie. Ihr Lebensstandard ist in den letzten zwanzig, dreißig Jahren aufs erbarmungswürdigste gesunken und sinkt noch immer weiter, und zwar wiederum nicht der der reichen und privilegierten, sondern der der normalen, durchschnittlichen Hausfrau und Mutter, die heute die Arbeit von zwei Frauen tun muß (denn früher, als sie noch Hilfe hatte, war die Hausfrau ja auch nicht arbeitslos) und oft genug die von dreien, denn berufstätig ist sie ja heute nicht selten nebenbei ebenfalls. (Und wenn sie dann nach getaner Arbeit zum Einkaufen hetzt, macht man ihr das Geschäft vor der Nase zu; und überall, wo sie früher ausnahmsweise einmal bedient wurde, im Geschäft oder im Ausflugslokal oder im Feriendorf, verlangt man jetzt mit Selbstverständlichkeit »Selbstbedienung« von ihr.)

Übrigens zieht die Verschlechterung des Hausfrauenstandards (die durch keine Küchenmaschine aufgewogen wird) eine weitere sehr fundamentale und einschneidende Verschlechterung nach sich: die des Wohnstandards. Natürlich kann eine einzige Frau ohne Hilfe und womöglich noch mit Berufspflichten nicht mit einer geräumigen, gemütlichen Familienwohnung alten Stils fertig werden, das sieht jeder. Folglich hat es keinen Zweck mehr, Wohnungen zu bauen; man baut nur noch Wohnmaschinen: zweieinhalb Schubfächer pro Familie, in denen jedes Familienmitglied sich nur noch seitlich vorwärtsbewegen und nur noch ein vom Architekten vorgeplantes Standardleben führen kann.

Das aber nenne ich sinkenden Lebensstandard: nicht weil es in diesen Zweieinhalbzimmer-Wohneinheiten keine traulichen Kachelöfen mehr gibt, sondern Zentralheizung – das ist eine eindeutige Verbesserung –, sondern weil es darin das Wichtigste nicht mehr gibt, was der Mensch zum Wohnen braucht, nämlich Platz. Die »Eßecke« und die »Kochnische«, die dem heutigen Normalwohner zugemutet werden – und das noch unter dem Motto »Schöner wohnen« –, wenn das meine Mutter wüßte, das Herz im Leibe tät' ihr zerspringen.

Ich will nur noch ganz kurz erwähnen, daß es auf den meisten

Bahnhöfen keine Gepäckträger mehr gibt; daß man in den meisten Hotels neuerdings auf den Gängen im Angesicht anderer Gäste an sogenannten Schuhputzmaschinen seine Schuhe putzt; und daß es in den Restaurants an Kellnern zu fehlen beginnt. Die bescheideneren gehen zur »Selbstbedienung« über, und die teureren engagieren Südländer, die zwar reizend lächeln, aber leider oft die Bestellung mißverstehen. Alles kein Beinbruch, wird man sagen. Nein, nein; nur eben sinkender Lebensstandard.

Nun haben Sie aber sicher die ganze Zeit schon etwas auf der Zunge. Ja gut, wollen Sie sagen, schön, schön, mit Dienstleistungen hapert es ein bißchen, insofern mag der Lebensstandard meinetwegen etwas sinken, aber denken Sie doch, Herr Haffner, was Sie alles dafür gewinnen! Die Menschen werden eben heute nicht mehr gern Briefträger oder Hausangestellte, Kellner oder Verkäuferin oder Gepäckträger, sie gehen lieber in die Fabrik, wo sie produktiver beschäftigt sind und besser verdienen; aber dort sind sie ja nicht untätig, dort produzieren sie ja alle die herrlichen Sachen, über die Sie sich eben noch so gefreut haben, die Kühlschränke und Kopfschmerztabletten und die Flugzeuge, mit denen Sie zwischen Berlin und Hamburg hin und her fliegen! Denken Sie doch, was Sie heute alles haben, wovon Sie früher nie zu träumen wagten! Ihre Wohnung ist vielleicht ein bißchen kleiner, als die Ihrer Eltern war, aber steht dafür nicht ein Fernsehgerät darin, das Ihnen die ganze Welt in ihre Fernsehecke bringt? Bedenken Sie, jede Facharbeiterfamilie hat heute ihren VW und macht ihre Reise nach Mallorca, wo gab's denn das früher! Hören Sie doch also endlich auf mit der undankbaren Nörgelei und Meckerei!

Luxusartikel als Massenware

Gut gesprochen, und danke für den Hinweis. Von dem Auto jeder Arbeiterfamilie und der Sommerreise der Millionen nach Mallorca wollte ich gerade reden. Hier scheint mir nämlich eine zweite Hauptquelle sinkenden Massenlebensstandards zu sprudeln. Die erste war, daß die Massen auf Grund irgendwelcher tiefgreifender Arbeitsmarktveränderungen nicht mehr bereit sind, die Massen zu bedienen, daß es also auf allen möglichen Gebieten reißend zur »Selbstbedienung«, das heißt, zum sozialen Urzustand zurückgeht. Die zweite aber ist, daß verschiedene Dinge zu Massenartikeln gemacht worden sind, die sich dazu nun einmal absolut nicht eignen: die ihrem Wesen nach Ausnahme- und Luxusgegenstände sind und, massenhaft vervielfältigt, auf fast dämonische Weise ihr Wesen verändern und das Leben zur Hölle machen.

Schon wieder sehe ich Unwillen und Mißtrauen auf Ihrem Gesicht und spüre Worte wie »Snob« und »18. Jahrhundert« auf Ihren Lippen. Lassen Sie mich noch einmal beteuern: Ich gönne jedem alles. Ich will durchaus nicht Goethe und Thomas Mann für mich allein haben, ich wünschte, jeder läse sie. Und daß dank dem Plattenspieler und dem Radio heute wirklich Millionen mit Bach und Mozart vertraut sind, die sie früher nicht kannten, das finde ich wunderbar.

Auch viele andere technische Errungenschaften eignen sich prächtig zum Massenkonsum, und ich wünsche von Herzen, daß bald jeder sie hat: Frau Müllers Waschmaschine zum Beispiel tut ihr deswegen nicht weniger gute Dienste, weil auch Frau Schulze eine hat. Aber mit Herrn Müllers Auto ist es leider anders, aus ganz sachlich-objektiven Gründen; ich kann nichts dafür. Es wird entwertet und schlimmer als entwertet – dadurch, daß auch Herr Schulze eins hat. Die vielen Autos stören sich, sie sind sich im wörtlichsten Sinne im Wege. Die steigenden Motorisierungszahlen bedeuten ständig sinkenden Genuß- und Nutzwert der Autos. Wenn erst jeder motorisiert ist, wird hierzulande, vor allem in den Städten, keiner mehr mit dem Auto von der Stelle kommen, und alle werden wieder zu Fuß gehen müssen. Sinkender Lebensstandard auch hier!

Vielleicht erinnern sich einige an einen Witz aus der Zeit des Kalten Krieges: Ein Amerikaner besichtigt mit einem Russen eine russische Fabrik. »Wem gehört diese Fabrik?« – »Den Arbeitern.« – »Und wem gehören die drei Autos davor?« – »Dem Fabrikleiter.« Später besichtigt er, beim Gegenbesuch, mit demselben Russen eine amerikanische Fabrik. »Wem gehört die Fabrik?« – »Dem Fabrikbesitzer.« – »Und wem gehören die dreitausend Autos davor?« – »Den Arbeitern.« Hahaha, da hatten wir's! Sozialismus gleich Massenarmut, Kapitalismus gleich Massenwohlstand! Und was das Schönste war: Das mit den Autos stimmte ja wirklich. Die Russen bauten nur ein paar als Luxusprämie, die Amerikaner bauten sie massenhaft, für jede Arbeiterfamilie zwei. Aber wer zuletzt lacht, lacht am besten; und ich fürchte, daß über diesen Witz ganz andere Leute als damals zuletzt lachen werden. Heute ist es jedenfalls schon eine der Attraktionen der östlichen Länder – sogar für westliche Touristen und am meisten natürlich für Autotouristen –, daß man auf ihren Straßen noch vorwärtskommt.

Es gibt eben Dinge, die ihren Wert behalten, ob nur wenige sie haben oder viele; und andere, die ihren Wert sofort verlieren oder gar ins Gegenteil verkehren, wenn man Massenartikel aus ihnen macht. Zu diesen gehört, neben dem Auto, auch zum Beispiel die Touristik. Wenn alle plötzlich nach Mallorca reisen, verwandeln sie eben damit die Insel in eine Hölle. Es hat etwas wirklich Unheimliches, wie viele neue Höllen die Reiseindustrie heute Jahr für Jahr produziert – und zwar gerade dort, wo früher die Paradiese lagen. Wozu verreist man denn? Doch wohl, um Erholung zu finden, Entspannung, Stille, Einsamkeit, gute Luft, unberührte Natur. Wenn es das alles nicht mehr gibt, wenn es für keinen mehr zu haben ist oder allenfalls nur noch als ausgepichter Seltenheitsluxus für die ganz Reichen, dann sinkt der Lebensstandard, auch wenn die Massentouristik jedes Jahr neue Rekorde aufstellt. Und gerade daß die Massentouristik jedes Jahr neue Rekorde aufstellt, sorgt ja dafür, daß das alles bald für keinen mehr zu haben sein wird.

Es hat etwas ebenso Rührendes wie Groteskes, daß die großen Reiseunternehmen ständig aufs neue ihre Leute ausschicken, um »noch unverdorbene« Reiseziele zu entdecken – und sie dann sofort eben dadurch, daß sie sie entdecken, verderben. Man hat früher gern ängstlich berechnet, wie lange es wohl dauern würde, bis die Kohle- und Ölvorräte der Erde durch Raubbau erschöpft sein würden. Diese Angst hat nachgelassen, seit Atom- und Sonnenenergie als möglicher Ersatz für Kohle und Öl in Sicht gekommen sind. Heute gibt es dafür eine andere Abbau- und Raubbauindustrie: die Massentouristik. Man sollte anfangen, sich Gedanken darüber zu machen, wann die Küsten und Wälder und Gebirgstäler »erschöpft« sein werden – verbaut, verpestet, »verdorben«. Sie werden kaum so leicht durch etwas anderes zu ersetzen sein wie die Kohle und das Öl. Denn mit dem Mond dürfte als Touristenziel nicht viel anzufangen sein.

Erinnern Sie sich noch an das kleine Goethe-Gedicht, das ich am Anfang zitierte? »Die Jahre sind allerliebste Leut', sie brachten gestern, sie bringen heut'« – und plötzlich stimmt das nicht mehr, die Jahre werden unvermittelt bösartig, »sie nehmen heute, sie nehmen morgen«. Genauso scheint es mit der Technik zu sein. Zuerst hat sie uns viele Annehmlichkeiten beschert und unseren Lebensstandard laufend verbessert, und so haben wir uns daran gewöhnt, sie als eine wohltätige Macht zu betrachten und immer neue Geschenke von ihr zu erwarten; aber plötzlich entdecken wir, daß sie nicht eigentlich wohltätig ist, sondern auf eine ziemlich eisig-unheimliche Art neutral, daß sie ihren eigenen Gesetzen folgt, wobei es vollkommen gleichgültig ist, was für den menschlichen Lebensstandard dabei herauskommt.

Und dasselbe gilt von der kapitalistischen Marktwirtschaft, die sich der Technik bedient: Zuerst tut sie das Nächstliegende, sie befriedigt die dringendste Nachfrage, behebt allerhand offensichtliche Mängel und wirkt damit wohltätig; aber auch sie ist keine Wohltätigkeitseinrichtung, auch sie folgt ihren eigenen Gesetzen, sie will produzieren und verdienen, und dazu muß sie ihre Produkte loswerden, gleichgültig, ob sie den menschlichen Lebensstandard verbessern oder verschlechtern. Sie ist nicht für das Wohlbefinden ihrer Kunden da, sondern für die Rentabilität ihrer Anlagen – und das ist leider nicht, wie die liberalen Professoren der Nationalökonomie naiverweise lehren, dasselbe. Sie muß weiterproduzieren und weiter absetzen, auch wenn der Punkt längst erreicht und überschritten ist, wo Vernunft Unsinn und Wohltat Plage wird. Sie dient eben nicht dem Lebensstandard, sie dient sich selbst. Ob sie den Lebensstandard hebt oder senkt, ist letzten Endes Zufall.

Und der soziale Fortschritt – die erhöhte Arbeitsproduktivität, die verkürzte Arbeitszeit, die Abwendung von alten, lästigen, »unproduktiven« Berufen? Der soziale Fortschritt sollte doch wenigstens etwas ausschließlich Gutes und Wohltätiges sein?! Nein, auch der nicht. Auch der bringt Verbesserung nur bis zu einem gewissen Punkt und dann, wenn er immer geradeaus weitergeht, Verschlechterung, weil nämlich auch er nur seiner Eigengesetzlichkeit folgt und Verbesserungen des allgemeinen Lebensstandards nur unter gewissen Umständen als zufälliges Nebenprodukt abwirft.

Wenn jeder nur »sich verbessern« will und keiner mehr einen dienenden Beruf ausüben möchte, dann hat das zur Folge, daß kein Mensch mehr bedient wird; auch er selbst nicht. Wie immer die Einzelrechnung aufgehen mag, für die Gesamtrechnung entsteht Verlust; und die Verluste summieren sich.

Man kann sich natürlich darüber hinwegtrösten. Denn »Lebensstandard« ist nicht alles; er ist nicht einmal die Hauptsache im Leben. Es hat viele Jahrhunderte gegeben, in denen großen Teilen der Menschheit ihr Lebensstandard völlig gleichgültig war; was sie interessierte, war ihr Seelenheil. Auch hat noch nie jemand den idealen Lebensstandard definiert. Was braucht der Mensch? Schwere Frage. Was wünscht er sich heute wirklich, um es besser zu haben? Ich erwarte keine Antwort von Ihnen. Aber wenigstens dazu war der Mensch bisher meistens imstande: zu merken, wenn es anfing, ihm schlechter zu gehen.

Der Abstieg des Mannes

> Der Mann ist ein Opfer der Weltrevolution geworden, in der wir seit mehr als einem halben Jahrhundert leben.

Ich kann nicht genau sagen, wann ich es zuerst bemerkt habe; bestimmt war es nicht vor Mitte der fünfziger Jahre; ganz deutlich geworden ist es mir erst noch später. Es handelt sich um folgendes: Wenn ich auf ein Amt zu gehen habe, zum Beispiel zur Polizei, oder wenn ich mit einer etwas komplizierten, lästigen Sache in ein Büro gehe oder in ein Geschäft, ja schon wenn ich auf dem Postamt ein Auslandspaket mit Zollerklärung loswerden will, fällt mir jedesmal ein Stein vom Herzen, sobald ich sehe, daß hinter dem Schreibtisch oder hinter dem Schalter eine Frau sitzt und nicht ein Mann.

Denken Sie jetzt nichts Falsches. Ich bin ein Mann in gesetzten Jahren, und die Frauen hinter Behördenschreibtischen und Postschaltern sind selten von der Art, die einen auf unrechte Gedanken bringt. Nein, ich bin bei Frauen einfach ziemlich sicher, ruhig angehört und freundlich und sachlich bedient zu werden. Bei Männern nicht. Nicht mehr. Bei ihnen rechne ich seit einiger Zeit instinktiv damit, daß sie mich abwimmeln werden oder Schwierigkeiten machen oder Streit anfangen. Natürlich gibt es Ausnahmen. Aber die meisten Männer sitzen hinter ihren Schreibtischen heutzutage wie nervöse und seelisch belastete Tiger in ihren Käfigen. Man geht lieber nicht hinein zu ihnen.

Ähnlich im Autoverkehr. Daß Frauen viel besser fahren als Männer und viel weniger Unfälle bauen, ist eine statistisch ausgewiesene Tatsache. Aber auch wenn es wirklich einmal gebumst hat, ist es eine wahre Wohltat, eine Frau als Unfallpartnerin zu haben. Frauen bleiben, nach meiner Erfahrung, ohne Ausnahme ruhig und höflich, wenn man die Versicherungsnummern austauscht. Männer explodieren; fast nie geht es bei ihnen ohne völlig überflüssige, meistens überraschend unflätige Schimpfereien ab. Es ist jedesmal, als ob plötzlich eine latente Gemütskrankheit bei ihnen zum Ausbruch kommt.

Irgend etwas ist los mit den Männern. Sie sind so empfindlich, hysterisch und unberechenbar geworden, wie man es früher den Frauen nachsagte. Und zwar erst seit einiger Zeit. Ich erinnere mich mit Bestimmtheit, daß es nicht immer so war, daß früher ruhige Sachlichkeit und Korrektheit unter Männern die Regel war und Hilfsbereitschaft und Humor keine Seltenheit.

Es war früher auch ganz normal, im Gespräch, auch im reinen Sachgespräch mit Fremden, zu lächeln. Vielleicht war es ein bloß aufgesetztes Konventions- und Höflichkeitslächeln, gleichviel. Jedenfalls kommt es unter Männern kaum mehr vor. Das Gesicht bleibt in Ruhestellung. Und das normale Männergesicht von heute drückt in Ruhestellung Mißmut aus, und zwar bei jüngeren Männern noch mehr als bei älteren.

Überhaupt ist die Veränderung des Mannes, die da offenbar im Gange ist, bei den jungen Männern viel deutlicher und allgemeiner wahrnehmbar als bei den älteren, bei denen es immer noch viele individuelle Ausnahmen und Abwandlungen gibt: was gleich beweist, daß es sich um eine echte Veränderung handelt, nicht einfach um verspätete Kriegsfolgen oder Altersgrillen einer unglücklichen Generation, die ein trauriges Leben gehabt hat. Gerade die junge, angeblich so unbeschwerte und unbelastete Männergeneration trägt heute Trübsinn wie eine Uniform.

Die zerknitterten Röhrenhosen, die ungekämmten Haare, die Hängeschultern, die merkwürdig verhemmten, zugleich müden und eckigen Bewegungen, die blicklosen jungen Gesichter, die stille, in sich gekehrte Art zu sprechen – alles drückt dasselbe aus, was auch die literarischen, künstlerischen, filmischen, kritischen Produkte, was vor allem die unendlich traurigen »schwarzen« Scherze der jungen Männer von heute ausdrücken: nicht Verzweiflung – das wäre ein viel zu hoch gegriffenes, viel zu pathetisches Wort –, auch nicht eigentlich Protest – denn eine aktive Auflehnung liegt auch kaum darin –, sondern eben Trübsinn; etwas still Anklagendes, Verprügeltes; Mißbilligung und mißbilligende Hinnahme, die auch wieder nicht bis zur Resignation reicht (Resignation ist ja entspannt und friedlich, fast schon wieder etwas Positives); eine gewisse schmollende Hilflosigkeit, die allenfalls – denn man ist ja schließlich jung – ein bißchen mit sich selbst kokettiert. Auf das Konto des Kokettierens buche ich die merkliche Zunahme ausgesprochener Ungewaschenheit unter jungen Männern.

Kunststück, wird man sagen, im Zeichen der Atombombe und der politischen Rat- und Ausweglosigkeit. Aber ich glaube, das sind Ausflüchte und Ausreden. Warum sollten Atombombe und politische Misere gerade nur Männer beeinflussen und nicht Frauen? So ist es aber.

Die Frauen, auch und gerade die jungen Frauen, sind, wie mir scheint, ziemlich wie immer, voll ganz normaler Lebensneugier und Lebenslust – vielleicht sogar gesteigerter Lebenslust, ein bißchen enthemmter als früher. Solche Massenschreie entfesselter Weiblichkeit wie bei den Beatles und bei ähnlichen Musikgruppen hat es früher nicht gegeben. Früher schrien und tobten – bei anderen Anlässen, aber was kommt es auf die Anlässe an – vielmehr gerade die jungen Männer, die heute so artig-still geworden sind – und zugleich so verdruckst, übellaunig und leise tückisch.

Nicht, als ob die Frauen nicht auch ihre Sorgen und Klagen hätten; zum Beispiel die, daß »es keine richtigen Männer mehr gibt« – was man heute von jeder Frau hören kann. In dieses Kapitel gehört auch, daß sich die Initiative in der Liebe heute fast schon offiziell umgekehrt hat, daß im Regelfall die Frauen die Rolle des Jägers und Werbers übernommen haben, und zwar wiederum ganz besonders in der jüngeren Generation. Das liegt zweifellos an den Männern; den Frauen wäre es fast allen immer noch lieber auf die alte Art.

Ein amerikanischer Kritiker und Soziologe, Leslie Fiedler, hat einmal geschrieben, wir seien jetzt, ohne es noch recht zu verstehen, Zeugen eines großen Mutationsvorganges, einer »radikalen Verwandlung« des westlichen Mannes, der im Begriff sei, sich zu einer Art von ewigem Jüngling oder männlicher Frau umzugestalten. Der Mann finde sich seiner traditionellen Funktionen ledig: die Automation mache ihn als Arbeiter überflüssig, der Druckknopfkrieg mache ihn als Krieger nicht nur überflüssig, sondern sogar gemeingefährlich, die Antibabypille befreie ihn von seiner Vaterverantwortung und beraube ihn seiner Vaterwürde; das ganze Männerideal des bürgerlich-protestantischen Humanismus mit seinem Kodex von Vernunft, Arbeit, Pflichterfüllung, Berufsleistung, Reife, Erfolg habe seine Wirksamkeit verloren, sei nicht mehr anwendbar auf die heutigen Verhältnisse.

Wie reagiere der Mann darauf? Entweder indem er die Pubertät bis zum Grabe zu verlängern trachte oder indem er versuche, die Frau zu spielen: »Die wenigsten von uns haben bisher begriffen, daß die Beatles-Frisuren, die hohen Texasabsätze, die Röhrenhosen mit ihrem herausgearbeiteten Gesäß alles Teile ein und desselben Komplexes sind – eines großen Rückzugs von der Männlichkeit. Was ursprünglich die Homosexuellen erfunden haben, haben die eigentlich heterosexuellen Männer jetzt auch übernommen, als eine Strategie, mit der sie ihre Beziehungen nicht nur zur Frau, sondern auch zu sich selbst in ihrer Eigenschaft als Mann auf eine neue Grundlage stellen wollen ...«

Nun, das heißt den Mund ziemlich voll nehmen, und ganz so wild war es selbst auf dem Höhepunkt der Beatles-Welle vielleicht doch nicht, wenigstens hierzulande. Man muß allerdings bedenken, daß Fiedler amerikanische Zustände vor Augen hatte und daß Amerika, genau wie bei der Sexwelle, stets ein gutes Stück weiter ist auf einem Wege, auf dem Deutschland erst gerade die ersten Schritte macht. Aber auch wenn Fiedler übertrieben hat und vielleicht als echter Amerikaner aus einer Mode eine Weltwende machen wollte, ein Körnchen Wahrheit steckt wohl schon in dem, was er schrieb.

Ein deutscher katholischer Arzt, Joachim Bodamer, hat, von einem ganz anderen Standpunkt aus, ganz ähnliche Feststellungen gemacht und ganz ähnliche Sorgen geäußert. Er sieht allerdings, anders als Fiedler, die Wurzel allen Übels in der Technik, die den Mann entseelt, entmenschlicht habe: »Seine vorwiegend technischen Künste sind offenbar hypertrophiert auf Kosten von Eigenschaften, die bisher für den Begriff und die Erscheinung des Männlichen als unerläßlich angesehen wurden.« Aber dann geht es ganz ähnlich weiter wie bei Fiedler: »Männliche Ideale wie Ehre, Ritterlichkeit, vornehme Gesinnung, Nachsicht und Güte sind weder für den Mann des Durchschnitts noch den einer fraglichen Elite verpflichtend, weil sie unpraktizierbar, irreal geworden sind – woraus hervorgeht, daß Begriff und Wesen der Männlichkeit einen Wandel erfahren haben müssen. Wir wissen nicht mehr, was ein Mann ist, weil wir kein Ideal haben, an dem wir ihn messen könnten.«

Mir ist auch das noch, Verzeihung, ein bißchen zu hoch gestochen. Wir wissen schließlich zur Not schon, was ein Mann ist. Aber daß der Mann als Mann heute ein bißchen übel dran ist, daß er nicht recht weiß, was er will und was er soll, daß er oft keine sehr glückliche Figur macht und leicht sich selbst und anderen Männern und sogar Frauen ein bißchen auf die Nerven fällt, kurz, daß er, um nun endlich verständliches Zeitungsdeutsch zu schreiben, »in einer Krise« ist, daß es plötzlich so etwas wie eine »Männerfrage« gibt: darin würde ich Fiedler und Bodamer zustimmen. Und ich habe sogar meine eigenen Vermutungen darüber, woran es liegt.

Nicht oder jedenfalls nicht nur – meiner Meinung nach – an

der Technik, an der Automation, an der Atombombe oder an der Antibabypille. Der Mann wird schon noch als Arbeiter gebraucht, vielleicht sogar noch gelegentlich doch einmal als Krieger und ganz gewiß als Liebhaber, Mann und Vater. Es steht ihm auch immer noch gut, ritterlich und gütig zu sein, und er hat auch immer noch etwas davon, wenn er in seinem Beruf erfolgreich ist. Aber freilich nicht mehr ganz soviel wie früher. Alles – fast alles – ist heute so eingerichtet, daß für den Mann ein bißchen weniger Spaß dabei herausspringt als noch vor kurzem. Die Anforderungen sind gestiegen, und die Belohnungen sind herabgesetzt.

Der Mann ist nämlich, um nun endlich – ich fürchte, daß sich dieser Gedanke äußerst schockierend anhört – damit herauszurücken, ein Opfer der Weltrevolution geworden. Die Weltrevolution, in der wir seit mehr als einem halben Jahrhundert, nämlich seit der Großen Sozialistischen Oktoberrevolution in Rußland 1917, leben, ist eine Gleichheitsrevolution, eine Revolution gegen alle Privilegien, und daher hat sie auch den Mann betroffen, der ja auch einer privilegierten Klasse angehörte – eben dem privilegierten Geschlecht.

Am Beginn unseres Jahrhunderts war der Mann bekanntlich noch die Krone der Schöpfung, jedenfalls konnte er sich dafür halten, da es außer ein paar Suffragetten niemand ernsthaft bestritt – und zwar, um es genau zu sagen, der weiße und reiche, der adlige und gebildete Mann reifen Alters. Heute ist diese unglückliche Kreatur als Weißer in Wirklichkeit nichts Besseres mehr als ein Farbiger, als Reicher weiß Gott nichts Besseres mehr als ein Besitzloser, als Adliger schon lange nichts Besseres mehr als ein Bürgerlicher, selbst als Gebildeter nichts Besseres mehr als ein Ungebildeter, und er ist auch als Mann nichts Besseres mehr als eine Frau, ja sogar als gereifter Mann nichts Besseres mehr als ein junger Mann (oder eine junge Frau).

Der Mann ist in der Liebe nur zu Gast

Männer sind keine Herren mehr, im wörtlichen Sinne: Ein Herr ist jemand, der andere beherrscht, und die Männer von heute beherrschen niemanden mehr, nicht einmal mehr ihre Frauen, nicht einmal ihre heranwachsenden Kinder, ja nicht einmal mehr ihr eigener Herr sind heute die meisten von ihnen.

Noch vor zwei Generationen gab es viele, die das waren,

nicht etwa nur ein paar Auserwählte. Der selbständige Mann, der Herr, war sozusagen die Normalerscheinung des Mannes, ein Ziel für jeden, und für die meisten – oder mindestens für sehr viele – auch ein erreichbares Ziel. Der Bauer auf seinem eigenen Hof, der Handwerksmeister in seiner eigenen Werkstatt, der selbständige Kaufmann in seinem Kontor oder seinem Laden, der Kapitän auf seinem Schiff und nun gar der selbständige Unternehmer, klein, mittel oder groß: Alle waren »ihr eigener Herr«, und ein paar andere beherrschten sie alle noch obendrein.

Heute sind, wie durch einen bösen Zauber, fast alle Männer irgendwie Angestellte geworden – selbst die Mächtigsten, selbst Minister und Generaldirektoren sind im Grunde nichts anderes mehr –, und die paar »selbständigen« Existenzen, die es nach wie vor gibt, finden sich wie auf einer schrumpfenden Eisscholle im Tauwetter. Auch sie haben nur noch eine Scheinselbständigkeit, und sie wissen es. Es gibt keine Unabhängigkeit mehr für den Mann und erst recht keine wirkliche Herrschaft, es ist aus mit der Herrlichkeit.

Am schlimmsten ist es für den Mann um die fünfzig – früher »die besten Jahre«, das »Meisteralter«, in dem der Mann erst auf seine wahre Höhe kam. Heute verwandelt er sich um diese Zeit unentrinnbar in einen »älteren Angestellten«, über dem sich der Himmel verdüstert. Er muß um seine Stellung bangen und Demütigungen einstecken, weil er eine andere so leicht nicht mehr findet. Und auch zu Hause, wo er sich grämlich und verärgert abends einfindet, erwarten ihn eher Kritik und Mitleid als Bewunderung. Ein Mann von fünfzig muß sich heute sehr anstrengen, wenn er vor seiner gleichberechtigten, aber enttäuschten Frau und seinen fortgeschrittenen und übrigens unbelasteten Kindern einigermaßen bestehen will.

Kurz, der Mann ist, verglichen mit der Stellung, die er vor hundert, ja noch vor fünfzig Jahren hatte, ein wenig heruntergekommen, oder sagen wir, er hat ein paar Stufen herabsteigen müssen. Er ist, in seiner Eigenschaft als Mann, *deklassiert,* und seine Probleme sind Probleme der Deklassierung: Anpassungsprobleme.

Solche Probleme sind nicht unlösbar; und, ganz leise ins Ohr gesagt, es ist vielleicht auf die Dauer gar keine so ganz und gar schlechte Sache, daß der Mann von dem Pfauen- und Löwenthron, auf dem er noch vor zwei, drei Generationen saß, hat heruntersteigen müssen.

Die bärtige Herrlichkeit, in der der erfolgreiche Mann vor hundert oder noch vor fünfzig Jahren prangte – ein König auf seinem Hof oder in seinem Betrieb, ein König in seinem trauten Zuhause, ein gnädiger oder ungnädiger absoluter Herrscher, vor dem seine Angestellten und seine Kinder aufblickend zitterten und dem die liebe kleine Frau, ebenfalls gelegentlich ein wenig zitternd, jeden Wunsch von den Augen ablas –, diese Herrlichkeit war vielleicht für den männlichen Charakter nicht ganz so bekömmlich, wie die Lobredner der Vergangenheit heute gern unterstellen. Sie hatte unzweifelhaft etwas Korrumpierendes. In der Bismarck-Generation wirkte sie manchmal noch, alles in allem, auf eine etwas plüschene Art ziemlich großartig; in der wilhelminischen schon oft ganz hübsch lächerlich.

Die Revolution gegen diese etwas zu billige männliche Herrlichkeit mußte wohl kommen, sie mußte wohl auch Erfolg haben. Aber unangenehm ist es natürlich zunächst immer, das Opfer einer erfolgreichen Revolution zu sein; und die Reizbarkeit, der Mißmut, die still nach innen weinende Trübsal und Verstörtheit des Mannes, der plötzlich merken mußte, daß sich die Welt zu seinem Nachteil verändert hat und daß ihm die Macht und die Herrlichkeit von nun an versagt ist – verständlich sind sie.

Zumal dem Mann da gerade das weggenommen worden ist, was – wenigstens in den letzten hundert Jahren – vielleicht sein Schönstes war. Männer sind empfindsame und eitle Geschöpfe, viel eitler als Frauen, deren Eitelkeit harmlos und äußerlich ist. Die Eitelkeit der Männer ist stiller und geht viel tiefer. Frauen – wenn ich mich wiederholen darf – wollen geliebt werden. Männer wollen im Grunde nicht geliebt werden oder nur im individuellen Ausnahmefall (die Frau ist in der Liebe zu Hause, der Mann zu Gast).

Männer wollen bewundert werden. Vor allem aber wollen sie sich selbst bewundern können. Wenn ihnen das gar zu schwer gemacht wird, werden sie unglücklich. (Wenn es ihnen gar zu leicht gemacht wird, werden sie lächerlich.) Vor hundert Jahren wurde es ihnen zu leicht gemacht; heute vielfach zu schwer. Der Mann unserer Zeit bläst Trübsal, weil er es fast aussichtslos findet, sich selbst noch aufrichtig aus tiefstem Herzen bewundern zu können.

Aber das läßt sich vielleicht ändern – auch ohne daß der Mann sich nun gleich ganz aufgibt, vergammelt oder schwul wird. Männer sind zwar empfindsame und eitle, aber auch phantasievolle und einfallsreiche Geschöpfe. Ich würde es nicht allzu überraschend finden, wenn sie, nach einer gewissen unvermeidlichen Periode des Schmollens und Maulens – in der befinden sie sich zur Zeit offensichtlich –, sich etwas Neues einfallen ließen, wofür sie sich bewundern könnten – und was vielleicht wieder erreichbar wäre.

Es muß ja nicht immer die Herrenhaftigkeit und Herrlichkeit sein. Es hat früher auch schon andere Ideale gegeben (Ideale nennt man das, wofür sich Männer bewundern, wenn sie es erreicht zu haben glauben); wenn man zum Beispiel nicht hundert Jahre zurückblickt, sondern tausend, findet man, daß sie sich damals nicht so sehr für Herrlichkeit interessierten wie für Heiligkeit. Die steht nun heute leider nicht sehr hoch im Kurs. Aber manchmal habe ich das Gefühl, eine Wahrheitsreligion stehe dicht vor der Tür; jedenfalls hat die Reizbarkeit gegen die Lüge fühlbar zugenommen, wenn auch vielleicht nur, weil es ihrer gar zu viele geworden sind.

Gleichviel. Ein Mann, der sich auferlegte und angewöhnte, ohne übertriebene Rücksicht auf die Folgen die Wahrheit zu sagen, könnte durchaus (neben einigem andern, weniger angenehmen) Bewunderung ernten, sogar seine eigene. Womit er plötzlich wieder ein blühender Mann wäre.

Aber ich habe nicht vor, die Männerkrise, auf die ich ja nur aufmerksam machen wollte, hier auch gleich mit Patentrezepten zu kurieren. Es ist sowieso wahrscheinlich noch ein bißchen zu früh für Rezepte. Die Männer sind heute, als Männer, ein wenig in der Lage der alten europäischen Großmächte, die plötzlich haben entdecken müssen, daß sie keine Großmächte mehr sind und daß ihnen sogar ihre ehemaligen Kolonien auf der Nase herumtanzen können – so wie dem Mann von heute sogar seine Söhne oder, noch schlimmer, seine Töchter. Auch im Nachkriegseuropa herrschte zunächst nichts als Trübsal und Selbstmitleid – und dann der hektische Wunsch, irgendwie, und sei es auf Kosten des eigenen Selbst, wieder eine synthetische Großmacht »Europa« zusammenzuschustern. Heute weiß man, daß es auch Vorteile hat, keine Großmacht mehr zu sein.

Die Männer sind noch nicht soweit wie die Nationen Europas. Aber vielleicht muß man ihnen nur Zeit lassen. Ich glaube, sie werden das Entsprechende noch entdecken. Schließlich sind Männer ja auch – unter anderem – Entdecker.

Über den Fortschritt

> Der Fortschritt ist unentrinnbar, aber er tut weh.

»Fortschritt« ist ein junger Begriff. Es wäre interessant, einmal festzustellen, wann er eigentlich zum ersten Mal aufgetaucht ist. In der zweiten Hälfte des 19. Jahrhunderts jedenfalls war das Wort »Fortschritt« blank und neu, und es wurde großgeschrieben. Die lange europäische Friedenszeit zwischen 1870 und 1914, die Belle Epoque, war die klassische Zeit des Fortschritts-Optimismus – eines Optimismus, der damals alle Lebensgebiete umfaßte. Wenn man einen der fortschrittsfreudigen, fortschrittsgläubigen Bürger von 1870 gefragt hätte, was denn nun eigentlich den Fortschritt in Gang gesetzt habe, wo er sozusagen zu Hause sei, auf welchen Gebieten er stattfinde – er würde erstaunt geguckt haben, und seine Antwort wäre gewesen: auf allen natürlich; politischer Fortschritt, kultureller Fortschritt, wirtschaftlicher Fortschritt, Fortschritt der Medizin, fortschrittliche Justiz, fortschrittliche Erziehung, überall Fortschritt.

Überall ging es vorwärts und aufwärts, und alles wurde immer größer und immer besser, die Orchester ebenso wie die Passagierdampfer, die Theater ebenso wie die Fabriken, die Damenhüte ebenso wie die Kanonen. Bald konnte man mit dem Wagen ohne Pferde fahren, und nächstens würde man durch die Luft fliegen können; und mit dem Drei-Klassen-Wahlrecht konnte es nun auch nicht mehr lange dauern. In den Kulturstaaten gab es kaum mehr Analphabeten, und selbst die Wilden in den Kolonien fingen schon an, Hosen und Schlipse zu tragen. Der Fortschritt regierte die Welt, und es war kein Ende der Verbesserungen abzusehen, die er uns noch bescheren würde.

Fünfzig Jahre weiter, und plötzlich ein ganz anderes Bild mit ganz anderer Stimmung. Die Geschichte der Menschheit – eine lineare Vorwärts- und Aufwärtsbewegung zu immer Besserem? Lächerlich! Jedes Kind konnte doch sehen, daß die Geschichte vielmehr zyklisch verlief – ein ewiges Werden und Vergehen war, ein Auf und Ab, ein Blühen und Verwelken. Und wir waren mitten im Verwelken begriffen, das konnte ebenfalls jedes Kind sehen. Das Buch der Stunde war Oswald Spenglers ›Untergang des Abendlandes‹, die materielle Zivilisation war selbstverständlich das Todesröcheln der Kultur, der Geist war der Widersacher der Seele; und wer einigermaßen up to date sein wollte, hatte Stefan George auf den Lippen:

Ihr, hoch und nieder, rennt dem götzen nach,
der flitter, hohle, flache und gemeine,
aus eurem pfunde münzt. Mein volk, ich weine,
wenn sich das sühnt mit armut, not und schmach.

Die Wissenschaftler mochten weiter ihre abstrusen Experimente machen, die Wirtschaftler ihre verdächtigen Geschäfte, mit dem wahren Zeitgeist hatte das nichts mehr zu tun. Der wollte doch davon nichts wissen, der wollte zurück, zurück zum Alten, Echten, Wahren und Ewigen, zum Volksgeist und zur Rassenseele, zum Ahnenerbe und zu Blut und Boden.

Ich spreche keineswegs nur von den Nazis, obwohl sie natürlich zum Bild gehörten, ich spreche durchaus von der intellektuellen Jugend der zwanziger und dreißiger Jahre mit ihrer konservativen Revolution und von den maßgebenden Geistern jener Zeit – Hofmannsthal und Klages, Jünger und Benn, übrigens auch Péguy und Maritain, Chesterton und Belloc. Ich spreche auch von meiner eigenen Jugend. Wie jeder Angehörige der heute älteren Generation habe ich diese Atmosphäre der Fortschrittsfeindlichkeit, in der hochmütige Verachtung mit einer Art ängstlicher Abwehr sonderbar gemischt war, in meinen Schüler- und Studentenjahren eingeatmet. Und ich habe als erwachsener Mensch ganz hübsch dazulernen müssen, bis mir klar wurde, daß das, was uns damals so tief und weise vorgekommen ist, noch ein ganzes Stück dümmer gewesen war als der naive Fortschrittsoptimismus der Großväter-Generation.

Heute gibt es ja wohl keinen halbwegs begriffsfähigen Menschen mehr, der leugnen wollte, daß uns der Fortschritt tatsächlich beim Wickel hat. Allerdings wohl auch kaum mehr einen, der darüber in vorbehaltlosen Jubel ausbrechen würde. Der Fortschritt ist eine Realität, die beherrschende Realität unserer Zeit und der voraussehbaren Zukunft, er läßt sich weder abstellen noch aufhalten, und wer ihn zu ignorieren versucht, ist verloren. Aber: ein reiner Segen ist er nicht, und das ist noch sehr vorsichtig ausgedrückt. Das Füllhorn, das er über uns ausschüttet, hat unleugbar auch etwas von einer Pandora-Büchse an sich. Der Fortschritt ist unentrinnbar, aber er tut weh. Das ist die Wahrheit, die uns unser Jahrhundert in die Ohren schreit, und zwar so laut, daß uns manchmal das Trommelfell zu platzen droht – und das ganz wörtlich. Denn auch der zunehmende Lärm gehört – einstweilen wenigstens – zu den Begleiterscheinungen des Fortschritts. Es hilft aber alles nichts: Wir haben uns ihm ausgeliefert, und jetzt müssen wir mit ihm zu Rande kommen, sonst sind wir wahrscheinlich alle des Todes. Und das ist wiederum ganz wörtlich zu verstehen; denn die Fähigkeit zur Ausrottung der Menschheit, ja des Lebens auf dem Planeten gehört bekanntlich ebenfalls zu den Neuheiten, die uns der Fortschritt bereits beschert hat, neben anderen und potentiell erfreulicheren Möglichkeiten.

Was aber ist der Fortschritt? Wo findet er statt? Keineswegs in schöner prästabilierter Harmonie auf allen Lebensgebieten. Das zu glauben war der Irrtum der Fortschrittsoptimisten von vor hundert Jahren. Schön wär's! Tatsächlich hat der Fortschritt aber einen ganz bestimmten Ort. Er ist zunächst einmal Fortschritt der Wissenschaft, genauer: Fortschritt der theoretischen Naturbeherrschung. Hier ist der Ursprung der ganzen Bewegung, in die unser Leben seit hundert oder zweihundert Jahren geraten ist, einer zunächst ganz angenehmen, nachgerade aber schon ziemlich schwindelerregenden Bewegung, die sich immer noch weiter beschleunigt. Diese Vorwärtsbewegung der Naturwissenschaft ist nun allerdings mit dem Wort »Fortschritt« nur noch sehr unzulänglich beschrieben. Von Schritt-Tempo kann längst die Rede nicht mehr sein, auch von einem Galopp zu sprechen wäre anachronistisch. Und die Zeit, in der sich die Wissenschaft im Rennwagen-Tempo vorwärtsbewegte, liegt auch schon eine Weile zurück. Heute sitzen wir in einer Rakete.

Die Problematik des Fortschritts, bleiben wir trotz allem bei dem guten alten Wort, liegt nun gerade darin, daß die anderen Lebensgebiete das unheimliche Fortschrittstempo der Wissenschaft nicht mithalten, vielleicht nicht mithalten *können*. Und zwar wird das Tempo von Gebiet zu Gebiet langsamer. Die Technik hinkt der Wissenschaft schon einigermaßen nach, kommt aber noch so leidlich mit. Die Wirtschaft rennt keuchend und pustend hinter der Technik her, immer schon von Tag zu Tag in Gefahr, abgehängt zu werden. Die Gesellschaft aber ist bereits überrundet. Ihr Rückstand hinter dem heute Möglichen und Notwendigen, morgen wahrscheinlich schon Obsoleten wirkt mitunter fast hoffnungslos. Die Politik nun gar – reden wir nicht darüber. Und die Künste sind offensichtlich am Aufgeben und kreischenden Zusammenbrechen.

Die Koordinierung des Fortschritts, das Mithalten der anderen Lebensgebiete mit dem Tempo, das die Wissenschaft vorlegt, das ist die erste der ungelösten Aufgaben, die uns der Fortschritt stellt. Es ist eine verdammt schwere Aufgabe. Aber zugleich eine unentrinnbare, denn wenn wir sie nicht bewältigen, wird der Fortschritt der Wissenschaft, der nicht aufzuhalten ist, unsere Zivilisation vernichten. Die Atombombe und der Krieg sind das schlagendste Beispiel. Aber die Pille und die Moral, die Automation und die Freizeit stellen kaum leichtere Probleme. Auf vielen Gebieten müssen wir jetzt sehr schnell und sehr genau denken, umdenken, und zwar ohne unsere geschichtliche Erfahrung zu Hilfe nehmen zu können.

Denn es gehört zu den Irrtümern der Fortschrittsverächter von 1920, daß sie glaubten, den Fortschritt leugnen zu können, weil er in der bekannten Geschichte nicht nachweisbar war. Das ist er tatsächlich nicht oder kaum. Ein sehr langsamer, mitunter durch Katastrophen unterbrochener Fortschritt menschlicher Naturbeherrschung ist vielleicht auch historisch nachweisbar. Aber der Nachweis nützt fast gar nichts, weil das Tempo sich tatsächlich im letzten Jahrhundert und besonders in der jetzt lebenden Generation derartig phantastisch beschleunigt hat, daß alle historische Erfahrung nutzlos und die gesamte bekannte Geschichte zur Vorgeschichte wird. Für unsere Lage ist mit der geschichtlichen Erfahrung einfach nichts mehr anzufangen, und geschichtliches Wissen ist heute eher ein Handicap als ein Rüstzeug zur Bewältigung der Gegenwart. Es verführt ständig zu falschen Analogien, falschen Schlüssen und daher falschem Handeln. Beinahe möchte man sagen, es ist falsches Wissen.

Der Kultusminister der kurzlebigen Münchner Räterepublik von 1919, der bald darauf so gräßlich umgebrachte Gustav Landauer, verbot mit der ersten und fast einzigen Maßnahme seiner Amtszeit jeden Geschichtsunterricht an bayerischen Schulen. Darüber hat man damals gelacht. Heute wirkt es schon gar nicht mehr so lächerlich, und morgen wird es vielleicht prophetisch wirken. Übrigens gilt etwas Ähnliches wie für die geschichtliche Erfahrung auch für die individuelle Lebenserfahrung. Sehr oft ist es heute schon die falsche Erfahrung; das meiste, was wir Alten in unserer Jugend gelernt haben, stimmt nicht mehr. Und die Zeit ist abzusehen, wo die Alten bei den Jungen werden zur Schule gehen müssen.

Das klingt alles einigermaßen entmutigend. Ich könnte mit dem Katalog der Schwierigkeiten noch fortfahren, indem ich zum Beispiel auf die ganz neuartigen Zivilisationskrankheiten, die Neurosen und Dystonien, hinwiese, die Alexander Mitscherlich, versuchsweise, als Anpassungs-, als Fortschrittskrankheiten diagnostiziert hat. Das Milieu des einzelnen Menschen ist so raschen Veränderungen unterworfen, daß sein Organismus oft einfach nicht mitkommt. Aber es hat keinen Zweck mieszumachen. Die Anpassungs- und Denkaufgaben, mit denen uns der Fortschritt konfrontiert, sind neu und furchtbar schwierig. Aber da wir sie bei Todesstrafe lösen müssen, hat es keinen Zweck, die Möglichkeit zu erwägen, daß wir sie vielleicht nicht lösen könnten. Hier heißt es: wir müssen, also können wir. Oder wenn ich einen deutschen Klassiker, Friedrich Hölderlin, zitieren darf: »Wo aber Gefahr ist, wächst das Rettende auch.« Das »Rettende«: das scheint mir der Geist der exakten Wissenschaft zu sein. Genau der Geist, der die ganze Fortschrittslawine ins Rollen gebracht hat. Wenn wir den Fortschritt aushalten, ihn bestehen wollen, dann müssen wir diesen Geist, der ihn ausgelöst hat, auch auf den Lebensgebieten zu Hilfe nehmen, auf denen er bisher nicht zu seinem Recht gekommen ist, den Geist der leidenschaftslosen Nüchternheit und Wahrheitsliebe. Er ist übrigens auch ein Geist der Skepsis und der Vorsicht. Der Vorsicht besonders gegenüber dem blendenden Einfall, dem er nicht traut, bis er experimentell verifiziert ist, und gegenüber dem Vorurteil und dem sogenannten gesunden Menschenverstand, dem er überhaupt nicht über den Weg traut.

In der Wissenschaft geht nichts mit Gewalt. Und ebensowenig helfen hier Zorn und Sentimentalität, Eitelkeit und Feierlichkeit das geringste. Wenn Politik, Moral, Kultur, Erziehung mit der Wissenschaft mitkommen, wenn sie mit der Welt, die sie neu gestaltet, fertig werden wollen, dann werden sie ihr das abgucken müssen. Ich glaube einige hoffnungsvolle Zeichen dafür zu sehen, daß sie auf dem Wege sind, das zu tun, wobei freilich immer noch die Frage ist, ob sie auf diesem Wege schnell genug fortschreiten werden. Vielleicht das hoffnungsvollste Zeichen ist, so komisch es klingt, die Ausbreitung der exakten Wissenschaft selber. Noch vor hundert Jahren schien wissenschaftliches Denken das Privileg einer kleinen Bildungsschicht in wenigen fortgeschrittenen Ländern. Heute sind die Formeln der Mathematiker und Physiker eine Art geheimer Menschheitssprache geworden. Sie werden unterschiedslos von Gelben, Schwarzen, Braunen und Weißen verstanden und von

Kommunisten wie von Kapitalisten mit derselben bedingungslosen Selbstverständlichkeit anerkannt.

In diesen Formeln aber und in den Denkprozessen, die hinter ihnen liegen, steckt, so scheint mir, ein ungeheures Erziehungsmittel. Wir wissen bisher nur, daß sie dem Menschen die Herrschaft über die Natur ermöglicht haben. Vielleicht ist es aber erlaubt zu hoffen, daß sie dem Menschen noch zu etwas anderem verhelfen können, nämlich: zur Herrschaft über sich selbst. Das wäre dann die Antwort auf unsere Probleme und vielleicht die Aussicht auf eine neue heile Welt, eine heile Fortschrittswelt. Eine andere gibt es für uns nicht mehr.

Über die Zukunft

> Der Mensch ist schon mit ganz anderen Katastrophen fertig geworden als der, die die futurologischen Pessimisten an die Wand malen.

»Die Zukunft ist auch nicht mehr, was sie einmal war« – ich weiß nicht, von wem der Ausspruch stammt, aber er ist ein wahres Wort. Nichts hat sich in den letzten zehn Jahren so radikal verändert, ja geradezu auf den Kopf gestellt wie unsere Zukunftserwartungen. Sie wechseln neuerdings wie die Moden.

1967 erschien in Amerika ein Buch mit dem verheißungsvollen Titel ›Ihr werdet es erleben‹ und dem beinah noch verheißungsvolleren Untertitel ›Voraussagen der Wissenschaft bis zum Jahre 2000‹. Darin wurde uns für das Jahrhundertende eine Art Paradies auf Erden versprochen – zugegeben, ein etwas künstliches, etwas unheimliches, manchen Leuten sogar etwas Angst machendes Paradies. Das Sozialprodukt würde sich verfünfzigfachen, die Massenkonsumgesellschaft der heute reichsten Länder würde die Normalität des Menschheitsmittelstandes werden, und die fortgeschrittensten Länder würden in das Stadium einer nachindustriellen Gesellschaft eintreten, in der die meisten Leute nur noch damit beschäftigt seien, für ihre gegenseitige Unterhaltung zu sorgen – nicht mehr, wie heute noch, für ihren gegenseitigen Unterhalt.

Der Mensch würde länger leben, eines Tages vielleicht einhundertfünfzig Jahre, und zwar in ständiger Rüstigkeit; wenn er sein Leben eine Weile unterbrechen wolle, weil es ihm zu langweilig werde, würde er einfach einen Winterschlaf einlegen, zuerst vielleicht nur für ein paar Wochen oder Monate, später auch, ganz nach Wunsch, jahre- oder jahrzehntelang. Er würde seinen Nachwuchs, durch genetische Manipulation, von unerwünschten Charaktereigenschaften und Schwächen freihalten können; Jungen oder Mädchen als Kinder würde er sich sowieso selbstverständlich aussuchen können. Dreidimensionales Fernsehen, wie herrlich, würde jeden Haushalt beglücken, und die Haushaltsarbeiten würden Roboter besorgen, Transporte wären fast kostenlos, Entfernungen überhaupt aufgehoben. Allerdings würde auch keiner mehr vor irgendeinem anderen Geheimnisse haben können, alles wäre öffentlich und überwachbar, und auch die Möglichkeiten der Massenvernichtung würden leider ins Ungemessene wachsen.

Alles das waren keineswegs Phantastereien und wilde Spekulationen, es war vielmehr alles von seriösen Wissenschaftlern bezeugt, nicht nur als Möglichkeit, sondern beinahe schon als Gewißheit; die wissenschaftlichen Prozesse, die es herbeiführen mußten, waren alle schon in vollem Gange. Höchstens ein Atomkrieg oder eine unvorhersehbare Naturkatastrophe konnte sie noch unterbrechen. Computer hatten die Voraussagen zusammengerechnet und ihnen damit Autorität verliehen. Und das Buch war mit vielen imponierenden Diagrammen geschmückt.

Fünf Jahre später, 1972, erschien dann, ebenfalls in Amerika – wo sonst? –, ein ebenso wissenschaftliches, ebenso von Computerarbeit beglaubigtes, mit ebenso vielen Diagrammen verschöntes Buch mit dem Titel ›Die Grenzen des Wachstums‹. Nun war alles plötzlich genau umgekehrt. Nicht das Paradies erwartete uns im Jahre 2000, sondern die Katastrophe. Die Menschheit vermehrte sich zu schnell, die Lebensmittelerzeugung kam nicht mit, die bebaubaren Ackerflächen reichten auch nicht mehr aus, Millionen – was? –, Hunderte von Millionen waren dem unvermeidlichen Hungertod geweiht. Kohle und Öl wurden knapp, ja, sie gingen zu Ende; bald würden wir wieder froh sein, wenn wir Tranfunzeln hätten, um uns abends zu beleuchten, und ein wenig Holz, um uns im kalten Winter notdürftig zu wärmen. Inzwischen aber waren wir im besten Zuge, unseren armen kleinen Planeten, das »Raumschiff Erde«, mit unseren Abfällen und Schadstoffen zu ruinieren und unbewohnbar zu machen. Und damit waren wir schon so weit gekommen, daß der Schaden eigentlich gar nicht mehr behoben werden konnte. Die Menschheitskatastrophe war schon vorprogrammiert, war im Grunde schon unausbleiblich. Wenn nicht im Jahre 2000, mußte sie spätestens im Jahre 2025 über uns hereinbrechen.

Kaum war das Buch erschienen und sofort in alle Weltsprachen übersetzt (die deutsche Ausgabe bei der DVA), beherrschte dieser futurologische Pessimismus fast unangefochten die Gemüter. Wer noch dem Fortschrittsoptimismus huldigte, der zehn Jahre zuvor das Beste und Feinste war, was uns die wissenschaftliche Zukunftserforschung zu bieten hatte, machte sich geradezu lächerlich, er wirkte wie ein Mensch von gestern. Aber sind wir heute wirklich so viel klüger als gestern?

Mit ist aufgefallen, daß die beiden Bücher – die man wohl als die grundlegenden »heiligen Schriften« der optimistischen und der pessimistischen futurologischen Schulen bezeichnen muß; natürlich hat jedes von ihnen einen ganzen Kometenschweif von popularisierenden und vergröbernden Nachkommen hinter sich hergezogen – nach genau demselben Modell geschneidert sind. Was das eine unglaubwürdig macht, macht auch das andere unglaubwürdig. Keineswegs kann man sagen, daß das zweite das erste an Denkschärfe oder Tiefgang übertrifft. Beide befolgen dasselbe Rezept: Man nehme eine Anzahl unzweifelhaft vorhandener Forschungsergebnisse, Fakten und Trends als Ausgangspunkt und projiziere sie einfach in die Zukunft, mit soviel »wissenschaftlichem« Brimborium wie möglich. Und beide machen dieselben zwei Fehler, einen unvermeidlichen und einen leicht vermeidbaren.

Der unvermeidliche ist, daß sie beide nicht *alle* Fakten und Trends, die heute in der Welt am Werke sind, in Rechnung stellen, sondern nur einige, passend ausgewählte. Dieser Fehler ist unvermeidlich, weil der Mensch auch im Computerzeitalter nicht die Gabe hat, alles auf einmal im Kopf zu haben; *etwas* vergessen wir immer. Der andere, leicht vermeidbare Fehler ist, daß sie beide – beide! nicht nur die Optimisten! – als selbstverständlich voraussetzen, daß etwas, das einmal im Gange ist, nun immer und ewig so weitergehen wird; während doch das Gegenteil nicht nur dem Geschichtskenner, sondern der simpelsten Lebenserfahrung geläufig ist: Immer wieder kommt es irgendwie anders, als man denkt. Die Zukunft – mein Gott, muß man es wirklich sagen? – ist nun einmal nicht vorhersehbar. Das ist natürlich das Grundübel der ganzen Futurologie. Mit allem wissenschaftlichen Gehabe kann sie nie eine wirkliche Wissenschaft werden.

Natürlich hatten die Optimisten von 1967 etwas übersehen, das ihnen die Pessimisten von 1972 mit Recht unter die Nase rieben: daß nämlich die ungeheure Ausdehnung und Intensivierung der technologischen Naturbeherrschung und Naturausbeutung, auf denen ihre Voraussagen fußen, sehr viel mehr Energie, Rohstoffe und auch Nahrungsmittel erfordern, als wir heute auf der Erde zur Verfügung haben oder mit den bisherigen Methoden erzeugen oder ersetzen können. Aber auch die Pessimisten von 1972 übersahen etwas: nämlich daß wir noch lange nicht wissen, was alles die Erde wirklich zur Verfügung hält, und daß auch unsere gegenwärtigen Methoden, zum Beispiel bei der Ernährung und der Energiegewinnung, noch längst nicht der menschlichen Weisheit letzter Schluß sind.

Um von der Energie zu reden: Natürlich sind die Kohle- und Ölvorräte der Erde begrenzt und werden eines Tages erschöpft sein (wenn auch immer noch neue gefunden werden können), das sieht jeder Esel. Aber jeder, der kein Esel ist, weiß auch, daß die Energieerzeugung durch Kohleabbau und Ölgewinnung nur ein Übergangszustand ist, genau wie die Energieerzeugung durch Urankernspaltung, mit der wir jetzt den Übergangszustand verlängern wollen. Eines absehbaren Tages werden wir Energie aus Wasserstoff gewinnen, durch Kernfusion, und der vorhandene Wasserstoff dürfte ein paar Millionen Jahre reichen, vielleicht länger als die Menschheit existiert. Und was die unvermeidliche Hungerkatastrophe betrifft: Wer sagt denn, daß wir uns immer nur von Getreide und Tierfleisch ernähren werden – was wir sowieso erst seit lumpigen neun- oder zehntausend Jahren tun? Da gibt es noch viele andere Möglichkeiten, die sogar die heutige Chemie schon eröffnet, und wenn das Tierfleisch und das Getreide eines Tages wirklich nicht mehr hinreichen sollten, werden wir uns eben umgewöhnen. Der Mensch ist ein sehr erfinderisches und sehr anpassungsfähiges Wesen; er ist schon mit ganz anderen Katastrophen fertiggeworden als der, die die futurologischen Pessimisten an die Wand malen.

Obwohl die Thesen von den ›Grenzen des Wachstums‹ inzwischen vielfach widerlegt wurden, ist futurologischer Pessimismus große Mode geworden – eine weit erfolgreichere Mode als der futurologische Optimismus in den sechziger Jahren –, und man muß wohl fragen: warum? Dabei fällt mir auf, daß dieser Optimismus den Namen »Optimismus« vielleicht gar nicht wirklich verdiente; vielen Menschen erschien das »Gute«, das er prophezeite, gar nicht so gut, es wurde ihnen bei dem prächtigen Zukunftsbild, das er entwarf, keineswegs wohl, sondern eher angst und bange. Sie wünschten sich das Computerparadies mit dreidimensionalem Fernsehen und Haushaltsrobotern und genormten Musterkindern gar nicht, sie wollten lieber auf die alte Art weiterleben; die siebziger und achtziger Jahre sind bekanntlich auch das Zeitalter der Nostalgie geworden (was kein Futurologe vorausgesehen hat). Genießt, was ihr habt – oder noch besser: Kehrt zurück zum guten Alten –, das ist der stille Wunsch der technikverwöhnten, komfortübersättigten westlichen Menschheit von heute, und diesem Wunsch entspricht ein Zukunftsbild, das in möglichst schwarzen Farben gemalt ist. Wenn die Zukunft nur immer schlimmer werden kann, haben wir die Rechtfertigung, die wir brauchen, um uns an die Gegenwart zu klammern oder gar die Vergangenheit zurückzuwünschen. Und das ist die gegenwärtige Stimmung.

Es ist, für mein Gefühl, keine ganz gesunde Stimmung. Denn wir können nun einmal nur in einer Richtung leben: in die Zukunft. Aber die Zukunft ist offen, auch im Computerzeitalter. Sie wird so sein – vielleicht nicht: wie wir sie uns wünschen; aber: wie wir sie machen.

Anhang

Quellenverzeichnis

Mehrere Beiträge dieses Bandes sind zwischen 1966 und 1983 an verschiedenen Orten veröffentlicht worden. Sie erscheinen hier meist unverändert, mitunter auch in gestraffter Form – einerseits, weil tagesaktuelle Bezüge mehr stören als interessieren dürften; andererseits, um Überschneidungen und Wiederholungen zu vermeiden.

Was ist eigentlich Geschichte?: Norddeutscher Rundfunk, 1972
Das Nachleben Roms: unveröffentlicht
Preußens kurze Geschichte: Bayerischer Rundfunk, 1979
Bismarcks Reichsgründung: Norddeutscher Rundfunk, 1971
Sedantag: Norddeutscher Rundfunk, 1970
Die Pariser Kommune: Stern, 1971
Der Vertrag von Versailles: Der Vertrag von Versailles, Matthes & Seitz Verlag, München 1983
Hitlers Machtergreifung: Bayerischer Rundfunk, 1983
Zum Septemberkrieg von 1939: Merkur, 1979

Politik und Vernunft: Norddeutscher Rundfunk, 1966
Der Erfolg des Grundgesetzes: Hessischer Rundfunk, 1974
Deutschland zwischen den Supermächten: Bayerischer Rundfunk, 1982
Ist die bürgerliche Revolution zu Ende?: Norddeutscher Rundfunk, 1971
Rechts und links: Der Monat, 1980

Helden und Heldenverehrung: Norddeutscher Rundfunk, 1969
Wladimir I. Lenin: Norddeutscher Rundfunk, 1970
Mao Tse-tung: Stern, 1976
Winston S. Churchill: Westdeutscher Rundfunk, 1974
Gustav Stresemann: Stern, 1978
Konrad Adenauer: Sender Freies Berlin, 1976

Über die industrielle Revolution: Stern, 1974
Unser sinkender Lebensstandard: Deutsches Panorama, 1966
Der Abstieg des Mannes: Deutsches Panorama, 1966
Über den Fortschritt: Norddeutscher Rundfunk, 1969
Über die Zukunft: Petra, 1977

Biographisches Personenregister